AEDP

The Transforming Power of Affect
A MODEL FOR ACCELERATED CHANGE

人を育む
愛着と感情の力

AEDPによる感情変容の理論と実践

著 | ダイアナ・フォーシャ

監訳 | 岩壁茂・花川ゆう子・福島哲夫・沢宮容子・妙木浩之

訳 | 門脇陽子・森田由美

福村出版

『人を育む愛着と感情の力──AEDP による感情変容の理論と実践』

ダイアナ・フォーシャ 著

THE TRANSFORMING POWER OF AFFECT
A Model for Accelerated Change
by Diana Fosha

Copyright © 2000 by Diana Fosha

First published in the United States by Basic Books,
a member of the Perseus Books Group
Japanese translation rights arranged with Basic Books,
a member of the Perseus Books Inc., Massachusetts
through Tuttle-Mori Agency, Inc., Tokyo

私の3つの驚くべき恵み，
マーティ，モリー，ゾーイへ

……こういうことも理解した——偶然は宇宙の隅々まで支配するが，人間の心の中は支配しない。

デイヴィッド・グターソン　『殺人容疑』

（講談社文庫『殺人容疑』1996 年，p. 641 から引用，訳者）

日本語版への序文

　本書の日本語訳が刊行されることにとても光栄で喜びを感じます。本書は，AEDPの包括的なテキストであり，刊行されて17年経た今日でもAEDPの教科書として広く臨床家に読まれています。

　世界にAEDPが大きく広がりつつあることについて，インタビューで「あなたの夢が叶いましたか」と尋ねられたことがあります。「いいえ」と私は答えました。というのも，そのようなことは夢にも見たことがなかったからです。本書が刊行されたとき，私の「夢」は，その本を読んでもらえること，そしてそれを好きになってもらえること，一握りの臨床家の心理療法についての考え方に影響を与えられたらいいな，ということでした。

　多くの文化の臨床家がAEDPに強い関心を持ってくださっていること，そしてAEDPを強く歓迎してくださっていることから，AEDPが大切にする現象が，普遍的であると示唆しているでしょう。文化による違いは，とても重要であり，それに注意を向けることによって，クライエントとの間に安全な関係を確立することが可能になります（この点は，AEDP研究所専任教員であり，大切な仲間である花川ゆう子氏による日本人のクライエントとの作業に明確に表されています）。AEDPは，その文化さと豊かな文化的伝統の根底にあるもの，それはハリー・スタック・サリバンの言葉を借りれば，「私たちは何よりもまず人間である」ということから出発します。そこには，人が成長と変化を求め，真の自己を実現するように向い，もう一方でその真の自己を他者に見られ，理解され，受け入れられることを求めるトランスフォーマンスという基本的な動因があります。

　本書が日本の臨床家の方々にどのように受け取られるのか，とても関心を持っております。ニューヨークで開催されたAEDPの訓練に日本からの参加者もみえています。彼らとランチを一緒にしたとき，お互いのノンバーバルな表現やちょっとしたジェスチャーをしっかりと見て，敏感にしかも温かさをもっ

て反応する彼らの姿に心を動かされました。細やかな感情と対人的つながりを大切にする日本の文化の中で，AEDPがどのような発展を遂げるのかとても楽しみです。皆さんに本書を手にとっていただけること，それは私のはじめの夢でしたが，それがこのように叶うことに喜びを感じます。皆さんの臨床活動に何らかの形で取り入れられることがあれば，それは本当に素晴らしいことです。

Diana Fosha
October 2017

目次

日本語版への序文	*5*
謝 辞	*8*
はじめに　感情の変容モデルの軌跡	*13*

第1部　理論的基盤

1章	感情と変容	*25*
2章	感情のレンズを通して見る愛着	*47*
3章	ほどよい養育者と最も望ましい二者プロセス	*63*
4章	精神病理の発症	*87*
5章	人を育む理解——臨床行動における内省的な自己機能の事例	*105*

第2部　ツールと題材

6章	構成化のツール——3つの表象図式	*123*
7章	コア感情体験のバリエーション	*159*
8章	ヒーリング感情	*185*
9章	もう僕のこと愛してないんだね——精神力動的フォーミュレーションを協働して確立する：事例による例解	*213*

第3部　介入方略

	介入方略に向けた導入	*243*
10章	関係的方略	*251*
11章	再構成方略	*281*
12章	体験的—感情的方略	*311*
13章	お腹とお腹，胸と胸を合わせて——コア感情体験の持続的な展開を示す事例	*339*
14章	体験的 STDP の技法とタブー	*359*
おわりに　日本語での AEDP ——雲の向こうの光を一緒に探して	*389*
	監訳者あとがき	*421*
	文献	*435*
	索引	*450*

謝 辞

　感情の変化モデルは二者による変容のモデルである。この場を借りて，私を形成し変容させた他者たちに敬意を表したい。

　D. W. ウィニコットとハビブ・ダーバンルーは，私が最も重要な影響を受けた人々である。ウィニコットの仕事に魅了された多くの人がそうであるように，私も彼と深い人間的関わりを持った。それは移行空間ではあったが，持続的価値のあるものの大半は，そこで教えられ学んだと思う。もうひとりの師はハビブ・ダーバンルーである。彼の仕事の有効性，体験の強烈さ，妥協を許さない純粋性に触れたとたん，私はとりこになってしまった。それは人生の方向転換になった。その後のことをダーバンルーはほとんど知らないだろうが，彼の比類のない仕事なくしては存在しなかったことばかりである。

　デビッド・マランは，私の最初の短期力動心理療法にひらめきを与えてくれた。彼の刺激的で挑戦的な仮説と積極的な介入は，精神力動心理療法から何ひとつ取り去らず，かえって強固なものにしたと思う。彼の大胆で経験に裏打ちされた直言は，明瞭さと誠実さに輝いている。

　ニューヨーク市立大学臨床心理学専攻博士課程では，スティーブ・エルマン，ギルバート・ヴォヤット，ポール・ワクテルが，指導と自らの模範によって，臨床作業と知的厳密さは対立するものではなく，かえってそれぞれを大いに高めるものであることを示してくれた。ポール・ワクテルは，私が抱きはじめていた疑問——精神分析理の理論と実践の間には亀裂があるのではないかという疑問——をはっきりさせるのに力を貸してくれた。長年にわたる陰ながらの指導と明白な友情に心から感謝している。

　何より，教える経験が私の思考を鍛え，自らの盲点や不正確さ，一貫性の欠如に向き合わせてくれた。ニューヨーク市立大学臨床心理学博士課程，ベルビュー病院心理学インターンシップ・プログラム，AET研究所，そして現在のアデルファイ大学ダーナー研究所の学生たちのおかげで，言うべき言葉に磨

きをかけることができた。

　クライエントの方々にも感謝している。私が彼らに影響を与えることを許し，私を信頼し深く関わってくれた。彼らの素晴らしい旅路と感動的な変容のパートナーとなり証人となれたことを光栄に思う。

　素晴らしい同僚と友人にも恵まれた。モントリオールでの気の置けない仲間たち，ポール・ローゼンバーグ（ウエスト），ウィリアム・オルダー，そしてとくにボブ・オーキンがいてくれたからこそ，駆け出し時代を生き残ることができた。フランス料理に舌鼓を打ち，苦悩を分かち合い，楽しい語り合いをしながら，悪戦苦闘の日々は孤独な絶望ではなく生き生きとした相互作用になった。マイケル・アルパートの心の広さ，そしてコミュニケーションとコミュニティーを育もうとする熱心さがなければ，1990年代の体験的STDPの発展はなかっただろう。何より彼には，常に限界を超えようとする（また必要とあらば限界を変えてしまう）たぐいまれな意志力があった。

　イザベル・スカラーは，いつも確かな支援，友情，共感，力，学習の機会を提供してくれた。彼女のビデオテープからはクライエントへの深い献身の意志が伝わってくる。パトリシア・コフリン・デラ・セルバとマイケル・ライキンは，おそらく彼らが想像する以上に，私に多くを教えてくれた。イデオロギーの違いこそあれ，彼らの仕事の有効性を証すビデオを通して，私はどのモデルの要求よりも治療スタンスにおける純粋性の重要さを強調するようになった。ジェーン・マルケは複雑な事柄から本質を汲み取り，明快で具体的な活動へと展開させる力があり，いつも驚かされてばかりだ。彼女は大切な友人であり最も頼りになる同僚である。

　3人の才能ある臨床家，メイベル・キノネス，マリア・スロウィアチェク，ペギー・スピアは，加速化体験力動療法（AEDP）の構築の要であるパラダイム・シフトに一緒に取り組んでくれた。支持，肯定，挑戦に満ちた環境で取り組めたことを感謝している。本書の介入方略に関する3つの章は，マリア・スロウィアチェクとの共同作業から生まれた1997年のAEDPの技法に関する論文を基盤にしている——この論文は純粋性を保ちながら協調を築こうとした2つの意識の所産である。

　リー・マッカラーは，私がAEDPの生みの苦しみを感じているとき，そばに付き添い大きな助けとなってくれた。彼女のセラピストとしての素晴らしさ，

温かさ，存在感，知性の躍動をじかに体験することができた。ここ一番という時期に，彼女の素晴らしいスキルと友情の恩恵に浴することができたのは，幸運だったと思う。また同僚としても，彼女の仕事と熱意，謙遜で誠実な姿勢は，インスピレーションの素になった。

ピーター・コステロとの対話には，コア感情の処理過程におけるコミュニケーションの役割と信頼できる同伴者（ボウルビー風に言うと）の役割の概念化に関して，本文中で触れたよりもずっと多くを負っている。またジェナ・オシアソンとは，この4年間，毎週月曜日にスーパービジョンという名目で1時間の面接を続けてきたが，クライアントを支援する最善の方法を求めて自分たちの仕事について考えながら，彼女の明快な臨床作業を分かち合えたことに，また共感に満ちた友情に感謝している。

また効果的な心理療法という目標を前進させることへの熱意，勇気，開かれた態度を持って，ビデオテープで臨床作業を分かち合った同僚とスーパーバイジーに感謝を表したい。彼らからどれほど多くを学んだか，言葉では言い表せない。ウィリアム・オルダー，マイケル・アルパート，アレン・ベアソン，ハロルド・ビーン，ジョー・チェレンターノ，ピーター・コステロ，パトリシア・コフリン・デラ・セルバ，ハビブ・ダーバンルー，デビッド・デービス，キャシー・デュカ，カレン・エズラ，ブレンダ・フォーテ，ドーン・フライド，サラ・ハーデスティ，アリソン・ヘンテル，アレン・カルピン，ガブリエル・カミネツキー，ヤエル・カペリューク，リザ・ケントゲン，マイケル・ライキン，フランシス・レオン，ハロルド・リフシュッツ，ジェフェリー・マグナビータ，デビッド・マラン，ジェーン・マーケ，リー・マッカラー，アイリーン・マッケルロイ，ロバート・オーキン，ジェナ・オシアソン，フェルッチョ・オージモ，クレア・オーウェン，メイベル・キノネス，ポール・ローゼンバーグ，タウフィーク・サイード，スティーブン・サンドラー，コニー・セリグマン，イザベル・スカラー，マリア・スロウィアチェク，ペギー・スピア，ヴィンセント・ステファンズ，ドーン・ベアード・テイラー，マーガレット・トンプセット，マヌエル・トルヒーヨ，ギル・タネル，ジャネット・ウォーターハウス，スーザン・ウェステル，ジェイソン・ワースケル，クライスト・ゾイスに感謝する。

ディナ・コペルマン，イーディ・クウォート，マリー・ラデン，ジム・ストーリ，ジャックとパット・ヘイデンリー夫妻との長年の友情は，私の喜びである。

ベーシック・ブックスの編集者，シンディ・ハイデンには大いに助けられた。児童文学『シャーロットのおくりもの』でウィルバーがシャーロットを回想する場面の言葉を拝借すると——彼女にかなう人はいませんでした。真の友人で，しかもよい編集者というのは，なかなか得られるものではありません。シンディはその両方だったのです——。編集の過程は，ときにセラピーのように感じられた。シンディは膨大な言葉の茂みに分け入って本質をつかみ，それを外に引き出して輝かせてくれた。心から感謝している。

アレックス・ブルーム，マーティン・ルービン，マイケル・ワイルドは，感傷に流されない精神の最良の部分を提供してくれた。彼らの好意的評価を得て，彼らが変容を手助けしてくれた本文の余白に個人的な精緻化と連想を引き出せたことに満足している。本書が贅肉を落としきれなかったとしても，彼らの努力不足ではない。夫，マーティン・ルービンは住み込みのグラフィック・デザイナーとして，本書のカバーとすべてのページを美しくデザインし構成してくれた。

共に物書きである両親は（父は脚本家，母は演劇評論家），私がより豊かで制約の少ない文化の中で成長できるようにと，よかれ悪しかれ紛れもなく彼らのものであった文化を捨て，ルーマニアからニューヨークへと移り住んだ。母マデリン・フォーシャの物事を達成し前進することへの果敢なエネルギーと疑う余地のない献身には感服している。父ハリー・フォーシャは，創造性と遊び心，ユーモアと書くことそのものへの献身のロールモデルを示してくれた。彼らが失ったものは何をもってしても埋め合わせられないが，その結果，生まれたものによって彼らの犠牲が報われることを信じたい。皮肉にも，両親はその厳しい人生体験から，私が何をするにしろ，実用的で言語に依存しないものにしなさいと求めるようになった。彼らは説得を試みたのだが——血は争えないものだ。

私の最初の真の他者であった祖父アルツール・フォクシャナーと，もっと多くの冒険を共にすることができなかったのは，本当に残念だ。小学１年生のある秋の夜，私はアルファベットのＥの文字を筆記体で書けなくて途方に暮れていた。祖父は，まったく別の「自己―他者―感情の三角形」に近づくことの大

謝辞　**11**

切さをよく分かっていて，私を外に連れ出した。祖父と私は仲よくブカレストの街を歩き，大人のように飲食を楽しみ，かぐわしい夜の大気を胸いっぱいに吸い込んだ。ベッドに入る時間をとっくに過ぎて帰宅した頃には，筆記体のEなどたいしたことではなくなっていた。これが私の人生最初のAEDP体験である。また義母ソフィー・ルービンを思い出す。孫娘の顔を見ることなく逝ってしまったのは心残りである。

　私が共同執筆してきた人生では，大変ありがたいことに変容力のある3人の他者に恵まれた。夫マーティン・ルービン，娘のモリー・ソフィアとゾーイ・アリエル・ルービン＝フォーシャ。マーティンは私を支えると同時に，さ迷い歩く広い空間も与えてくれた。あふれるユーモアと客観的な鋭さを兼ね備えた彼の支えが，どれほど私を安心させてくれたか分からない。彼ほど言葉を愛する人はいないが，彼の存在と行動は言葉を超えた贈り物である。

　モリーは幼い頃から不思議なほど共感の豊かな子どもだった。日ごとに彼女らしい輝きを増しながら，人生の旅路を進んでいくのを見守るのは喜びである。こんなにも素晴らしい友でいてくれて感謝している。ただし毎回のようにトランプで私を負かさないでくれるとありがたいのだが。ゾーイの自由な精神と何事にも屈しない独創性は，限りない畏敬とインスピレーションを与えてくれる。これからも内なる声を大切にし，世間に染まらないでいてほしい。彼女の存在が私の人生を豊かにしてくれていることを感謝する。とはいっても，ゾーイが毎朝，靴をはくときに私の積極的介入が必要でなくなっても，私は少しも落胆しないだろう。もし娘たちが私を困らせず，彼女たちの変容の魔法が効かなければ，本書のヒーリング感情についての章の大部分は書けなかったことと思う。

はじめに
感情の変容モデルの軌跡

　ビデオのクライエントは知的でハンサムな男性だった。だが彼の生活はすさみ，冷笑的で，どこか曖昧で，素気ない仮面の下は絶望に蝕まれていた。面接にあたるセラピストのハビブ・ダーバンルーは，単刀直入に最初の質問を切り出した。「あなたは何の問題に助けを求めているのだと思いますか」。クライエントは視線を合わせようともせず，天井をにらんだまま「うーん，いや，はっきりとは。何が問題なのかおぼろげにしか分からないんです……こういう困難は人間にとって当たり前のことかもしれないし……」と言った。セラピストは曖昧な点を問いただそうとしたが，クライエントはさらにこう続けた。「私が言いたいのは，そうですね，もっともなこと，もっともな原因のあることなんですよ，ご理解いただけたら……人と関わるのが苦手なんです……でも言っておきますが，そこに問題があると気づくまで何年もかかったんですよ。生まれてこのかた，ずっと闇の中をとぼとぼ歩いてきた。そうだ，もう1つ。たぶん感情に問題があるんでしょう」(Davanloo, 1990, pp. 9-10)。ビデオを見ている私の頭の中で*統合失調質，脆弱性*といった用語が駆け巡った。いくら技量のあるセラピストでも，この男性の治療には何年もかかるにちがいない。ところが2時間後，容赦のないセラピストとの集中的で，ときにはあからさまな直面化による相互作用を経て，クライエントの人生の物語が驚くほどの一貫性と痛々しさを帯びて浮かび上がってきた。クライエントの瞳は澄み，まっすぐにセラピストを見つめている。彼は怒り，泣き，そして変容したのだ。[注1]

心理療法の実践から理論を追求する

　このような効果は，それまで私が受けてきた精神分析的心理療法の訓練で

は，とうていあげられそうにないものだった。ここで目の当たりにしたものを自分のものにしたいと思った。その後まもなく，私はダーバンルーのもとで研修を始めた。その後，いくつもの個人的な変容や職業的な変容を経て，感情の変容モデルとそれを特徴とする心理療法アプローチ，加速化体験力動療法（AEDP）が生まれ，発展した。

感情の変容モデルは，短期力動心理療法（STDP）の経験なしには決して生まれなかっただろう。本書の第2部で詳述するスタンスと技法は，理論モデルからおのずと派生したものではなく，むしろ理論に刺激を与えたものである。臨床体験が理論を形作ったのだ。自己を変容させるコア感情の力を味わったから，何を説明すべきかが分かったのである。そのため第1部では，感情的つながりのある二者間で体験する感情主導の変容について，概念的基盤を提示する。

私はダーバンルーのもとで，感情の内臓感覚的体験の力をじかに学んだ。彼の卓越した（そして彼独特の）臨床作業をそばで見ながら，根本的，実質的，持続的な変容が急速に展開することがあるのを知った。クライエントは脆弱であるという想定は，往々にして，効果のない技法の言い訳にすぎないことにも気づいた。脆弱性は当然の前提にすべきではないし，臨床行動を抑制する理由にすべきでもない。脆弱かどうかは，クライエントとの力動的相互作用の過程で（相互作用に先だってではなく）なされるべき臨床評価である。最後に私は，必ずしも完璧とはいえない養育の産物であるクライエントは（人は皆そうだが），何か真実で価値あるものが得られると感じたら，はなはだ異様な状況にも耐えるし，目の前のものを最大限に活かそうとすることを理解するようになった。だから治療的な表現をむやみに制限することは基本的に不必要であり逆効果でさえある。クライエントも心理現象もそれほどやわなものではない。訓練を積んだセラピストにとっては，直接介入によるダメージの危険よりも，効果のなさや行動の回避による危険の方がずっと大きい。

ダーバンルーの曝露的な臨床訓練にどっぷりと浸かると，もうプロセスノート（面接記録）や一対一のスーパービジョンには戻れない。あらゆるタブーが取り払われているのだ。ビデオカメラで一部始終を撮影されるので，セッションに隠れ場はない。グループ作業をするので，一対一のスーパービジョンの居心地の良いプライバシーはない。面接記録で自分を擁護することもできない。すべての作業がさらされ，録画・録音されていて，私の認知パターン，言葉の

あや，スタイルの特異性といったフィルターも通さない。すべてがさらされるのは拷問のようだったが，反面，爽快でもあった。私は見られているのを感じた。そしてやっと，本当の意味で学ぶことができたのだ。

　だが時が経つにつれ，攻撃による関与というダーバンルーの手法は彼の接触のやり方には適していても，私には適さないことがはっきりしてきた。また実際に強力な手法が実施されていても充分に明確に説明されておらず，ただ師が弟子に伝えるという仕組みしかなかった。ダーバンルーのSTDPを特徴づける精神力動の枠組み（受動的欲動—超自我理論）は，そのラジカルな性質や確実に喚起される現象の変容効果を正しく表していなかった。

　STDPの動向が盛り上がるにつれ，同じような訓練を受けた同僚も，私と同様の懸念を抱くようになった（Alpert, 1992）。私たちは何とかしてダーバンルーの治療の有効性の本質（内臓感覚的体験の力や，クライエントとの出会いの最初の瞬間から，迅速にそこに到達する能力）を維持しながら，深い感情の作業を支えられるような，もっとクライエントに優しい関わり方を編み出そうと奮闘した。そして徐々に，ラジカルな挑戦と圧力から，調律・共鳴・感情共有・肯定・自己開示によるラジカルな共感と感情的関わりへと切り替えていったのである（共感的スタンスの発展については，14章の体験的STDPの系譜の詳述を参照）。また「クライエントのラジカルな受容」（Osiason, 1995）を特徴とするスタンスで関わることにより，コア感情現象に接近できるようになった。だがここで，クライエントだけではなくセラピストにとっても新たな不安材料が発覚した。感情を持って関わるセラピストでないと，愛，肯定，良い気持ちの恐ろしさを真に見定めることができないのである。

　だから今こそ，感情を持って関わるスタンスから感情の作業の体験的な力を理論的に説明し，変容プロセスの根底にある現象を明らかにするメタ心理学を構築しなければならない。本書の使命はその2つを明らかにすることである。臨床体験が理論を生み出すとき，「なぜ」という問いは「何が」や「どのように」に先行する。

　フロイドは，診察室で観察した病理現象から発達理論を導き出した。臨床的精神分析は一定の状態の説明については円熟し他の追随を許さないが，変容となるとそうではない。対照的に，精神分析的な愛着理論や母子相互作用に関する臨床発達心理学の作業は，一貫して変容志向である。感情の変容モデルは，

愛着理論や瞬時ごとの母子相互作用と不思議なほど類似点がある。そこで，まず感情の概念を導入した後，治療技法に関する章の理論的基盤として，愛着現象と*相互的感情協調*の瞬時ごとの変動に目を向けることにする。

感情の変容モデルと
加速化体験力動療法（AEDP）

　変容を引き起こす感情の力はとてつもなく大きい。他の変容プロセスとは異なり，漸進的でも累積的でもなく，強烈で急速な変容を引き起こす。深く綿密な精神力動的作業によって活用されたときにはなおさらである。この臨床の事実が感情の変容モデルの構築を導いた。このモデルは感情の力を突き止めて理解し，ポジティブな治療関係の中で活用する。同じように愛着のプロセスにも，まったく異なる時間枠で展開するとはいえ，変容を起こす大きな力がある。私たちの人格は，乳児期からの関係性の絆の歴史を反映している。感情と愛着が相乗効果的に結びつくとき，感情の爆発的な変容力を関係性のプロセスの中で活用して，最大限かつ持続的に治療に用いることができる。本書の課題は，感情の変容理論，臨床スタンス，確実に変容をもたらす一連の技法を明らかにすることである。具体的な問いとしては，感情体験の変容力がクライエントの本質的自己の出現と発達に貢献するような関係性の環境を，セラピストがいかにして喚起するか，である。

　感情と愛着は，持続的で，広範囲にわたり，心のエネルギーを費やすような日常体験の問題である。また感情と愛着は，私たちのあらゆる行動に特徴的な現象的質感や性質を注ぎ込む。私たちは一生を通じて，感情と愛着の問題に対処し反応する。だからこそ，こうした問題に焦点を当てた心理療法には，変容を引き起こす可能性がある。そのような心理療法は，感情生活が営まれる体験の質感そのものに触れるからである。

　非常に多くの病理が，不安と恥と孤独（恐れと恥を強める）の結果であり，また，感情リソースに到達できない結果として生じている。AEDPはこのプロセスを逆転することを目指す。従来の精神分析は，成人の日常生活や転移の中

に子ども時代の体験の再現を突き止めることは得意であり，それは防衛の発生の性質を理解するのに重要なことである。だが感情の変容モデルでは，クライエントが感情を解放し，感情という深い河の流れに身をゆだね，それまで利用できなかったリソースを用いて新しい体験を形成する機会を提供することに焦点を当てる。感情の変容モデルは治癒を中心とし，治癒力（変容のための適応的努力と深い動機付け）を重視する。つながりと感情の解放を通して，治療目標に向かって感情と関わる情報処理の性質を変化させていく。

　感情と愛着の相乗効果があがると，安全が確立し，不安が減り，防衛の欲求が緩和し，コア感情とその爆発的な治癒性への接近が促進される。体験は何よりも重要である。心理療法の最も重要な決定的要素は，それが体験的であることである。臨床現象は推測したり参照したり解釈したり，語ったりするためのものではない。クライエントが*体験*するものなのである。愛着関係の中での生気感情の体験が感情変容の主要な媒体になることは，実生活においてもそうだが，治療においてはなおさらである。

　強烈な感情は，関係的な支持なしには，最適な機能やウェルビーイングを高めるどころか害になることがある。自分の感情を安心して感じることができるような支えを愛着の対象人物が提供できないとき，感情体験は自己の統一性と関係性を圧倒する脅威にさえなる。たった独りで向き合うとき，感情は耐えがたいものになりうるのである。痛ましくも自分のリソースの無力さに気づき，それでも生き残ろうと思った人は，感情体験から身を守るための防衛方略に思い至る。だが防衛の手立ては短期的には適応的かもしれないが，やがて精神的苦痛を招き，それがもとでクライエントは支援を求めることになる。防衛は成長の大切な源を奪い，そのことは人格にも反映される。ここに精神病理の種がある。感情的環境から支えを得られず防衛に慢性的に依存するようになると，精神的発達はあるべき軌道から逸れていく。このように，圧倒的な感情体験に直面したときの孤独は，精神病理の発症に重大な役割を果たしている。

　クライエントは万策尽きて治療に訪れるが，それでも治療を求めたことに希望の兆しがある。促進的な環境なら感情的・関係的に応答する可能性が，まだ残っている。自分の人生の最も大切な親密な関係や弱さを何とかしようとして，赤の他人のセラピストに面接の予約をしたこと自体が，深い信頼の行為である。感情中心の心理療法では，クライエントの適応的な潜在力と治療のリソースを

はじめに　感情の変容モデルの軌跡　**17**

活用する。これらはみな適切な促進的環境が出現するのを待っているのである。精神のバランスが健康の方に向かうと，成長を後押しできなかった環境に根ざした歪んだ解決法（防衛機制）を捨てられるようになる。

　私たちは，クライエントの苦しみや絶望，意気消沈や敗北感とともに存在する危険を冒して信頼する意欲を浮き彫りにしようとしている。病理を生むパターンの反復を強く意識すると同時に，内なる生命力を肯定し新しい針路を示すことによって——とくに環境の感情促進の失敗を打ち消し，ヒーリング感情の変容力の体験を触発することによって——新たなスタートを追求する。またクライエントの潜在的な治癒力だけではなく，セラピストの力（他者の力の理解に基づく）が有効で，セラピーの過程に貢献し，効果を与えることも強調する。個々の介入方略は，コア感情体験に近づき処理する力をセラピストに与えるものである。こうした技法は感情を持って関わる治療スタンスと並んで，感情の変容モデルの大きな特徴である。

本書の流れ

　1章では，関係性のマトリクスを基盤とする感情のモデルとその変容力について明らかにする。ここでは感情理論によって，臨床に基づく*コア感情*の構成概念を明らかにし展開する。開かれた態度をとる受容的な他者への表出とコミュニケーションは，コア感情の充分な体験に不可欠であり，最終的には自己の変容へとつながる。コミュニケーションを感情処理の体験サイクルに内在する要素とすることにより，感情と関係性の要素がここで検討する中核現象の中で有機的に結びついていることがはっきりする。

　2章と3章では，精神分析志向の発達心理学と愛着理論の研究の中に，感情の変容モデルの，とくに関係性の基盤を位置づける。感情というレンズを通してこうした研究を見直し，乳児と養育者の*感情能力*（関わりながら感じ対処する能力）の構成概念を導入する。愛着の絆を維持するための適応的な努力（病的なものであっても）の発生も扱う。ほどよい養育者（母親やセラピスト）・内的作業モデル・内省的な自己機能などの構成概念を感情の面から再構成し，安

全とレジリエンスを高めるという意味で最適な二者相互作用とは何かを解明する。それぞれの二者に特有な関わり方の内在化には，病理と治癒（病理の世代間伝達と修復の動機付け）の種が存在し，トラウマを受けた後も生活の一瞬一瞬に浸透する。感情能力の重要な要素の１つは，この自己修復傾向への応答性である。修復は二者双方の体験を組織化する決定的な力だからである。修復の可能性への期待は，安定した愛着関係の土台である相互的な感情の波長合わせを確立するための要である。

　４章は，欠陥のある感情処理能力の産物としての病理を取り上げる。最も重要な概念は，病理を生み出す孤独である（孤独感の打消しは心理療法プロセスの要）。ここでは防衛への慢性的依存に至る病因の連鎖をたどる。防衛は適応を動機とする戦術で，一定の安全や自己の統合性，感情的に協調したつながりをもたらすが，機能を制約する。

　５章では趣を変えて，ある心理療法のエピソードを詳細な注釈付きで紹介する。ここまで論じてきた概念を血の通ったものにし，後半で取り上げる臨床ツールが実際にどう使用されるかを示す。このエピソードでは，セラピストはクライエントの関係回避的な防衛をかわすために自身の内省的な自己機能を明示的に用い，クライエントがセラピストの心と頭の中に存在していることを示し，セラピストの感情を込めた関わりについてのクライエントの体験を引き出そうとしている。

　以上で感情の変容モデルの要素は出そろうので，後半はこのモデルの運用を解説する。

　６章では，最悪の自己と最善の自己という２つの状態のモデルを導入し，３つの表象図式の中で具体的に論じる。この図式は，臨床題材の瞬時ごとの変化を分類し，あらゆる介入の影響を処理している。この図式の相互性は，クライエントの力動を精神内部的（*葛藤の三角形*），関係的（*自己―他者―感情の三角形*），歴史的・経時的（*比較の三角形*）に理解するのに役立つ。自己―他者―感情の三角形を導入することにより，セラピストは体験的な感情の作業（葛藤の三角形）と歴史的・力動的な作業（比較の三角形）を，自己―他者―自己・他者の相互作用と感情が付随し複雑に絡み合う関係性マトリクスの中に明確に位置づけることができる。

　７章では，コア感情体験（防衛や不快な信号感情がなく，状態変容を生み出

はじめに　感情の変容モデルの軌跡　**19**

せることが特徴）を現象面から説明し，強い感情を帯びた他の体験との区別を論じる。前章までは精神力動的機能によって心的内容を区別してきたが，7章では感情現象を分類して，まだ地図のない領域を探る指針とする。またコアステイトの概念を導入する。コアステイトは，広く開かれた態度・自己調律・他者の受容をともなう状態で，深みのある治療作業が可能になる。コア感情体験の領域をさらに拡大し，*カテゴリー感情*（恐れ，嫌悪，怒り，喜び，悲しみなど）に加え，*自己体験*（真実で実感がある）や*関係性的感情現象*（近接性，同調）も含める。

8章では*ヒーリング感情*について論じる。ヒーリング感情とは，治療的体験または深い肯定的体験から生じる普遍的なコア感情およびコアステイトのことである。たとえば自分に誇りや有能さを感じる自己体験や，愛や感謝や感動の関係性的体験がこれに含まれる。ヒーリング感情に焦点を当て体験的に精緻化すると，それに続く状態変容の特徴である適応的な行動傾向は，クライエントの大きな益となる。このときセラピストは，クライエントの真の*他者体験*（真の自己体験と対を成す）のパラダイムの役割をする。

9章は再び事例を取り上げ，初回面接でクライエントとセラピストが共同で精神力動フォーミュレーションを立てるまでに，どのように概念が使用されるかを説明し，表象図式などのツールや技法の柔軟な適用や，コア感情体験とは何か，コア感情体験ではないものは何かを例示する。

続く3つの章では，介入や関与の方略について扱う。どの章もコア感情体験や開かれた関係性を促進し，防衛や不快な抑制感情（不安と恥）の影響を最小限に抑えるさまざまな方法を示している。

10章では*関係性方略*について考える。クライエントとセラピストとの間に育まれる親密性に焦点を当て，それを深化させる方法（ここでは親密性は背景的な支持的環境ではなく，前面に出る）や，そこから最大の治療価値を引き出す方法などを考察する。

11章では*再構成の介入*を取り上げる。従来の精神力動的手法でクライエントの機能パターンに取り組み，対話の中では共感的なアプローチをとる。またクライエントの気づきや貢献をはっきりと分かるかたちで引き出し強化する。

12章では，感情の変容力を充分に引き出す*体験的—感情的介入*に注目する。この介入方略はさまざまなかたちで，高まった感情状態の促進，処理，深化，

ワークスルーを最善の治療のために活用する。事例のエピソードは，いかにして暗い感情の海をワークスルーし，クライエントが深みに接近したときに統制を失わずに克服できるよう支援し，今回はひとりで体験に耐えているわけではないことを保証するかを示している。

　13章では，より長い事例を紹介する。5章のエピソードは深い感情をともなう関係性の作業の例であり，9章のエピソードは，クライエントが圧倒的な混乱の体験の意味を理解できるように，精神力動的な一貫性のある語りを構成することを強調したが，本章のエピソードは広く体験の領域で起きるものである。クライエントとセラピストは2つの大きな感情の波に乗り，セッションを終えるときには始まりとはまったく別の岸辺にたどり着く。変容するのは自己体験だけではなく，これから旅を続けるときの物の見方やリソースの感覚も変容するのである。

　注1　ドイツ人建築家の事例 (Davanloo, 1990, pp.1-45)

第1部
理論的基盤

1章
感情と変容

　感情は，精神と脳の最も基本的な要素である。重力，風，稲妻などの物理的存在と
同じく，感情には強さと方向性がある。

ガーフィールド，1995, p.XI

　最も重要な人間関係は，変容を引き起こす人間関係である。そのような人間
関係では感情が極めて大切な役割を果たすが，その要となるのがコア感情であ
る。コア感情は極めて重要である真正な（authentic）自己体験と根源的につな
がっているからである。

　たとえ困難や悲惨な出来事に直面しても，人とのつながりのある充実した人
生を送るためには，感情体験を持ち，それを活用する能力が必要である。心理
療法を求めるきっかけになる家族生活や社会生活での疎外や摩擦のほとんどは，
感情への恐怖に遡ることができる。感情の力に圧倒され，辱められ，無能さを
露呈することを恐れて感情体験を切り離そうとすると，後々になって，抑うつ，
孤立，不安などの代償を払うことになる。もし治療的環境の中で，感情を強く
帯びた体験への恐怖を和らげることができれば，そして安心して感情を感じら
れるようになれば，そこから得るものは大きい。コア感情の状態には，強力な
適応的な力と強い治癒力のあるプロセスが内包されているからである。

感情の性質

　感情は，人間の生得的，適応的，表現的，伝達的な体験として概念化され
ている（Bowlby, 1980; Damasio, 1994, 1999; Darwin, 1872; Ekman & Davidson,
1994; Goleman, 1995; Greenberg, Rice, & Elliott, 1993; James, 1902; Lazarus,

25

1991; Nathanson, 1992; Tomkins, 1962, 1963)。感情は人と感情的環境の相互作用に介在する。また情報と個人的意味の源であり，真正性と活力の体験の根底をなしている。

　感情は体験の神経・身体性に根ざした多面的現象であり，それぞれの面に自己—他者—自己・他者の関係にまつわる体験の複雑さが表れている。感情がどう解釈され，どう作用するかには，体験の生理的，心理的，先天的，後天的，感覚的，運動的，情報処理的，意味創出的，経験的，表現的な要素が複合的に影響を与えている。感情は人間の行動を動機付け組織化する。感情表出は，自己調整（環境刺激に対する乳児の反応の組織化など）にも他者の体験の調整（乳児の感情のサインが養育者の行動を導くなど）にも重要な役割を果たすことが分かってきている（Beebe & Lachmann, 1988, 1997; Stern, 1985; Tronick, 1989）。

　主観的には，感情を体験すると生き生きとし，実感が湧き，本来の自分らしさを感じる。また自発的になり，生が意味を帯びてくる。（前頭前皮質の）神経生理学的な損傷のために感情を感じられなくなった人は，色彩感や触感のない人生を送るだけではなく，人生に意味を与える情報に近づくことができなくなる。対人的機能や判断力，意志決定力，その他の複雑な実行機能が損なわれてしまう。自己感覚そのものが混乱し，他者感覚も混乱する（Damasio, 1994; Schore, 1994）。

　心理的トラウマが原因で感情体験を処理し享受する能力に制約があるときも，同じような支障をきたす（Herman, 1982）。心理的損傷は感情処理の困難と深く関係し，感情処理がうまくできないと，重要な情報源を失い（Damasio, 1994），適応的な行動傾向や（Darwin, 1872; Frijda, 1986; Greenberg & Safran, 1987; McCullough Vaillant, 1997），内的な活力や自発性を（Ferenczi, 1931, 1933; Winnicott, 1949, 1960）失ってしまう。端的に言うと，深い感情がなければ深い関わりを持つことができないのである。

コア感情

　感情に関する主要な研究は，いずれも感情と個人の適応の関係を強調する（Darwin 1872; Ekman, 1984; Lazarus, 1991; Tomkins, 1962, 1963）。認知，コ

ミュニケーション，発達，生理など力点は異なるが，いずれの解釈にしろ，感情が人間の最も望ましいあり方に必須であることは明白である。

また心理療法の実践の観点から注目に値するのは，人は感情の効果（変容を起こす強力な効果）を薄め，妨げ，低減しようとして膨大な労力を費やすということである。確かに感情はよい方にも悪い方にも変容するし，感情体験や表現に近づかないようにする心理的操作には強い力が働いている。日々の心理臨床実践からも，人がさまざまなかたちで自分を感情という適応の源泉から切り離してしまうことは明らかである。治療的作業は，クライエントがもう一度感情体験によって養われるよう手伝うことであり，そもそもなぜ感情が閉じ込められ，隅に追いやられ，あるいは忘却されたのかを正確に理解することも含まれる。

ここで提唱する感情の概念は，1つの際立った臨床的観点によるものである。コア感情という用語が指すのは，活力があり，自発的で，自発性を抑制しようとするもの（防衛方略）がないときに前面に出てくる感情である。セラピストは体験に抵抗する勢力（防衛）に有効に対処し，その勢力を煽るような恐れ（不安，無力感，恥など）を鎮め，コア感情体験の力をうまく調整して，クライエントの人生を豊かにし，向上することを目指す。コア感情が高まると適応が強化され，その人特有の欲求，特性，人生の課題に対応するのに必要な内的リソースへの到達を助ける。

コア感情，もっと厳密にいうとコア感情体験とは，感情を隠したり，妨げたり，歪めたり，強く抑え込もうとしないときの感情反応を指す。コア感情体験の決定的特徴は，主観的でその人特有のやり方で展開される体験，身体状態の変化，表現行動に向けての適応傾向の解放（適応的な行動傾向）である。適応的な行動傾向とは，ゴールマン（1995）の広範な心理学的定義によると「個々の感情が行動への明確なレディネスを提供し，人生で繰り返し生じる困難に対処するのに有効な方向性を指し示す」（p.4）傾向のことである。コア感情には恐れ，悲しみ，喜び，怒りなどのカテゴリー感情が含まれるが，自己感情体験や関係性的感情体験も含まれている。カテゴリー感情は出来事に対する自己の反応であり，自己感情体験は自己による自己の読み取り，関係性的感情体験は自己による関係の感情状態の読み取りである（7章で詳しく扱う）。コア感情現象に接近すると，深い変容プロセスが活性化する（この体験と，強い感情を帯びて

1章　感情と変容　**27**

いるが変容的ではない体験との区別については，6章と7章を参照）。コア感情の決定的特徴は，防衛や不安・恥などの妨害的な感情がなく，治癒的な状態変容を生み出せることである[注1]。ジェームズ（1902）が指摘したように，強烈な感情を体験すると，もとのままではいられない。それは身体にも自己にも関係にも当てはまる。コア感情体験を経るとすべてが変容するのである。

　コア感情は，臨床的にとらえた感情と感情理論でとらえた感情の接点である。感情の研究者も（Darwin, 1872; Ekman, 1984; Ekman & Davidson, 1994; Frijda, 1986, 1988; Lazarus, 1991 など），今や神経科学者も（Damasio, 1994, 1999; LeDoux, 1996 など），感情は最適な適応と機能に不可欠であると考えている。感情理論の観点は「感情に関する生物学的・進化論的観点と統合され，感情は，生物学的にみて環境との相互作用における自己についての生得的な情報としてとらえられている」のである（Safran & Segal, 1990, p. 57）。感情理論は，人間の全体的機能における感情の役割を説明する。つまり，人が本来あるべきやり方で活動するとき，感情はどう作用しているのかということについて説明する。だが臨床の世界は，人がその生物的課題からどれほど逸脱しているかをよく知っている。日常生活で感情が純粋なかたちで現れることなどほとんどないのである。感情の変容モデルは心理療法の体験的世界と感情理論をつなぐものである。また心理臨床は理論からコア感情の領域について有益な示唆を得ることができる。

用語と用法について

　本書では全般的にaffectとemotionが互換的に用いられている。*カテゴリー感情（categorical emotions)*は，恐れ，怒り，喜び，悲しみなど，特徴的な生理学的兆候と生得的な適応的行動傾向をともない，それぞれが独自の特徴を持った普遍的な感情を指す。*コア感情体験（core affective experience)*（あるいは短く*コア感情*）は，防衛や不安のない状態で，直接的・内臓感覚的に体験する感情生活のあらゆる側面を指す。コア感情体験はカテゴリー感情，自己感情体験，関係性的感情体験も含むが，それだけに限られない（7章で扱う）。

コア感情の定義

コア感情の詳しい特徴や，他のタイプの臨床題材（とくに，感情を強く帯びているが変容的ではない体験）との区別については，6章と7章で取り上げる。防衛や不安・恥などの信号感情がないときに体験するコア感情は，治癒力がある状態変容を生み出すことができる。コア感情体験には身体的兆候がともなう。感情への接近が阻まれているような体験は（変容促進的性質を持つコア感情体験とは対照的に）「同じところをぐるぐる回っている」「出口が見つからない」「立ち往生している」ような性質がある。

「私は〜という気分だ」という発言が必ずしもコア感情を表すわけではない。たとえば「今朝，私はベーグルを食べたい気分だ」はコア感情でも何でもないし，いかなる意味でも感情とは言えない。だが「私は悲しい気分だ」とか「私は腹立たしい気分だ」という発言であっても，すぐにコア感情とは断定できない。コア感情には，言語表現と一致する内臓感覚的要素（内臓感覚的または運動的な*活力*），つまり言語表現にともない内側から湧き上がってくるような感覚が不可欠である。身体から切り離された発言はコア感情状態を反映しない。コア感情には何らかのかたちで身体が関わるのである。

変容の現象とそれを促進する条件

感情の変容モデルによる心理療法では，そのスタンスや技法を通して，コア感情現象の出現と処理，それによって喚起される変容プロセスの促進を目指す。仮面がはがされ恐れが鎮まると，コア感情が体験の前面に現れてくる。本書の技法面での関心の大半は，その望ましい状態をいかにして最も効果的にそして確実に引き出すか，またコア感情体験が自然発生的にはっきりとしたかたちで出現したとき，その瞬間をいかに活用するかということにある。

治療関係において，強烈な感情は自己のメタモルフォーゼ（変容）に寄与する。二者関係の中では，感情は治療的変容の重要な媒体である。だが治療的な状況だけが感情を喚起し，その変容力を利用しているわけではない。似たような感情現象や変容プロセスを扱う他の4つの研究領域から，感情の力動の説明や理解について教えられるところは非常に大きい。

1章　感情と変容　**29**

1．ダーウィン（1872）は，感情は身体に深く根ざし，長い年月の間に形成・洗練されてきたものであり，種の存続に不可欠であると理解していた。カテゴリー感情の現象と中心にある力動について，最初に体系的にまとめたのは彼である。ダーウィンはさまざまな種，年齢，文化を観察し，文化的に習得した表現規則による差異を見分け（Ekman & Friesen, 1969），文化社会によって変わることがない普遍的感情に到達した。

2．臨床発達心理学者は（Beebe & Lachmann, 1994; Emde 1988; Sroufe, 1995; Stern, 1985; Tronick, 1989），養育者との感情豊かな相互作用の中で発達する乳児の，急速な変化のある世界にのめり込んだ。養育者と子どもの関係には，治療関係と同様，長期的影響を生み出す急速な変化があり，二者の感情的コミュニケーションの結果はやがて個人の感情処理の特徴に反映される。ボウルビー（1991）が示唆するように，他者（母親）に対して伝達できないものは自己に対しても伝達できない。この類似性にヒントを得て，2章と3章では感情のレンズを通した愛着理論の検証を試みた。

3．パーソン（1988）による恋愛感情と恋愛状態の研究は，本質的に，コア感情体験の性質，個人のメタモルフォーゼ（変身）に至るプロセス，それを特徴づける力動を扱っている。

　　恋愛は一瞬のときめきだけではなく，自己に劇的な変化が起きる可能性を提供する。まさに変化の媒体なのである……恋愛は，内なる心理的障壁やタブーを突破する人格の柔軟性を生み出す点において意味があり，主観的な解放感を提供する……人格の変化や変容の可能性を生み出し，人生の新しい段階に踏み出し新しいことを試みる弾みとなる。だから恋愛は，人格や価値観の有意義な再編成のパラダイムとみなすことができる。

4．ウィリアム・ジェームズ（1902）は，信仰者と神というもう1つの変容的な二者関係に焦点を当てた明快な研究を残している。宗教的回心やその他の宗教体験の証言に見られる現象の特徴は，永続的効果のある深い治療的体験の特徴と類似している。

信仰，恋愛，養育，種の存続と，効果的な心理療法の共通点は何だろうか。これだけ文脈が異なるにもかかわらず現象とプロセスが類似しているというこ

とは，その類似点が変容的な感情体験の不変条件であることを証明しているのかもしれない。表れ方の違いにもかかわらず存在する根本的な一致を検証すると，感情の変容力を育てるための本質的条件を抽出することができる。

　種の存続，親子の絆，恋愛，信仰の優位性は，究極的には防衛が支配することを阻止する。防衛を超えることは，感情の変容モデルの基本要素である。絆の力（愛着についての章で扱う）と絆が作り出す安全もやはりそうである。存在を示し開放的になろうとするより，萎縮し引きこもりたくなるような不安は，つながりを通して和らぎ，それによって基本感情の力の体験とその力を活用するための他の重大な障壁が取り除かれる。

コア感情：
変容の中心的媒体

　　感情を揺り動かす出来事には……精神の再編成を促進する著しい効能がある。
　　愛や嫉妬，罪悪感，恐れ，後悔，怒りが突然，爆発的にこみ上げる瞬間を経験
　　しない人はいない。希望や幸福感，安心感，決心……もまた爆発的になりうる。
　　爆発的な感情を経ても何も変わらないということはほとんどない。(James, 1902,
　　p.198)

　人格は，愛着の対象人物との体験を通して時間をかけて形成されるが，強烈な感情体験によってしばしば短期間で形成されることもある。ウィリアム・ジェームズは永続的な人格変容をもたらす強烈な感情の力を研究したが，その約1世紀後，ビービーとラッチマン(1994)は，感情の高まる瞬間が状態変容を生み出し，そこから変容が起きることに注目した。長期的でゆっくりとした変容プロセスを扱う発達心理学モデルとは違って，感情中心の変容モデルは急激な変容を扱う。どちらの変容も持続的影響をもたらす。感情を作業の媒体として選ぶことにより，本来であれば，暗黙的にしか感情が関わらないために漸進的にしか起こらない変容プロセスも，感情が十分に高められることによって，より急速な変容の領域に入ることができる。

1章　感情と変容　**31**

感情理論の提唱者や研究者は（Darwin, 1872; James, 1902; Nathanson, 1992; Tomkins, 1962, 1963），変容の可能性は感情の本質に内在し，強烈な感情体験をすれば必ず引き出されると指摘する。加速化体験力動療法（AEDP）ではそうした体験への接近を促し，その変容力を活用する。クライエントが深く純粋な内臓感覚的体験をするとき，防衛や不安は最小限に抑えられ，感情の変容が発達モデルの累積的変容よりも迅速なスピードで展開する。映画「大統領の陰謀」のキャッチフレーズ，「カネの流れを追え」ではないが「感情の流れを追え」である。

　クライエントは治療関係の中で深い感情を五臓六腑から体験することにより，人生に深い意味を持つ重要な心理的処理の仕方を習得する。*深い感情の内臓感覚的体験には状態変容がともなう*（Beebe & Lachmann, 1994）。この変性状態では，心理療法はより迅速に，深く，良好に展開する。クライエントは主観的な「真実」を感じ，真正性と生命感が強まる。しばしば同じことがセラピストにも起きる（Fosha & Osiason, 1996）。クライエントがこの状態にないときは，そこに達することが治療の目標になる。新しい自己認知と感情的リソースの解放は，治療的効果を増幅する。やがてクライエントは弱くて無力な自分ではなく，強く有能でリソースに富んだ自分を体験するようになり，感情と関係性のレパートリーは飛躍的に拡大する。

　状態変容は，2種類のコア感情体験（コア感情とコアステイト）のどちらかに到達することによって達成される。*コア感情*は怒り，喜び，悲しみ，恐れ，嫌悪（カテゴリー感情）などを指し，それ自体が1つのカテゴリーをなしている。コア感情は，普遍的で生得的な有機体反応であり，誕生のときからとまでいわなくても人生の早期から存在するという意味で，一次的な感情である。また関連して起こる特徴的な感覚刺激的・内臓感覚的変化をともなう点において，身体に深く根ざした反応である。こうした感情の多くには特有の生理反応と覚醒パターンがあり（Ekman, 1983; Zajonc, 1985），特徴的な力動がある（Darwin, 1872; Nathanson, 1992, 1996; Tomkins, 1962, 1963）。こうした感情の身体的変化の特徴は非常に顕著であり，体験に不可欠な要素である。

　ここで新しく導入し詳述する*コアステイト*とは，自分の体験の本質に深く触れる，オープンネス（心理的開放性）と接触の感覚が高まった変性状態のことで

ある。コアステイトは，自己が作り出す内的な感情的支持環境である。この状態では，コア感情体験は強烈で，深く感じられ，曖昧さがなく宣言するような印象がある。感覚が高まり，イメージが鮮明になり，談話心迫が消え，話される題材はなめらかに展開する。努力しなくても集中できるのも，コアステイトの特徴である。自分自身の感情へ波長を合わせながらも他者を受容することができ，この2つがいともたやすく両立するため，他者との関わりは，深くそして明快である。主観的な確信を持ってコミュニケーションすることができ，しばしば驚くほど雄弁である。話しているトピックや題材が新しいかどうかにかかわらず，初めてのことのように感じる。セラピストもクライエントも主観的な純粋さ，深み，「真実」を体験する。

　ここまでをまとめると，感情の変容モデルとは，関係におけるコア感情体験を変容の中心的媒体とする二者モデルである。その関心は，(a)障害や障壁を超える感情と関わる諸現象の力，(b)二者による安全の構築と不安の緩和，(c)変容体験とさらなる適応的変容の永続的サイクルにある。コア感情，二者，変容は（克服すべき障害としての不安や防衛とともに）感情の変容モデルの基本要素である。

なぜコア感情体験は癒やしをもたらすのか

▼コア感情体験は，それ自体が癒やしである。たとえ苦痛や恐怖を与える感情であっても，クライエントは生命感や意味の深まりを体験する。

▼長い間恐れていた感情を体験することで，習熟感（sense of mastery）が得られる。それまで圧倒されていたものに打ち勝ち，回避していたものに直面することにより効力感が高まる。

▼感情を内臓感覚から体験すると，新しいリソースや新たなエネルギー，*適応的な行動傾向*と総称される適応的行動のレパートリーに到達できる（適応的な行動傾向の多くは個々の感情に集まっているので，到達しやすくなる。たとえば怒りを充分に体験することは，新たな力，自己主張，自分の権利を守るために立ち上がる決意などにつながることが多い）。

1章　感情と変容　**33**

▼感情は無意識の世界への王道である。深い体験がより深い体験の扉を開き，それまで活用できなかった題材の領域全体（記憶，空想，不安・防衛・精神的苦痛をともなう状態をワークスルーできる）を解き放つことができる。

自分の支持的環境

　感情の変容の魔法が働くのに，適度に健全な自己調整や関係的な支持的環境が必要である。感情は自己と他者の間の移行空間の中で展開する。感情は他者に反射されることで意義と本質（特質）を得る。そして補完的な対応によって豊かになる。自分の感情，つまり外に映し出された自分自身を見ることで感情の共鳴が深まり，つながりが広がる。他者と感情を共有することで，個人は感情のレパートリーを広げることができ，またそれは感情体験によって圧倒されないための支えとなる。

　感情を共有することで，恐ろしく強烈な感情にたったひとりで直面しなくてすむ。むしろコミュニケーションを通して，共鳴が起こり，その個人の意味の世界が見えはじめてくる。そこから，新しい意味がつるのように伸び，未分化だった自己体験の側面が明確になっていく。また感情の共有は他者との協調状態を実現する機会にもなる（Tronick, 1989）。この協調状態は愛着システムの目標であり（Costello, 2000），治療同盟の重要な要素である（Safran & Segal, 1990）。十分に感じられ，関係の中で特徴付けられた感情は，真正な自分と深い関係的なつながりが矛盾しないということだけではなく，共感のサイクルを通していかに効果的に相手を大いに強化できるかをはっきりと示している。コア感情は感情共鳴のプロセスを通して，真正性と親密性を同時に育てる。

　自己と他者との間の感情体験は，やがて内的な感情支持環境に似たかたちで，自己の精神構造に内在化され，それに反映されていく。

コア感情の処理過程と感情の変容モデル

　感情に気づき，触れ，表すことができると，人生を切り抜けるのに役立つ生物学的に適応的な情報に近づくことができる (Greenberg & Safran, 1987)。「(感情は)生体調節の重要因子として，理性的プロセスと非理性的プロセス，皮質と皮質下構造を橋渡しする」(Damasio, 1994, p.128)。カテゴリー感情には系統発生学的な適応能力(最も馴染み深いのは闘争—逃走反応の活性化)が内在化されている。さらに，感情には，ひとりの人間がその人らしさを出すことの利点を活かすような力がある。それは，一人ひとりの存在が，唯一のものであるということにまさに感情が深く関わっているからである。コア感情体験は適応的なだけではなく唯一無二である自己の実存的追求を実現する上で不可欠である。

　感情は，人がどのように自分自身や自分の世界観と接触しているかを最も根本的に表している。また自分に関する本質的な情報を他者に伝達するすべでもある。伝える「情報」が純粋で真実(主観的にコア(中核)である)で，他者の反応もそうであるとき，真の感情的な成長の機会となる。

　コア感情の充分な体験の構成要素は何だろうか。またそれはどのように適応を高めるのだろうか。コア感情体験が喚起するサイクルの要素は，注意，評価，体験，表現，動機付け，コミュニケーション，相互協調である。この完全な感情体験の処理(すなわち精神内部体験への障壁がない適応的な表現，コミュニケーション，そこから生まれる他者との協調状態)を通して，人は新しい境地にたどり着き，パーソン (1988) のいう「人格の変化，変容の可能性，人生の新たな段階に踏み出し新しいことを試みる弾み」(p.23) が促進される。

　コア感情は精神内部的現象であると同時に，最終的に自己および相互調整と協調状態へとつながる対人現象である。他者の存在を本質的に必要とする感情は，感情の変容モデルの重要な要素である。コア感情体験による変容を充分に享受するには，そのプロセス全体が受容的で開かれた態度の他者とのコミュニケーションに至るのが最も望ましい。

1章　感情と変容　**35**

注意

　感情は自動的に私たちの焦点を移動させる。ある事柄への注意を高め，その他のものを背景に退かせる。感情は「何か重大なことが起きているという切実な信号として機能する。またそれに続く行動の動機付けとなり，行動がその重大事の発生を中心に組織化される。手短かに言うと，人は，新たな出会いが起こるとそれに注意を向け，対処することを迫られる。この新たな出会いは，適応に関して突出した意義を持っているため，その人に新しい反応を生み出すのである」(Lazarus, 1991, p. 17)。

　トムキンズ (1970) は感情の増幅的機能について「感情は……非常に報酬的あるいは懲罰的な特別な類比性を加えることによって，良いものをより良くし悪いものをより悪くする」(pp. 147-48) と述べている。感情と感情によって喚起される注意によって，感情体験は高められ，際だったものとなる。さらに，感情は動機付けを与え，新たな可能性を開き，新しい形態・方向性・目標を生み出す。

評価

　評価は，コア感情作用の情報処理と関わる精神内部の一側面である。評価は，環境が自己に及ぼす効果や，感情が動機付けに与える影響を表す。感情は目の前で起きていることと自分との関係を教える。感情に到達できないと，他者の意図を理解することができない (Costello, 2000)。感情は自己の環境への評価を反映し，自分がどう考えているかを自覚させ，後述のコア感情の重要な要素である適応的な行動傾向に影響を与える。

　コア感情は他者についての情報を自己に伝え，自己についての情報を他者に伝える。「これほど人生や物理的・社会的環境の個々の事柄への関わり方を豊かに表す心理学的概念はほかにない」(Lazarus, 1991, p. 7)。ここでいう評価は，皮質下反応に基づく純粋に生理学的な評価 (LeDoux, 1996) だけではなく，自分にとっての状況の意味という精緻化された対人関係の状態によって色づけられた評価でもある。自己の本質的課題の実現または妨害の可能性という点からの状況の評価であり，個人的な効果や反響が多く含まれている (Slavin &

Kriegman, 1998)。

内臓感覚的体験と身体

　内臓感覚的体験はコア感情のサイクルの要であり，感情の変容モデルに欠かせない要素である。コア感情を深く内臓感覚的に体験できるかどうかに，他のすべてがかかっており，AEDPの介入方略の目的は，クライエントにそれを確実に体験させることにある。コア感情体験への到達が妨げられ歪められると，このサイクルの他のすべての段階も損なわれる。これこそが感情の変容モデルの最大の特徴であり，アカデミックな(非臨床的)感情理論や他の(非体験的)精神力動的治療と一線を画す。コア感情体験に内臓感覚的に到達するまで，臨床作業は感情に到達する上での障壁を取り除くか迂回することに集中する。

感情の身体的局所化

　内臓感覚的体験は，自己の物理的な住処である身体ともつながりがある。感情には顕著な身体的体験がともなう(「胸が締めつけられる」「心が重い」「血が沸く」など)。非特異的で静的なコアステイト(特定の感情はなく，全体的に穏やかでリラックスした感じ)にも，感情状態の身体的因子である特定の身体感覚の状況がともなう(Damasio, 1994, 1999)。個人の主観的体験だけではなく，発話の速度やパターン，内的体験への接近，集中力・注意・関わりの性質の中に，さまざまな身体のパノラマが現れる。

　精神的内容が身体感覚に土台を据えると，心的体験は内臓に根をおろし，筋肉や腱，輪郭と力，堅実性と現実性を帯びてくる。同じように，身体的体験を精神の対象にすることにより，身体を体験的に理解するにあたって有限の身体につきものの限界は解消する。皮膚によって境界づけられた内的空間は，内的精神空間の客観的因子となる。このようにして，刻々と展開する体験は身体的現実を帯び，体験の展開の限りない可能性によって，身体の物理的限界が超越されるのである。

1章　感情と変容　**37**

表現・表出

　ダマシオ（1994）が指摘するように，「（感情という）単語の語源には，身体から外へという方向性が見事に暗示されている。感情（e-motion）は読んで字のごとく『外への移動』を表す」（p. 139）。いずれにしろ，充分な感情体験は表出（外に出す）にかかっており，その意味で運動（身体への回帰）と伝達（他者へと向かう）をともなう。感情表出は感情体験を深化する。感情をただ内的に体験するよりも表す方が，感情体験の全域に到達しやすい。感情の機能が大切なものを増幅することだとすれば（Tomkins, 1970），感情表出は，感情体験の感情的・言語的・感覚的・運動的側面を総動員して，いっそう増幅することだといえる（メタ増幅）。

　コア感情は伝達され外在化されると，さらに変容する。クライエントとセラピストが一緒に（または個々に）見守る対人空間のスクリーンに，精神内部の体験が映し出される。コア感情体験は，表されることによって内的な精神空間という閉塞的なプライバシー空間を離れると，*外的現実の一部へと変化し自己がそれに対して反応できるようになる*。表出によって主観性を部分的に失い客観性と現実性を部分的に獲得したコア感情体験は，白日のもとで検証し解釈することができる。そして新たに定義された問題に合わせて，一連の行動（感情的行動）を展開することができる。コア感情，とくにつらく，恐ろしく，恐怖を与えるコア感情は表面に出ることにより，自己が対処すべき外的環境の問題へと変化する。そこから適応的な行動傾向という次のステップが本格的に始まる。この複雑な知覚的・認知的・感情的対処反応について，次に考察したい。

動機付け：
コア感情によって解き放たれる適応的な行動傾向

　あらゆる感情は本質的に行動への衝動であり，進化の過程で人間に組み込まれた即時的計画である……感情が行動を生むことは，動物や子どもを見ていれば一目瞭然である。しかしながら「文明化した」成人だけは動物界の大きな例外で，感情（行動への根本的衝動）と目に見える反応が切り離されている……身体と脳を観察する新しい手法により，感情が身体をさまざまな反応に備えさせる

生理的仕組みが詳しく分かってきた (Goleman, 1995, p.6)。

どのコア感情体験も「表出衝動」(Lazarus, 1991, p. 272) と「特徴的な行動のレディネス」(Goleman, 1995, p. 4) をともなう特定の行動傾向 (Safran & Segal, 1990, p. 57) と関連がある。

特定の感情状態は特定の行動傾向と関連がある。たとえば怒りは，攻撃として体験された出来事に対する反応であり，自己防御的行動や報復的行動と関連する。恐れは，危険と評価した出来事が喚起するもので，過剰な覚醒や逃避と関連する。また愛は親和的行動と関連がある。このように感情体験の中核は，自然淘汰の過程で生物学的に組み込まれた行動体系に関連する組織化された表現・運動行動で構成されている (Safran & Segal, 1990, p.57)。

*適応的な行動傾向*とは，コア感情を充分に体験することによって解放される対処反応とリソースであり，以前は近づけなかった自己・他者・状況についての新たな情報に基づく新たな反応を反映する。あるクライエントは，子どもの頃に亡くした父の死をそれまで一度も悼んだことがなかった。父の死という喪失を充分に悲しんだ後に彼が初めて気づいたのは，父の死に対する感情的否認（そして同一視による父への固執，「完全に行き詰まった」自己の体験）が，20年以上も彼の人生を保留の状態にしていたということだった。彼は父の墓に行って別れを告げると決心し，その後は本当の意味で前に進み，自分自身の人生を生きられるようになった。自分の感情の真実に近づくことにより，それまで得られなかったものを得たのである。感情的真実は，ずっと分かっていたことであると同時に目が覚めるほど新しいものなのである (Bollas, 1987, 1989; James, 1902; Person, 1988)。[注2]

他者との関係性と自己体験へ治療的焦点を当てることはともに感情の変容モデルに不可欠な要素であることを踏まえ，ここで2つの新しい用語を導入する。1つは*適応的な関係性傾向*で，人とつながりを持ち，愛着・相互性・親密さのプロセスに介在する相互協調状態を達成しようとする傾向であり，自己の関係性の課題に貢献する。もう1つは*適応的な自己行動傾向*で，自己実現を推進しようとする態度と行動の傾向であり，自己の独自の課題に貢献する。この

1章　感情と変容　**39**

傾向はしばしば，自分の基本的欲求の性質への気づきや（Greenberg, Rice, & Elliott, 1993），欲求を実現する行動として表れる。

　治療のプロセスでは，漸次的に感情に焦点を当て直していくことで感情が表されて，外在化される。すると，感情が適応的な行動傾向を次々と活性化して，適応に貢献するのがよく分かる。たとえばクライエントが妻に関するある出来事を口にしたとき，セラピストは「あなたはそれをどう感じましたか」と質問する。これはセラピストがクライエントの体験に寄り添い，深化させ，明確にし，言葉でより詳細をはっきりさせることを求める介入だが，それ以上に，二者の変容プロセスがすでに切れ目なく始まっていることを意味する。この単純な質問から治療プロセスは本格的に始まっているのである。セラピストとクライエントが一緒に検討する対象は，出来事の叙述からその出来事についてのクライエントの体験の描写へと切り替わっている。体験は関係性の中で展開しながら進展し，深化と明確化を通して変容がもたらされる。

コミュニケーションと相互協調

　ボウルビー（1991）は「感情の主要な機能はコミュニケーションである。つまり自己と他者に対し，自分の現在の動機付けの状態を伝達することである」と述べた（p. 294）。またダーウィン（1872）も，感情表現の重要な機能は対人コミュニケーションにあると考えていた。感情は，自分の感情や動機付けの状態を他者に知らせる。何かをしようとする動機は本来，ある特定の感情と関係があり，その感情に基づいて行動するのである。ダーウィンは，人は進化の過程で他者への共感を身に付けたため，他者の反応に大きく影響されると考えていた。つまり，自分のコミュニケーションが他者に及ぼす影響に反応するように進化したととらえていたのである。

コミュニケーションのための表現
感情コミュニケーション・システム

　ひとりで考えたり感じたりするよりも，誰かに話した方が，その人にただ耳を傾けてもらうだけでも効果があるのはなぜだろうか。他者に何かを伝えることが，どうして大きな変化を引き起こすのだろうか。コア感情の処理のサイク

ルは，表現（そして*他者による受容*）において完結する。感情体験を伝え，それまで考えられず耐えられなかったものを他者がいとわず受け入れてくれることが分かると，世界は限りなく広がっていく。コア感情体験において，孤独感とより大きな相互的な流れの集まりである共同体への統合感を分けるのは，開かれた態度で関心を持ってくれるひとりの他者との感情的コミュニケーションである。

コミュニケーションは対話をともなう。コミュニケーションは感情状態の協調を可能にするが，他者や他者の状態に左右される（Costello, 2000）。他者が受容的でない場合，コア感情を体験しても自分の中にとどめておくこともある。それでも感情をともなう対話が相互交流的であれば，それぞれが変容するだけではなく相手をも変容する。互恵的で変容的なコミュニケーションは，感情の変容モデルの本質を表している。

他者との感情的な協調状態に至ると，適応的な関係性傾向（2章と3章で扱う*感情能力*）が解き放たれ，関係性はさらに発展し，絆は強まり，親密さや近接性は高まり，他者と自己をより深く知ることができる。愛着の安全は強化され，探索心と精神的レジリエンスが高まる。まさにタンゴはひとりでは踊れないように，コア感情には二者が必要なのである。協調的なコア感情状態に達し，適応的な関係性傾向を解放できるかどうかは，他者の受容性と開かれた態度にかかっている。セラピストが高い感情能力を維持し，クライエントや自分の感情に飲み込まれたり敵対したりしないことは，基本中の基本である。AEDPのセラピストのスタンスの極意はここにある。

治療的スタンスと感情の変容モデル

……限界に向き合えない人には本質は見えない。

ルイーズ・グルック，『キルケの力』

感情の変容モデルにおけるセラピストのプレゼンス（治療的現前性）の本質は，クライエントの世界の内側に他者として存在し，そのことをクライエント

が感じ，分かっていることである。そのようなプレゼンスのあるところで，クライエントの世界は展開する。このプレゼンス（クライエントの世界を知り，知ることを願い，そばにいて，そばにいることを願う対等な存在）によって，クライエントは苦痛をともない，それから隠れ，それに脅え，恐怖を覚え，危険だと知覚し，混乱を引き起こすような自分の一部について誰かに話せるようになる。共感はコア感情体験への感情の波長合わせと，その体験をクライエントにとって恐ろしく，つらく，または爽快なものにするものへの感情の波長合わせの両方のプロセスをともなう。共感するためには，セラピストはクライエントの世界に入り込み，潜在的体験を明らかにする必要がある（Gendlin, 1991; Safran & Segal, 1990）。

　セラピストの治療的スタンスは，共感，感情の伝染，感情の波長合わせと共鳴，協調状態の達成などの感情現象の理解に基づいている（Gold, 1996; Stern, 1985; Tronick, 1989）。セラピストがクライエントの体験に対して共鳴・共有・共感などの感情的応答をすると，クライエントの感情体験は増幅する。クライエントは，それまでの他者の無関心や蔑視のせいで自分の体験をささいなこと，あるいは無価値なものと思い込んでいる場合があるが，セラピストがその体験に心を動かされることは，それまで忍んできた苦しみに対する認識や悲嘆を解き放つ大きな力となる。これがクライエントの内側と外側に存在するという治療的スタンスであり，プレゼンスであり，態度である。そのときセラピストは，ウィニコットのいう意味で真に移行対象としての存在になる。マンとゴールドマン（1982）は深く理解されていると感じることの効果について，こう述べている。

　　クライエントは，誰かが自分のかたわらに，そして内側にいて，いつでも助けを提供してくれると感じる。セラピストが恐れず，落ち込まず，嫌悪もせずに深く入り込み，いつでもそこにいて助けを提供してくれるという事実は，人間の最も早期の体験に遡るような感謝と信頼の感情を喚起する（p.36, 傍点は筆者）。

　誰かが親しく，優しく，近くに，豊かな感情を持ってすぐ隣にいてくれることで，抵抗はときほぐされる。クライエントは自分から話し，共有したくなり，世界からも自分自身からも隠されていた自己の本質とおのずと出会うことにな

る。

> セラピストが治療早期から積極的に働きかけること……そしてクライエントを
> 必ず助けられるという確信によって，クライエントは，通常，他の治療アプ
> ローチではこれほど早くから見られないような厚い信頼の態度をみせる。……こ
> の信頼の確立において，自我は判断を保留にしたわけではないことを強調すべ
> きだろう。セラピストがクライエントをずっと苦しめてきた感情の問題を正確
> かつ明快に指摘したので，自我は自ら進んでこの信頼の現実的基盤を見出すの
> である (Mann & Goldman, 1982, p.49)。

　孤独という悲惨な体験（意図せず，望まず，恐れていた孤独のこと。自ら求
め，意図した，回復のための孤独ではない）と，それにともなう病因的な不安
は，精神を麻痺させ，自己の広い領域に到達するのを妨げる。恐れを助長する
ような孤独は，必要なときに他者の応答がなく支えが得られないことへの反応
である (Bowlby, 1991)。一方，他者が感情的コミュニケーションに受容的な
場合は，病理の媒体となるような孤独は消え去る。
　発達がほどよく進行しているときは，利己心や攻撃だけではなく，共感，思
いやり，利他性，誇り，寛大さ，喜びが人格を構成する要素になる。深く感じ
る能力が損なわれていなければ，こうした深い，人間という有機体として備
えているリソースを活用できる。つまり気高い感情も卑しい感情も生来的なも
のであり，それはセラピーにおいても実生活においてもいえることである。こ
れらは自然の精神的特性であり力なのである。最適な発達の軌道を逸れたとき，
こうした特性は傷つき，損なわれ，歪み，失われる。一方，健全な人は他者と
つながり，自立し，自分と他者を喜び，自分に関心を持ちつつ他者に気を配る
ことができ，共感と思いやりがあり，ギブ・アンド・テイクができる。
　人間は，高度に分化した対人的・感情的相互作用をする社会性の高い種に進
化した。この相互作用は，ニュアンスに満ちた対象関係の世界における感情面
での生き残りに欠かせないものである。これらは対人関係からみて適応的なコ
ア感情体験である。もしポジティブな体験についての語彙が貧弱で，その理論
的思考が未分化で，変容や肯定的動機付けの力や治癒的感情体験を表し概念化
する治療構成概念が不適切であったら，セラピストはこの内的・対人的領域の探

1章　感情と変容　**43**

索でクライエントを導くことはできないだろう。構成概念が分化していないからといって現象が存在しないわけではない。この研究分野には，ビービーとエムデ，スターンとトロニックが先鞭をつけている。言うなれば，私たちは微生物がよく分かる顕微鏡を開発する途上にある。微生物がいることは分かっているし研究も進行中だが，まだ充分に分化した分類法がないのだ。以下の章では，ポジティブな感情体験と関係性的体験の両方を含むコア感情体験の語彙の構築を進めたい。

まとめ

　人は他者との強力な相互作用を通した発達プロセスを通して，メタモルフォーゼ（変身）を繰り返しながら，本来の自己へと進化し続ける。共鳴と協調のプロセスを通し，個人の内的体験の基盤とクライエントの内的体験を純粋で真実のものとする基盤に立ち返ることにより，またコア感情に接近し促進することによって，クライエントの真正性は成長し堅固になる。できるだけ本来の自分に誠実になるように促され，できるだけ誠実な他者（セラピスト自身がコア感情体験に触れることによる）にともなわれて，クライエントは本来の自分に誠実ではなく，感情を病的に恐れるような相互作用によって硬化した皮膚を一枚一枚はがせるようになる。こうして変身を繰り返すうちに，だんだん真の自己に接近しやすくなる。真の自己の声が見つかり，その声はだんだん強くなる。あるクライエントの言葉を借りると，それは「ブラスバンドの中で聞こえてくるフルートの音色」に似ている。

　コア感情は，変容プロセスのすべての段階においてマーカーであり触媒である。それ自体が強力な変容の触媒であると同時に，状態のマーカーであり，自分の状態を他者に伝える重要なコミュニケーション手段である。つまり自分自身と他者にとっての，自分に関する情報源なのである。何より，コア感情を媒体として自己と他者は協調し，相手の変容の媒体になることができる。感情の変容モデルでは，セラピストが深い関与と感情促進を通して対象として利用され，クライエントの自己は新たな分身へと――ますます本質的で本来の自分に

誠実な分身へと——変容するのである。

　哲学的・概念的な思考をする人に留意してほしいのは，真の自己とは体験的
構成概念であって，構造的または具象的構成概念ではないということである。
真の自己や本質的自己というものはない。誰もが複数の自己を持っている。だ
がその瞬間の真実で本質的な自己体験は存在し，その真正性の体験こそが探求
の対象なのである。その瞬間，直接的に体験した本質的自己は，何が正しく真
実かを知っているのである。

注1　神経科学分野にも類似のものがあり，ダマシオ (1994) が言及した研究は，
自発的な「本当」の笑み (コア感情) と意志的笑み・偽りの笑み・社会的微笑に関
わる脳活動と神経筋肉組織を比較している。「本当の笑みは大脳辺縁系にコント
ロールされ，表現には大脳基底核が使われていると思われる」(pp.140-41)。ダマ
シオによると，ダーウィンの同時代人であるデュシェンヌは，「本当の喜びの笑
みには2つの筋肉 (大頬骨筋と眼輪筋) の複合的な不随意収縮が必要であることを
突き止めた。さらに後者の筋肉は不随意的にしか動かないことを発見した」。彼
は眼輪筋の不随意的な活性化因子を「魂の甘美な感情」と呼んでいる (Damasio,
1994, p.142)。

注2　ボラス (1987) は，無思考の既知の分析でこのパラドックスを感動的に述
べている。

1章　感情と変容　**45**

2章
感情のレンズを通して見る愛着

　最も強烈な感情の多くは，愛着関係の形成，維持，破綻，更新のときに生じる……
こうした感情は通常，感情的絆の状態の反映なので，感情の心理学や精神病理学は，
大部分が感情的絆の心理学や精神病理学であるといえる。

ボウルビー，1980, p. 60

　現象としての愛着も構成概念としての愛着も，親密な感情的絆を形成したい
という人間の根源的な欲求を指している。愛着は心理的生活の基盤である。愛
着は感情と同様，さまざまなレベルで作用し，進化生物学の長期的視野からも，
人の精神の最も微妙な変化を理解しようとする瞬時ごとの心理療法の作業にお
いても重要な意味を持つ。ボウルビー (1980) は，感情の心理学と精神病理学
の大部分は感情的絆の心理学と精神病理学であるととらえていたが，本章と次
章ではその考えの臨床的意味を探っていきたい。

　愛着理論と感情の変容モデルの概念には共通点がある。どちらも人格構造を
対処方略の所産，つまりつらい感情体験や関係の喪失への防衛が生み出したも
のとしてとらえている。こうした対処方略は，その人の環境が感情を促進する
ものではないときに始まり，感情的リソースを有効に活用する能力の妨げとな
る。

　愛着理論においても精神力動的な感情の変容モデルにおいても，防衛は不安
や感情的苦痛を最小化するための方略として突出している。また探索に必要な
安全を提供する安定した関係性は愛着の重要な特徴であると同時に，感情の変
容モデルの本質的な要素でもある。安全な関係性は探索を促進するが，AEDP
はそれを深い治療的変容に不可欠なコア感情の現象に体験的に没入する意志と
して読み替える。

47

愛着理論と AEDP における
愛着，養育，探索

　愛着理論（Ainsworth et al., 1978; Bowlby, 1973, 1980, 1982）の関心は，子ど
もと養育者の絆の性質が発達に及ぼす影響を解明することにある。愛着は，二
者の間でより弱い者が「通常，より強くより賢いとみなされる好ましい人物」
（Bowlby, 1977, p. 203）である他者と絆を結ぼうとするときに生まれる。より
強く賢い方も絆を結ぼうとするが，その関係は相互調整的でありながら極めて
非対称的である。影響が双方向的に作用するとき，相手に影響を与えつつ影
響を与えられる（Beebe & Lachmann, 1988;　Beebe, Lachmann, & Jaffe, 1997;
Emde, 1981; Tronick, 1989, 1998）。
　ボウルビー（1982）が定義したように，愛着は生涯，私たちの中で作用して
最適な適応をさせる 3 つの行動システムから成り立っている。すなわち，保
護を主な機能とする*愛着行動システム*，促進を主な機能とする*養育的または育
児的行動システム*，環境の学習の推進を主な機能とする*探索行動システム*である
（Ainsworth et al., 1978）。

愛着行動システムとその感情マーカー：安心感

　ボウルビー（1982）は，子どもにとって自分を保護してくれる大人との愛着
の絆は，安全の維持と調整の重要なメカニズムであると提唱した。養育者は安
全基地として機能する必要があり（Ainsworth et al., 1978），子どもの安全体験
を促進し恐れを和らげるのに極めて重要な役割を負っている。また恐れも大き
な役割を果たす。恐れは愛着行動を活性化し探索を抑制する。子どもは愛着の
絆を通して自分自身と養育者のリソースを享受し，どんな危険に対処するとき
もひとりぼっちではない。愛着システムは「ゆりかごから墓場まで……苦しみ，
病気，不安のときも（Bowlby, 1977, p. 203）」有効なのである。子どもの「愛着
行動がとくに活性化されるのは……母親に接近できないか，接近できないよう
に思われるとき（Bowlby, 1988, p. 3, 傍点は筆者）」である。「基地の安全性は
利用可能性，感受性，応答性，支援性にかかっている……ボウルビーによれば，

警戒は最初の刺激に直面したときの恐れを指し，不安は養育者に接近できない，または養育者が応答しないことへの恐れを指す用語である」(Costello, 2000)。「養育者に接近できない，または養育者が応答しない」ことは，子どもの感情世界の大きな危険であり，「養育者に接近できない，養育者が応答しない」ことにまつわる不安は，愛着システムとそこから生じる人格形成の原動力になる。

子どもは養育者の近くにいることで（身体的な接近も感情的な近さも含む），耐えがたい不安や恐れに歯止めがかかり，安心感を体験する(Joffe & Sandler, 1965; Sandler, 1960)。「対象の存在がウェルビーイングの条件であることは明らかである」(Joffe & Sandler, 1965, p. 399)。安心感（単に不安がないことではなく真のウェルビーイングの感覚）(Sandler, 1960)は，安定した愛着の体験的因子である。安心感は内臓感覚的・感覚的・心理的な内的状態であり，リラックスし，くつろぎ，穏やかで，新しいことに挑もうとする自信に満ちた感覚として体験する。安心感に満たされたとき，その人の最善の状態になる。ちょうど練習期の幼児のように，世界をわがもののように感じる。安心感は安定した愛着の体験的因子であるが，世界を探索する自由は，安全でありさらに安心感を感じていることの行動的結果である。

養育行動システム

愛着行動システムと対になるのが，同じく生得的で自然な子育ての機能である養育行動システムである。養育行動は，親や養育者が子どもの安全基地(Ainsworth et al., 1978)として回復し，保護や世話によって子どもの傷つきやすさに対応する行動を指す(Bowlby, 1988, 1991; Costello, 2000; George & Solomon, 1999; Shane, Shane, & Gales, 1997)。養育行動システムは，愛着と探索が展開する環境を作り出す。それは継続的に与えられる支持的環境なのである(Costello, 2000)。

育児行動は……状況によって喚起されると一定の路線に沿って展開される。通常，乳児の親はある典型的な行動——ゆすって寝かしつける，泣いたらなだめる，暖かくしてやる，守る，乳をやるなど——をしたいという強い衝動に駆られる。……思うに，育児行動には堅固な生物学的基盤があり，それゆえ強い感情

2章　感情のレンズを通して見る愛着　**49**

と関係する（Bowlby, 1988, pp.4-5）。

　育児は養育者の多くの欲求を満たす。たとえば愛すること，愛され，必要とされ，役に立っているという実感などである。他者によい影響をもたらすことは，中核的な実存的自己体験である。愛着現象は子どもだけのものではないし，養育機能も制度的に養育者と決められている者だけのものではない。共感と思いやりへの応答性はほんの幼い子どもにも見られるし（Zahn-Waxler & Radke-Yarrow, 1982; Radke-Yarrow, Zahn-Waxler, & Chapman, 1983），セラピストに対するクライエントの態度にも見られる。こうした反応をきちんと受け止め，歓迎し，承認することは極めて大切である。

探索システムとその感情マーカー：
喜び，高揚感，活力，誇り

　感情的に安全な状況では，探索して，好奇心を満足させること，新しい体験を求める欲求などの主要な動機付けが高まる（Lachmann & Beebe, 1992; Tomkins, 1962）。子どもは恐れに押しつぶされずに世界を探索し，新しい状況を習熟しながら新しい知識を習得し，適応的なリソースを増やしていく。好奇心に満ちた熱心な探索の中で，喜び，高揚感，活力，誇り（Emde, 1988; Kissen, 1995）をともなう効力感や有能感（White, 1959, 1960）を体験する。こうしたポジティブ感情は，探索行動システムの感情マーカーである。

　したがって，AEDPのセラピストは関係性の安全と感情の探索を促進するために，「セラピーのはじまりから信頼の確立と安全な環境の促進」（Fosha & Slowiaczek, 1997）を目指す。クライエントはセラピストとの関係で安全を感じるほど，成長の足かせとなる防衛を捨てて新しい感じ方や相互作用を試みるようになる。深い感情（新しい感情や，それまで恐ろしくて耐えられなかった感情も含めて）の体験，処理，表出は，AEDPが扱う範囲内のことであるが，そこで探索行動システムが重要となる。

　ワクテル（1993）によれば，不安は精神病理を精神力動的に理解する要である。愛着理論においてもそうだが，不安—安全の次元は，感情の変容モデルの基本的座標である。愛着理論も感情の変容モデルも，愛着の対象人物との接触

は不安を和らげ，孤独の体験は不安を悪化させるという考え方が中心にある。AEDPにおいて精神病理の発生を理解する鍵は，心理的危険として体験されるものに直面したときの孤独の体験であり，レジリエンスと最も望ましい心理的健康を理解する鍵は，安心感である。治療で目指すのは（良好な愛着状態でもそうだが），セラピストの感情的にそこに存在することと応答性に根ざした，安全を生み出すようなセラピスト＝クライエント関係を確立して，病理の原因となる孤独を和らげることである。自己体験の広い領域の排除に至るような不安の状態（つまりクライエントが治療を求めるきっかけを作った精神病理の原因）は，そのようにして和らげられる。ボウルビー（1988）はセラピストの役割について，次のように述べている。

　（セラピストの役割は）クライエントが過去や現在のさまざまな惨めでつらい人生の部分を探索できるように，安全基地を提供することである。そうした体験の多くは，信頼できる同伴者が支え，励まし，共感し，ときには指導してくれなければ，それについて考えたり考え直すことが難しかったり，ひょっとすると，できなかったりするものである。……このために……しばしばセラピストは，それまではとても想像したり，考えられないとクライエントが思っていたような，両親についての思いや感情をありうるものとしてとらえるのを是認する必要がある。そうするうちに，クライエントは自分を突き動かす強い感情に気づく……その多くは，クライエントにとって恐ろしく，異質で，受け入れがたいものなのである（pp.138-39）。

否認し続けていた体験を探索できるようになると，クライエントはそれを自分の中で処理できるようになり，命を削るような不安は解消する。その結果，セラピストとの関係も自分自身との関係も開かれたものになり（Bowlby, 1991），信頼が深まり，つながりが強くなり，自信が増し，将来，より大きなリスクを引き受けること（新しい学習）が可能になる。状況を危険として体験する閾値が高くなるほど，体験のレパートリーや反応は深みが増し融通がきくようになる。

　治療的作業には２つの側面がある。支持・肯定・励ましなど関係性の安全を促進する作業（段階的プロセス），そしてクライエントが自分の感情的世界

を拡張し，不安からくる萎縮を無効化する探索作業（コア感情の解放のプロセス）である。どちらの作業も「『真の自己』を発揮する条件」の提供するものである（Winnicott 1960, pp. 142-43）。

　AEDPの治療的プレゼンスと治療的行動のモデルは，愛着の養育行動システムにも根ざしている。「そこに存在し」，安全を促進し，探索の旅の「信頼できる同伴者」となり（Bowlby, 1973, 1988），不安に拍車をかける孤立を本質的な意味で和らげることが重視される。養育的な応答性は「状況によって喚起されると一定の路線に沿って展開される」（Bowlby, 1988, pp. 4-5）ものであるが，AEDPは，クライエントの欲求への応答性と援助の意志を治療的スタンスの柱としている。クライエントの苦しみはセラピストの養育反応を引き出す。AEDPは，こうした生物学的基盤のある衝動を活用し発展させる。才能を最大限に開花させるには，それを育て訓練することが必要なように，人の苦しみに対する自然な養育反応も育て訓練しなければ，治療的養育となるような熟練した応答には至らない。

　セラピストはクライエントの安全を高めるだけではなく，クライエントの感情の探索の旅に同行する。感情に波長合わせができる親は，子どもの前に物を置くときも，子どもが自分で発見する体験ができるように配慮するように（Winnicott, 1963a），セラピストもときに，クライエントが知らなかった感情領域を探索するように誘導し，クライエントの自己体験の展開にゆだねることがある。

　こうした意図的なスタンスは，治療の中立性からは抜本的に逸脱する。精神分析理論では常に，クライエント＝セラピストの関係を早期の親子関係に基づいて理解してきた。従来は関係性における精神病理的側面の転移の反復に焦点を置いてきた。治療関係の基盤を愛着に置くと，焦点はクライエントの最も望ましい安全，探索，成長につながるような関係性の条件になる。

表象プロセス：
内的作業モデルと内省的な自己機能

内的作業モデル

愛着関係は「人生の最初の年に始まり，児童期や思春期を通してほぼ毎日のように繰り返される」(Bowlby, 1980, p. 55)反復的な養育体験をもとにして表象化され内面化される。人は特定の養育者との力動的関係の中で，自己を表象する*関係性の内的作業モデル*を構築する。たとえば，泣いたらなだめてもらえるという体験を繰り返すうちに，「苦痛を訴えれば安心と慰めが与えられるという期待」が形成される(Fonagy et al., 1995, pp. 234-35)。ここで留意すべきなのは，感情が肯定されていることである。「統合され，おそらく統合し……こうした期待はこの相互作用にまつわる感情体験である」(Fonagy et al., 1995, pp. 234-35)。内的作業モデルは，自分の体験・探索行動・愛着の対象人物との関係の調整の指針になる。やがては自分自身の子どもに対する養育行動の指針にもなる。愛着は，相互作用における自己と他者の内的表象を作り出すことにおいて発達を形成する。愛着パターンに表れる内的表象から，関係における感情体験の対処がどのように人格や心的機能を形成するかが分かる。

ポジティブで安定した愛着の体験は，「早期の体験が統合され，好ましい状況での重要な他者が感情的にそこに存在すること，理解，応答性に対する確信を反映した無意識の信念体系」を表象する作業モデルを生み出す(Fonagy et al., 1995, p. 234, 傍点は筆者)。安定した愛着を特徴とする内的作業モデルでは，他者は応答性があり信頼できる存在として表象され，自己は保護され応答される価値のある存在として表象される。

安心感の起源が，感情的に存在し，応答性のある養育者との安定した愛着関係にあるように(Bowlby, 1988; Sandler, 1960)，不安や不安から生じる*防衛機制*の起源も，感情的に存在せず，応答性の低い養育者との愛着関係にある。防衛的排除(defensive exclusion)(Bowlby, 1980)は，養育者が感情的にそこに存在することと応答性を回復し，相互的な感情協調の状態(Tronick, 1989)を取り戻すための重要な方略である。養育者の不安が及ぼす影響は大きい。子ど

もは，養育者に応答性のある接触をしてもらえる関係性を維持するために，養育者に許容してもらえない自分の体験のあらゆる部分を排除し，養育者から背を向けられ対応してもらえなくなる事態を防ごうとする。そのようにして子どもは自分の現実や関係性，内的な感情生活を充分に体験することを犠牲にするのである。この防衛的排除が成功すれば，メイン（1995）のいう*二次的な安心の感覚*が生まれる。この感覚は，養育者との特定の相互作用から生じる内的作業モデルに基づいた体験を特徴づける。二次的な安心の感覚は，このパターンを持続させる大きな力である。

やがて母親に伝達されるものと自己に伝達されうるものは同形性（Costello, 2000）を帯びていく（Bowlby, 1991）。養育者とのコミュニケーションにおいて立入禁止になった領域は，やがてその人自身も体験し検討することができない（隠れた内面生活においてさえも）立入禁止区域になる。関係性の喪失への警戒と不安に対処するために形成された防衛的排除のメカニズムは，防衛構造の中で内包される。防衛的排除は内的作業モデルに反映され，愛着パターンに表れるようになる（Bowlby, 1980）。

このとらえ方の斬新で，AEDPの基礎となる感情の変容モデルにとって基軸となっているのは，自己の発達において*他者の影響*がどれほど強いかということが概念化されていることである。自立性・探索・個別的成長などの土台である安全の感覚は，他者が*実際に*そこに存在すること・理解・応答性に基づく体験から生じる，他者にまつわる信念に根ざしている。私たちは*他者*（親，重要な他者，セラピストなど）の立場に立つとき，相手に影響を与える豊かなチャンスを手にしているのである。

密接な関係性を維持する方略としての防衛の概念と，感情を促進する環境の不全を埋め合わせる方略としての防衛というAEDPの概念は対をなしている。どちらも愛着の対象人物の失敗によって生じた不安に対処し，内的世界と外的世界に安心して対処するために防衛が前面に出てくる。養育者が感情的にそこに存在する度合いに応じて，子どもの行動の目的は養育者が感情的にはそこにいないし応答しないときの護身的な安全の回復（防衛的・保護的方略の展開）になったり，養育者がいてくれて応答して子どもが安心を感じるときの成長を促進し，自己を拡張するような（内的・外的）世界の探索になったりする。

環境の不全に対する反応としての防衛

子どもの愛着のパターンは，ストレンジ・シチュエーション・パラダイム[注1]にお
ける子どもの行動によって分類することができる（Ainsworth et al., 1978）。安
定した愛着のパターンでは，信頼性と応答性のある養育の結果，恐れや不安が
抑えられている。一方，不安定な愛着のパターンでは，防衛機制への依存に
よって恐れや不安が抑えられている。無秩序型の愛着パターンでは，防衛機制
が養育者の保護能力の崩壊を補完できるほど強く働かないため，安全の構造を
破壊するような不安が噴出する。

安定した愛着と不安定な愛着を見分けるポイントは，養育者が応答性のある
支持的な養育を提供できないことから生じる不安に対抗するすべとしての防衛
が見られるかどうかである。防衛は個人の内的作業モデルに組み込まれ，愛着
パターンに反映される（Bowlby, 1980）。防衛は苦痛な体験を最小化する対処
反応として保護的な機能を担うが，望ましくない影響を免れない。関係性や対
世界の機能における防衛の水準は，レジリエンスと，精神病理の発症の可能性
の増大（とくに不安定な内的作業モデルを特徴とする人格パターンとして）を
識別するポイントになる。

安定した愛着は，精神病理の発症に対する強力な保護因子である。とく
にトラウマによる悪影響に対する保護因子になる（Alexander et al., 1995。
Eagle, 1996 に引用）。反対に，不安定な愛着は精神病理の発症の閾値を下げる
（Coates, 1998; Dozier, Stovall, & Albus, 1999; Urban et al., 1991）。最後に，理
屈抜きに分かることではあるが，トラウマと喪失は安定した愛着の確立を妨
げる（Lyons-Ruth & Jacobvitz, 1999; Main & Hesse, 1990）。また安定した愛
着は発達を最も望ましいかたちで促進する（Coates, 1998; Erickson, Sroufe, &
Egeland, 1985; Urban et al., 1991）。

感情能力

感情の変容モデルの観点から言うと，愛着理論の関心は強い感情体験を関係
性において処理すること，その処理の内在化がもたらす長期的影響の両方にあ
る。感情は愛着パターンの発達においても心理療法の変容プロセスにおいても

大きな役割を果たす。**感情能力**（関わりながら，感じ，対処すること）の概念を導入すると，内的作業モデルがどのように二者の感情体験の対処を反映するかを新たな枠組みでとらえ直すことができる。

　感情能力とは，安全を提供する関係（愛着）と自己の統合性を維持しつつ，感情を感じ，処理し，最も望ましいかたちで機能する能力である。**感じるが，対処しない**（感情に圧倒され対処できない）のも，**対処するが，感じない**（対処するために感情を消し「自動運転状態になる」）のも，防衛方略の産物である。心的距離の近さを達成しようとして，外的機能の障害（抵抗型の愛着）や内的柔軟性および活力の喪失（回避型の愛着）という損失を払っているのである。

　愛着の分類は，感情能力のタイプを反映する。内的な感情体験に対処する関係性の方略の特徴が表れる。安定した愛着のパターンでは，柔軟な方略に基づいた健全な関係性の中で感情が処理され，豊かな感情体験が可能となる。不安定な愛着のパターンでは，感情的な環境は感情を促進することができず，2種類の防衛機制が生じる。無秩序・無方向型の愛着のパターンでは，防衛方略によって不安を抑えて精神的一貫性を保つこともできない。

安定した愛着

　関わりつつ，感じ，対処する。愛着の安定した子どもは分離と再統合の感情を体験するが，それに押しつぶされない。かえって愛着の絆が強まりレジリエンスが高まる。分離の際には泣いたり，抗議したり，遊びに興味を失ったりするが，母親と再統合すると，母親になだめられて落ち着きを取り戻し，再び探索的な遊びに熱中する。

不安定な愛着

　感じるが，対処しない。愛着が不安定な抵抗型の子どもは，関係性の中で自分を解放したり感情を調整したりすることができない。母親との分離の際には泣くが，再会して母親がなだめてもそれを受け入れない。いつまでもしくしく泣き，しがみついて，遊びを再開できない。関係性を維持するために，自立の機能や環境の探索を犠牲にする。ここでの問題は感情が過多なことではなく，養育者の信頼性が予測不可能なため，過剰な不安が感情に入り込んでいることである。抵抗型の子どもがしくしく泣いたり泣き叫んだりするのは，慰めるこ

とのできない悲嘆の体験（喪失によるコア感情）とはまったく違う。むしろ悲嘆や不安，愛着を脅かしかねないような怒りへの防衛的排除が混じり合ったものである。これは，ある感情を利用することにより他のもっと不安の強い感情から自分を守るという退行的防衛である。また防衛的排除も見られ，探索，自立の機能，そして愛着関係を破綻させそうな感情が，子どもの感情のレパートリーから排除されている。抵抗型の愛着スタイルは，最適な機能を育むどころか妨害するような感情性（コア感情とは異なる）の下地になる。

　対処するが，感じない。 愛着が不安定な回避型の子どもは，課題・機能を優先して自分の感情生活を犠牲にする。このタイプの子どもは最初から最後まで遊びを中断せず，養育者がいてもいなくても関心がないかのように，分離の際に苦痛を見せないし，再会しても喜びを表さない。それでも生理的変化を観察すると，もっと感情を表出する子どもと同じぐらい，愛着の変化に応じて覚醒が起きている（Cassidy, 1994）。回避型の子どもの遊びが，熱意や喜びの面で，愛着の安定した子どもの遊びと違いがあるのかどうかは興味深いところである。ここで作用しているのは，関係性の重要性を最小化し感情の高ぶりを抑えることによって関係性を維持するという，ファウストと悪魔の取引さながらの防衛方略である。しかし，こうした感情の抑圧（つまり感じないこと）は将来に禍根を残す。感情と関わりは複雑に絡み合っているので，感情の抑圧は関係的関わりの最小化に関わってくる。回避型の愛着スタイルは，後年の孤立，疎外，感情の乏しさの下地になり，少なくとも自己の統合の脆弱性を招く。

無秩序・無方向型の愛着

　感じないし，対処しない。 無秩序・無方向型の愛着パターンでは，感情面での親の一時的喪失（物理的に存在しても感情面では存在しないに等しい）や親から子どもへの不安と混乱の伝染によって，強烈な不安や耐えがたいような感情が生じ（Main, 1995; Main & Hesse, 1990），意識が分裂し無秩序を招く。愛着の絆そのものが脅かされる。たとえ短期間であっても愛着の絆が破綻の危機にさらされると，子どもの体験する危険は大きくなり，恐ろしいほどの孤独感が襲う。このときの感情（主に不安）は認知と行動の組織化を破壊し，自己の統合性を寸断する。無秩序型の愛着には，恐れを取り除くための最も基本的な支えさえ提供されない場合の破壊的な影響が現れている。養育者をあるときには

2章　感情のレンズを通して見る愛着　**57**

脅える存在，あるときには脅かす存在として体験する関係そのものが（Main, 1995），子どもの恐怖反応を増幅し危機に瀕したときには，解離と人格の分裂によってしか精神崩壊の進行を防げることができない。無秩序型の子どもが支持的環境が崩壊するトラウマに反応したときの行動は，身体がショック状態に陥ったときの反応と同様である。

内省的な自己機能

内省的な自己機能（Fonagy et al., 1991）とは他者の願望，意図，行動を精神状態という面から思い描くことのできる能力であり，他者の反応を，自分自身の体験とは異なる*他者*の体験を反映するものとして体験できる能力も含まれる。内省的な自己機能は，子どもが自分の心についても他者の心についても，心の理論を持っていることを示している。イーグル（1995）によると，それは「後年，自分自身の発達早期の体験に対してとるスタンス」である。コアテス（1998）は内省的な自己機能を，自分自身の心を持ちながら他者を心の中に存在させる能力ととらえている。

> 人は自分の心の状態をそのようなものとして認識する。つまり自分の信念や恣意的な好みに気づいている。それは，他の人だったらまったく違う感じ方をするかもしれないことを示唆する……この理解が発達すると，当然の結果として，心の状態は時と場合によって変化することを理解できるようになる。さらに心の状態は誤りやすく人によって違うことも理解する（pp.120-21）。

フォナギーらは，子どもの内省的な自己機能の発達は安定した愛着と明確な相関関係があることを示した（Fonagy et al., 1991）。少なくとも片方の親に安定した愛着のある子どもは，より早くから心の理論を身に付け，感情が高ぶる状況でうまく応用できる。

愛着体験（不安な体験はなおさら）を内省できるようにする点で，*内省的な自己機能は，防衛的排除の対極にある*。豊かな感情を持って内省することができれば，萎縮や歪曲といった防衛に頼らなくても，養育者の限界に対処できる。内省的な自己機能は恐れを調整するツールとなり，安全の源である近接性を確か

にし，逆境にあっても探索を推進し，最も望ましい適応を進展させる。

　内省的な自己機能が働くと，トラウマも超越できる。他者の反応を，その他者の体験を反映するものとして，ただ知的にだけではなく感情的・共感的に理解できれば余裕が生まれ，選択肢も増える（感情的にもっと接近するか距離をとるかなど）。また養育者が子どもをどう感じているかなどの養育者の現実を内在化する前に，極めて大切な段階を間に挟むことができる。たとえば，養育者が子どもを価値がなく邪悪な存在と思っているのを，養育者の行動が示唆していたとしても，子どもはそれを養育者の見方にすぎないととらえることができる。そして，そのように破壊的で，苦痛を与え，適応的ではない見解を自動的に内在化（自分のものとして背負い込む）しない。内省的な自己機能が高いと，感情的な逆境にあっても，防衛的排除を必要とする閾値は高くなる。つまり，内省的な自己機能はトラウマを乗り越える助けとなり，病理ではなくレジリエンスの種を蒔くのである。

愛着現象にまつわる感情

　感情は，愛着プロセスの作業に不可欠な要素である。感情体験，つまり安心感の自己体験が愛着と関わる努力全体を導いている。ある体験的状態（安心感）を実現すること，また別の体験的状態（恐れ，警戒，不安）を回避し和らげる機能を目指すことによって，基本的に愛着は統制される（van den Boom, 1990）。人は感情体験（恐れと安心の感覚との相対的バランス）によって3つの愛着行動システムのかじ取りをする。

　およそ愛着体験に心理的負担がかかるのは，非常に強烈な感情を生むからである。喪失の不安，実際の喪失，分離，見捨てられること，孤独な状態，再統合は，どれも強い感情を喚起する。応答性のある愛着の対象人物の近くにいるという感覚は，穏やかで，幸福で，自信に満ち，安心感のある状態と関連し（Sandler & Joffe, 1965），分離，喪失の不安，現実の喪失は，恐れ，怒り，悲しみ，苦痛，悲嘆，つらく孤独な状態にまつわる感情体験（惨めさ，無力感，見捨てられ感）を呼び起こす。愛着の対象人物との再統合は安堵や喜びを掻き

2章　感情のレンズを通して見る愛着　**59**

立て，ウェルビーイングを回復する。安心感を背景とした探索には，活力，熱心，達成体験にまつわる感情がともなう。最後に，応答性のある他者の近くにいることは，その人物への深い愛情を生む。

愛着体験の体験的要素

　愛着にまつわる感情体験の現象（実際の体験の性質）については，理論面でも実証面でもまだ充分な取り組みがなされていない（Eagle, 1996, p. 111）。私たちは喪失・悲嘆・不安，喜びの現象や，ウェルビーイング・穏やかさ・自信に満ちた状態の現象について，もっと精通する必要がある。だがコア感情（悲嘆，怒り，喜びなど）やコアステイトのほかに，もっと認識し細かく描写すべきものとして，受容感情体験を挙げたい（Fosha & Slowiaczek, 1997; McCullough Vaillant, 1997）。多くの深い感情はよい配慮，とりわけ，より成熟した他者からよい配慮を受けたことへの反応として生じる。ボウルビーは「自分より強く賢く，深い愛で応じてくれる人に接近し，近くにいたいという強い欲求は，人間の性質の不可欠な部分であり，人生で重要な役割を果たすと認識されるようになった」と述べた（Bowlby, 1991, p. 293, 傍点は筆者）。

　私たちはこの概念モデルをさらに拡大し，受容体験や愛・感謝・つながり・好意的評価，その他，深く配慮され理解されていると感じたときのあらゆる感情状態を描写し語れるようにならなければならない。愛着現象にまつわる感情体験を，概念としても心理臨床においても最大限に活用するには，単なる抽象的構成概念としてではなく，体験的要因や特徴を浮き彫りにして到達可能な現象として探求することが肝心である。たとえば，イーグルは（1996），大人の安定した愛着の特徴として「自分の愛着の欲求を開かれた態度で体験できること」（p. 133）を挙げている。それに付け加えるとすれば，愛着体験にまつわる感情を（否定的なものもポジティブなものも），不安や恥を感じることなく開かれた態度で体験し表出できることだろう。とくに7章では，愛着現象にまつわる感情を含めてコア感情の現象を検討する。こうした感情の体験を促進するには，まず現象学的基盤を知らなくてはならない。コア感情を内臓感覚的にワークスルーすることは治療的変容を堅固にするだけではなく，変容プロセスにも不可欠である。

まとめ

　ここまで愛着の構成概念の諸側面を見てきた。愛着を構成する3つの行動システム，表象的側面（関係性の内的作業モデルと内省的な自己機能），愛着体験の調整と内在化に重要な役割を果たす愛着現象にまつわる感情などである。

　信頼できる同伴者との絆によって養われた安心感は，恐れ（警戒・不安）を中和し，探索やリスクテイキングを促し，充実した感情体験を促進する。だが安心感がないと，あらゆる精神病理の源である不安に支配される。不安は養育者が対応せず応答しないことに対する反応であり，その根本にはたったひとりで精神的危機に直面しているという感覚がある。防衛は，愛着関係で安全を得られないときに，愛着の対象人物の限界を加味した上で最大限の養育を引き出し，安全を再構築しようとする反応である。防衛は，自己の統合性と愛着関係の実現可能性を脅かす精神内部的・対人的な感情体験を排除する機能を持つ。

　内的作業モデルはこうしたパターンを取り込み，そのパターンは精神構造に表象化される。内省的な自己機能は防衛に代わる適応的な選択肢であり，愛着の安定とレジリエンスを高める。内省的な自己機能は防衛的排除の対極にあり，他者の状態を確実に充分に理解する。環境の不全に直面するときも，内省的な自己機能が働くと病理を発症する閾値が上がる。

　また安定した愛着と内省的自己機能の高さは，感情への接近の最大化と相関する。不安定な愛着，無秩序型の愛着，内省的な自己機能の低さも，感情体験への接近の減少と相関関係があり適応力の低さを反映する。感情体験に充分に接近できないと，関係性の世界を旅するためのコンパスが狂い，人格から活気や豊かさが失われる。

　愛着モデルの治療的意義は明白である。クライエントがセラピストとの関係で安心を感じることは，何よりも大切である。それが不安を和らげ，防衛に頼る必要を抑え，感情体験の深い探索を支えるのである。感情体験の探索は，AEDPが促進しワークスルーしようとする根本的変容の鍵である。

　次章では，安定した愛着はどのようにして促進されるのかを考察したい。ほどよい養育者のほどよさの要因は何なのか。感情マネジメントの問題と研究知見の介入への応用が主なテーマである。

2章　感情のレンズを通して見る愛着　**61**

注1　ストレンジ・シチュエーション・パラダイムでは，まず子どもと養育者はしばらくの間，子どもの気を引くようなおもちゃがたくさんある部屋で遊ぶ。その後，養育者はいなくなり，子どもは友好的な見知らぬ人（実験者）とふたりだけになる。約3分後，養育者は戻ってきて，またしばらく子どもと遊ぶ。次に養育者も実験者もいなくなり，子どもはひとりきりになる。3分後，養育者は戻り，あとは最後まで一緒にいる。この状況での苦痛因子は，慣れない部屋，見知らぬ人との出会い，2～3分間の親との分離，そしてひとりきりになる体験である。

3章

ほどよい養育者と
最も望ましい二者プロセス

　安定した愛着には最も望ましい発達を促進する力があることを前章で論じたので，次に養育システムに目を向け，養育者が子どもの安全基地として機能するのにどんな資質や応答が必要か，またセラピストは感情の変容モデルにおいて，どのように養育の本質的要素を治療者の役割に取り入れることができるのかを考えたい。以下のような問いに沿って深めていく。

▼養育は，発達しつつあるプロセスにある自己をどのように変容するか。
▼ほどよい養育から学べることを，どのようにセラピーに活用できるか。
▼愛着と感情の変容モデルにおいて，安全で防衛の少ない相互作用を促進するのは何か。
▼ AEDP のセラピストのスタンスと技法は，どのような点で安全で防衛の少ない相互作用の促進に（驚くほど）適しているのか。

　感情能力（関係性の中で感情に対処する能力）は，ほどよい養育者のほどよさの土台といえるだろう。養育者の感度のよい応答性，安定した愛着，内省的な自己機能の高さは，感情能力の現れともとらえられる。さらに感情マネジメント（変容するのではなく，よい状態を維持すること）というテーマを追求すると，変容を喚起し支持するセラピーの試みとその可能性が浮き彫りになるだろう。

　子どもの感情能力が養育者との関係を維持し世界の探索を続けながら，愛着の出来事（分離，再統合，喪失）にまつわる強い感情を調整する能力を指すとすれば，ほどよい養育者の感情能力はもっとハードルが高いものである。養育者の感情能力には，自分の感情をよい状態に保つ（マネジメントする）だけではなく，子どもが自分の感情に対処できるよう手伝う能力が求められる。養育

63

者は，自己と他者，感情と行動，共感と真正性（authenticity），感受性と有効性の間を柔軟に行き来しなくてはならない。それらを衝突あるいは矛盾するものとして体験するときに問題が生じる。最も望ましい感情能力は，自分と子どものどちらの感情状態への波長合わせも犠牲にしないで，この二項対立の微妙なバランスを保つ能力である。

養育者の
感度のよい応答性と支援性

　多くの研究（Ainsworth et al., 1978; Bates, Maslin, & Frankel, 1985; van den Boom, 1990）が，愛着状態と養育者の感度のよい応答性や支援性に相互関係があることを示唆している。感受性と感情波長合わせは学習し強化できるという点は重要である。つまり愛着の状態は，柔軟性があり環境の変化に敏感に反応するのである。

母親の感度のよい応答性と支援性

　メアリー・エインズワースは，愛着の安定した子どもの母親の特徴を表すとき，常に2つの用語を対にするが（優しさと配慮のある支持，乳児のサインやコミュニケーションに対する敏感さと応答性），そのことには感情処理の2つの側面が暗示されている。片方（優しさ，敏感さ）は母子相互作用の感覚的側面を表し，もう一方（配慮のある，応答性）は相互作用を特徴づける子どもへの感情や波長合わせを示している。この4つの用語で示したいのは，理想的な状態において母親は子どもの感情状態と自分自身の感情反応に同時に到達しながら，瞬時ごとの相互作用の変化に対応していくということである。

　そうした処理も感情能力の一面だが，もう1つの面として，養育者が子どもの感情状態を理解し，その克服のために「ミラーリング以上」のことをし，「苦痛に」圧倒されないで「対処」する能力がある（Fonagy et al., 1995, p. 243）。これは積極的な支援性である（Bates, Maslin, & Frankel, 1985）。フォナギーと

ターゲット（1998）によれば，注射が終わった後の子どもを上手になだめる母親のミラーリングは「現在の子どもの感情とは相容れない感情（ユーモア，懐疑，皮肉など）の表示によって『汚染』されており，対処，代謝，抱え込みを反映する」（p.94）。このように養育者が明白な他者として自分を表すことで一致しない応答性は，子どもの苦痛を反映すると同時に母親（セラピスト）自身の感情対処スキルを使うことでもある。こうして養育・ケアの受け手（子どもやクライエント）はその能力を内在化しやすく，やがて苦痛を自ら調整できるようになる。

安定した愛着の内的作業モデルと内省的な自己機能

　フォナギーの研究グループとメインの研究グループは，安定した愛着を促進する親の特徴を検討するため，養育者の子どもに関する**表象プロセス**（内的作業モデルと内省的な自己機能）の性質の影響について調査した。安定した愛着の内的作業モデルと高度な内省的な自己機能は，感情能力の類型の極めて大きな構成要素である。どちらも，子どもの中に内在化され，安全と関わりの構築や世界の探索の手段を与えるようなポジティブ体験をともなう。また治療的な試みにも大いに転用できる。

　養育者自身の安定した愛着の内的作業モデルに基づく，ほどよい養育は，感情能力を形成し防衛操作の必要をなくすような「感情─関係性的体験」を促進する。また養育者の高度な内省的自己機能に基づく，ほどよい養育は，自分は深く愛され理解されているという強い感覚を子どもに植えつける。子どもは体験を内省する能力を形成し，レジリエンスや逆境を乗り越える能力が強化される。

感情能力と養育者の愛着パターン

　成人の養育者の表象プロセスの研究は，すべて成人愛着面接（Adult

Attachment Interview, AAI) を土台にしている。これは愛着に関連する成人の精神状態を測定するための半構造化された面接法である (Main & Goldwyn, 1990)。面接では「無意識を驚かせる」(George et al., 1985。Main, 1995 から引用) といわれる手法によって，子どもの頃の愛着にまつわる体験の記憶 (愛された，あるいは愛されなかった感覚，動揺や病気の記憶，分離や喪失の記憶など) を探り，面接対象者を安定—自律型，不安定—とらわれ型，不安定—軽視型，未解決—無秩序型の４つの愛着パターンに分類する。

安定した愛着：感情能力

*関わりながら，感じ，対処する。*安定—自律型の養育者は，防衛方略に頼らなくても苦痛な感情を処理することができる。愛着にまつわる子どもの感情が激しく揺れ動いても，圧倒されたり遠ざかろうとしたりせずに，子どもを支えることができる。子どもは感情的自信と落ち着きを内在化し，それはやがて子ども自身の感情能力に発展する。

不安定な愛着：傷ついた感情能力

*感じるが，対処しない。*不安定—とらわれ型の養育者は，自分の感情を調整できない。強い感情から生じる不安に圧倒され，機能できなくなる。子どもの苦痛に確実に対処することができず，子どもに支持を与えるどころか世話や配慮を要求することすらある。そういう養育者の子どもは，一貫性のない養育態度に対処しなければならなくなる。母親がいなくならないように必死で見張りしがみつくという，愛着の不安定な抵抗型の子どもの対処スタイルは，一貫性の欠如による不安と苦痛を子どもなりに統制している。

*対処するが，感じない。*不安定—軽視型の養育者は，親子関係の重要性を矮小化し，自分の過去をほとんど思い出さず，感情を平板にすることで自分を防衛し平静を保っている。自分自身とも他者とも感情的に関わらない。子どもが感情的に興奮すると感情的距離が開いてしまうだけで子どもは見捨てられたと感じ，自分の感情を無価値で恥ずかしいものと体験するようになる。子どもは最初に起こる自身の感情の興奮に圧倒され，次に自己価値を過小評価されて孤立し回避的になる。そして感情の応答性に欠けた養育による拒絶の苦痛に対処する方略として，養育者の内的作業モデルを内在化する。この苦痛は子どもの

感情能力を超えるもので，ひとりでは対処できない。

未解決の無秩序型の愛着：感情能力の不全

　感じないし，対処しない。未解決―無秩序型の養育者は，接触も一貫性も失っている。解離状態のどちらか一方が一瞬麻痺すると，子どもの世話ができなくなり，その瞬間，子どもは喪失のトラウマを体験する。恐れが関係の中で抱えきれないと大きな破壊的感情となって子どもに伝染し，子どもはまったく無防備なまま，なすすべもなく親の責任放棄にさらされる (Lyons-Ruth & Jacobvitz, 1999)。

　先に述べたように，養育者の内的作業モデルは子どもに伝染するが，*養育者に対する子どもの愛着も養育者に伝染する*ことが実証されている。安定した親には愛着の安定した子どもがおり，不安定な親には愛着の不安定な子どもがいる。親と子の愛着状態には，通常，似たようなタイプの不安定さが見られる (Fonagy et al., 1991; Levine, Tuber, Slade, & Ward, 1991; Main & Goldwyn, 1990; Steele, Steele, & Fonagy, 1996)。また愛着の研究は，環境要因に対する体験の反応性，とくに乳児期の愛着パターンの*関係性に固有な性質*を明らかにしている (Fonagy et al., 1991; Main, 1995; Steele, Steele, & Fonagy, 1996)。「関係における親の作業モデルの兆候に基づいて，乳児は主な養育者一人ひとりについて一連の特徴的な期待を形成し維持する」(Fonagy et al., 1995, p. 240, 傍点は筆者)。この年齢では，愛着の安定は関係性のパターン全般にわたる特徴とはいえない。むしろ個々の親との関係に個々の内的作業モデルがある（同じ親に対するきょうだいの愛着状態の差異を検討した研究はまだほとんどない。この愛着状態もおそらくそれぞれの関係性に固有なもので，個々の子どもとの関係パターンに影響する*養育者の異なる内的作業モデル*を反映している可能性が高い）。また愛着状態は他者の変化にも反応する。母親の応答性を強化する介入によって母親の応答の感度が高まると，子どもの愛着状態はほんの短期間で安定を増す (van den Boom, 1990)。

　感情の変容モデルでは，長期的なパターンの継続性と瞬間の力（クライエントとセラピストの間で起きること）が並列し，過去の形成力（クライエントの抱える問題）と特定の条件に対する応答性や柔軟性を作っている。「かつて，あそこで」（人格を形成した過去）と「今，ここで」（現在の力動）の両方が，

二者とその相互作用の瞬時ごとの体験を生成することに寄与し，またそれを形作るのである。

　従来の精神分析は，現在を形成する過去の力を最も重視してきた。感情の変容モデルは両方に力があると考える点で，ビービー，ジャフェ，ラッチマン（1922），ビービー，ラッチマン（1988, 1994），ビービー，ラッチマン，ジャフェ（1997），ラッチマン，ビービー（1996）と同じ立場に立っている。

　私たちの見解では，転移が相互作用により組織化されると発達的に変容することを認めている。精神分析家とクライエントの寄与は同じではなく対等でもないが，セラピストとクライエントの相互作用を通して，クライエントが頑なに守ってきた構造に関わり，分析的に応答し，変容させることができる。精神分析は新しい体験の機会を提供し，新しい期待は新しい主題を組織化するのである（Lachmann & Beebe, 1992, p.145）。

　新たな体験の機会と新たな体験が組織化する新たな期待は，感情の変容モデルの要である。セラピストとの体験から生まれる相互作用の構造は，クライエントのレパートリーに取り入れられ，将来の相互作用への期待や寄与を再構成する（同時に過去の相互作用の表象を再構成する）。

養育者の内省的な自己機能と愛着

　精神的逆境に直面したときに内省的な自己機能に依拠することは，防衛的排除への依存の対極にあるといってよいだろう。親の高い内省機能は，次世代の大きな保護因子である（Coates, 1998; Fonagy, Leigh, Kennedy et al., 1995; Fonagy et al., 1995; Main & Hesse, 1990）。実際，養育者の自分自身の人生の感情的な出来事への対処能力は，自身のトラウマや早期の喪失体験よりも，子どもの愛着の安定の強力な予測変数になることが，研究から明らかになっている。

　内省的な自己機能は，トラウマと内的作業モデルの重要な媒介変数である。内省する能力はレジリエンスを高め，トラウマ的なストレス因子から病的な力を取り除き，病理傾向の世代間伝達を阻止する（Fonagy et al., 1995, p. 255）。

内省的な自己機能はいわばセカンドチャンスを提供するのである。しかも「たった1つでも安全で理解のある関係があれば，内省プロセスは発達する」と思われる (Fonagy et al., 1995, p.258)。この自己復元傾向の堅固な証拠をもう1つ挙げよう。*たった1つでも理解のある他者との関係があれば*（それが主な愛着の対象人物でなくても），*トラウマの影響は変えられる*のである。こうした研究は，たとえ非常に厳しい逆境にあっても，内省的な自己機能はレジリエンスと自己の癒やしをもたらすことを明らかにしている。このことは，クライエントのリソースと能力の重視と，セラピストとの支持的関係による変容の可能性というAEDPの2つの重要テーマとぴったりと重なる。

　こうした研究結果は，AEDPの中核を成す前提の実証的支持となっている。つまり，他者を理解しながら体験を処理する能力には変容を起こす力があり，体験，自己，そして他者をも変容することが多いのである (Beebe & Lachmann, 1994; Beebe, Lachmann, & Jaffe, 1997; Seligman, 1998; Tronick, 1989)。この能力は相互作用によって，世代間を超えて伝えられることも変容するという強力な研究証拠もある。

　発達した内省的な自己機能は，心理療法でも実生活でも，病理の世代間伝達にピリオドを打つ力がある。内省的な自己機能を欠く人は，この機能の高い他者（セラピストなど）との*1つの関係*の中で，この機能を育て発達させることができる。この可能性を開花させるためにセラピストは何をすべきかということが，本書の中心テーマの1つである。以下では，セラピストのスタンスと介入（セラピストの高い内省的な自己機能の具体化）が，どのようにクライエントの内省的な自己機能を活性化し強化するのかを具体的に見ていく。

　養育者との関係性的体験は精神構造の中で永続するという研究エビデンスは，早期の体験は生涯のパターンに影響を与え，古い体験によって形成された人格構造に新しい体験が及ぼす影響は（絶対に変化が起きないと言わないまでも）限定的であるという見方を支持する。一方，現在の状況（とくに自己回復傾向に有利な状況）に対する応答性の研究エビデンスは，新しい体験は内的体験，ひいては精神構造に急速で著しい影響をもたらすことを示唆している。この一見，矛盾した結論とその治療的意味にはどのような整合性があるのだろうか。

　エムデ (1981, 1988) とイーグル (1995) が指摘したように，精神構造が長期的

3章　ほどよい養育者と最も望ましい二者プロセス　**69**

に不変であるように見えるのは，環境条件の不変性を前提としているからである。だが子どもは1歳までに親の愛着状況を内在化するとはいえ，子ども自身の愛着状況は関係の変化（van den Boom, 1990; Lamb, 1987）や他の関係の開始によって変化し，新たな体験と一致するパターンが反映される。

　こうした現在の状況への反応性，とくに修復的傾向や自己復元的傾向に有利な状況（Emde, 1981, 1988）への反応性は，感情の変容モデルによる心理療法にとっては朗報である。もし精神構造に可塑性があるならば，感情を促進する良好な状況に反応し続け，病理を生むような環境に対する免疫をつけることも不可能ではない。私たちの関心は，セラピストとの体験がすべての状況，とくに他者が必ずしもほどよい存在ではない（感情を促進しないような）状況にまで一般化されるプロセスにある。高度に適応的な内的作業モデルは，とりわけ感情を促進しないような状況において，どのようにして他の健全ではない内的作業モデルよりも優勢になるのだろうか。

　その答えは，体験を内省する能力である。ここに治療プロセスとその最初からの変容力の保証がある。フォナギーは，たった1つでも安心できる他者との関係があればレジリエンスは強化され，トラウマを防げるということを証明した（Braithwaite & Gordon, 1991; Fonagy, Leigh, Kennedy et al., 1995）。またトラウマ体験があっても内省的な自己機能が高い親は，過去を乗り越え世代間伝達の連鎖を断てることを示す研究エビデンスもある（Fonagy, Leigh, Kennedy et al., 1995; Fonagy et al., 1995; Main, 1995）。心理療法に当てはめると，こうした研究知見は，1つの安定した関係は逆境を克服する（少なくとも逆境によって無効にならない）レジリエンスをクライエントにもたらしうると示唆している。

　気づきは変容を生み出す。もっと具体的にいうと，感情の変容モデルは，深い感情体験にしっかりと根ざし，そこから生まれる気づきを重視する。AEDPでは，体験的作業と内省的作業の波が交互に繰り返される。新しい適応的な内的作業モデルの中に内在化できるような，安全を生み出す新しい体験を促進し，次にはその体験を内省する。感情を込めて内省する能力は，現在の逆境を超越するセカンドチャンスを与える。また新しいポジティブ体験から一般化し，現在の状況を超越して活用する機会を作り出す。クライエントは内省の力によって，ウェルビーイングにつながる環境を作り出し，活力を奪うような体

験はウェルビーイングに好ましくないことを理解して，そうした体験への免疫をつける。この変容モデルでは，パターンが長期的に維持されることと環境条件によっては，それが柔軟性（とくに自己復元傾向に有利な環境条件）（Emde, 1981, 1988）を持っているという両面を認識するため，現在を形成する過去の力と，人を変容させる「今，ここ」の力を両方とも検討することができる。

他者の頭と心の中に存在する

セリグマン（1998）は，「理解とは，体験についてのことではない。理解そのものが体験であり，この体験には，安心を感じられる他者（理解されていると感じることによる安心を含む）の存在が不可欠である」（p. 84）としている。なぜ高い内省的な自己機能は「安心を体験する決定的因子」（Eagle, 1996, p. 135）なのだろうか。フォナギー（1997）は，内省的な自己機能の高い養育者の子どもは，*他者の頭の中に存在する体験*，つまり*理解される体験*をしていると考えた。「理解されているという感覚への生物学的欲求は……他のほぼすべての目標に優先する」（Fonagy et al., 1995, pp. 268-69）。

理解されたいという欲求は，生物学的欲求のレベルにまで高められてきた。フォナギーは内省的な自己機能を手段にして，感度がよく応答性の高い養育の瞬時ごとの波長合わせと，愛着システムの複雑な生存主導の機能を結びつけた。1つの思い切った発想の転換により，共感は人間の最も基本的な適応的目的に貢献する重要なツールになるのである。

> 親が自信を持って子どもの精神状態を予測することを，安定した愛着の本質的プロセスの1つとして強調するとき，子どもの心の中の安全について再考せざるをえない……子どもが自分の体験に基づいて，自分の心の状態は適切に顧みられ正しい反応を受けると想定できる限りにおいて，子どもは養育者との関係で安全だといえる（Fonagy et al., 1991, pp.214-15）。

心理療法においては子育てと同様，セラピストの共感とクライエントがその共感を体験することが，変容全体の基盤である。セリグマン（1998）が述べたように「漸進的な発達プロセスと精神分析的プロセスは本質的に，変容と関わ

る特殊な二者相互作用で成り立っている。この相互作用は，力動的で統合的な関係システムと不可分な要素として，内省的理解と社会的相互作用とに依拠している」(p. 83)。感情体験を代謝する能力（感情能力）は，内省的な自己機能の基本的要素である。フォナギーら(1991)が指摘するように，「自己と他者の心理的機能の心的に表象する能力の発達は，感情や感情調整と緊密な関係にある」(p. 206)。

　フォナギーは「他者の頭の中に存在する」ことを強調するが，*他者の心の中にも存在する*という感覚なしには，内省的な自己機能は愛着の安定につながらない。内省的な自己機能は，認知的な支持よりもずっと深いところで感情的な支持を提供する。それは冷たくつきはなした内省ではなく，共感と配慮に満ちた内省なのである。母親が子どもの苦痛を反射するのにとどまらず「ミラーリングを超えて」(Fonagy et al., 1995)苦痛をうまく緩和できるということは，母親が子どもを理解し，子どもが子ども自身として母親の頭の中に存在し，母親が配慮しているということである。

　内省的な自己機能に本質的なのは，感情体験を内省し，心にとどめる能力である（*メタ体験処理——体験することの体験*。8章参照）(Epstein, 1995; Goleman, 1995)。内省的な自己機能が働くと，他者と自分の両方が感じ存在する「空間が形成される」。またマインドフルネスは，自分の体験に十分に触れると同時に他者の体験との違いを理解することを可能にする。感情体験の2つの領域（離れるのと触れること，この2つが相互作用を持つ中で常に変動しながら，お互いによって影響を受ける）は共存することができ行動に影響を与える。親密性も高まる。

　ごく普通のほどよい養育では，いつも他者が頭の中に存在し，そのマインドフルネスが感度のよさ，感情波長合わせ，純粋な支援性などのかたちで表現される。すると，子どもは自分が他者の頭と心の中に存在することに安全を感じる。また異なる心の存在という概念，つまり子ども自身の内省的な自己機能も発達し，それは大いに子ども自身のためになる。

自分自身の頭と心の中に自分を維持する能力
　高度な内省的な自己機能は，感度のよい母親や安定した愛着がそうであるように，自己と他者の間を行き来して感情を体験し調整する。また内省的な自己

機能が働くときは，他者への共感と自己への共感の間を行き来する。養育者が子どもの感情体験だけではなく自分自身の感情体験を心にとどめることは非常に大切である。まず養育者自身が自分の精神の中に自分として存在しなければならない。もし子どもにだけ集中して自分を見失うなら，その代償として内臓感覚と真正性から切り離され，愛着の生物─心理─社会的システムを維持する細やかな見張りと均衡の仕組みからも切り離される。自分自身を犠牲にして他者の世話に没頭する養育者は，実際には他者を見失い，自分自身がそうされたいと願っているように他者に接し，無意識のうちに自分自身の世話をしているのである（Winnicott, 1949）。偽りの自己の発達の1つの原因は，そうしたケアを受けたことにある。

養育の失敗を内省する能力

　臨床的に重要な意味があり感情能力としての性格を持つ内省的な自己機能の1つが，養育の失敗と修復を許容することである（Safran & Muran, 1996; Safran, Muran, & Samstag, 1994）。これはウィニコットのほどよい（*good enough*）の概念にも重なる。自己と他者を心にとどめる（mindful）ならば，養育の失敗を内省し認めることができる。また失敗を認められるなら，修復の機会は十二分にある。

　関係性の途絶が起こったときに，気持ちの解決を促すために大切なことは，子どもと養育者の間の心的空間の中にとどまることである。養育者が過失や失敗を率直に認め，受け入れ，修復するつもりがあれば，つらい事柄は，信頼できる他者とともに語り，感じ，体験し，処理する領域に持ち返ることができる。まさにその他者に対してネガティブ感情を抱いている場合は，とくにそうである。真に感情を促進する環境では，喪失・失望・攻撃・失敗，それらにともなう感情的苦痛は防衛的排除を必要としない（Bowlby, 1980）。遠ざけたり，切り離したり，ひとりで背負い込む必要もない。感情体験が防衛的排除によって歪められることなく，開かれた受容的な他者とのコミュニケーションの中で初めて，強烈な感情を十分に扱える。

　養育者が感情的に苦痛な事柄にまつわるコミュニケーションに心を開くことによって，困難な感情体験を子ども*自身*の全能感に組み込めるようになる（Winnicott, 1963a）。当初は耐えがたい体験も，子どもがコントロール感，習

熟感，自律感を抱ける心的空間において扱えるようになる。苦痛な体験を通して，関係性の体験はより豊かにより深くなり，ますますしなやかな自己に到達することができる。養育者がコミュニケーションに開かれていると，養育者に子どもが感情的に接することが促進される。この開かれた感情的対話は内在化され，自分の頭で自由に思考する心的な流動性に反映される（Bowlby, 1991）。ほどよい感情の促進に必要なのは，一部の隙もない完璧な共感や非の打ちどころのない献身ではなく，誠実に思いやりと責任を持って関わろうとする意志である。「もし理解と優しさと（めったにないが）一貫した誠実さを備えた母親が身近にいれば，子どもは重大な衝撃さえも，記憶喪失や神経的ダメージを被らずに乗り越えるという印象を受ける」（Ferenczi, 1931, p. 138）。

内省的な自己機能に反射される感情能力

　感情能力は，自分自身の体験に触れつつ子どもに波長を合わせ焦点を当てることができる母親の力を指す。感情能力のある母親は子どもの体験それ自体に対し，優しさ，誠実さ（Ferenczi, 1931），喜び（Ainsworth et al., 1978; Winnicott, 1963b）を持って対応する。そうした母親は「自分自身であり続けながら，子どもに共感し，自発的な働きかけを受け入れ，喜びを感じるという特別な機能を持っている」（Winnicott, 1963b, p. 76）。呼び方こそ内省的な自己機能，メタ認知モニタリング（Main, 1995），感情能力とさまざまだが，こうした性質のものが安定した愛着を促進するのである。

　*レジリエンスの基盤，そして防衛的排除に頼らずに感情的逆境に耐える能力の基盤は，愛情豊かで，波長合わせができ，自分を見失わない他者によって理解され，その人の頭と心の中に存在するという感覚にある。*内省的な自己機能は防衛的排除の必要をなくす。この意味で，内省的な自己機能は，精神は不可避な環境の不全に対する反応として生まれるとするウィニコット（1949）の理解と関連する（一致していない）。ウィニコットの精神の概念は，防衛的で（精神—身体の二分化の結果）*非身体化*された側面に焦点を当てる。それを感情のレンズを通してとらえなおすと，内省的な自己機能の本質は不可避な養育の失敗と運命の打撃によって生じた隙間を*身体化*して（充分な感情をともなって）橋渡しをすることにあるといえる。

最も望ましい発達：
瞬時ごとの母子の感情的な相互作用

ここまで養育者の寄与について考察したので，次に二者の相互作用そのものの寄与について考えてみたい。安定した愛着，ひいては最も望ましい発達をもたらす二者の相互作用プロセスにはどんな特徴があるのだろうか。また心理療法において，深い感情の探索と解決のプロセスを促進するような最も望ましいクライエント―セラピスト間の相互作用には，どんな性質があるのだろうか。ここで取り上げる発達関係の文献は，二者間の相互作用を通して*共同構築*された体験が，どのようにして最も望ましい発達を推進するかを実証している（Beebe & Lachmann, 1988, 1994; Beebe, Jaffe & Lachmann, 1992; Gianino & Tronick, 1988; Lachmann & Beebe, 1992, 1996; Stern, 1985, 1998; Tronick, 1989, 1998）。

トロニック（1989）は，生後1年間の最適な二者相互作用は，感情を伝えるやりとりとしてとても重要だと考えた。感情の変容モデルと同じように，トロニックは相互作用の感情体験を変容の重要な媒体とみなしている。感情能力の構成要素は，徐々に正確に特定されるようになった。安定した愛着は，理解されているという感覚が根底にあることも明らかになってきている。トロニックは（1989, 1998; Gianino & Tronick, 1988），自分は理解されているという感覚の根源は人生早期の養育者と子どもの瞬時ごとの相互的な感情の波長合わせにあることを実証している。

感情コミュニケーション・システム

感情的に共鳴する相互作用の決定的特徴は，各自が相手によって変容し，かつ相手を変容させることである。「他者の感情体験と行動」（Tronick, 1989, p.112）を変容させる感情的相互作用は，自分にもそれに応じた変化をもたらす。この説明は感情の変容モデルの本質を明らかにしているが，実証的な研究もそれを裏づけている。たとえば他者の感情表出を真似て同じ表情をすると，他者の心理・生理的状態と一致する心理・生理的状態が喚起される（Ekman, 1983;

Zajonc, 1985)。一致（マッチング）の行為により，それぞれの心理・生理的状態が変化するのである。

　母親が自分自身の感情体験を調整することは，乳児の体験の調整に不可欠である。よく調節され，波長合わせされ，応答性のある感情処理を生み出す調整は，全般的に最適な発達を支え，とくに安定した愛着を支える。母親は子どもの感情から子どもの状態を読み取ってそれにふさわしい対応をし，子どもは母親の感情から母親や相互作用だけでなく，新しい対世界体験の安全性についても貴重な情報を読み取る（Emde et al., 1978; Klinnert et al., 1983）。トロニックもフォナギーと同様，感情の相互性を「ミラーリングを超える」ものと考えている。

　　他者の感情状態が乳児の感情状態に重要な意味を持つことは明らかである。その重要性は，ミラーリングのような受動的プロセスに由来するのではない。むしろ子どもが他者の感情表出を積極的に利用して出来事を評価し行動の指針とすることに由来する（Tronick, 1989, pp.114-15）。

　こうした主張は明らかに，他者を読み取ることは*可能*であり，しかも正確に読み取れることを前提にしている。スターン（1985）によると「対人間の精神状態は……『読み取り』，一致させ，同調し，波長合わせする（もしくは読み違え，一致しそこない，同調しそこない，波長合わせしそこなう）ことが可能である」（p.27）。互いにうまく読み取ると共鳴状態やポジティブ感情が生まれ，互いにうまく読み取れないと望ましい互恵的な状態を築くことができない。

　感情は，常に進行中の日常的な相互作用の本質的要素である。こうした相互作用の中で，感情を支える環境が構築される。その目的は感情体験，感情表出，柔軟に感情を扱うことを「予想・予測可能で，一貫性があり協調した」（Beebe & Lachmann, 1994, p. 133）かたちで促進することで，感情を日常生活に統合することである。これから見ていくように，*協調*は非常に重要な概念である。感情生活のトーンを設定し感情的期待を形成するのは，次の領域である。すなわち最適な相互作用を促進する感情覚醒のレベル（何が小さすぎて反応を引き出せないか，また何が大きすぎて破壊的になるか），相互作用の流れの中で確実に調整できる感情の種類と強度（何に反応し，反応しないか。何が承認され，

承認されないか。何が表出され，表出されないか）である。二者が構築するこうしたパターンは，双方の気質の要件を反映したギブ・アンド・テイクに根ざしている。二者のパターンには，各自の人格や互いへの反応を加味して達成可能な協調の性質が反映される。それでもやはり養育者は，より多くの選択肢を持っているという点で，感情を支持する環境のパラメーターの形成についてより大きな役割を負っている。

協調状態とその感情マーカー

トロニックは最も望ましい感情の相互作用を，母親と子どもが互いに波長を合わせ合う「協調状態」に至るような「互恵的でポジティブなやりとり」と定義している。協調状態においては，母親と子どもは表出表示（expressive display）（母親も子どもも一緒にハッとする）と表出表示の変化の方向性（子どもが微笑むと母親が顔を輝かせる）が一致している。こうした一致には顔の表情，発声のパターンやリズム，アイコンタクト，その他の関与の指標が含まれる。ラッチマンとビービー（1992）は，「一致の体験は，自分は知られ，理解され，参加していると感じる後年の象徴体験に不可欠な要素である」と考えた（p.146）。相互協調状態への努力には大きな力があり，二者の相互作用を本質的に導くものである。ジアニーノとトロニック（1988）は，そこからの逸脱を（しばしば起こることだが）*相互作用の過誤*と呼んだ。同調の失敗は「相互作用の過誤」の反映であり「非協調状態」をもたらす。

これらの構成概念には，強力な動機付けベクトルに関連する感情マーカーがある。

▼協調状態には，心地よいポジティブ感情がともなう。両者が協調状態を実現するために懸命に努力することは，人間が相互協調状態を求めるように生まれついていることを強く示唆している。
▼ネガティブ感情は「非協調状態」のマーカーである（Tronick, 1989, p.116）。ネガティブ感情が生じると，この非常に不快な状態を緩和したいという思いが喚起され，一刻も早くポジティブ感情へと変化することを求める。そのようにしてネガティブ感情は修復の動機付けを刺激する。

3章　ほどよい養育者と最も望ましい二者プロセス　**77**

一致体験にともなうポジティブ感情

母子相互作用の一致体験にともなうポジティブ感情は，心理療法における成人
のコア感情体験と3つの類似点がある。

▼理解され共感されているという感覚に関連し，パートナーの応答性の自己体
験を記銘する受容感情体験

▼ポジティブなコア感情体験に反応して生じるヒーリング感情（8章参照）

▼共鳴と相互性の感情（8章参照）。協調状態の達成に反応して生じる「共
鳴，高揚感，恐れ，相手と波長が一致するなどのピーク体験」など（Beebe &
Lachmann, 1994, p.157)

　トロニックは感情マーカーを用いて相互作用の状態を評価する。同じように
感情の変容モデルによる心理療法では，感情に接近することができ，クライ
エントが開かれた態度で（ネガティブ感情を気兼ねなく表出することも含めて）コ
ミュニケーションをするなら，クライエントとセラピストの関係は感情協調状
態が生み出す堅固な土台の上に築かれる。抵抗の拡大にはさまざまな理由があ
るが，同調性の欠如（クライエントとセラピストの非協調状態）と，そのため
にクライエントが自分は理解されていないと感じていることが，治療プロセス
の流れを遮っていることが多い。

「ほどよい」とは何か

　「感情的にポジティブで，相互に協調した相互作用状態」を心がけていても，
しばしばそこから逸脱するものである。最も望ましい二者相互作用においても，
通常，そうした理想的な相互作用状態は一緒にいる時間の 30％を占めるにす
ぎない（Gianino & Tronick, 1988)。残りの時間はネガティブ感情，協調状態
に戻ろうとする努力，ポジティブ感情をともなう非協調的な相互作用状態であ
る。一致のある相互作用と一致のない相互作用の間を絶えず揺れ動いている。
「エクスタシーの物語は，終わりのない失敗の物語である。別れは必ず来るか
らである。そして必要不可欠にして束の間の結合への旅が再び始まる」（Hart,

1991, p. 75)。

　最高の状態とは，完璧に波長合わせされた相互の至福状態が途切れなく続くことではない。むしろパラダイスを失っては両者が懸命に努力して回復するところにある。最適なのは30%の時間を良好な精神空間で過ごすことである。完璧にはほど遠いかもしれないが，30%がまさにウィニコットが指摘するようなほどよさ（good enough）なのである。さらに自然の同調能力と同じぐらい（それ以上でないにしろ）大切なのは，同調のない状態を修復して望ましいつながりを回復する能力である。マラン（1976）も，修復の成功は同調状態の至福よりも重要であると認めている。マランは自分がスーパーバイザーをつとめた難しい事例で，セラピストとクライエントが治療の破綻を修復し，見事，元の軌道に戻れたことについて，「何度か悪い方向に傾くが，また正しい方向に戻るというのが望ましい」（p. 333）とコメントしている。

修復機能の瞬時ごとの作用

　ジアニーノとトロニック（1988）は，非協調状態から協調状態へと移行する過程を*相互作用の修復*と呼んだ。相互作用の過誤の後で修復に成功する体験を繰り返すうちに「修復は可能であるという期待」（Beebe & Lachmann, 1994, p. 143）が確立される。

　修復への衝動も修復能力も，すでに乳児期から確実に存在する。乳児は相互作用の過誤を修復し母親との協調状態を取り戻そうとして，精一杯の努力をする（Beebe & Lachmann, 1994, p. 144）。さらに乳児は本能的に母親の修復の努力を最大限に活用し，母親も重大な病理がない限り，乳児の修復の努力に強く応答する。ここに修復力の瞬時ごとの作用がある。「生物学的傾向（がある）……環境の逆風により航路を逸脱しても，その後，自己復元しようとする生来的傾向がある」（Emde, 1981, p. 213）。

　　相互作用的修復とネガティブ感情のポジティブ感情への変容を体験すると，乳
　　児は……ストレスに直面しても外的環境に関わり続けられるようになる。成
　　功と修復の蓄積と反復によって，乳児はポジティブ感情の中核を形成する
　　（Tronick, 1989, p.116）。

3章　ほどよい養育者と最も望ましい二者プロセス　**79**

修復の成功の積み重ねは，乳児のレジリエンスや適応的な粘り強さ（Gianino
& Tronick, 1988）に影響する。ストレス下でも関わりを持続できることは，レ
ジリエンスの最も重要な要素である。

正常な相互作用の中で修復を多く体験している乳児は，母親が混乱やストレス
を抱えた態度（無表情）で行動するとき，しばしば母親から正常な行動を引き出
そうする。正常な相互作用の体験から，相互作用の修復は可能で，自分には修
復する能力があるという表象を抱いているのである（Tronick, 1989, pp.116-17,
傍点は筆者）。

　このような自信があるとき，希望はそうたやすくは崩れない。感情能力の要
であるポジティブ感情の核（Emde, 1983）を持っている子どもは，精神的に破
綻したり防衛方略に頼ったりしないで，当面，持ちこたえ，感じ，対処するこ
とができる。ここにも内省的な自己機能と同様，セカンドチャンスのシナリオ
がある。協調状態は素晴らしいものだが，長期的に見てさらに素晴らしいのは，
失敗したが修復することができたという体験から生まれるものである（Kohut,
1984, pp. 66-67; Safran & Muran, 1996; Safran, Muran, & Samstag, 1994）。こ
の成功体験は，逆境での有能感と自信に加え，他者の信頼性と応答性（とくに
修復に開かれた態度）の感覚を養うのである。
　有能な自己・応答性のある他者・修復可能な相互作用という内的作業モデル
に関連するのが，互いに波長合わせし有効に協調する相互作用のポジティブ感
情と，非協調状態に特徴的な耐えられる程度のネガティブ感情である。愛着の
安定した子どもがネガティブ感情に耐えられるのは，一定の努力をすればそれ
はポジティブ感情（不適切な不安のない）に変わるという確信があるからであ
る。一方，度重なる修復の努力にもかかわらず協調を回復できないと，不安が
ネガティブ感情を耐えがたいものにし，防衛方略の引き金を引く。
　セラピストが深い感情を促進しようとするとき，トロニックの結論はさまざ
まな感情状態が関係性に持つ意味や，そうした状態が起きたときの治療の目標
を明らかにしてくれる。クライエントとセラピストの最適な二者相互作用こ
そ，彼らの間の相互協調とポジティブ感情の回復に有効だといって過言ではな

い。両者とも同調性（良好な治療同盟）を懸命に回復しようとするので，クライエントはネガティブな関係性の感情を，長期間抱くことはない。そうした二者関係でのセラピストは波長合わせされた態度で応答し，自分の反応を修正し，クライエントの修復のイニシアチブを敏感に察し応答する。ふたりの間では，相互作用の過誤は（それにともなうネガティブ感情も）修復の努力を喚起する。そうした環境では，クライエントはうまく軌道修正ができる。ヒーリング感情に焦点を当てると，修復に付随するポジティブ感情は（8章参照），ますます絆を堅固にし治療作業を深化させる。

相互協調状態と相互作用の修復への断固とした努力： AEDP にとっての臨床的意味

最も望ましい治療プロセスの感情マーカー

　ここまでポジティブな関係性的感情，つまりクライエントとセラピストの相互作用体験に反応して生じる感情について述べてきた。ポジティブな関係性的感情（有効に作用する二者の共鳴）は，深い治療的作業を可能とするような安心感を生み出す。ポジティブな関係性的感情によって，クライエントがセラピストに支えられながら，強烈で苦痛なネガティブ感情を処理するという困難な探索作業をする能力が高まる。クライエントが病理の核心に関わるネガティブ感情を体験しワークスルーできるということは，治療関係にも反映される。以前は耐えがたかったコア感情を不安や防衛なしに体験することにより，クライエントは安心して，良好な関係性的感情という環境の中で困難な作業を進めることができる。一方，ネガティブな関係性的感情は治療の相互作用に何かが欠けていることを示唆する。その場合，相互作用の過誤を修復しない限り，クライエントの精神内的な中核体験（ネガティブなものもポジティブなものも含めて）に到達することはできない。このように，治療関係の健全性には2つの指標がある。1つはとくにクライエントとセラピストの相互作用に関連するポジティブな関係性的感情の存在という明示的なものであり，もう1つは暗示的なもので，関係の中で構築された安全の下でのみ実現する深い治療的作業の流れである。

3章　ほどよい養育者と最も望ましい二者プロセス　**81**

単なる治療的応答性という手段を超えて

　心理療法に見られる修復への欲求は，基本的動機付け，すなわち最適な状況を回復すること（とくに他者の応答性と波長合わせの回復）への乳児期からの強い欲求の証拠である。それは健康と癒やしを求める瞬時ごとの欲求である。AEDPでは，この重要な動機付けの源を深く認識し活用しようとする。そして，病理に焦点を当て臨床題材から自己破壊の証拠などを読み取るよりも，クライエントの修復の欲求や自己修正力に見られる適応の努力の証拠を探すことに力点を置く。それを見つけ出して，わずかな兆しであっても対処し，セラピー開始直後から活用しようとする。私たちは不活動や停滞に陥りがちな自己保存的で自己保護的な傾向よりも適応の努力を重視し，それに応える。

　クライエントに修復の成功の機会を提供することの重要性は，いくら強調してもしすぎることはない。この観点だけからいうと，中立性や非応答性の概念は支持しがたい（Tronick et al., 1978）。クライエントが感情の非協調の修復に成功したときにセラピストが反応し，それを促進することは，治癒の重要な要素である。

ほどよい養育者の感情能力

　ほどよい養育者（ここでは安定した愛着を促進する養育者のこと）は，子どもの安全基地として機能し，安心の感覚を喚起して無限に広がる探索を後押しする。ほどよい養育者の感情能力（感情の管理）はこのすべての過程で，感情を促進するような関係性の環境を作り出す。ほどよい養育者は波長が合ったミラーリングや「肯定的で互恵的なやりとり」（Tronick, 1989）によって関与し，ときには「ミラーリングを超えて」，子どもが自分自身で体験を調整できるようになるまで，ストレスや苦痛に耐えるのを支えることができる。

　自己と関係性のつながりの土台は，自己や他者の強烈な感情を，感情・認知・機能の面で押しつぶされずに適応的に処理する能力にある。感情を促進するときの目標は，強烈な感情を（ポジティブ感情であれネガティブ感情であれ）許容しつつ，関係性や自己や対世界的な機能を犠牲にせずに相互作用を維

持することである。それができると，調整弁として感情に充分に頼ることができ，適応が高まる。

　セラピストは，ほどよい養育者の明確な特徴から「類推と比喩」（Lachmann & Beebe, 1996）を使って検討し，クライエントの機能を最も望ましいものにするために，セラピストである自分の機能のどの面を強調し，控えめにし，洗練すべきなのかを把握する。AEDPのセラピストは感情を持って関わり，ワークスルーの対象である感情体験を積極的に共有しなければならない。安定した愛着を育む母親と同じように，AEDPのセラピストは2種類の方法でクライエントに関わる。1つは感度のよい応答性（波長合わせ），もう1つは，単なるミラーリングを超えて，自分自身の感情管理能力を活用し，クライエントがそれまで圧倒され克服できなかったものを処理する手助けをすることである。小さなステップごとのプロセスと感情解放のプロセスに反映される2つの関わり方が，協調状態を達成し，非協調状態を修復するのを促進する。

　セラピストのスタンスと技法が目指すのは，感情を体験し，対処し，内省できる環境を作り出すことである。AEDPでは支持，支援，共感，感情の共有を通して感情を耐えやすいものにし，クライエントが防衛方略に頼らなくても感情を処理し活用できるようにする。さらにセラピストがクライエントをどのように体験しているのかということに焦点を当て，その体験を積極的に活用することにより（10章参照），他者の心と頭の中に存在する体験をクライエントの中に促進し，加速し，深める。

　AEDPのセラピストはほどよい母親のように，自身の強烈な感情に接近しなければならないが，それに支配されてはならない。またクライエントに焦点を当てる一方で自分の体験に注意を向け，その2つの間を流動的に行き来する必要がある。またこれまで自分の感情を全否定し，適応的な機能の停止を余儀なくされていたクライエントに対し，セラピストは感情の管理の手本を示すことができる。またクライエントが自分で感情生活を調整できるようになるまでの過渡的役割として，クライエントの感情調整を手伝う。最後になるが，セラピストには自分の失敗を認めてそれをクライエントとの間で扱い，治療関係の亀裂を扱うときの強烈な感情に耐える勇気が必要である。

　ほどよいセラピストは，愛着の断絶が呼び起こすネガティブ感情を処理し危機の発生について自分の責任を引き受けるだけではなく，修復の機会を探らな

ければならない。修復のプロセスには，セラピストとクライエントの両者が参加する。必ずしもセラピストの方から始めなくてもよいが，クライエントの修復の努力には必ず応えなければならない。関係を修復し，誤りを正し，協調とウェルビーイングを回復したいという欲求は，強力で有効で適応的な力である。この力を育て促進すると，長期的なメンタルヘルスに大いに貢献する「対処……修復，希望の期待」（Beebe & Lachmann, 1994, p.140）を見出すことができる。だがクライエントの修復の努力を見逃すと，安全と協調を回復する機会を無にするだけではなく，一人ひとりのうちにある強力な適応力を損ない，害を与えることになるのである。

　修復のイニシアチブを最大限に活かすために乗り越えるべき障害の1つは，親密さ，近しさ，真価を理解される体験から生じる関係性の感情を処理する難しさである。強いポジティブ感情を許容することは，一般に認識されているよりもずっと難しい（セラピストへのほめ言葉をどう受け入れるか。クライエントがセラピストに深い感謝や愛情を表すときセラピストはどんな気持ちになるか）。人は強いポジティブ感情に対して戸惑い，自意識過剰になり，自制できなくなり，脆くなることがある。修復におけるポジティブ感情の許容は，ときに愛着の断絶におけるネガティブ感情の許容と同じぐらい難しい。ポジティブ体験は人を無防備にし，その無防備さが恐怖の体験になることもある（Fosha, 2000）。こうした感情への恐れは，関係の修復の自然な過程を著しく妨げる恐れがあり，少なくとも治癒力が最大限に発揮されるのを妨げてしまう。

　ほどよい子育てに不可欠な感情能力の絶妙なバランスは，心理療法においても不可欠な（そして要求が高く厳しい）条件である。AEDPでは次のバランスを心がける。

▼波長合わせされた共感と，純粋性や真正性のバランス（Osiason, personal communication, 1998; Slavin & Kriegman, 1998）
▼クライエントの現状を完全に受容することと，より深い層の体験を掘り起こす努力のバランス（Greenberg, Rice, & Elliott, 1993）
▼クライエントに自分の処理能力を発見させることと，クライエントが圧倒されているときに手をさしのべることを惜しまないことのバランス（Fosha & Slowiaczek, 1997）

愛着に関する文献は，従来の精神力動療法からAEDPがいくつかの点で逸脱していることを肯定している。逸脱というのは，セラピストが白紙のスクリーンというメタファーではなく養育や子育てのメタファーを背景として，自分の感情体験を*積極的に*活用することに関してである (Bowlby, 1988; Costello, 2000; George & Solomon, 1999)。自分の感情体験を用いてクライエントを理解するセラピストは少なくないが，クライエントに不当な影響を与えることを恐れ，たいていは自分の中だけにとどめている。だがAEDPのセラピストは，それを積極的に用いることにより，二者の感情コミュニケーション・システムに内在する力動の半分を犠牲にすることなく，個人体験の変容可能性を活用しようとする。ポーカーフェイスで深い感情の作業をするのは自己矛盾といえるだろう。

4章
精神病理の発症

すべてが解体し，中心は自らを保つことができず，
まったくの無秩序が解き放たれて世界を襲う。

W. B. イェイツ「再臨」

　精神病理は，人が独力では感情体験を調整できないときに，感情環境が不作為の過誤（ネグレクト，無能力）や作為の過誤（明白な虐待，屈辱，拒絶）のために調整を促進できないことから始まる。人の感情的欲求が他者の感情能力を上回るとき，その人は自力で環境の不全を補わなければならなくなる。自分自身の養育者にならなければならないので自己は分裂し，安全を確保するために多くの労力をつぎ込む（Sullivan, 1953, 1956）。また耐えられなくなったり圧倒されたりするのを恐れて，感情の打撃を小さくするという適応的な目的から，防衛をする。防衛が内面化され感情の抑制が精神構造に組み込まれた結果が精神病理である——心理療法はそれを無効化しようとするのである。セラピストは，それまでの環境になかった存在になることにより（感情を促進し，クライエントとともに耐え，共有し，理解し，共感するために寄り添う），病因的な状況を無効化し，自己復元的傾向が開始するような環境を設定する。

　強烈な感情を体験し処理する能力は，精神的健康になくてはならないものである。この能力が妨げられることが，精神病理の発生の大きな要因である。最も望ましいのは，感情が自己と他者との間の移行空間で形成され，その空間で展開し，進化し，共鳴し，他者によって映し出されながら意味を獲得し，豊かなものになることである。自分の感情を自分の外，つまり他者の表情の中に見出すと，感情は現実感を増す。感情体験は生き生きとし，陰影を帯び，何層もの連想に分化する。共有された感情はその人のレパートリーに統合され，内的リソースを豊かにする。ポジティブな感情であれ，ネガティブな感情であれ感情体験がそのように体験され処理される限り，子どもの人格はその子独自のか

たちや風合いを獲得しながら発達していく。そこには個性はあるが人格特性の病理はない。

問題が発生するのは，感情を促進する環境がないとき，つまり自己や関係性の体験から生じる感情を処理できないときである。最も望ましい発達の目標は，自己の感情を犠牲にしなくてもよい安全な環境で自己と関係性の欲求を満たすことである。ここでは感情的環境，つまり養育者の感情能力が大きな役割を果たす。子どもの欲求に応答する促進的な感情的環境の中では，子どもは内的リソースを最大限に活かすことができる（Kohut, 1977, 1984; Winnicott, 1965）。

ほどよい親は，配慮や世話・安全・愛・理解・尊重を求める子どもの自己と関係性の欲求に気づき，応答することができる。ほどよい親は成長を促進するが，完璧である必要はない。むしろ子どもの欲求と感情的環境のある程度の齟齬は，精神的成長を触発することが多い。自己―他者の境界線，分離―個別化のプロセス，健全な攻撃性，象徴的・創造的能力，間主観性は，フラストレーションや不調和の中で発達することがある（Mahler, Pine & Bergman, 1975; Stern, 1985; Winnicott, 1963c）。その程度の齟齬や失敗はほとんど避けられないし，「ほどよい」の範疇にある。

ほどよい養育は子どもを運命の打撃から守ることはできないが，子どもの感情的リソースが発達相応の能力を超えた要求や環境につぶされないように守ることによって，子どもが困難を克服するのを「支える」ことはできる。子どものリソースに強化や補完が必要なとき，養育者は枠組み・手助け・指導・支持・身体的接触・愛情・理解を提供することによって，精神的リソースを分け与える。これは子どもが非常につらい出来事を処理する大きな助けとなり，トラウマや長期的な精神的歪みを生じにくくする。どんなにつらい感情でもいずれは精神的に処理できるようになるので，精神的混乱を恐れて避ける必要はない。

コア感情は，人間という生命体の知恵の現れである。癒やしの種は生まれながらに備わっている。もし基本感情が支えられ妨害されなければ，他のあらゆる自然のプロセスと同様，自己調整することができ，最も望ましい適応に益するように機能する。そのよい例が，人が亡くなったときの社会的・宗教的儀式である。儀式が作りだす感情的環境は，正常な悲嘆のプロセスを促進し，硬直した病理的な悲嘆に発展しにくくする（Volkan, 1981）。だが，もしコア感情を支える環境がなく，感情的環境に見捨てられるとどうなるのだろうか。

親の不全は「信頼し，依存するという子どもの非常に基本的で本質的な能力を揺るがす」(Davies, 1996, p. 199)。子どもの感情的欲求が養育者の感情能力の限界を超えたとき，養育者は往々にして無能感，無力感，パニックにとりつかれて防衛的な反応をする。子どもの感情体験が養育者の調整能力に負荷をかけ，強い感情を喚起する。そして子どもの体験を促進するどころか，自分の感情も子どもの感情も否認し，回避し，矮小化し，あるいはさまざまな原始的な防衛機制によって対処しようとする。そのようにして感情体験に対する養育者の性格的な防衛は，病理の世代間伝達の種を蒔くのである。

　感情体験が環境によって受け止められないとき，感情に対する態度は変化する。感情は情報や生命感の源ではなく，不安，無力感，罪悪感，恥，喪失・自己の喪失や愛の喪失，拒絶に対する恐れの源になる。このような著しい不快体験は何としても回避しようとして解決への切迫感が高まるが，それはやがて病理を招くことになる。

感情への対処の3つの原理

　ビービーとラッチマン (1994; Lachmann & Beebe, 1996) は，相互作用が変容的効果をもたらす（相互作用が変容プロセスにとって重要になる）3つの原理を明らかにした。*継続的調整の原理*は，習慣的，普通，日常的，瞬時ごとの相互作用がどう対処され，どんな期待が生まれるかについての原理である。このタイプの変容プロセスは緩慢，漸進的，累積的で，反復によって強化される。*感情が高まる瞬間の原理*は，強烈な感情体験がもたらす変容プロセスを扱う。ここでの変容の決定的要因は強度であって期間ではない。最後に，*継続的調整の破綻と修復の原理*は，関係性の規範からの逸脱についての原理であり，変容は関係性の破綻への対処を通して起こる。

　こうした相互作用は，感情の重要性の原理としてとらえなおすと，感情がどのように発達形成し，感情体験の関係的処理の失敗がどのように病的状態を招くかについて検討することができるだろう。子ども―養育者の二者がどのように感情に対処するかは，子どもの愛着の内的作業モデルにコード化される

(Cassidy, 1994, p. 230)。二者の対処方法は内在化され，感情（大小問わず，通常のものも常軌を逸したものも，ネガティブなものもポジティブなものも，軽度なものも強烈なものも）へのアプローチを形成する。このようにして，関係性の中で感情がどう扱われるかが愛着の全般的性質に影響を与え，愛着の質が感情体験の性質に影響を与えて，持続的フィードバックのループができあがる。つまるところ，子どもは愛着の絆の中で感情の調整を習得するのである (Fonagy, 1997)。防衛を必要としない安全な環境では，感情体験は抑制されない。自己体験がどの面においても防衛的排除を必要としなければ，感情の注意・動機付け・コミュニケーション的特質は，関係性の機能に全面的に影響を与えることができる。そして健全な自己機能を土台として，相互的な協調状態を築くことができる。先に述べたように，感情能力の欠陥は，感情能力に何か大切なものが欠けている養育者との安全を回復しようとした代価でもある。防衛のために感情に接近できないと，適応能力は損なわれる。この場合，自己体験の重要な側面を排除することによってしか，相互的な協調状態に至れなかったのである。

日常生活の感情の対処の失敗

　日常生活の感情調整の失敗は，感情が当然のように否定されたり，無視されたり，避けられたりした場合，また感情の波長合わせに誤りがある場合に生じるもので，必ずネガティブ感情を生み出す (Gianino & Tronick, 1988)。以下の例では，感情が二者間の共鳴のやりとりを通して展開するのではなく，ひとりで耐えたり (Stern, 1985)，排除されたりしている (Bowlby, 1973, 1988)。ここでは，最初の感情そのものがとくに強烈だったり問題があったりしたわけではなく，感情への対応（または対応の欠如）がこじらせたのである。

▼ある少女はこれから病院に行くことを思って，悲しく不安そうな表情を浮かべた。すると母親が怒りだし，しまいには診察の予約をキャンセルしてしまった。
▼自分の誕生日パーティはうきうきするものだが，ある少年は有頂天になるあまり，はしゃぎすぎて，はめをはずしてしまった。親は何の警告もなしに介入

して厳しく叱り，パーティはおしまいだと言った。

▼10カ月の赤ちゃんが「感情を表し，顔を輝かせて母親を見たり，上機嫌で腕をパタパタさせ」たりしても，母親はいつもそれにはそぐわない，子どもの興奮のレベルに「今1つ及ばない」態度を取るので，子どもの気分をしぼませてしまう。なぜそうするのかと母親にたずねると，「もし自分が一緒になってはしゃいで対等になってしまったら，子どもが自発性を失う」と心配していることが分かった。さらに話を聞くと「受け身でおとなしすぎる自分の父親に，子どもがあまりにもよく似ていると感じている」ことが分かった（Stern, 1985, pp.211-12）。

▼ある思春期の少年は科学祭で3位になったことを家で誇らしげに報告した。父親はうぬぼれるなと責めたが，あとで友人たちに息子が賞を取ったことを自慢して回った。

　こうした日常的な感情体験は，適切に反応し，承認し，共有し，対処するなら，破滅的なレベルにエスカレートしたり内にためこまれたりしない。相互作用の流れも中断しない。ポジティブな体験でもネガティブな体験でもそうである。だがこれらの例では，感情のサインに適切に反応しないで（Cassidy, 1994），病理の素地を作ってしまっている。

強烈な感情体験の対処の失敗

　強烈な感情体験に直面したときの感情の促進の失敗は，その衝撃の度合いに比例し，体験の感情価に応じて精神に刻み込まれる。非対人的なものか関係的なものか，意図的か偶発的かを問わず，重大な影響を与える出来事は強烈な感情を喚起し，しばしば圧倒されたり無力感を覚えたりする。強烈な感情は大きな成長の絶好の機会にもなるが，人を押しつぶしてしまうこともある。体験に関連する強い覚醒は，強烈な感情（ネガティブなものにしろポジティブなものにしろ）を適切に調節して対処する能力を揺るがすことがある。

ネガティブな感情体験
▼息子の手がエスカレーターに挟まれるのを，なすすべもなく見ていた。

▼ただひとり，自分に関心を持ってくれた大好きな先生が，癌で亡くなった。

▼エドガー・アラン・ポーは2歳のとき（Terr, 1990），まだ若く美しい母親の亡骸のそばで2日間，ひとりぼっちでいたのを発見された。

▼何度か流産の経験のある女性がようやく産み月に出産したが，赤ちゃんは数時間で亡くなった。

▼戦闘中，親友が目の前で，悲惨な死を遂げた。

▼隣家の人が犬を撲殺するのを，子どもが見てしまった。

対処しにくいポジティブな感情体験

▼生徒たちから年度末の「ベスト・ティーチャー賞」を贈られた教師はかえって気が引けてしまい，翌日の修了式に生徒たちが感謝と別れの挨拶をしようとすると，どこにも見当たらなかった。

▼ある人は若くして専門家の全国組織の会長に選ばれて意気揚々としていたが，だんだん支離滅裂になってきて，結局，名誉を失うことになった。

▼あるダンサーがバレエ界の著名人の前で踊り，あなたには真の才能があり将来有望だと褒められたが，その後，まもなくバレエをやめてしまった。

　ポジティブなものにしろネガティブなものにしろ，耐えられないような体験をしているときに周囲の支えがないと，圧倒された状態のまま，自己の存続のために自分に注意を向けざるをえなくなる。

強い感情を帯びた相互作用の対処の失敗

　養育における相互作用は非常に感情的であることが多く，ほどよい感情の促進や調整は決してたやすくはない。トロニック（1989）は，養育者が関係の破綻と修復の場面で感情の促進に失敗することを*相互作用の過誤*と呼んだ。養育者の感情能力では目の前の課題に対処できないときに，関係のつながりと感情に起こることは切り離せなくなる。子どもは関係の破綻と激しい感情に，たったひとりで同時に対処しなければならない。養育者自身に感情調整の問題があるため，子どもの感情体験に最適な対処をすることができないからである。

　感情的環境が役に立たない例として，善意はあるが助けにならないという*相*

互作用の*不作為の過誤*と，助けにならないばかりか適応的な修復の努力を妨害する相互作用の*作為の過誤*がある。どちらの場合も，養育者である他者は子どもの実際の感情的反応，あるいは恐れている感情的反応を許容できない。そのために子どもに精神内部的な危機が生じ，それを契機として，しばしば病理やそれにともなう苦痛へと至る一連の流れが始まる。

　以下の例では，養育者の相互作用の過誤がクライエントの後年の主訴につながっている。

要注意な問題：相互作用の不作為の過誤
▼赤ちゃんが声を出したり笑ったりしても，抑うつ状態の母親は何も反応しなかった。ただ揺りかごをゆすりながら床をじっと見つめていた。そのようにして育ったクライエントは「自分はダメな存在」という全般的な感覚があり，セラピストとほとんどアイコンタクトできない。

▼めったに言い争いをしない夫婦が激しい喧嘩になった。母親がナイフを振り上げ，それを捨てると，家を飛び出し車で去って行くのを，子どもたちは見ていた。誰も何も言わなかった。翌朝，母親は戻ってきて，家では何事もなかったかのようにいつもの生活が始まった。誰も何も言わないまま，幸せな家族という神話が復活した。後年のクライエントは，一見，非の打ちどころがなく人あたりもよいが，その仮面の下に長年の摂食障害，重度の抑うつ，行動が麻痺し先延ばしをする癖を隠している。

▼少年がキャンプに行っているときに，父親が亡くなった。だが2週間後に帰宅するまで，それを知らされなかった。母親はまったく感情を交えずに父親の死を知らせ，連絡しなかったのは少年の楽しい時間を邪魔したくなかったからで，この「出来事」を新学期までひきずらないようにと言った。20年後，クライエントは父親の墓まで30キロ以上の道のりを徒歩で行った末，見当識をすっかり失って，遁走状態で入院した。

▼ある思春期前の少女は，来る日も来る日も自分の部屋に駆け込んでは狂ったように泣いた。父親は少女に理由をたずねることもせずに，たぶんひとりになりたいのだろうと頼りなく言い，「少しひとりにしてあげる」ために残りの家族を外食に連れ出した。少女がクライエントとなって治療に訪れたときには，抑うつと被害妄想があり，彼女に対する親切はすべて下心や隠れた思惑がある

4章　精神病理の発症　**93**

のだと思い込んでいた。

　不作為の過誤では，否認が支配し，養育者の感情面の無能さが，回避，不安，麻痺，ネグレクトとして表れている。子どもは痛ましいほどに「支持」を必要としているのに，親と同じ防衛をするか自分の感情に独力で対処するかの二者択一を，暗黙のうちに迫られる。子どもは無視され，ネグレクトされ，自分の感情や欲求を否定するよう促され，何の支えもないまま，気の遠くなるような感情的状況に対処し，まるで何の問題もないかのように振る舞わなければならなくなる。とはいえ，子どもはその感情的欲求のために攻撃を受けているわけではない。愛着の絆は，感情を否認し放棄し，周囲が反応や支援を提供しないという痛みを何とか吸収することで維持される。これをAEDPの自己─他者─感情の図式（感情をともなう内的作業モデル，6章参照）で表すと，自己は愛情に飢え要求が多く，他者は支配者として理想化されるか，対処能力のない弱い存在として保護され腫れ物に触るように扱われるか，冷たく無関心な存在として憎まれる。また感情は，恥ずかしく，耐えがたく，爆発的で，心を消耗させるものとして──つまりトラブルや「過剰」なものとして体験される。

さらに要注意な問題：相互作用の作為の過誤

▼いつも子どもの一挙一動を支配しようとする母親に，珍しく6歳の少年が逆らった。母親は腹を立て，興奮しヒステリー状態になり，死んでやると言って家を飛び出した。少年は動転して「ごめんなさい，ごめんなさい，もう絶対しないから」と繰り返しながら，母親の後を追った。母親はようやく納得して家に戻った。少年が大人になって治療に訪れたときは，非常に委縮し，妻の機嫌を損ねて捨てられるのを恐れる一方で，異様なほどの支配への欲求に突き動かされていた。

▼精神病を抱える母親は，思春期の娘の独立心や性の目覚めを許容できなかった。ある日，娘が鏡の前でまつ毛をビューラーで整えていると，娘の手からビューラーを奪って，それで娘を打ち，あばずれと罵った。後年，娘には身動きができないほどの抑うつが見られ，虐待すれすれの性行為を要求するひどい夫に強い不満を持ちながらも別れられないでいた。

▼幼い少女が勇気を振り絞って，お母さんがいなくてとても寂しかったと本心

を打ち明けた。母親は「つまらないことを言わないでちょうだい。感情なんてささいなことよ」とはねつけてしまった。大人になった少女が抑うつを訴え来訪したとき，神経にはまったく異常がないのに多発性硬化症の患者に似た身体的兆候が見られた。初回の評価面接では，セラピストの共感的反応に深い感情反応を示したが，2回目のセッションでは，セラピストを見下して辛辣な態度をとり，自分自身の感情反応も意味のないことだと片付けた。

　*作為の過誤*は，さらに混乱が激しく脆弱な養育者が犯しやすい過誤である。作為の過誤では，子どもは「耐えられなくなりそうで恐ろしい」感情に耐える支援を与えられないばかりか，その感情を体験し表現するのを侮辱され，非難され，拒絶され，罰を受け，禁止され，あるいはなじられる。「耐えられなくなりそうで恐ろしい」感情は，見捨てられ不安，恥，罪悪感，失望・拒絶・屈辱などの大きな精神的苦痛によって，さらに悪化し耐えがたいものになる。子どもの感情に動揺した親は落ち着きを失い，無力感や屈辱を覚え，自分をそんな目に遭わせる子どもに憤りを感じる。子どもの自己感や関係性は危機に瀕し，子どもの感情体験はいわば親の自己調整の欲求の人質になってしまう。感情は恐怖や苦痛のもとになるだけではなく，よくないもの，恥や罪悪感や罰に値するものとなる。強烈な感情が処理されないばかりか，自己と愛着の絆の安全が脅かされるので，そのこと自体が有害で強烈な感情を喚起する。最もダメージが大きいのは，保護してくれるはずの人が危険の根源となり，生きがいになるはずのことが強者の憤りとして見られ，軽蔑の対象になるときである。ポジティブな感情（喜び・楽しみ・優しさ）や，極めてポジティブな，あるいは少なくとも害のない特徴や資質や態度（穏やかさ・独立心・繊細な感情・知性・寛大さ）であっても，養育者が成育歴や精神力動的な理由から許容しがたいとみなすとき（たいていはそれが許容しがたい自分の弱さを喚起するため），子どもにとって大きな感情的苦痛の原因になる。

　先行する*典型的場面*（Lachmann & Lichtenberg, 1992）は，精神の発達に影響を与える一度きりの出来事とは違い，調整や調律の誤り，感情の促進の欠如を特徴とする，果てしなく反復される相互作用を凝縮したもので，それが日常の感情生活で行われている調整を特徴づけるようになっている。子どもが調整の失敗を予期するようになると，それに合わせた自己調整スタイルを身に付け

4章　精神病理の発症　**95**

るようになる。そのスタイルはすでに防衛的排除や歪曲の必要という特徴を帯びている（Beebe & Lachmann, 1994; Gianino & Tronick, 1988; Tronick, 1998）。人が環境の不全によって悪化したトラウマにどう対処するかについて考察する前に，耐えがたい感情体験という概念を整理しておこう。

耐えがたい感情体験

ときおり私は，精神がどれだけの苦痛に耐えられるか，限界を定めるのは人間の身体——私たちの生身の身体ではないかと思う。

ペーター・ホウ『スミラの雪の感覚』

感情体験，とくに耐えがたいほどの精神的苦痛には深い身体的側面がある。精神と身体が耐えられなくなると，他のメカニズム（ショック状態，麻痺，解離）がとってかわる。「耐えられなくなりそうで恐ろしい」苦痛は次のような場合に当てはまる。

▼悲嘆や孤独感など，本来，苦痛で耐えがたい感情体験
▼ポジティブなものにしろネガティブなものにしろ，自己の統合性を圧倒する（制御できなくなる，崩壊する）恐れのある激しい感情体験
▼感情的環境からネガティブ反応を引き出すような，ポジティブなまたはネガティブな感情体験。性的感情を表現して辱められる，怒りの感情を表現して見捨てられる，欲求や弱さを表現してサディスティックなあざけりを受ける，喜びの表現が道徳を装った批判を受けるなど。

こうした特徴（*本来的な苦痛，強度，嫌悪すべき結果*）が組み合わさると，耐えられなくなりそうで恐ろしい体験の性質になる。

耐えがたい体験の特徴には時間的側面もある。

▼恐れ，不安，恐怖は，まだ実現していない脅威や危険を予期したときに生じる。

▼無力感は，圧倒されるような状況が*進行している*ときに体験する。目下，自分の身にふりかかっていることを止める力がなく，自分の反応をコントロールする力もないという感覚である。

▼ジョフェとサンドラー（1965）のいう*一次的抑うつ反応*（環境を変えようとしたが変わらないという敗北の神経心理的反応）には絶望感と無気力が含まれ，苦痛な状況や圧倒されるような状況は変えられないという結論が出た*後*に表面化する。自分に打撃を与える勢力をまったくコントロールできないのは耐えがたいことである。過去の体験の結果として生じるこの反応は，現在に一般化され未来に投影される。

恐れ，無力感，一次的抑うつ反応は，それぞれ不安障害，トラウマ障害，抑うつ障害の主な特徴でもある。

耐えがたい精神的苦痛の性質

フロイドは精神的苦痛を身体的苦痛にたとえ，何かが自分に侵入し，それをまったくコントロールできないという感覚であるとした（Freud, 1926, 付録C）。何かが外から侵入・侵犯し，防御装置を破り，阻止しようとしても阻止できない。自分には避けたり止めたりする力がなく，逃げる力もないと感じるのである。

乗っ取られた感覚

強烈な感情に乗っ取られると，一次的に自己感が従属させられる。最も激しいときには，悲嘆，活力，情熱，怒り，そして愛などの内臓感覚的現象はそれを抱え込む能力を限界にまで追いやる。とくに強烈な感情に慣れていないときは，外からの侵入のように感じることがあり，感情のブレーキを踏まなければコントロールできなくなる恐怖がしばしばともなう。一方，認知はもっと制御がきき，自分が開始し実行しているという自己感を保ちやすい。

乗っ取られた感覚は，ネガティブな感情や苦痛を与える感情だけではなく，自己制御を脅かす感情体験すべてに当てはまる（Kissen, 1995 参照）。あるクラ

イエントはポジティブな感情を頑なに避けていたが，それはポジティブな感情
を抑える自信がなかったからだった。彼の感情能力は失望や逆境を制御するこ
とには優れていたが，幸せや優しさを深く感じると「自分が『自分』でなくな
る」のだという。強烈な感情体験は，その体験を処理し，表出し，伝達しなけ
れば，自分自身のものにならない。

　耐えがたいものとして体験される感情は，感情制御のできる範囲の極限部分
にあり，人それぞれに違う。健全な境界線のある人は，感情に身をゆだねるこ
とがあっても制御を失わない。ポジティブな感情体験を何度もしているので，
「乗っ取られる」ことも許容できる。機能が最適な状態に近づくほど，許容範囲
の閾値は高くなる。一方，感情の組織化と調整が希薄で脆弱な人には，さほど
強くない感情でも耐えがたくなり，境界線やアイデンティティやコントロール
感が脅かされるように感じる。するとアイデンティティと一体性の感覚を維持
しようとして，どんな代価を払っても感情を抑制しようとする。

　感情に圧倒されることが予想されるときには，介入が必要である。クライエ
ントが自分で感情体験を調整できるようになるまで，他者が精神的リソースを
提供できれば，長期的ダメージを被らずに感情面で生き残る望みがある。もし
そういう他者がいなければ治癒の重要な機会を逃してしまう。

すべてが解体する：
耐えがたい体験に直面したときの孤独

　　自分が見捨てられたと分かったとき，子どもはいわば人生のすべての望みを失
　　うのである……ときにはその過程で，沈んで死んでいくような感覚さえ覚える
　　ことがある……ここで起きているのは，不可解で耐えがたい苦悩に続く精神的・
　　身体的苦悶の再生産である (Ferenczi, 1931, p.138)。

　「孤独，それも心理的な孤独は不安の母である」(Wolf, 1980, p. 128。Stern,
1985, p. 109 に引用)。養育者が対応や応答をしないとき，子どもは圧倒される
ような恐ろしくつらい感情体験にたったひとりで直面することになる。孤独と

寂しさはそれ自体，つらく恐ろしいものだが，それだけではなく，他のすべて
のつらい体験をいっそうつらく恐ろしいものにする。感情的環境から感情を処
理する助けを得られないとき（感情体験が基本的安心感を破壊するとき），子
どもはどのようにして愛着の絆・自己・感情生活の統合性を維持するのだろうか。

　まれにではあるが，レジリエンスの高い人が深刻な危機の中で，非凡な創造
性や畏敬に値するほどの機略を発揮することもある。

　　まるで魔法の杖の奇跡のように，トラウマの後で突然，驚くべき新しい能力が
　　目覚めることがある……大きな欠乏，とくに生死に関わる不安は，深い静寂の
　　中で開花を待っていた潜在的素質を……突然，目覚めさせ活動させる力を持っ
　　ていると思われる（Ferenczi, 1933, p.165）。

　とはいえ，一般的には，愛着の絆の統合性か感情的自己体験の統合性かの二
者択一をせざるをえなくなる。たいていは感情体験が犠牲になり，感情への接
近は——そして感情体験に内在するあらゆる適応的なリソースや豊かさも——
大きく損なわれる。一定の安全と引き換えに感情を手放すという，ファウスト
博士と悪魔さながらの取引は，感情体験に対する防衛機制というかたちで実行
される。

中心を保てない：
防衛機制の定着

　防衛機制は，身体でいうと，外傷への適応的反応であるショック状態に相当
する。防衛の目的は，安全の感覚を回復し，不快な感情体験を排除することで
ある。「防衛は，不安を喚起するような思考や感情を意識の外に置くための認
知的・感情的・解釈的方略である」（Coughlin Della Selva, 1996, p.8）。具体的
にいうと，防衛方略の目標は，

▼対世界，自己，関係性の体験において，機能を妨げかねない感情から自分を

守ること

▼そうした感情に関連する耐えがたい体験（不安，恥，無力感，絶望感）を回避すること

▼混乱や支障を招く感情の覚醒を最小限にとどめるように，関係性の現実味を管理すること

である。

　ボウルビーは（1973, 1988, 1991），愛着の対象人物との絆を脅かすあらゆるものを排除しようとする防衛的排除について指摘した。だが防衛的排除は，自己の組織化の統合性を脅かすようなすべてのものに適用される。感情・不安・関係性の現実に対する防衛には，愛着の固い絆にまつわる安全な環境と一貫性のある自己感の回復という適応的な目的があるが，短期的には適応的であっても長期的には不適応である。それは，望ましいとはほど遠い環境の中で，愛着の絆や身体と魂の一体性を維持するために自己を歪曲した二次的な安全感覚（Main, 1995）にすぎない。

防衛の分類

　防衛方略には次のものがある（A. Freud, 1937; Vaillant, 1993）。

▼精神内部で作用する一般的な形式的防衛（抑圧，否認，矮小化，感情の隔離，反動形成など）

▼現実を操作しようとする原始的な防衛（外化，投影，身体化，取り込み，投影性同一化など）

▼自己組織化に影響する防衛（解離など）

▼関係性の接触に関わる防衛（バリア，壁など）

　ダーバンルーは防衛の領域を非言語的コミュニケーションにまで拡大した。アイコンタクトの回避，ブツブツ呟く，姿勢の変化，硬い表情や声，身構えて体を固くすることなども，防衛として機能することがある。ダーバンルーは方

*略的防衛*にも注目した。話すときの癖（曖昧な言葉や表現，受動態の使用，話題を変える，三人称や二人称で話す）にも感情やつながりを回避する機能がある。コフリン・デラ・セルバ（1996）は以下のように述べている。

　方略的防衛には，意味のある接触を交わしたり防いだりするために対人的に用いる，あらゆる言語的・非言語的方略が含まれる。言語的な方略的防衛としては，曖昧さ，一般論化傾向，矛盾した発言，皮肉，対話が成り立たないほどの饒舌さ，拡散（話題が飛ぶ）などがある。非言語的な方略的防衛の例としては，アイコンタクトの回避，微笑やクスクス笑い，涙もろさ，超然とした雰囲気などがある。また姿勢も含まれ，硬直，不動，デレデレした姿勢などは，意味のある対人接触への障壁があることを示唆している（p.9）。

　感情（ただしコア感情ではない）も防衛の機能をすることがある。*防衛的感情*は，他のもっと恐ろしい感情を防ぎ妨げるためのものである。マッカロー（1991）が指摘したように「境界性パーソナリティ障害者の異様なまでの憤怒には……体験が承認されることへの当然の渇望が満たされないことに対する大きな悲しみが潜んでいる」（p. 42）。

防衛の機能

　感情的環境の不全の性質，もっと具体的にいうと自己—他者の相互作用の不全の性質は，不気味なほどに防衛の展開に反映される。つまるところ，子どもは養育者の欠陥のある感情能力を内在化するのである。子どもは自分が養育者に扱われたように，自分自身や自分の感情体験，ひいては他者を扱うのである。

　孤独への恐れは防衛に拍車をかける。防衛は感情体験の問題の対処になるだけではなく，孤立の痛みも和らげる。重要な他者の防衛を内在化することは，ある意味で精神的な近さへの欲求を満たす。ちょうど幼児が愛着の対象人物に抱かれようとして走り寄るように（たとえ子どもを苦しめるストレスと苦痛の原因がその人物だったとしても），大人も最も馴染みのある養育の安全装置を採用することによって，もっと象徴的な意味で心的距離の近さを求めているのである。ベンジャミン（1997）はこの内在化のメカニズムを*複製プロセス*（「対人的DNA」に相当する）と名づけた。ベンジャミンは，感情面で重要な特定の養

育者との関係での3つの複製プロセスを挙げている（Benjamin, 1997）。

▼**同一化**：感情への対処，またとくに他者への対処が養育者と似ていて，養育者に扱われたように他者を扱う（A. フロイド（1937）の攻撃者との同一化に類似）。
▼**再現**（recapitulation）：養育者が常にそこにいて関わっているかのように行動する（罰や屈辱，ネグレクトへの不安がある状態。養育者の精神的存在がいつもつきまとい，養育者本人に対するように他者を扱う）。
▼**取り込み**：養育者に扱われたように自分を扱う（自分が感情的になることについて，恥じる，罪悪感を覚える，自己卑下する，その他の自己懲罰的なかたちで反応する）。

　このように防衛のパターンや，それによって形成される人格には，重要な他者との相互作用を支配する「ルール」の型が反映されている。この人生早期のルールによって体験を調整する（そしてそれにともなう苦しみを我慢する）のは，感情的環境の重要人物に肯定されたいという切なる願いがあるからである。

防衛の結果
　フォナギーは歪んだ機能との同一化による精神病理の発症について，それは他者との共鳴の1つのかたちであると指摘している。理解され肯定されたいという欲求は非常に強いもので，防衛に依存する動機にもなる。サンドラー（1960）が明らかにしたように，防衛は不快感情から逃れさせるだけではなく，実際にポジティブな感情状態（ウェルビーイングの感覚）を生む。馴染みのある関わり方にまつわるポジティブな感情を喚起して，恐ろしい感情体験の不安を緩和することは，決して長続きはしないが，よいことであるかのように解釈される。
　人が防衛方略に頼るのは，薬と同じで何らかの効果があるからである。防衛方略は達成すべき目的を達成してくれる。精神的バランスと，自己の一貫性が回復され，重要な養育者との関係が再び安定する。不適応なメカニズム（やがてそうなる）への依存によって安全と感情のウェルビーイングを直接的に体験できることは，このメカニズムが持続する最大の要因である。たとえ法外な代

価を払うことになるにしろ，恐怖や罪悪感，恥，屈辱，無力感から，一時的に解放されるのである。

　だが慢性的な防衛への依存は，関係性の体験と感情体験の両方を抑えつけ歪める。防衛は悲嘆や激しい怒りのようなつらく強烈な感情だけではなく，そうした感情に内在する適応的機能，たとえばバランスのとれた観点，自己価値，力なども排除し葬ってしまうからである。悲しいことに，安全装置によって守ろうとした体験そのもの（自己の統合性や他者との関係性）が，自然で自発的な感情の流れを欠くために阻害され歪められてしまうのである。

精神病理の適応モデル

　防衛機制は，人とのつながりや自己調整を維持し，不快体験を最小化しようとする適応的な努力に導かれて形成される。感情面での生き残りを確実にし安心感を取り戻すために，感情体験を許容しない環境を内在化するのだが，その過程で感情の変容的特質は犠牲になり，その結果，中核的な生命感や真正性が損なわれる。防衛が適応的なのは，防衛が形成された特異な環境の中だけであり，より広い感情的世界では不適応である。精神病理（純粋な感情体験に対する防衛への長期的依存）の発症は不適応の結果である。

　適応は精神病理の発症の隠れた推進力であるという見方は臨床的に重要な意味があり，AEDPの特徴となる技法に影響を与えている。

精神病理と病的ではない自己

　心は決してあきらめたりしない。生きている限り生き残る方法を探し続ける。
　もっと単純だがもっと強い別の誰かが自分の中にいるかのように。

ペーター・ホウ『スミラの雪の感覚』

確かに破壊的な感情的環境に適応する人は防衛的傾向が強いが，どんなに混乱した人にも健全な感情的反応の可能性は残っており，それが活性化される環境条件を待っている (Emde, 1981; Winnicott, 1960)。反復は不可避なものではなく，恐怖が蔓延しているときにのみ支配的になる。希望による動機付けが上回るようになると，新しいパターンの創出につながる新しい反応ができるようになる。自己は常に，自然な感情プロセスが展開し，修正と修復と新しい創造のチャンスのある環境を渇望している。目の前の状況にその可能性を期待できる理由があれば，防衛はすぐに姿を消し，純粋で自発的な感情反応ができるようになる。AEDPはそれを促進しようとしているのである。

　特定の内的作業モデルは，特定の関係性に根ざしている。主要なモデルが病的な機能を作り出している場合，他の関係性に根ざした他のモデルがレパートリーのどこかにあることを（抑圧され，分離され，あるいは目立たないかもしれないが）忘れないことが肝要である。感情を促進する環境では他のモデルが前面に出やすいという事実は，加速化療法の作用を理解するのに重要な点である。

5章

人を育む理解
——臨床行動における内省的な自己機能の事例

　本章の臨床エピソードは，理論的な構成概念（コア感情，感情のレンズを通した愛着，内省的な自己機能）と，次章から導入し説明する技法ツールと臨床題材の橋渡しをするものである。^{注1}

　以下の臨床エピソードの4つの面接場面は，セラピストとの共感的で支持的な関係を安全基地として治療的作業をする中で，内省機能がいかに重要か，またどう作用するかを浮き彫りにする。クライエントがセラピストとの関係で安心を感じるほど，つまりクライエントとセラピストの愛着の絆が強いほど，治療的作業は集中的になり加速する。問題は，どうすればそのような絆の形成を促進できるかということである。

　内省的な自己機能について重要な点は，クライエントがセラピストの心に存在するという証拠が明白であるほど，クライエントはセラピストに対して安心し愛着を感じるということである。セラピストの精神的現実の中にクライエントが存在することを示し，クライエントの現実に共鳴する介入や発言は，セラピストの内省的な自己機能のクライエントへの適用である。だが苦痛，不安，失望にまみれた内的作業モデルによる防衛のために愛着が不安定なクライエントは，セラピストとのつながりを体験できないことがある。治療関係に必要な安全と安心感の確立に必要なのは，最適な応答性，共感，支え，技量だけではなく，クライエントが感情体験や関係性の体験に対する防衛を克服できるよう支えることである。それなしには，クライエントはポジティブな治療的つながりに気づいて，それから充分な益を受けることはできないだろう。

　セラピストが自身の体験を振り返り，それを伝えることで，セッションの場以外でもクライエントがセラピストの意識の中に存在することは肯定できる（「先週，○○さんがお帰りになった後で，ふと～と思ったんですよ」「その映画を見たとき（その論文を読んだとき），○○さんのことを思い出しました」）。

105

一般的には，治療的な自己開示（とくにクライエントの自己開示がセラピストにどんな影響を与えたかについて）は，革新的であり，劇的とされている。クライエントの意識を治療関係の感情的現実に集中させることも，そうである。

AEDPの目的は，以下に書き起こし注釈をつけた治療セッションに見られるように，潜在的なものを顕在化することである。このクライエントの治療では，クライエントの関係性をどう体験するか，セラピストをどう体験するか，そしてセラピストがクライエントをどのように感じているのかを(セラピストを通して)どう体験するかということに，クライエントの意識を集中させることである。クライエントの内省的な自己機能の発達は，クライエントがセラピストに影響を与えていることを発見することによっても促進される。他者に影響を与えているという感覚は，クライエントとセラピストの双方にとって等しく重要な実存体験なのである。

臨床作業

クライエントのバーバラは31歳の女性で，重度の抑うつにより来談した。絶望感の主な原因は，それまで一度も男性との交際経験がなく，一生ひとりで生きることになりそうだという不安だった。

バーバラの人生は痛ましい愛着の歴史で，感情的つながりが感情的苦痛にしかならなかったため回避的な関係スタイルをとるようになっていた。回避型の愛着に典型的に見られるように，彼女の内的作業モデルには「他者」が存在しなかった。自己の統合性を維持し感情的苦痛を回避するために関係的な接触を避け，防衛のために他者をすべて排除したために孤独になった。孤立し過度に自立した生き方によって手に入れた安全は，精神病理の発症という予期せぬ結果を招いた。とくに自殺行為といえる水準に達した孤独感と空虚さが顕著だった（皮肉なことに，神との関係が全面的な孤独に対する保護要因として作用していた）。

最後の面接場面までに（最初の面接場面は8回目の心理療法セッションから，他の3つは9回目のセッションからの抜粋），クライエントはふたりの人間が

存在する内的作業モデルの中で機能するようになり，感情的つながりの体験は苦痛ではなく安全で役に立つものになっていった。さらなる探索的な治療的作業をする土台ができたのである。

面接場面1

関係性に対する防衛と自己の保護

　クライエントは自分の精神構造について，自身の言葉で次のように表現している。耐えがたい痛みと拒絶，密着した関係性から自分を守るための防衛について，「黙りこくって……知らんぷりする……人に見られたくない……壁」。防衛に頼れなくなることへの不安について，「怖い……落ち着かない……さらされる……傷つくかもしれない（過去の体験と同じように傷つけられることへの不安）」。そしてコア感情体験（ここでは真の自己）について。防衛によって守ろうとしているもの，「やわらかい」「壊れやすい」（自分の隠れた部分），「なんでも気にしやすい」。

　以下の面接場面では，（　）内は臨床題材の非言語的・準言語的要素，［　］は注釈および用語の定義や説明がある章を示す。

クライエント：これ［セラピー］が必要なことは分かっているし，やりたいと思っているし，いいなと思うんです……自分のことに集中する時間になって……でもやっぱり落ち着かない……何だか怖いんです。［不安］

セラピスト：ええ。

クライエント：心の中を見せたくない……さらされているみたいで，傷つきそうで。傷つくのがいやなんです。だから黙りこくって，自分には関係ないふりをして……。［防衛：6章］だから……自分のやわらかい部分が（低く情感のこもった声で），心の奥の，奥の（両手で何かを包むようなしぐさ）［コア感情体験］，誰にも触らせたくない……前にも傷ついたから……。［防衛の源である過去の傷］誰にも触らせたくない……それが私なんです……そこまで心を開くのはいや。あるところまで開くことができても。とても壊れやすい……とても壊れやすいんです。

　［コア感情体験の性質：7章］

セラピスト：ええ。

クライエント：(とても低く情感のこもった，傷ついたような口調で)だから……人目に
さらせるようなものじゃないんです……壁をはりめぐらして(なぜならば)そこ
にあるのはやわらかくて，とても感じやすい……本当に……。[自分の傷つきや
すさに対する関係性の防衛]
セラピスト：(とても低い声で)壊れやすいんですね。[感情的共鳴：12章]
クライエント：そう，とても，とても壊れやすい。
セラピスト：ええ，そして秘密にしておきたい。[共感的描出：10章]
クライエント：そう，この中にあるんです(また何かを包むようなしぐさをする)。人
には触らせたくない。絶対に。この世では……自分を守らなくちゃいけない
……天国に行ったら(声を震わせて)もうそれを出してもいいけど……この世で
は絶対に無理(目に涙があふれる)。

　この面接場面では，クライエントは自分の回避的なスタイルをはっきりと描
写し，防衛構造の輪郭を表している。傷つくことを恐れ，関係を遠ざけること
によって中核的な自己感を守り，自分と他者の間に壁をはりめぐらしている。
注目すべきことに，クライエントの考えでは，防衛を緩めることのできる，感
情を促進する環境は天国しかない。この世での体験は，ありのままの自分でい
るには汚れきっているのである。彼女の発言からは，徹底した(そして苦い)
絶望感と(理想化された)希望が伝わってくる。
　ただしクライエントは人への不信を語る一方で，セラピストには心を開いて
関わっており，心の最も奥深い体験を打ち明けている。これは小さなステップ
ごとのプロセス(10章参照)の典型例である。

面接場面2

防衛の結果を体験的に探索する
　以下の面接場面では，クライエントは自分の防衛スタイルが感情の面でどう
いう結果を招いたかを明確に述べている。自殺的レベルの強い抑うつ，孤独感，
孤立，絶望などである。親密性に対する防衛への依存による体験の質は，「む
なしさ」と「暗黒」だった。ここでは直接的・明示的に，内的体験に対するク
ライエントの防衛を迂回することに集中している。セラピストは，自分の深い

感情状態に接近することによって(ゆっくりとした情感のこもった口調に注意),共鳴の作用と協調状態への欲求を通して,クライエントをより感情のともなう関わり方になるよう誘導している(Tronick, 1989)。実際,クライエントが話すペースを落とし,体験が深まると,そのようになった。セラピストがクライエントの体験をミラーリングすることにより防衛(早口で事務的な口調)をうまく回避し,体験を深めると,クライエントは絶望の深みに接触した。苦痛な感情をたったひとりで背負うのは耐えがたくても,信頼できる同伴者がいればそれができるようになる。これはやがて始まる変容への最初の重要な一歩である。作業の大半は,体験的フォーカシングとセラピストによる体験の共感的ミラーリングを通して,クライエントの苦痛な感情(孤独感と絶望)の体験を促進することを狙いとしている。

クライエント:生きていることがむなしいんです……今よりましなことがあるのかしら? もし神様がいなかったら,最後に幸せが待っていなかったら――それが私にとってトンネルの出口の光なんです……その光がなかったら,もう暗闇しかない。[絶望と無力感:6章]

セラピスト:*(低く,深い,重々しい声で,とてもゆっくりと)*暗闇……。[感情的共鳴]ク ライエント:ええ。

セラピスト:暗闇。

クライエント:だから何なんですか。そうなっちゃうんですよ。そんなものなんですよ,だって……*(ここでとても早口になる。拒絶的な口調)*。[非言語的な防衛:発話の切迫感,冷笑的態度:6章]

セラピスト:分かりました,分かりました……*(落ち着くように)*もし一瞬でも,いや二瞬でも*(少し冗談めかして)*。

クライエント:二瞬でも*(笑う)*。

セラピスト:「だから何?」ってはぐらかしたり「人生なんてそんなもの」なんて言ったりするかわりに。[防衛の特定,クライエントに防衛を手放すよう促す:11章]

クライエント:ふーん。

セラピスト:この感情にとどまって*(ゆっくりと,深い,重々しい口調)*,むなしさとか,心の中の……うーん*(深いためいき,厳粛な声の調子)*,何かを遠ざけようと

してこんなに必死になっている感じが。［孤立感という暗闇への感情的共鳴，生気感情：7章］

クライエント：ええ……（落ち着きを取り戻し，重々しく）ほんとうに疲れる。［防衛の結果の内臓感覚的体験：6章］

セラピスト：すごく消耗しますよね（疲れた感じの抑揚を増幅）……うーん［感情体験の増幅：12章］，私たちは外側から近づいているような感じがするんです。［防衛］そこはとても恐ろしいところなので。［不安］

クライエント：ええ……うーん，何て言ったらいいんだろう……こんなものなの？　って思うときがあるんです。人生ってこんなもの？　……むなしくて（つらそうな口調で）。

セラピスト：こんなものというのは？　むなしく感じるというのは……

クライエント：だから，人生ってこんなものなの？　そうなの？　って。

セラピスト：今のこの暗い瞬間，このむなしさは何にたとえられますか？　［体験の精緻化への招き］

クライエント：暗黒……（長い間）。

セラピスト：暗黒……（長い間）。［感情的共鳴］

クライエント：まるで……（涙をこらえながら）私なんかいなくてもいい……そんな風に思えて。［深い絶望感：関係を遠ざける防衛の結果のさらなる描出：6章］

セラピスト：ああ。

面接場面3

体験の感情的共有と受容感情体験：理解されていると感じる

　クライエントが不安や防衛なしに強い苦痛をともなうコア感情を深く体験できるのは，自分はもうひとりではないと感じている証拠である。だがセラピストとの間で発展しつつある関係の親密性や近さ（クライエントの主な内的作業モデルとはまったく異なる方向で描出化される関係）に気づき充分に体験するには，関係性の防衛を克服する必要がある。そこで，セラピストは同じセッションの数分後に，クライエントがセラピストをどう体験したか，もっと具体的にいうと，クライエントに対するセラピストの反応をどう体験したかに焦点を当て，明確に表現するよう促している。クライエントの防衛構造のもう1つ

の表象である洞穴のメタファーは，関係性のブレイクスルーの土台となっている。クライエントはセラピストを内的世界への探索に同行するように自ずから促している。ここではクライエントが案内人である。クライエントは克服と統制感を覚え，不安ではなく習熟とコントロールの感覚にまつわるポジティブ感情を体験している（「私はこう感じているんだって，誰かに見せられるのは素晴らしいですね」）。不慣れな関係性の領域に足を踏み入れているにもかかわらず，コア感情体験の特徴である確かな足取りで，クライエントの方が先導しているのである。

セラピスト：私には……（深いため息）こんなに深い恐怖に満ちたところ……暗黒……孤立……。[さらなる感情的共鳴と増幅]うーん……自分だけの地獄というか。[要求水準をあげる——精神的現実の言述：12章]そうですね，何と言えばいいんでしょう。私とこのことについて話すのは，どんな感じですか？ あなたにとってどんな感じでしょう？[個人的苦痛をセラピストと共有する体験をより詳しく言葉にするよう促す：10，12章]

クライエント：えーと，言ってみれば……一緒に歩いている，ハイキングしているみたいな（明るい感じになってくる）……洞穴の中を歩いていくとどんどん暗くなって，すごく暗くなって。[促しを受け入れる；自発的な描写：12章]

セラピスト：ええ。

クライエント：それで……壁にこんな小さな穴があって（両手で小さな輪を作る），こんなふうにして（手招きの動作をする）。

セラピスト：なるほど。

クライエント：（生き生きとしてくる）私はドアを開ける。もうふたりともこの中にいるみたい。洞穴の入口は広いけれどだんだん狭くなる。この穴にドアがあって，私はドアを開けながら言うんです「フォーシャ先生，中を見てください，ドアを開けてください」[関係の接近性に対する防衛を克服するブレイクスルー：クライエントが自発的に，セラピストに内的体験の共有を促している]

セラピスト：あなたはずっとここにいたんですね……

クライエント：ええ，そう感じます……私はこう感じているって誰かに見せられるのは素晴らしいことですね……。[さらなる関係性のブレイクスルー：クライエントは自分の感情的現実を誰かと共有したいという願望を自分のものとして認め

5章　人を育む理解　**111**

ている]自分について考えさせてくれたのは先生だから，先生も参加している感じがする。いつのまにか火をつけてくれたから……［セラピストの内省的な自己機能の受け手になることによるつながり]先生も参加している感じがする。私が自分を見せるプロセスに。私の顔の前に鏡を立てて，私が自分をよく見て，よく観察できるように……自分をよく観察して。［関係の近さと感情の共有について自発的に体験を詳しく描出する：クライエント自身の内省的な自己機能が働きはじめる]

セラピスト：*(深い声で，ゆっくりと)* 私はどこにいますか？ というか，どんなふうに感じますか？ どこというよりも，どんな感じでしょう？［それを描写させることによりクライエントがセラピストをどう体験しているかを詳しく描かせる。セラピストは遠慮したり恥ずかしがったりしている場合ではない：12章]

クライエント：この場面の中で，ですか？

セラピスト：ええ。

クライエント：私のすぐ後ろにいる感じ……。［クライエントは自分がこのプロセスを仕切っているように感じている：セラピストをリードし，自分の内的世界の旅の案内人になっている]

セラピスト：それはどんな感じでしょう？ 今，私たちふたりは洞穴の中にいて，進んでいくとどんどん暗くなって……

クライエント：ええ。

セラピスト：私はすぐ後ろにいて，バーバラさんが説明してくれる，そして私は……

クライエント：まるで……

セラピスト：……一緒に見ているみたいな。

クライエント：そうです。初めてだわ。先生が初めてです……先生は見るのを嫌がらないし，気分を害して起こったり，ぎょっとしたりしない感じがする。「ねえ，バーバラ。私は見たくないんだよ」と言ったりしない……先生は見たいと思っている，いつもそういうふうに励ましてくれた……［クライエントに寄り添いたいというセラピストの積極的な願いを体験している］ 今，こうして見せていて，先生は私がここから来たんだって理解してくれている……［他者のまなざしの中の自分を見出すことによって形成される自己感］ 私がどんな状態か，私を育むような目で理解している……ちょうど……先生がどんな意図を持って

112

いるのか分かる……私のことを，もっとよく理解しようとしてくれるから，私も見せることができるんです……。[自分を肯定してくれる他者との体験を自発的に明確化している。過去の拒絶的で否定的な他者との体験と暗に対比：自分を肯定してくれる他者とともにいることで，心を開いて体験を共有したくなっている]

セラピスト：……ええ。

クライエント：先生になら見せても安心だって……何週間もこういう話をしてきたから……先生は理解しようとしてくれたし，軽く見くびったりしなかった。だから見せてもだいじょうぶだと……人に見せてもいいってことは，私はひとりじゃないってことだと思えるようになるんです。[耐えがたいつらい感情にひとりで直面しているのではないという現在の体験。これまでの体験と暗に対比] ドアを開けたとき何が起きたか，伝わっていないかもしれませんが……「私はこれに耐えてきた。本当はこう感じていた」って他者と分かち合っているのです。[感情に怖気づかず感情を促進する他者とともにいることで，ネガティブ感情の深みまで打ち明けられる。これまで否定してきた関係性の共鳴への渇望が表れている] ……自分のこんな面を一度も他人に見せたことはなかった……何と言ったらいいのか…… (心を動かされ，涙声になる) 安らいで……ちょっとホッとしたような……この世界に (涙をこらえようとする) 私のことを分かってくれる人がいるんだって (泣きだす)。[理解されていると感じたいという願いをはっきりと言い表す。理解される体験をしたことで，まずは安堵，次にこれまでその願いを妨げられてきたことにまつわる感情的苦痛を克服するブレイクスルー]

　クライエントの注意をセラピストに関する体験に集中させることにより，セラピストはクライエントの世界の*現実感覚*を獲得し，クライエントとセラピストとのつながりは現実的なものになる。クライエントはセラピストに焦点を当てることにより，自分のすぐそばに，隣に，内側にいる他者に気づき，自分はもうひとりではないことを内臓感覚的に理解する (Mann & Goldman, 1982 参照)。このつながりの感覚は治療の最後まで支配した。この小さなステップごとのプロセス (10 章で詳述) のどの時点にも，抵抗や固定化した防衛の兆候は見られなかった。クライエントは，自分のプライベートな世界に誰も入らせないと*セラピストに話す*ことによって，セラピストをまさにその世界に迎え入れているという逆説には気づいていない。セラピストに関する体験に明示的に焦点

を当てることにより，クライエントは他者とつながり，さらにつながりができたことに気づき，その体験を充分な自覚を持って言葉で詳細に表している。

「自分について考えさせてくれたのは先生だから，先生も加わっている感じがする。いつのまにか火をつけてくれたから……先生も参加している感じがする。私が自分を見せるプロセスに。私の顔の前に鏡を立てて，私が自分をよく見て，よく観察できるように……自分をよく観察して」というクライエントの発言は，自分を理解し受容してくれる他者の内省的な自己機能の受け手となるという1つの関係を通して，自分自身の内省的な自己機能が形成されていることを示している。

ここでもう1つ重要なのは，クライエントが，強烈で否定的で苦痛な感情に対するセラピストの姿勢を開かれた態度と受容（「先生は知ることを望んでいる」）として，もっと知りたいという願いとして体験したことである。この新しい体験は，具体的には言及していないが，クライエントの回避的な愛着スタイルに重大な影響を及ぼしたと想定される過去の養育者との体験と対比されている。養育者はクライエントが感情的になったとき，気分を害して怒ったり嫌がったりしたと思われる。クライエントのネガティブ感情の深さに怯えて，クライエントにひとりでその気持ちを扱わせ，感情を感じないようにしむけ，そしてクライエントはそれを受け入れたのである。だがセラピストはかつての養育者とは違っていた。

先生は見るのを嫌がらないし，気分を害して怒ったり，ぎょっとしたりしない感じがする。「ねえ，バーバラ。私は見たくないんだよ」と言ったりしない……先生は見たいと思っている。いつもそういうふうに励ましてくれた……。先生になら見せても安心だって……先生は理解しようとしてくれたし，軽く見くびったりしなかった。だから見せてもだいじょうぶだと。

これらの発言には，それまでずっと抱えてきた痛みが凝縮されている。クライエントは完璧を望んでいないし，ほどよければ充分であることを理解している。「ドアを開けたとき何が起きたか，よく分かってもらえないかもしれませんが」という発言にそれは表れている。だがそれでよいのである。受容され，理解されていると感じたことにより，クライエントは深く配慮されていると感

じている。

　今，こうして見せていて，先生は私がこれまでどんな経験をしてきたか理解してくれている……私がどんな状態か，私を育むような目で理解している……ちょうど……先生がどんな意図を持っているのか分かる……私のことを，もっとよく理解しようとしてくれるから，私も見せることができるんです。

　自分がありのままで他者の心の中に存在しているという体験が，この上なく明確に言い表されている。

面接場面 4

病理を生む孤独感を打ち消す：純粋な自己の出現
　クライエントに対するセラピストの感情反応をどう体験したかに焦点を当てる。セラピストのまなざしに何を見たか，それでどんな気持ちになったか。

セラピスト：バーバラさん，あなたがおっしゃるのは……
クライエント：はい。
セラピスト：……これはある意味ではバーバラさんの旅なのだけど，ある意味で私たちの旅でもあって，私は何かのかたちでバーバラさんと一緒にいるのです［はっきりと認めることにより，親密性と心的距離の近さを高める］
クライエント：*(涙ながらに頷く)*［認められることによる涙：「持っている」体験によって「持っていなかった」過去に触れている］
セラピスト：……ああ。
クライエント：ええ，その通りです……うまく言葉にできないけど，先生の言った通り……言葉にできないけど，先生の言った通りなんです。一緒に体験している，そう……まさにそんな感じなんです*(長い間)*。［クライエントはすでに，セラピストと一緒であるという感覚について話しているが，セラピストが一体感を反射するのを聞いて新鮮に感じている］
セラピスト：それは，とても大きなことですね，大きな*(間)*［次の作業に入る前に，これまでの作業の重要性を認める：10章］……私はこれまでいろいろなとき

5章　人を育む理解　**115**

に（ここに記されていない以前のやりとりのこと）私が感じたことを話してきましたが
……バーバラさんはどう感じますか？　……バーバラさんのお話に対する私の
表情や目から何を読み取れますか？［セラピストの非言語的反応を観察し，体験
の観察を言葉にするよう促す：10章；クライエントの受容体験を言葉で描き出すこ
とを促す］

クライエント：（母親の表情を読み取ろうとする乳児のように，注意深くセラピストの顔
を見つめる）私のこれまでの人生を分かっているような，先生もそこにいたよう
な，一緒にこの旅をしているみたいな感じ……つながりがあるみたいな感じ
がします。つながりと，理解と……うーん……共感……私がどこから来たの
か本当に感じているみたいに……うーん……ある信頼感というか……だって，
私が話しているとき，先生はいつも本当にそう感じているみたいに見えるん
ですよ（笑う。セラピストの表情を真似て眉間にしわを寄せる）。……私がここまでどう
う歩んできたのか，本当によく感じているみたいで，つらそうな顔になって
……

セラピスト：ああ，ええ……

クライエント：（セラピストの言葉を遮り，笑いながら）自分の理解が本当にその通り
かどうか分からないけれど，とてもつらそうに見えるんです……

セラピスト：時々，バーバラさんのお話を聞いているととてもつらくなって（つ
らそうな声で）……どうなんだろうって……バーバラさんはどんなふうに感じて
いるんだろうって思うんです……バーバラさんは（自分の）痛みにしっかりと触
れて……それはとても，とても大変で，つらくて，感じるのも耐えられないほ
どのことなんです……そしてバーバラさんは，私の反応──とてもつらいと感
じているのを見ています。［クライエントの苦痛な感情へのセラピストの共感的ミ
ラーリングに対するクライエントの体験を探索：10章］

クライエント：おかしいかもしれないけれど，分かってくれる人がいるんだっ
て感じているんです（明るい口調で，にっこり笑って），だから，もうくよくよしな
くていい……。［感情的苦痛の共有。共有していることを認め，変容が起きる：7章］

セラピスト：ええ（クライエントの気分と一致する嬉しそうな声）。

クライエント：私がどんなふうに生きてきたのか分かってくれる人がこの世
の中にいると思うとホッとして……いい気持ちなんです（元気のある声，どんど
ん気分は明るくなっていく），しばらく（苦痛を）箱にしまっておける。この世でひと

116

りぼっちじゃない，見ていてくれる人がいる。ひとりじゃない。自分がそう感じていることに気づいて，友人に話したんです。おかしな話だけど，この前のセッションの後から，ずっと幸せな気分なんです……[他者との感情的苦痛の共有で体験が深まり，変容が起きる。安堵と幸福感がつながりの体験（暗く苦痛な感情の共有であっても）に関連づけられる：8章]「分かってくれる人がいる。ずっと隠す必要はない，分かってくれる人がいるから」と思えて（安堵の息をつく）……だから前に進めます……先生といると本当の自分になれるのが嬉しい。なりたくないものにならなくてもいい。自分であればいい，ありのままでいい。素晴らしいことですね……自分であればいい。職場では私は私じゃないんです。私だけど私じゃない。分かりますか？

セラピスト：分かりますよ。

クライエント：私は私であればいい。それがどんな気分かというと……自分のこんな面，秘密にしていた部分を見せたら，少し身軽になったような感じ（深く息をつく）。少し呼吸も楽になった……。[状態変容の感情マーカー：安堵と「身軽になった」ような感じ：8章]これがカタルシスとかいうものですよね。いい気分なんです，見ていてくれる人がいるから。ひとりぽっちだと感じない……それもいい気分なんです。

　誰かが自分の苦痛を見届けてくれたので少なくとも一時的に苦痛を遠ざけることができるという，クライエントの発言（「いい気持ちなんです……しばらく（苦痛を）箱にしまっておける。この世でひとりぼっちじゃない，見ていてくれる人がいる。ひとりじゃない。」）は，苦痛が自己体験のあまりにも大きな部分を占めていたので，それにしがみつかずにはいられなかったことを暗示している。苦痛が他者に見届けられ他者の感情的現実の中に存在して現実感を獲得するまで，苦痛を手放すことは自分の一部との接触を失うことだった。だが苦痛が他者によって見届けられ理解されると，その苦痛は現実感を帯び，肯定される。もはや呪文にかかったかのようにしがみつく必要はなくなるのである。

5章　人を育む理解　**117**

まとめ

　以上の臨床エピソードでは，体験作業の波と内省作業の波が交互に作用している。最初の体験作業では，防衛を迂回するためにクライエントの感情体験をミラーリングし，クライエントの著しく苦痛な感情体験を深化させた。セラピストの共鳴はクライエントの苦痛の体験を深化したが，それによって，クライエントは単に体験を語るだけではなく，本当に味わったことを他者に見せることができた。この体験は深いもので，苦痛な感情（孤独とあいまってほぼ耐えがたいものになっていた）が自殺念慮に至るどん底にまで触れることができた。クライエントは深いところでセラピストとつながっているが，彼女のそのときの気分は追体験されつつある実際にあった過去の体験の意味によって引き起こされている。関係における心的距離の近さはクライエントの開かれた態度に表れている——ただし，クライエントはそれに直接的に触れているわけではない。もしそこを焦点化しなければ，味わったばかりの関係性的体験に充分に接近することなしに，自ら描写したような暗黒のむなしい孤立に浸ったまま，セッションから離れていくことも充分にありえた。

　内省の作業では，クライエントの体験の焦点を「あなたは何を体験しているか」「あなたは苦痛と孤独感をどう体験しているか」から，「あなたの苦痛と孤独感を私と共有することをどう感じるか」へと移行する。ここで背景と前景が交代するのである。クライエントは，内省の光が照らし出すまで隠れていた体験の側面を内省することを求められる。いったん焦点が合うと，セラピストとクライエントは関係的なつながりによって，体験的作業と内省的作業の間を行き来する。

　面接場面2の開始から20分も経たないうちに変化は起きた。呼吸をするのが楽になり，身軽になった感じがし，秘密にしていた自分を他者に見せて成長し，暗黒，むなしさ，自殺への不安からの大きな前進を遂げたのである。

注1　臨床題材の注釈の一部の用語は，これ以降の章まではっきりと定義されな

いが，その意味するところは例示の文脈からはっきりとではないが示されている。これらが感情の変容モデルの用語の中で重要な位置を占めることについてはのちに詳述する。

第2部
ツールと題材

6章

構成化のツール
——3つの表象図式

　セラピストは感情体験を促進するために，防衛，不安，反復的な関係性のパターンを速やかに認識しなくてはならない。また，たとえ，つかの間のものであっても純粋な感情に気づき，まだためらいがちであっても純粋な関わりへの努力の芽生えに気づかなければならない。AEDPの技法は，臨床題材の瞬時ごとの正確な見立てに依拠している。防衛を動機とする題材には，接触への願望を動機として取り上げる題材とは異なる介入が必要である。適切な技法を適用するには，迅速に容易に査定ができるようなツールが必須である。この作業には，基本的な精神力動的構成概念の図式が不可欠である。概念的枠組みを最も本質的な要素に絞って図式化すると，より使いやすく，教えやすく，学びやすくなる。

　短期体験力動療法のセラピストが瞬時ごとの精神力動的機能分析をするために利用してきた2つの図式的表象がある。それは*葛藤の三角形*と*人格の三角形*（ここでは*比較の三角形*と名称を改める）という構成概念である。この2つの図式はそれぞれエズリエル（1952）とメニンガー（1958）によって導入され，マラン（1976, 1979）の研究によって開発され精度が上がった。これらの図式は多くのSTDPの土台となっており（Crits-Cristoph & Barber, 1991; Messer & Warren, 1995 参照），短期間で深い力動の作業を試みるセラピストにとってほとんど不可欠なものである。感情の変容モデルでは，第3の図式である*自己—他者—感情の三角形*が導入される。この図式は，あらゆる感情体験が発生する関係性—感情の文脈を表象する。

　葛藤の三角形，*自己—他者—感情の三角形*，*比較の三角形*は，臨床題材の機能的な分類や聞き取りの構造化，介入効果の評価，次の介入の選択に役立つ。豊富な題材を随時，整理するとき，こうした構成概念があると感情体験や関係性的体験を正確にトラッキングしやすくなり，セラピストは臨床的可能性という

123

茂みの中に介入の道を切り開くことができる。この構造間を行き来してすり合わせていくことによって，精神内部的（葛藤の三角形），関係的（自己―他者―感情の三角形），歴史的・経時的（比較の三角形）なクライエントの力動と対世界の態度についての深い理解がもたらされる。

葛藤の三角形

　葛藤の三角形は，今なお体験的精神力動療法のセラピストにとって大切なツールである。セラピストはこのツールによって，関係性マトリクス（後述の自己―他者―感情の三角形で表象される）の中で生じるクライエントの感情体験の瞬時ごとの構造をクローズアップし，探索することができる。

　たとえば，感情を強く帯びた状況が強烈な感情反応を喚起したとしよう。そして，その感情反応に対して，その人の人生の大切な人物が否定的な反応を繰り返し，その否定的な反応によってその人が不安や恥などのネガティブ感情を抱いたとする。やがて，感情の高まり（コア感情体験）は自動的に不安や恥（信号感情）につながり，それをきっかけとして防衛方略（防衛の機能は過去の体験を再び反復しないようにすること）が始まるという内臓感覚をともなう様態が作り出される。葛藤の三角形は，*コア感情体験*，そこから生じる*信号感情*，不安を喚起するものを回避する*防衛機制*の間のフィードバックループによって，感情体験の精神内部的構造を表している（図6.1参照）。

　最善の適応の意図があっても（Pao, 1979），残念なことに防衛への慢性的依存は問題を生む。回避したはずの感情体験は，初めにそれが起きた状況を想起させる状況によって必ず再び活性化する。そしてだんだん強く激しくなり処理できなくなる。感情の爆発への恐れがさらに不安を生み，現状を維持するために防衛が強化される。防衛機制への依存と自発的な感情反応の回避が増え，やがて精神的な成長と発達を妨げるようになる。何より防衛と回避のパターンそのものが苦痛な感情的結果を生むのである。一部のI軸障害（抑うつ，不安障害，解離障害）に関連する症状と性格障害による生活上の問題は，適応の努力のつまずきが臨床的兆候として表れたものである（図6.2参照）。

図6.1
葛藤の三角形

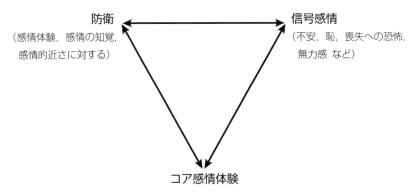

図6.2
精神病理の起源

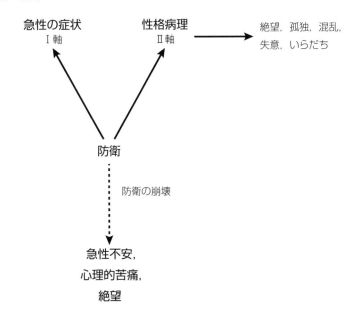

5章のバーバラの場合，感情を拒絶する養育者の反応が大きな苦痛をもたらしていた。彼女は*再び傷つくことへの恐れ*（信号感情）によって他者との相互作用では*壁*をはりめぐらし，*無防備な自己感*（コア感情体験）をしまいこんでいた。だが自己と他者との間の壁は感情的孤立を招き，苛むような絶望感，孤独感，慢性的抑うつ（防衛の結果）が顕著になった。

　葛藤の三角形を使うと，内的体験の力動的構造を理解することができる。葛藤の三角形の上側のカテゴリーに最もよく当てはまる臨床的現象は，その意図は適応的であるにもかかわらず不適応な解決法である。一方，三角形の底のコア感情体験には最適な感情機能の可能性があり，「ふさわしい状況」が活性化されるのを待っている。ほとんどの場合，その可能性は部分的か一時的であっても実現する。

　重要なのは，この図式が病的反応だけではなく健全な力動構造もとらえられることである。以下では葛藤の三角形の2つのパターン，*防衛反応の三角形*と*表出反応の三角形*について考察する。2つの三角形はそれぞれ個人の最悪の機能と最善の機能の構造を描いている。

2つのあり方：防衛反応の三角形と表出反応の三角形

　これまでにも，よく理解できないなりにそういう現象をしばしば目にしてきた。ある人間の中に，もうひとり別の人物が存在することがある。それは信頼がおけ，寛大で，立派な人物なのだが，一瞬のきらめきのようにしか表に現れてこない。なぜならその周囲を，腐敗し，悪癖のしみついた常習犯的人間にすっぽり覆われているからだ。

ペーター・ホウ『スミラの雪の感覚』

　心理的機能は，関係性の環境が違えばまったく違うものになる。最も望ましい安全な状況と脅威として体験される状況とでは，異なる態度が喚起されやすい（Mitchell, 1993 も参照）。恐怖を動機とする自己保存的な機能モードは，フロイド（1923）のいう*反復強迫*に見られる。もう1つの希望を動機とするリスクをいとわないモードは，*修復への欲求*や*修正感情体験*（Alexander & French, 1946; Beebe & Lachmann, 1994; Emde, 1981; Fosha, 1995; Tronick,

1989; Winnicott, 1960) によって強化される。人は皆，その時々によってどちらかのモードで行動する。一般に精神病理があると，危険や過去の有害なパターンの反復を避けられないものとして認識しやすく，安全や新しいシナリオの可能性を体験しにくい。レジリエンスにはそれとは逆の効果があり，環境を脅威として体験する閾値を上げる。活力とレジリエンスのある自己の特徴の1つは，成長につながる環境を作り出し，活性化の努力を受けつけないような環境でさえ，それを最大限に活用できることである。

　活性化される体験パターンは感情的環境によって異なり，関係性の環境で最も支配的な体験が2つの葛藤の三角形（防衛反応の三角形と表出反応の三角形）のどちらかを活性化する。

　危険の可能性があると認識された状況では，クライエントは防衛をする。*防衛反応の三角形*は，病理が持続するパターンに特徴的な恐怖を動機とする形態を表象する（図6.3a）。この図式は，養育者の感情能力に欠陥があり，圧倒的な感情を前に心的な意味でひとりで直面せざるをえなかった体験から生起した機能を表している。この状況では「関わりながら，感じ，対処する」ことができない。

　一方，感情を促進する可能性があると認識された状況では，もっと直接的な感情反応が生じる。*表出反応の三角形*は，希望によって力を与えられる布置を表し，その状態では，慎重ながらも信頼感があって感情反応が起こりやすい（図6.3b参照）。表出反応の三角形には柔軟性があり，まだ不安や防衛はあるものの，それほど顕著ではないし固定的でもない。表出反応の三角形の機能は，そのとき点で発揮される感情能力を反映している。ここで図式化されている「関わりながら，感じ，対処する」という微視的な力動の起源は，非協調状態になったときに修復の努力を率先し，クライエントに応える感情能力のある養育者との関係にある。

　治療関係は，セラピーを支配する感情プロセスの性格を決定する大切な要素である。感情と愛着は相乗的に作用する。愛着の主な機能は不安の緩和であり，不安の緩和（その結果としての防衛の必要の低下）こそが，感情の変容力を解き放つための条件である。クライエントが安全さを感じるような治療関係を促進すれば，コア感情は，クライエントにとって即座に治療的に役立つものとなる。精神生活を量りにたとえると，人はいつも表出と保護の均衡を保とうとし

6章　構成化のツール　**127**

図6.3a
防衛反応の三角形
防衛主導の機能

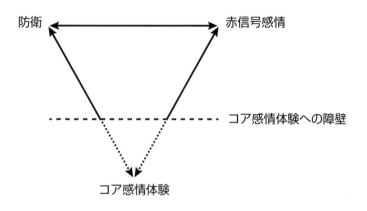

図6.3b
表出反応の三角形
感情による機能

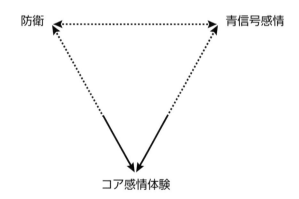

ている。関係的な環境（たとえば治療環境）は，防衛機制なしには精神の統合性を保ち，愛着を維持し，世界の中で機能することができないような（防衛反応の三角形）不安の側に傾いているだろうか。それとも，最善の自己の機能の土台を成す安心感が優勢の側に傾いているだろうか（表出反応の三角形）。

　AEDPのセラピストは最初の接触の瞬間から，表出反応の三角形の表す機能の促進を目指す。すると成長し，人とつながり，本来の自分らしさを感じたいという欲求が体験を動機付け，精神的な治癒力を喚起する。やがて感情を促進する感情能力のある他者との関係（自分が支えられ，受け入れられ，理解されたと感じた過去の関係）が掘り起こされていく。

　2つのタイプの葛藤の三角形は治療関係での異なる体験を示し，まったく異なる治療的応答と介入（技法に関する章で詳述）を必要とする。防衛反応の三角形によって最もよくある臨床的題材が説明できるのであれば，それは，クライエントには安心感がないため，安全の欠如に対処し，抵抗を軽減し，不安を緩和する介入が必要だというサインである。その場合，「相互作用の修復」を要する「相互作用の過誤」の可能性を考えなくてはならない（Tronick, 1989; Gianino & Tronick, 1988）。一方，最もよく題材を説明できるのが表出反応の三角形であれば，クライエントは治療関係の中で安心を感じ，理解され支えられていると感じ，自分の中に良好で，強く，有能で，明確なものを感じているというサインである。これは深い感情の作業に進んでよいという青信号である。

　コア感情と信号感情と防衛の関係構造は，葛藤の三角形のどちらのタイプにも当てはまる。異なるのは，全体的な推進力が最大の自己保護に向かうか，それとも最大の自己表現とコミュニケーションに向かうかという点である。これが感情的環境の質的影響が感じられるところである。

▼防衛反応の三角形（図6.3a）では，クライエントは自分を守る必要があるという観点から行動し，セラピストとの親しさや心的距離の近さにも，自己表現にも抵抗がある。相互作用は修復できるということや自分の修復の努力に他者が応答するということにもあまり確信が持てない。図が示すように，コア感情への接近を妨げる壁があり，機能（太線）は防衛によって駆動される。

▼表出反応の三角形（図6.3b）では，セラピストとの親しさと心的距離の近さや，個人的体験の探索への抵抗はずっと少ない。自己表現と最適な接触への欲求が

6章　構成化のツール　**129**

動機付けとなっている。「相互作用は修復することができ，自分には修復する能力がある」という感覚が根底にある (Tronick, 1989, p.117)。この図では，三角形の上側と下側を隔てる壁がないことに注目してほしい。機能の動機は表出とコミュニケーションの努力である (三角形の下側の太線)。

事例　治療を開始したとき，クラークは両親を非常に理想化しており，のどかで平穏な子ども時代を送ったので，現在の困難 (妻との関係での感情の麻痺) の根本原因は別のところにあるはずだと言った。だが治療過程で，彼は子どもの頃の家がマフィアに襲撃される夢を見た。その夢について話すうちに，彼はセラピーのせいで幻想が砕かれ，セラピストに怒りを感じていると言った。*この場合，ネガティブ感情を率直に表す直接さに，表出反応の三角形が現れている。これは望ましい治療体験の特徴である。*クライエントに安心感があったので，ネガティブ感情を自由に率直に探索することができたのである。それは家族の前では決してできなかったことだった。

葛藤の三角形のカテゴリー

　葛藤の三角形のそれぞれのカテゴリーは，どのような体験を表しているのだろうか。どのように展開し，どのような相互関係があるのだろうか。カテゴリーの性質は，葛藤の三角形のタイプによってどう違うのだろうか。こうした違いを，5 章のバーバラの事例を用いて力動的シークエンスとして表したのが図 6.4 と図 6.5 である。

コア感情体験

　葛藤の三角形の底にある**コア感情体験**はどちらのバージョンでも同質で，不安や防衛がないときに直接的に体験する自然で適応的な感情反応である (コア感情の定義は次章で詳しく扱う)。悲嘆，喜び，怒り，リラックス，開かれた態度 (コアステイト，7 章参照) は，本来，適応的なものであり，表出とコミュニケーションへの生来的な動機付けを反映している。レジリエンスのある自己と

図6.4
防衛反応の三角形を導く諸体験の力動シークエンス

コア感情体験
（一次感情反応）

（グリーフ，喜び，切望，憤怒，愛，性的欲望，親密さと心的距離の近さの体験，
アタッチメント欲求，真の自己の状態，無防備さ，感情共鳴の「波長が合っ
た」状態，コアステイトのリラックス状態，オープンネス，自身の主観的
真実についての明快さ）

⬇

ネガティブな受容体験

（嫌われる，相手にされない，批判される，または捨てられる，自分自身ま
たは自分の感情が軽蔑，不快，嫌悪，苦痛の対象として感じられる）

⬇

不快感情（Aversive Affects）
（二次感情反応）

（恐怖，恥，感情的苦痛，孤独，主にうつ的反応としての無力感，失意，絶望）

⬇

赤信号感情

（不安，恥，喪失，無力感，愛の喪失などの恐怖，感情恐怖症，痛み恐怖症）

⬇

防衛

（形式的防衛，方略的防衛，ノンバーバルな防衛，防衛的感情）

⬇

防衛反応による機能の三角形の帰結

（症状の形成，恐怖症，うつ，パニック，性格病理，感じるが対処しない，
対処するが感じない，孤立，依存，自己不適感，絶望）

6章　構成化のツール　**131**

図6.5
表出反応の三角形を導く諸体験の力動シークエンス

コア感情体験
(一次感情反応)

(グリーフ, 喜び, 切望, 憤怒, 愛, 性的欲望, 親密さと心的距離の近さの体験, アタッチメント欲求, 真の自己の状態, 無防備さ, 感情共鳴の「波長が合った」状態, コアステイトのリラックス状態, オープンネス, 自身の主観的真実についての明快さ)

ポジティブな受容体験

(受け止められる, 理解される, 真価を評価してもらえる, 支えられる, 愛される, 励まされる, 助けられる, 自分自身と自分の感情が人に受容され, 歓迎され, 応えてもらえるものとして感じられる)

↓

促進的感情
(二次感情反応)

(安全に対する信頼, 波長の合った状態, 親しみと心的距離の近さ, 好奇心, 興奮)

↓

青信号感情

(希望, 心地よい結果の予期, 好奇心, 興奮, 自信)

ソフトな防衛

(対処方略, 社会的慣習など迂回できる防衛)

表出反応による機能の三角形の帰結

(感情能力, レジリエンス, 感じて対処する能力, 持ちこたえ待つ能力)

いう感覚と感情を促進する他者の存在によって、コア感情の適応的な力は開花しやすくなる。

コア感情と信号感情の間：二次感情反応

　コア感情の表出は他者からの反応を引き出し、それが第二波の感情、つまり二次感情反応を生み出す。嫌悪的な二次感情反応（回避感情）は、コア感情に対するネガティブ反応に対して生じ、促進的な二次感情反応（促進的感情）は、コア感情に対するポジティブ反応に対して生じる。この体験は、精神の病理と健康のどちらが優勢になるかを方向づけ、防衛と表出のどちらが機能の主な動機付けになるかを決定づける。

　*回避感情と防衛反応の三角形。*感情を表出したときに、不適切な（相互作用の不作為の過誤）あるいは冷笑的、懲罰的、屈辱的な（相互作用の作為の過誤）反応が返ってくると、苦痛で耐えがたい不快反応が生じる（図6.4参照）。そして、感情表出は感情的苦痛と関連づけられる。回避感情には、恐れ、恥、感情的苦痛、孤独感、ジョフェとサンドラー（1965）のいう一次的抑うつ反応（無力感、絶望感、絶望）が含まれる。たとえば恥は典型的な回避感情であり、病理の発生に大きく関わっている。5章のバーバラの場合、真の自己（コア感情体験）を表出したために、親から退けられ拒絶され（ネガティブな受容体験）、それが感情的苦痛（回避感情）を引き起こした。

　適応的な行動傾向の解放は、コア感情体験の決定的な特徴である。一方、回避感情（身が砕けるような孤独感、腹が煮えるような恥の感覚、一次的抑うつ反応など）の特徴は、本質的な自己を回復するために何もできないことにある。この感情が耐えがたいのは、終わりが見えないからであり、この苦痛を終わらせるためには何でもしたくなる。回避感情とそれによって喚起される赤信号感情（後述）は、精神病理の発症の核心部分であり、臨床的な取り組みを必要としている。コア感情体験には変容を起こす力があるのに対し、回避感情の存在は変容の必要性を知らせるサインといえる。

　*促進的な感情と表出反応の三角形。*感情が他者によって受け入れられ支持されるとき、感情の表出は促進的感情、つまり感情的応答を促すポジティブな二次感情反応を喚起する（図6.5参照）。ポジティブな受容体験（支えられ、愛され、理解され、支援されていると感じる）は、促進的感情を引き出す。促進的

感情には喜び，安堵，希望と信頼，密着感，力，真正さが含まれ，さらなる体験，表出，コミュニケーションの動機付けになる。促進的感情は，感じてもよいというゴーサインと本質的な安全を伝える青信号感情を喚起する。バーバラは，彼女の感情がよいものであれ，よくないものであれ，すべて共有したいというセラピストの深い願いに触れたことにより，最も望ましい発達に不可欠な「安堵」と「信頼」を感じることができた。

信号感情

信号感情は，自己表現をすると何が起こりそうかを予測する感情的環境の読み取りを反映する。本格的な二次感情反応（恥，苦痛，無力感，恐れ，あるいは希望，ときめき，感謝，信頼など）として始まったものは，やがて部分的または最小限にしか体験されなくなって，精神的脅威（赤信号感情）または安心（青信号感情）の信号になる。不安や希望のような信号感情には評価のプロセスが内在し，ラザルス（1991）はそれを「認知的な感情焦点化対処プロセス」（p. 285）と呼んでいる。

赤信号感情。「ほどよく」ない感情的環境の中でコア感情体験と悲惨な結果（回避感情）が関連づけられると，環境を安全ではないものとして感じる閾値は下がり，感情に負荷のかかる状況では赤信号感情が生じやすくなる。赤信号感情は回避感情と同じ情報を伝えるが，本格的な精神的苦痛はともなわず，ほんの少しだけ感じることでシグナルとして機能する。

不安は危険の予感のサインであり（Freud, 1926），大切な赤信号感情である。不安はどの回避感情によっても喚起される。回避感情を体験することへの恐れ（恥，無力感，孤独感，苦痛，恐れを感じることへの恐れ）も，感情への全般的な恐れ（*感情恐怖症*）（Perls, 1969）も，それを引き起こす恐れのある体験を防衛的に排除する動機になる（Brenner, 1974; Jacobson, 1994, p. 20; Sandler & Joffe, 1965）。行動に動機を与える不安の力は，精神病理を精神力動的に理解するときの要である（Wachtel, 1993）。

恥もまた大切な赤信号感情である。トムキンズ（1963），そして後にネイサンソン（1992, 1996）は，恥はそれ自体，強烈な感情だが「感情システムの補助装置」としても機能すると考えた。「恥は，ほんの一瞬前まで展開していたよい場面を増幅する関心や楽しさを中断し，首はうなだれ，目をそらし視線は下

向きになり，頬は赤くなる (Nathanson, 1996, p. 11, 傍点は筆者)。」快い体験は人の心を開き無防備にする。だから疑心暗鬼のない無防備な状態で他者からネガティブな反応をされると，なおさら衝撃的で屈辱的である。やがてその人は何であれ他者の怒りや非難を買い，恥をかきたてる可能性のあるものから遠ざかるようになる。そうなると生命感は抑制される。フェレンチ (1933)，スッティ (1935)，ガントリップ (1961, 1969) は，自分の最善の部分と感じていたもの (愛など) が他者の拒絶や破壊を引き出したときの精神的な惨状について指摘している。

　感情的苦痛や一次的抑うつ反応にも赤信号としての側面がある。サンドラーとジョフェ (1965) は，感情的苦痛全般，とりわけ一次的抑うつ反応はさまざまな防衛を喚起する動機付けの力が異様なほど強く，人が絶望感の苦しみに飲み込まれるのを防ごうとすると主張した。苦痛も不安と同じように，信号や警告の機能にまで縮小される (Jacobson, 1994; Sandler & Joffe, 1965)。

　青信号感情。他者の応答によって欲求が満たされて，「感じて対処する」ことができると，感情が促進され，防衛が少ない開かれた体験を促すような青信号感情が生まれる。

　希望は最も大切な青信号感情の 1 つである。希望は体験に対する開かれた姿勢，チャンスを生かそうとする意志，統制する必要のない内的生命感のサインである。安心感，ウェルビーイング感，他者への信頼，自信にはすべて信号的な側面がある。また安全な状況での探索を促すマーカーである好奇心にも信号的な側面がある。探索の成功は，将来のリスクをいとわない行動に影響するような，熱意，効力，誇りの感覚を高める (Emde, 1983, 1988; Kissen, 1995; White, 1959, 1960)。

防衛

　防衛機制の目的は，精神の破綻を防ぎ安全の体験を回復することである。防衛は，恐れていたコア感情や，信号機能が働かずに本格化した回避感情を感じさせなくするため，感情体験を遮断する機能がある。防衛には感情の分離，投影，否認などの*正規の防衛*，曖昧さや無意味な言葉の癖などの*方略的防衛*，アイコンタクトの回避などの*非言語的防衛*，より強い苦痛を恐れて，ある感情を感じないですむように別の感情を抱く*防衛的感情*などがある。

6章　構成化のツール　**135**

防衛では，精神生活のある領域を守るために別の領域が犠牲になる。たとえば自己と関係性の欲求が対立するような，環境の不全があるときに生じやすい。あるクライエントの防衛は，常に自分の無能さに注目し，相当に優れた強みを否認するというかたちをとっていた。自立や自分の能力を認めることは，いつかかまってもらえるという希望を放棄し，他者を失うリスクを意味したのである。別のクライエントの場合，対人関係は，表面的なものにとどまったため（防衛），それは押しつぶされそうな孤独感を少しも和らげなかった。もう一方，重要な他者と率直に関われば，自尊感情と自己を失う危険があった（重要な他者が彼を軽蔑したり，拒絶したり，一人前とみなさなかったりすると，自分を見失ってしまう）。

　防衛では，他者のネガティブ反応が自己に及ぼす影響を最小化しようとして（Bowlby, 1973, 1988; A. Freud, 1937），次のような行動をとる。

▼精神内部面：感情体験を遮断する
▼認知：感情反応を喚起した現実を本格的に意識するのを防ぐ
▼関係性：親しさと心的距離の近さを防ぐために対人的現実を変える

　たとえば怒りを引き起こすような状況では，反動形成などの形式的防衛によって怒りを転換することもあるが，怒りが誘発される可能性を最小化するために退避して感情的な距離をとるような防衛もある。先に述べたように，こうした防衛方略は愛着関係を保とうとしたことに起源があり，心的距離の近さの維持を目的とする方略の内在化でもある。

　防衛機制への依存は短期的には適応的であっても，長期的には体験や機能を制限し，やがては病理や「人生の大切な問題」へと発展する（Sullivan, 1953, 1956）。*防衛的排除*（Bowlby, 1973, 1991）や*選択的不注意*（Sullivan, 1953）は体験を制限し，学習，ひいては正常な成長や発達も抑制することになる。また，ある領域の体験がまったく広がらず，その領域のスキルや応答を定義する機会を逸することもある。たとえば，子ども時代の抑うつの破壊的影響の１つは仲間からの孤立で，ソーシャルスキルの発達が著しく妨げられてしまう。

　高い対人的な壁を築いたことによる孤独感や，怒りの防衛的排除に由来する自分は弱くて脅かされているという感覚は，慢性的な防衛への依存の結果とし

て生じる感情体験である。抑うつ，フラストレーション，混乱，絶望感は多くの人が治療を求めるきっかけになるが，それは防衛に支配された感情生活の副産物，あるいは防衛の破綻による「崩壊の産物」（Kohut, 1984）である。こうした感情がコア感情でも二次感情反応でもないことに留意してほしい。クライエントにとっては偽りのない本当の体験かもしれないが，変容的ではないし適応的でもない。

　防衛をしても抑えられなくなると，主に意識外で作用する信号体験に対処するだけではすまなくなり，不安，恐れ，恥，無力感，失意，絶望感があふれてくる。もう単なる信号ではなく本格的な不快反応になり，最も恐れていた感情の結果を味わうことになる。多くのクライエントが「感情的になる」ことと結びつける統制感の喪失は，コア感情の直接的体験ではない。むしろコア感情が恥や不安や罪悪感と混じり合うことによる調整や統制がきかない感覚である。コア感情は適切な支持があればたいていは耐えられる。コア感情には癒やしの種があるからである。だが不安や恥の体験と密接に結びつくと，コア感情は耐えがたく自己を圧倒するものになる。この組み合わせは統制しがたく破壊的である。

　ソフトな防衛。ソフトな防衛は，感情を高めたり不安を緩和したりするだけで回避できる。ソフトな防衛は表出反応の三角形の領域に属する。感情を促進する環境は，強固な防衛機制と思われるものをそれほど手強くない障壁へと変えることができる。たとえば「社会的マナーは適応的なものであり」（Winnicott 1960, p. 150），ソフトな防衛である。そのときの状況によって感じることを延期する能力や一時的に感情を殺して耐える能力は，安全が回復したときに抑制を緩めることができるなら，やはりソフトな防衛といえる。

　ここでは一次的感情反応と二次的感情反応の関連に焦点を当てたが，防衛につながるような信号感情を引き出すのはコア感情だけではない。心理機能のどの要素も他者から強い感情反応を引き出しうる。二次感情反応は自己と自己体験のどの要素（知性，セクシュアリティ，才能，弱さ，野心，身体的・精神的特質，人格特性）とも関係するし，その結末を決定する。

防衛反応の三角形を不安定な愛着に適用する

　回避型の愛着について考えてみよう。ある子どもが養育者との分離に悲嘆と怒り（コア感情体験）の反応をしたが，再統合のとき，養育者は子どもの感情を無視し，子どもは拒絶されたように感じたとする（Main, 1995）。拒絶（ネガティブ受動感情体験）は恐れ，苦痛，恥（回避感情）やさらなる悲嘆や怒りを引き出す。感情的苦痛と他者との心的距離の近さの実現の失敗というサイクルが何度も反復されると，子どもは修復へのきっかけとしてネガティブ感情を表出することに希望を持たなくなってしまう（Tronick, 1989）。むしろネガティブ感情を自分で処理することにまい進し，防衛を習得する。そうなると感情的苦痛の兆し（赤信号感情）だけで，防衛するようになる。回避型の子どもは，愛着にまつわる感情反応が関係性の防衛を開始する赤信号感情に関連づけられている。子どもは最も大切な愛着関係の重要さを無視するような防衛に依存し，「対処するが，感じない」ようになる。治療前のバーバラの精神力動の本質が，まさにこれだった。

　とらわれ型のクライエントが感情的になるとき，それがコア感情であるかのように誤解されやすい。だが実際は不安と退行的防衛の産物であり，他者に波長合わせし適応的な行動傾向を解放するコア感情とはまったく違う。とらわれ型の愛着スタイルは，感情的になりしがみつくこと（感じるが，対処しない）が，最も愛着の対象人物との感情的接触を容易にするような環境から生じる。退行的な防衛スタイル（大人の場合，自分の無能さを過度に強調し，他者の限界を選択的にごまかす）の根底にあるのは，愛着の絆を脅かすような関係性の情報に対する防衛的排除である。他者が信頼性に欠けるのは恐ろしいことなので，それを否定しようとして（防衛），いよいよ感情的になりしがみつく。防衛なしに自分の感情的環境の現実をはっきりと見ると，恐ろしい孤独感と弱さ，怒りと悲嘆と戦わなければならなくなる。とらわれ型の愛着は，純粋な感情に対する防衛として感情的になるという典型的な例である。

防衛反応の三角形と表出反応の三角形

臨床題材がスムーズに進まないときは（行き詰まりや堂々巡り），防衛反応の三角形の中にいる（図6.3aおよび6.4参照）。防衛が強固に固定化し，コア感情体験にほとんど近づけない。心を開いて関わり深く感じることへの抵抗がある。リスクの高い感情的状況はクライエントの防衛を強化するだけで，二者間の波長合わせのプロセスや相互の状態協調から逸脱させてしまう。

一方，臨床題材が比較的スムーズに進み，クライエントの恐れを承認するだけで新たな感情の深みへと進めるときは，表出反応の三角形の中にいる（図6.3bおよび6.5参照）。防衛は「ソフト」で，不安は比較的扱いやすい（Fosha，1995）。表現には感情がこもり，自発的で，頭というより腹の底から発している感じがする。ただし希望のような青信号感情が優勢であっても，不安，恐れ，恥，苦痛も残存している可能性があることに留意すべきである。とはいえ青信号感情の方が強いので，赤信号感情によって自動的に頑固な防衛が生じたりしない。回避感情が自動的に防衛を喚起するとは限らないということも，感情能力の作用の例の1つである。ここでも内省的な自己機能はレジリエンスを高めることがはっきりと表れている。たとえば顧みてほしいという深い切望にまつわる恥を体験しても，それが自動的に人を押しつぶしてしまうわけではない。思い切って本当の感情を表すと恥ずかしい気持ちは完全に解消しないまでも小さくなるものだということを理解すると，感情を遮断したいという衝動を中和できる。ポジティブな体験は，意識的な感情表現こそが不安と恥を克服する最善の道であり，表現を抑圧すれば不安と恥は増大するばかりであることを教えてくれる。これが修復への期待に自信を持つことの本質である。

安定した愛着（関わりながら，感じ対処する）は表出反応の三角形の機能へとつながる。一方，不安定な愛着の2つのタイプ（「感じ，そして動揺するが対処しない」「対処するが，感じない」）には防衛反応の三角形の機能が表れている。

コア感情，信号感情，防衛の機能と性質の区別

すべての瞬間には，リスクを引き受けて欲しいものを追い求めるか，それとも不安に耳を傾けて安全策を取るかの主導権争いがある。この主導権争いは瞬時ごとの感情体験に反映され，希望にしろ，恐れにしろ，表出と防衛の相対的バランスに影響する。臨床題材は，クライエントのコミュニケーションの*機能*およびそこに反映される動機に基づいて，コア感情，信号感情，防衛のカテゴリーに瞬時ごとに分類される。

感情（コア感情ではない）は葛藤の三角形の3つのすべての頂点で機能するが，見せかけだけのものもある。

▼*防衛的感情*は，より厄介で恐ろしい感情に直面せずにすませるための感情で，感情的になることが防衛として機能する退行性障害（Davanloo, 1986-1988）などに見られる。あるクライエントは尊大な父親に辱められていたが，欠乏と孤独感というもっと屈辱的な体験を感じなくてすむように，怒りで防衛していた。

▼不安，恥，恐れ，屈辱，無力感などの*回避感情*は，感情的環境の性質についての警告や情報伝達の機能がある。

▼*コア感情*は深い表出の機能があり，非常に大きな変容力がある。

人間の進化と生得的性質に関係する理由から，コア感情体験を表すと，はじめはどんなにつらくても，安堵を感じる。またコア感情の体験は，その輪郭がはっきりとして終わりがある（Stern, 1985参照）。この2つの特徴が回避感情と防衛的感情にはない。悲嘆はやがて薄れるが，退行的な涙はいつまでも続く。同じように恥や屈辱は明確な終わりがなく，その体験はいかなる意味においても満足を与えない。たとえば怒りは，コア感情体験として機能したり悲嘆や弱さに対する防衛として機能したりする。その怒りがコア感情体験であれば，表出は直接的に重要な治療的機会になるが，防衛であれば体験や表出によって変容が起こる可能性は低い。防衛的感情を表出することの治療的意義は，主に隠れた感情へと至る通過点としての側面にある。防衛の表出だけでは，持続

的価値のある治療成果は生み出さない。とはいえ，その感情が理解され肯定されることにより，クライエントが少なくとも一時的に防衛に依存しなくなり，より深い体験へのリスクを引き受けることもある。

クライエントの視点による防衛，信号感情，コア感情の体験的区別

クライエントがこの3つの状態の違いを体験的に理解することは，癒やしの過程で不可欠であり，その役割は大きい。これらに共感的に波長合わせすることは，感情体験の習熟の最初のステップである。

▼防衛的なコミュニケーションは，コア体験にほとんど，あるいはまったく接近することができず，退屈で無益に感じる。どこにもたどり着かない。
▼表出反応の三角形の上側からのコミュニケーションは，基本的に有意義に感じるが，雑音が混じっている。その雑音とは不安と防衛という落とし穴である。どんなにソフトで扱える程度のものであっても，やはりコア感情の持つ治療効果を弱める。
▼どちらの葛藤の三角形でも，三角形の底からのコミュニケーションは雑音がなく明瞭である。

あるクライエントは，コア感情に接すると「息が出てくる場所から言葉を出している」ように感じるという。またコア感情に触れたとき，コミュニケーションが明瞭でスムーズに進むだけではなく，体の内側が広々とするような身体的体験をしたと言っている。雑音のある状態で話しているときは，そういう感覚はなかったという。広々とした感じには，明確な自己感がともなっていた。「自分が1つの人格になって，自分が何を考えているかはっきり分かります。どっちつかずではないんです」。明瞭さと本当の自分らしさは（Bollas, 1989），コア感情という「場所」から流れ出る。

自己―他者―感情の三角形

　どんな感情体験もそれが発生する関係性マトリクスを理解することなしに，充分に把握し評価することはできない。葛藤の三角形に図式化された力動的関連性のある体験は，自己と他者の感情を強く帯びた相互作用を通して構築される関係性の中で生じる。

　自己―他者―感情の三角形（図6.6参照）は，どのようにして関係性の力動が感情体験を組織し感情的環境を作るかを説明する。またこの三角形は，感情的意味のある出来事の体験（葛藤の三角形によって図式化）がどのように自己―他者の相互作用のマトリクスに組み込まれるか，また自己と他者の表象がどのように力動的に関連するかを表している。自己―他者の相互作用の力動はやがて内在化され，精神構造を形成し，どの状態の布置（*状態*とは特定の自己―他者―感情の三角形の体験的総和のこと）が前面に出るかに大きく影響する感情的背景を生み出す。こうした図式によって，同じ子どもでも別の養育者と

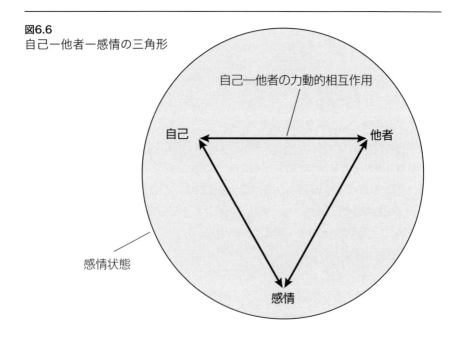

図6.6
自己―他者―感情の三角形

の関係では異なる内的作業モデルを持つことがあるという愛着研究のデータと，**感情はその布置によって異なる処理をされる**という事実を橋渡しすることができる。

　また自己─他者─感情の三角形は，関わりと感情のパターンも表している。同じような構造の瞬間は何度も反復されるうちに，特定の二者間の個人の体験を具象化した感情的関係性パターンへと一般化される。このパターンは過去の特徴を表し，相互作用の期待を形成し，さらに個人の認知と行動を形作る。そうした体験をつなげて１つのパターンにするのは，感情の適合性である。それは類似した動機，関係，体験の方向に沿って構築される。

　クライエントは自己─他者─感情の三角形のある１つの側面の体験しか見ていないことが多いが，その体験は１つの要素にすぎないので，図式全体を満たすことが大切である。たとえば関係が破綻すると，**他者の喪失**に対処しなければならないだけではなく，**他者とのあり方の喪失**や**特定の自分のあり方の喪失**，そしてこの形態に関連するすべての感情に対処しなければならない。ある特定の状態の自分が存在するところには，ある特定の状態の他者，そして二者間の特徴的な力動的相互作用が存在する。相互作用のあるところには，それにまつわる感情と対処の方法がある。自己，他者，そのつながり，それにまつわる感情などすべては状態に依拠し，文脈化され，力動的に関連している。

事例　オリバーは客観的に言っても有能で実績もあげている人だが，自分については「双頭の概念」（彼が使うようになった言葉）を抱いていた。あるときには強く，才覚にあふれ，「有用で善良な」人間として自己を体験し，またあるときには弱く，人生の困難に対処できない人間として自己を体験していた。それぞれの自己体験について自己─他者─感情の三角形を細かく描写すると，無能で「力が足りないのを恐れる」自分を体験しやすくなるのは，「美徳を象徴」し，すぐに人を非難したり批判したりする他者が存在する状況か，怒りの感情を抑圧した結果であることに，彼はだんだん気づいてきた。この他者のあり方は精神的に不安定な彼の母親にたどることができた。子どもの頃の彼にはこの母親の抑うつを癒やす「力が足りなかった」のだろう。一方，自身の高い知的能力や温かい人格を評価してくれる他者と一緒にいるときは，オリバーはリラックスし自分らしくしていることができた。「力の足りない」自己─他者

6章　構成化のツール　**143**

一感情の三角形の中の自己は防衛の産物だった（緊張があり，自分のリソースに大きな感情的接近をしない）。「有用で善良な」自己―他者―感情の三角形では，彼は自身の本当の感情に触れ，リラックスし，その結果として，才覚にあふれ柔軟性があった。

自己―他者―感情の三角形のカテゴリー

自己―他者―感情の三角形は，相互作用に関わる人の「想定される主観的視点から」（Stern, 1994, p. 11）概念化される（図6.6参照）。

自己

三角形の左側の頂点は，具体的な知覚的・認知的・体験的側面をともなう*自己*の表象である。自己概念や，行動中の自己（主体としての自己），体験者としての自己，他者との関係における自己の表象も含む。

他者

三角形の右側の頂点は，具体的な相互作用の中で人が知覚し体験する*他者*の表象である。他者の表象にも知覚的，認知的，体験的側面がある。他者の表象の極めて大切な要素は，自己に対する他者の感情である。自己に対する他者の感情や態度を自己がどのようにとどめ反応するかが，受容感情体験を構成する。

自己―他者の力動的相互作用

自己と他者を結ぶ直線は，*自己―他者の力動的相互作用*，つまり「出来事の力動的連鎖の記憶としての，他者とともにいる図式」を表す（Beebe, Jaffe, & Lachmann, 1992, p. 73）。自己―他者の力動的相互作用から，互恵的協調，協調の失敗，修復に関わる二者の瞬時ごとの交流の力動を支配する規則を探ることができる。相互性のある力動か，それとも支配の力動か。どのような状況で一方が主導権を握るのか。ひきこもりや活力のある状態に対して，相手はどう反応するか。

感情

　三角形の底にあるのが，相互作用にともなう**感情**である。感情のカテゴリーが自己，他者，自己一他者の相互作用の実体と同じ平面にあることに注目してほしい。感情は自己体験の一面だが，体験的には自己から分離し独立したものとして感じられることが少なくない。感情には，それを独自の感情体験とするような異質性や分離性がある。スペザーノ（1993）はこの現象について「感情の真実は私たちが見つけるものではなく，それが私たちを見つけるのである」（p.214）と述べている。

感情状態

　感情状態は，自己一他者一感情の三角形を囲む円で表される。相互作用にともなう特定の感情に加え，自己と他者の対話の進行が感情的風土（安全か脅威か，感情を促進するか，感情を許容しないか）を作り出す。この感情的風土は，感情的意味のある出来事に対する個人の体験に深く影響し，また影響される。キールストローム（1987, p.1451）が指摘するように，「出来事が起きる環

立ち現れる（emergent）二者現象と相互影響の変容モデル

力動的相互作用のプロセスは，それ自体，個人の体験を形成する力がある。ビービー，ジャフェ，ラッチマン（1992）は自己感，他者感覚，自己と他者の力動的相互作用の感覚は，すべて「発生中の二者現象」であると述べている。ひとりの人だけに言及したのでは説明できないのである。

　　最初に表象されるのは対象そのものではなく対象関係，つまりパートナーの行動に対する自己の行動と二者の統制のパターンである。したがって乳児が表象するものは起こりつつある二者現象であり，二者のどちらかにだけ存在するものではない（Beebe, Jaffe, & Lachmann, 1992, pp.73-74）。

人格をその人の寄与，感情面で大切な他者，二者の相互作用の反映として理解しようとするには，「相互影響の変容モデル」が必要である（Beebe,

Lachmann, & Jaffe, 1997)。この概念は，変容の双方向性と精神構造の構築に対する両者の積極的役割を含む。影響は相互的で変容的であり，かつ両者が寄与するが，その寄与は対等でも等価でもない。より広く柔軟なレパートリーのある養育者の方が，プロセスを形成する機会が多い（Tronick, 1989）。こうしたモデルは感情の変容モデルを説明する。こうしたモデルは，治療プロセスの形成と治療成果を左右する要因として，クライエントの性質だけではなく，セラピストの寄与（セラピストの人格，スタンス，技法）やクライエントとセラピストの相互作用の寄与にも焦点を当てている。

境の表象」は体験と自己の心的表象と関連づける必要がある。感情状態はその環境，つまり特定の自己―他者―感情の三角形の自己の主観的体験を特徴づける感情的状態（hum）である。最も望ましい相互作用を促進する感情状態は，人がウェルビーイングの感覚として体験されるきめ細かに基本的安全さが感じられる感情的風土を生み出す。

自己―他者―感情の三角形のカテゴリーの体験的性質

二者の感情相互作用はすべて５つの感情現象（自己体験，関係性的体験，カテゴリー感情，他者に対する・他者にまつわる感情，感情状態）を生み出すことができ，それらはすべて発生中の二者現象であり，二者により構築されている。これらの感情現象は，自己―他者―感情の三角形の基本要素についての自己の感情*体験*である。どの関係性―感情的な出来事にもこうした感情現象が共存し，探索し，表出し，内省することができる。セラピストがどれに焦点を当てるべきかは，クライエントが何に対処し，何がおのずと発生し，何がクライエントの課題と力動的関係を持つかによって決まる。体験カテゴリーのどこか１つが変化するだけで，それまでとは異なる自己―他者―感情の三角形へと変化する。

ある人と一緒にいるときにリラックスし自信を持てても，次の瞬間に別の人と一緒にいると萎縮し落ち着かないという経験は誰にでもある。相互作用やそこから生じる感情的環境によって，その瞬間の自己感，他者感覚，体験する感

モデル場面：自己―他者―感情の三角形の語り

ラッチマンとリヒテンベルグの**モデル場面**の概念は，自己―他者―感情の三角形が表す問題と類似した問題を扱っている。モデル場面は，感情が顕著でありそれを通して「成人の関係性と動機付けの本質である感情面で類似した体験を望遠鏡で拡大して」見ることを可能とする内的作業モデルである。ラッチマンとリヒテンベルグは（1992）「モデル場面は行動に大きな影響を及ぼす記憶構造である。鍵となる感情状況という窓を通して，何がクライエントを動機付けるのかを理解する手がかりになる……類似した感情を強く帯びた体験を組み立ててモデル場面を作ることにより，心理的に拡大してみることができる」（p.260）と指摘している。治療的作業ではモデル場面を通して「クライエントの体験の大切な精神内部的な促進要因や形成要因に接近することができる」（p.124）。

モデル場面は，自己―他者―感情の三角形で図式化されたものを物語として語っている。三角形はモデル場面に暗示されたすべての要素を明示している。モデル場面は作業の根拠となる具体的な事例である。この治療作業はマーラー（1999）のいう「非常に強烈な感情の場面」にあたり，その中に「感情が最も高まるその瞬間」（p.206）がある。

情は変化する。

　葛藤の三角形には2つの基本形があるように，自己―他者―感情の三角形にも最善の自分と最悪の自分の機能を表す2つの基本形がある。すなわち*欠陥のある自己―歪曲された他者―遮断された感情の三角形*（図6.7a）と*有能な自己―現実的な他者―コア感情の三角形*（図6.7b）である。効果的なセラピー過程では，「有能な自己―他者―コア感情の三角形」を機能の特徴とする状態が優勢になり，「欠陥のある自己―他者―遮断された感情の三角形」を機能の特徴とする状態が減り，目立たなくなる。

図6.7a
最悪の自己
欠陥のある自己―歪曲された他者―遮断された感情の三角形と
防衛反応の三角形

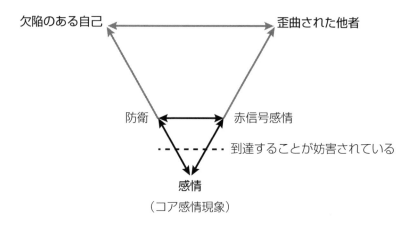

図6.7b
最善の自己
有能な自己―現実的な他者―コア感情の三角形と
表出反応の三角形

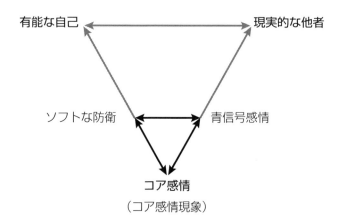

葛藤の三角形と自己―他者―感情の三角形の関係

　自己と他者の体験は，感情体験の構築と密接に関係する。そしてどのように感情体験が構築されるかは，自己と他者をどのように知覚し体験するかと密接なつながりがある。さまざまな自己―他者―感情の三角形において，それぞれ感情がどのように処理されるかを理解するため，三角形の底の頂点が感情を表す葛藤の三角形を思い浮かべてみよう。

最悪の自己

欠陥のある自己―歪曲された他者―遮断された感情の三角形と，
防衛反応の三角形

　防衛反応の三角形が最もよく表す感情機能の中で，欠陥のある自己―歪曲された他者―遮断された感情の三角形がしばしばクライエントが治療を求めるきっかけとなる機能をよくとらえている（図6.7a）。

　自己感は，どこか不快で，苦痛があり，無能感がある。他者は歪曲されて二次元的に認知され，自己―他者の相互作用はよい場合でもフラストレーションと不満をはらみ，最悪の場合は抗いがたく，苦痛があり，自己か他者（あるいは両者）にとって破壊的である。クライエントには修復の可能性は思い浮かばない。クライエントが習慣的に防衛に依存していると，この三角形のようになる。また批判的，懲罰的で，屈辱を与えようとする他者によって喚起されることもある。そもそもそうした人物との相互作用からこのような機能が生じる。感情が遮断されると多くの重要なリソースから切り離されるので，無力感が増す。感情的な出来事に対処する準備ができていないと感じ，その無力感が防衛への依存を強める。

最善の自己

有能な自己―現実的な他者―コア感情の三角形と，表出反応の三角形

　有能な自己―現実的な他者―コア感情の三角形は，表出反応の三角形が最も

よく表す感情機能と関連がある（図 6.7b 参照）。

　コア感情現象とそこに内在する精神的リソースに接近すると，自己を有能なものとして体験し，他者を現実的に体験し，自己と他者の相互作用（ポジティブなものもネガティブなものも）は少なくとも統制できるもの，あるいは修復の可能性があるものとして体験する。セラピストの修復のイニシアチブ（クライエントの修復の努力への応答性）がここで果たす役割は大きい。

事例　アギーはセッション終盤にセラピストが少しの間みせた態度を拒絶として体験し，打ちひしがれていた。次のセッションまでセラピストは対応することができないので，彼女はひどい感情的苦痛を感じていた。次のセッションでは，その苦痛とそれにともなう無防備な感覚を「ひどすぎる」と表現し，苦痛から解放してくれる死が魅力的に思えたと言った。昔からの防衛機制によって「心を殺して」苦痛に耐えることで機能していたという。彼女は防衛によってますます耐えがたくなる苦痛を切り離すことができたが，活力の源となるすべてのものも切り離してしまった。その結果，機能することはできたものの，自分自身に「疎くなり」，感覚が麻痺し，怒りっぽく，「枯れて，底をついたような」感じだと言った。自己を弱く愛情に飢えている存在として感じ，セラピストを自分自身のことにかまけている無関心な人として感じていた。アギーはセラピストの反応に屈辱を覚えていたものの，自分がどう感じたかを話した。セラピストはそれを温かく受け入れ，さらに話すよう促した。アギーにとってセラピストの反応は「まるごと受け入れてくれる」ものだった。セラピストはアギーが自分の体験を正確に知らせてくれたことを繰り返し評価し，アギーの体験を共感的な視点からとらえ直した。またつらいときに一緒にいてあげたかったと言葉で伝えた。対話を続けるうちに，アギーは「生き返った」ように感じた。それは防衛を緩めたことについてのアギーの主観的体験である。孤独や自己懲罰から救い出すようなつながりによって，深く感じる能力が回復し，彼女の言葉によると「本当の私の感覚が戻ってきた」。「パイプが通じたような」感じだとも言った。感情を促進し，肯定し，愛情のあるセラピストとのつながりによって，クライエントはコア感情と本質的自己とのつながりを取り戻したのである。

真の自己―真の他者―変容感情の三角形は，自己―他者―感情の三角形の極めて限定されたパターンであり，順調なAEDPの作業に顕著に見られる。深く純粋な体験の結果として生じるパターンである。他者を深い理解と愛情のある存在として，自分を本来の自分として，感情を安全なものとして体験することにより，また 深い感情を内臓感覚的に体験することによって，この形態を特徴とする機能が生まれる。その瞬間には，非常に大きな治療的変化が起きる。ラッチマンとビービー (1996) はそれを「高度な治療的瞬間」と呼び，スターンと共同研究者 (1998) は「今だ，という瞬間 (now moments)」と呼んでいる。この状態では，クライエントは最善の自己と真の他者を体験する。開かれた態度とリラックス，寛大さと共感，ときには妥協のない率直さが，相互作用の特徴である。この体験は絶好の治療の機会であり，クライエントは（しばしばセラピストも）それまで入れなかった世界の住人となる。一度，内臓感覚的に体験すると，この現象は，クライエントのより標準的なレパートリーの１つになるまで，処理され，内省され，ワークスルーされる (Mahrer, 1999 の "new person" も参照)。

　あるクライエントは，真の自己―真の他者―変容的感情状態について，こう述べている。

　　この状態になると，とても無防備で，開放的で，縛られなくて，遮られなくて，ポジティブで，流れるようで，感じることができて，成長して，行動する自分に触れることができます。そうではない態度を脱ぎ捨てたような感じもします。古い態度がほぐれて剝がれ落ちていくように。枯れてしまって，簡単には呼び覚まされない。そうでない態度は歪んでいて，現実ではなくて，本当の自分ではないように，だんだん思えてくるんです。

　欠陥のある自己―歪曲された他者―遮断された感情の三角形から，有能な自己―現実的な他者―コア感情の三角形へと勢力バランスを変えるには，さまざまな治療的方略がある。クライエントはこれらのパターンを意識するにつれ，どの感情的環境がポジティブな自己体験を促進し，どの環境が欠陥のある自己

状態を喚起しやすいのかを理解するようになる。だが最も効果的なのは，防衛を乗り越えコア感情体験に接近することである。それができれば，自然なコア感情反応によって，良好な自己体験を解放する適応的な行動傾向が解放される。

　これまでの事例でほとんど検討してこなかったのが，治療関係に表れるパターンとクライエントの生活の他の関係性パターンとの関係である。他のどの関係で，こうした力動（治癒的なものにしろ病的なものにしろ）は展開されるのだろうか。治療関係と他の関係の類似点と相違点は何か。それを知るには，最後の図式，比較の三角形を検討しなければならない。

比較の三角形

　比較の三角形は，現在の関係（C: current relationship），瞬時ごとの治療関係（T: therapeutic relationship），関係パターンを形成した過去の関係（P: past relationship）という３つの変容の影響力の関係を検討するものである。比較の三角形は，時間を超越して，それぞれ葛藤の三角形を内包する３つの自己―他者―感情の三角形を関連づける（図6.8参照）。自己―他者―感情の三角形や葛藤の三角形のすべての構成要素（防衛方略のタイプなど）や要素のパターン（自己感，特定の感情状態など）を，時間的に，また関係横断的にトラッキングすることができる。

　たとえばマンとゴールドマン（1982）はほとんど感情的苦痛にのみに着目し，「個人的に感じ，ほとんど言語化されない，*現在および慢性的に耐えている苦痛*」を時間枠を超えた主観的体験のパラメーターとしてとらえている。また感情的苦痛は「*自分について，どのように感じ，また常にどう感じてきたかについての大切な供述*」（p.21）であるとしている。感情が一致するパターンを検討することにより，「過去，現在，未来」を結びつけることができる。「それはクライエントの個人の時間的流れであり，記憶にともなう感情である……これまでの人生でクライエントが何と戦い，どのように克服しようとしたかを，そして彼が忍んできたすさまじい苦しみを理解することができる」（Mann & Goldman, 1982, pp. 23-24）。

図6.8
比較の三角形
比較の三角形と自己─他者─感情の三角形の相関性

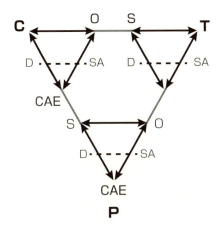

比較の三角形

C（Current relationships）現在の対人関係

T（Therapeutic relationships）治療関係

P（Past relationships）過去の関係

自己─他者─感情の三角形

S（Self）自己

O（Other）他者

SA（Signal affects）信号感情

CAE（Core affective experience）コア感情体験

葛藤の三角形

D（Defence）防衛

SA（Signal affects）信号感情

CAE（Core affective experience）コア感情体験

従来，この図式はクライエントの現在の関わりのパターン（現在の他者やセラピストとの関わり）が，過去の病因的パターンをどのように反復しているかを調べるために用いられてきた。T─C─Pの関連づけは，精神力動的作業の大切な識別的特徴である（Malan, 1976, 1979）。AEDPではもっと包括的に比較の三角形を活用する。感情の類似点だけではなく相違点の追求にも活用している。AEDPでは反復だけではなく反復の例外にも注目する。あるパターンが特定されたとき（とくにクライエントの困難に大きく関わるパターン），それと正反対の特徴のあるパターンを発見することは，類似したパターンの発見と同じぐらい大切である。AEDPが注目するのは病理的で不快な関係パターンだけではない。ポジティブで感情を促進する関係パターンを追求することも同じぐらい重視している。治療関係には豊かなチャンスがあり，信頼に基づく関係の生きたモデルとして利用できる（Wachtel, 1993）。セラピストとの間で良好な体験をすると，長く忘れていた，あるいは取るに足らないと思い込んでいた他の良好な関係の体験の記憶が回復しやすくなる。

　他の2つの表象図式と同じように，比較の三角形にも2つの態度を表す2つの三角形がある。感情抑制的な関係の三角形と感情促進的な関係の三角形である。感情抑制的なパターン（欠陥のある自己が作用する領域）の反復に焦点を当てた作業をするときも，何か「ほどよい」ものがある可能性は，やはりクライエントの精神において強力な力になる。そこにもポジティブな比較の三角形が「発見される」べきもの，あるいは実現の可能性のあるものとして存在している。

　AEDPのセラピストの力は，クライエントの病理的な信念の不当性をただちに証明する先手を打つことで発揮される（Weiss, Sampson et al., 1986）。AEDPでは，クライエントの現在（C）と過去（P）の生活のほどよくない他者を結びつけて，ほどよくない他者─感情の遮断─欠陥のある自己のT─C─Pの連結を完成するかわりに，ただちに比較の三角形のTの角に取りかかる（表出反応の三角形。ほどよい他者と有能な自己との相互作用のパターンをコア感情への接近の可能性と結びつける）。葛藤の三角形を内包する1つの自己─他者─感情の三角形が体験をもとにしっかりと肉付けされると，それが磁石のように作用する。いったんその三角形が刺激を受けると，他の類似の構造の三角形を「引き寄せる」のである。

クライエントが，セラピストによる肯定を「生まれて初めて」のこととして体験し描写することは非常に多い。それだけでは，感情促進的な比較の三角形のTの角だけが作用しているように見えるかもしれない。セラピーに効果があったといえるのは，クライエントがTでの素晴らしい新しい体験を実生活のCの領域で一般化できたときである（Mahrer, 1999）。最初の作業は，セラピストとのポジティブ体験に基づいて新たな現在の関係を築くことにより，クライエントに新しい比較の三角形のCの角を完成させることである。そしてポジティブな治療体験では，たいてい存在しないと思い込んでいたものが発見される。新しい比較の三角形を構築する過程で，長い間忘れていた深くポジティブな過去の関係（P）が掘り起こされ，新しい比較の三角形が完成することが少なくない。たとえば祖父母，教師，隣人，ペットとの関係が挙げられるが，以下の事例では姉との関係を発見している。

事例　あるクライエントは，両親の態度から自分は「無能」「愛されていない」，一生言いなりになるだけの存在だと感じてつらかったと，すすり泣きながら打ち明けた。セラピストは具体的にどういうことがあったかと聞いた。クライエントは，母親から不当で酷な罰を受けた出来事について話した。その中で，叱られた後で姉のマギーが部屋に来て慰めてくれたことに触れた。クライエントの感情は激しい絶望からやや穏やかな感情へと変化した。セラピストは姉との体験に集中するように優しく促した。クライエントは，自分がとても欲しがっていた新しいスカートを，姉が貸してあげると言ったことを思い出した。クライエントは，姉がどんなときでも必ずそばにいてくれたことに気づいて，声を上げて泣いた。クライエントは感動し，感謝し，元気を取り戻した。優しく育まれ大切にされた1つの関係を発見すると，クライエントは両親との過去の苛酷な体験を扱うことができるような気がしてきた。

反復─除外の方法は，クライエントが病的パターンの反復とそれが生活に蔓延していることに気づき，*行動を変えようと決心したとき*，大きな力を発揮する。クライエントが他の選択肢があることに気づく瞬間は，非常に大切である。

シェーン，シェーンとゲールズ（1997）は，新しい自己がどのような選択肢を持っているのか，3つの関係性の布置に整理した（「新しい自己」は，コア感情とそれに内在する適応的な行動傾向に到達できる自己―他者―感情の三角形の中に統合されている）。

▼*新しい自己と古い他者*（クライエントは特定の感情場面での特定の人物の限界を受け入れるようになる）
▼*新しい自己と，新しい他者へと変容する途上の他者*（他者はクライエントの変容に反応して変容している。一般的に思われているよりも頻度の高い現象である）
▼*新しい自己と新しい他者*（クライエントは，健全なあり方を促すような環境で変容し続ける）

転移の反復なしに感情体験を促進する

マランとダーバンルーの短期力動心理療法のモデルを含め，ほとんどの精神力動モデルは，特定の筋書きを反復することは不可避であり，セラピーでは抵抗を生むような反復を最大限に利用して異なる結末へ導くべきであると考えている。その技法はまさに防衛と抵抗に対処することにより，クライエントが感情に接近できるように設計されている。だがAEDPでは，治療を長期化させるような医原性の要因を取り除くよう努める。AEDPのセラピストは，開かれた感情と共感的な関わりという治療スタンスに立ち，当初から（有能な自己―現実的な他者―コア感情の三角形の中の）表出反応の三角形を活性化させようとし，ほどよい比較の三角形を丹念に構築しはじめる。クライエントが新しい体験に対して慎重ながらも希望を持って準備できるように導き，反復―抵抗という経路を回避する。もしクライエントが初回のセッションの最初の瞬間から，セラピストが感情を持って向き合い理解してくれると感じるなら，防衛と抵抗が何かのはずみで始まる前に，自己表現と他者とのつながりへの欲求の方が優位になるだろう。

次の事例では，クライエントは*新しい自己*と，*新しい他者*へと変容する途上の*他者*のあり方を実現しようとして，他者の防衛の壁にぶつかった。彼女は*新しい自己*と*古い他者*のあり方が変わりそうもないことを受け入れ，過去の父親との関係を反映する現在の関係の限界を悲しみながら，相手に別れを告げた。クライエントには，人生の別の場所で*新しい自己*と*新しい他者*のあり方を育てられるという確信があった。

事例　スーザンは，感情を許容しない父親との関係について苦しみながら治療的作業を進めるうちに，現在の上司との関係が過去の父親との関係を反復していることに気づいて驚いた。父との関係がどれほど有害だったかを理解していたので，上司とそのパターンを繰り返さないように努力した。だが上司は防衛的で破滅的なパターンに固執し，開かれた率直な関わりを求めても応じないことがはっきりした。一緒に新しい関係のあり方を作ることはできなかったのである。スーザンは苦しんだが押しつぶされることはなく，「ほかの人とでもこれはできると分かってきた」と言って，新たに身に付けた自己主張と親しい関係を結ぶ能力を示した。そして実生活で父親に対してできなかったことを上司にすることができた。上司のもとを去り，喪失を悲しみ，気持ちを切り替えて前に進んだのである。修正感情体験（Alexander and French, 1946）が，治療の原因になった病理の核心にある病的な悲嘆を打ち消したのである。

クライエントが，感情価が相反する2つの関係を体験的に比較し，それぞれの関係における体験の違いに気づいたとき，治療の大切な部分が達成されたことになる。

まとめ

3つの三角形の形態にはそれぞれ多くのバージョンがあり，随時出現する。

ここで明確にしておくと，一貫して焦点は，安全な状況と安全ではない状況の機能に典型的な2つのバージョンにあてられる。それは，最も病的な機能と最も良好な機能を支配する，欠陥のある自己の主なバージョンと有能な自己の主なバージョンがあるという臨床的な真実もとらえている。

　葛藤の三角形から自己—他者—感情の三角形へ，そして比較の三角形への移行は，感情体験の構成の瞬時ごとの検証という顕微鏡的視点から，感情—関係状態という肉眼レベルの視点へ，そして時間を超えた関係的—感情的な本質という望遠鏡的な視点への移行である。加えて，力動的に理解すると，一生を貫くパターンの構造と，現在のセラピストとの関係の瞬時ごとの力動的変化はとてもよく似ているということを発見できる。詩人は昔からそれをよく知っていた。

　1つぶの砂にも世界を
　いちりんの野の花にも天国を見
　きみのたなごころに無限を
　そしてひとときのうちに永遠をとらえる

　ウィリアム・ブレイク　「無心のまえぶれ」

7章
コア感情体験のバリエーション

単に外から傍観していただけでは，ある感情を測ったり，その命令を推測することは決してできない。……すべての感情はそれぞれ独自の論理に従い，他の論理では引き出しえないような推論をおこなうものである。

ウィリアム・ジェームズ　『宗教体験の諸相』（岩波文庫）

コア感情現象に接近すると，深い変容プロセスが活性化される。コア感情を体の内側から体験することで状態変容がともなう (Beebe & Lachmann, 1994)。この変性状態では，クライエントは以下に到達できるので，深い治療作業を行うことができる。

▼ワークスルーが可能な，より深い層の無意識的な題材 (Davanloo, 1986-1988, 1990)。

▼感情を回避したときに失った生命感とエネルギーの源 (Herman, 1982; Winnicott, 1960)。

▼コア感情の体験に内在し (Darwin, 1872; Frijda, 1986; Goleman, 1995; Greenberg & Safran, 1987; Lazarus, 1991; Safran & Greenberg, 1991)，探索を追求する自由を反映する (Ainsworth et al., 1978; Bowlby, 1982) 適応的な行動傾向。

▼より開かれた，深い，満足感のある関わりをする能力に表れる適応的な関係性的行動傾向。

▼基本的な欲求と欲望の明快さと (Greenberg, Rice, & Elliott, 1993; McCullough Vaillant, 1997) そうした基本的な欲求や欲望の達成への忠実で深い関与に基づく適応的な自己行動傾向。

▼本質的自己または真の自己に触れているという感覚 (Bollas, 1987, 1989; Hart, 1991; Perls, 1969; Winnicott, 1949, 1960)。

159

クライエントは治療関係において深い感情を五臓六腑で体験することにより，深い意味のある重要な心理的プロセスを習得する。腹の底からの身体的体験は極めて大切である。クライエントが自分は悲しい，あるいは恐れていると言葉で言うだけ，またはセラピストがクライエントは臨床題材を力動的に処理していると推測するだけでは十分ではない。クライエントが腹の底から，心の底から，骨の髄から，また顔に出るほどに悲しみや恐れを感じる必要がある。

コア感情への到達とコアステイトの達成は，本物の変容への通り道である。コアという用語は，感情理論の*一次的*または*基本的*と混同してはならない。コアは治療現象を形容するもので，2つのことを表している。つまり機能的な面では，深く，急速で，変容に向けた治療作業の重要な機会が存在する状態を指し，質的な面では，防衛や赤信号感情のない感情表現を指している。

*カテゴリー感情*はコア感情であり，悲しみ，怒り，喜び，恐れ，嫌悪などがある。（防衛や赤信号感情のない）純粋な状態では，カテゴリー感情の体験や表現はそのまま状態の変容へとつながる。コアステイトは，心が開かれ接触ができる変性状態を指す。コアステイトでは，人は自己と関係性的体験の本質的な部分に深く触れるが，そのこと自体が一種のコア感情体験であり，変容を起こす力を持つ。これらの感情体験には，他者への，あるいは他者にまつわる感情（思いやり，喜び，憎しみなど），真正な自己状態や自己体験（力強さ，性的魅力，攻撃性，脆弱さを感じるなど），関係性的体験（親密さ，疎遠さ，同調の感覚など）が含まれる。最後に*生気感情*は，「湧き上がる」「しぼんでいく」「爆発的」など「感情の力動的・動的性格」（Stern, 1985, p.156）を表すもので，感情体験の進行中の継続的要素を表す。

コア感情体験の領域では，カテゴリー感情とコアステイトとは区別される。また体験領域（出来事，自己，関係性など）による区別もある。たとえば*カテゴリー感情*（および感覚）は，通常，他者をともなう対人的出来事に対する反応であり，環境の体験的な読み取りに基づいている。*自己感情体験*は，自己とその状態についての体験的な読み取りと評価である。*関係性的感情体験*は，関係性と関係の状態についての体験的な読み取りで，エムデ（1988）のいう「他者と共通の現実の積極的体験」に基づいている。

以下では，さまざまなコア感情体験ごとに，変容を起こす可能性のある体験を特定し，その臨床的，技法的意味を明らかにしたい。

カテゴリー感情

悲嘆，怒り，恐れ，悲しみ，喜び，嫌悪のようなカテゴリー（コア）感情は，「顕著な生理的特徴」（Goleman, 1995, p.6）をともなうコア感情現象である。カテゴリー感情には，

適応に役立つことから進化の過程で遺伝的に継承された普遍的な生物学的法則が表れているといわれる。カテゴリー感情は先天的神経構造から生じ，特徴的な神経─筋肉反応パターンをともない，それぞれの感情に特徴的な主観的性質と関連している……顔は複雑に相互接続した一連の筋肉の動きによって，人間が種の進化の中で継承してきた一次感情を自然のままに表す。また……それぞれの感情の表出パターンはその種において普遍的である。人間であれば怒った顔，不安な顔，嬉しい顔などがある。とはいっても，社会文化的変数がある程度，表情のパターンやタイミングに影響し，感情の入った表情が抑制されたり，偽装されたり，作り出されたりすることもある（Lazarus, 1991, pp.70-71）。

カテゴリー感情は，葛藤の三角形（2つのバージョン）と自己─他者─感情の（逆）三角形の底に表される現象である。それは自己，他者，行動を含む感情的意味のある対人的出来事に反応して生じる特徴的な感情である。ウィニコットは，幼児が自分の衝動を「雷鳴や衝突」のように自分の外にあるものとして感じる例を挙げたが（1960, p.141），私たちもしばしばカテゴリー感情をそれ自体が生き物であるかのような現象として体験することがある。現象学的に説明すると，カテゴリー感情は，

*身体から出て胴体から四肢へと移動するエネルギーの高まりや穏やかな流れの感覚*として，しばしば体験される。この高まりや*流れはある行動傾向*を生み出す。それは適応的に適用されれば出来事に対する適切な反応となり，安堵や満足の感覚を生み出す。悲嘆や自己主張にまつわる状況では，こうした反応が問題を解決に導くこともある（McCullough Vaillant, 1997, p.232）。

7章　コア感情体験のバリエーション　**161**

カテゴリー感情は，他の種類のコア感情体験とは違う点がある（Darwin, 1872; Ekman, 1983; Goleman, 1995; Izard, 1977; Lazarus, 1991; Nathanson, 1992; Tomkins, 1962）。カテゴリー感情は，それを体験し，表す行為自体が状態の変容をともなう（以下で見ていくように，他の感情の場合，それらを体験し表すことが変容につながるのは，開かれ，リラックスし，深い関係性のつながりのあるコアステイトと連動したときである）。

　コア感情のうち怒り，悲嘆，喜び，愛情などは基本的に活性化機能もしくは表現機能があるが，恐れや恥などは葛藤の三角形の底で作用することもあれば，赤信号感情として作用することもある（葛藤の三角形に関しては6章参照のこと）。赤信号感情の主な機能は，他の感情体験や表現を抑制することである。恥の機能として最もよく見られるのは，通常ならば快感であるはずの感情状態を抑制することである（Nathanson, 1992, 1996）。

　カテゴリー感情は，特有の生理と覚醒のパターン（Ekman, 1983; Zajonc, 1985）と特徴的な力動を持つ（Darwin, 1872; Nathanson, 1992; Tomkins, 1962, 1963），身体に深く根ざした反応である。たとえば怒りもしくは憤怒には，闘争や逃走に備える生理学的特徴がある。ダーウィンは憤怒の現象について（1872, pp. 238-41）。「顔は赤みが増すか紫がかって，額には血管が浮かび上がり，頸部は膨張する……胸はあえぎ，鼻孔は広がりピクピク痙攣する……興奮した脳は筋肉に力を与え，意志に活力を与える」と述べている。さらに「武器を握って敵を襲えるように手部の血流が増し，心拍数が増え，アドレナリンなどのホルモンが急増して，激しい活動に持ちこたえる活力を生む」（Goleman, 1995; p. 6）。シェイクスピア劇のヘンリー五世は，「戦争の嵐がわれわれの耳元に吹きすさぶ」戦闘を前にして，こう言って部下を鼓舞した。

虎の行為を見習うがいい。筋肉を固く引き締め，
血を湧き立たせ，優しい心を恐ろしい怒りの顔で
おおいかくし，目を爛々と輝かすがいい，
……
さあ，歯を食いしばり，
鼻をひろげて息をのみ，せいいっぱい勇気を
ふりしぼるのだ。

『ヘンリー五世』第3幕第1場

　怒りの体験や表現にまつわる典型的な不安は，制御を失うことへの恐れ，報復への恐れ，怒りの対象を破壊する空想にまつわる罪悪感などがある。怒りを充分に体験することによって解放される適応的な行動傾向は，精神的な強さ，自己価値，感情コンピタンスの再発見によるエンパワーメントの感覚や自己主張をしばしばともなう。

AEDP がとくに関心を持つカテゴリー感情

　悲嘆と感情的苦痛。クライエントは安全な治療関係の中で，自分が耐えてきたことや逃してきたものと向き合えるようになる。こうした喪失，剥奪，逃したチャンスは（クライエントが充分に関わることから身を引いたために，さらに悪化していることが多い），深い感情的苦痛を引き起こす。その苦痛は自己を対象とする悲嘆である。悲嘆や感情的苦痛（トムキンズの図式［1963］では苦痛）は，涙，しゃくりあげる律動的なすすり泣き，伏せた目，つり上がった眉，への字の口，ときには身体的苦痛（クライエントの訴えでは胸，心臓のあたり，目の周辺）などの現象をともなう。

　感情の体験や表出は，それにまつわる感情的苦痛への強い恐れによって抑制されることが少なくない。セラピストとのつながりは，ひとりで直面するのは耐えられないものと向き合う力を与える。「感情的苦痛は，体験を耐えがたいものにする棘である。一般に，苦痛は感情的孤立によって耐えがたいものになるので，セラピストとのつながりは治癒に重要な意味がある」（McCullough Vaillant, 1997, p. 275）。苦痛を共有できる他者がそばにいると，クライエントは嘆き悲しむことができるようになる。悲嘆や感情的苦痛を充分に体験することによって解放される適応的行動傾向は，自己と他者に対する共感を新たにし，失われた時間を埋め合わせるように精一杯生きたいという意志を再確認させてくれることがよくある。

　感動，感情があふれる，感謝。この複合的な感情は，理解されたと感じたり，恐れていた状況を克服する手助けを得たと感じたりするなど，治癒体験から生じる。成熟した認知と人生体験が必要なので，乳児期には見られない。この感情の本質は，過去に渇望していたこと——そして決して体験できなかったこと

7章　コア感情体験のバリエーション　**163**

——の実現である。感動や感謝は深い変容感情で，他のカテゴリー感情と共通するような明瞭性と個別性がある。身体的・生理的側面としては，喜びと苦痛の両方を表す涙，上向きの視線，内側に力が満ちてくる感じなどがある。これに関連する適応的な自己行動傾向および関係性行動傾向は，共感や自己への共感力の向上，自己と他者に対するより深くより確かな愛情と理解である。

コアステイト

　コアステイトは自分の内的で支持的環境であり，自分の体験と向き合う感情能力の反映である。コアステイトは相互作用に先立つこともあれば，相互作用から発展することもある。安定した愛着の体験的因子である安心感は，非常に大切な要素である。

　コアステイトの特徴は，努力をしなくても焦点化し集中できること，やすらぎとリラックス，主観的な明瞭さ，純粋さ，真実，そしてよくあるのが驚くほどの雄弁さなどである。感情体験は際立って，明快で，宣言的である。感覚は高まり，イメージは鮮明になり，発話のプレッシャーが消え，臨床題材はよどみなく流れる。人との関わり方は明快で接触に努力を要しない。コアステイトでは，心が深いところまで開かれ，自身の感情体験に気づき，他者の受容があり，深い治療作業ができる状態である。

コアステイトと生気感情

　持続的な体験（ウェルビーイングの状態など）は，とくに焦点を当てない限り，その人が感情的環境の中に存在することによってもたらされる背景的状況として機能する。「背景感情は，むしろ感情と感情の間を支配する身体状態に対応している……背景感情は，感情によって動揺していないときの身体的状況のイメージである」（Damasio, 1994, p. 150-51）。ここでダマシオが背景感情と呼ぶものを，スターン（1985）は*生気感情*と呼ぶ。スターンは生気感情を，はっきりと識別できるカテゴリー感情の間に生じるものと考えた。生気感情は波長合わせのプロセスに不可欠であり，小さなステップごとのプロセスとしても言

及される（10 章参照）。

　平均的な母子相互作用では，はっきりと識別できる個別の感情が表れるのはほんの時々である――30秒か90秒に一度といったところだろう。だから，もしカテゴリー感情だけに限定したら，感情のトラッキングや他者との感情のトラッキング，そして波長合わせは持続的なプロセスとしては起こらないことになる。波長合わせを取り戻すために，たとえば驚きの表出など個別的なカテゴリー感情が表れるまで待つというわけにはいかないのである。波長合わせはむしろ中断のないプロセスとして感じられる……生気感情のトラッキングと波長合わせをすることによって，ほぼ途切れなく内的体験を共有するという意味で他者と「共にいる」ことが可能になる……つながりを感じる体験は……あらゆる行動の中に瞬間的に進行する活性化の輪郭を追求し，その輪郭を利用して交流の糸が切れないようにするのである（Stern, 1985, pp.156-57）。

　こうした持続的体験に注目すると，背景と前景は入れ替わり，背景感情が体験の前面に入り込み，はっきりとした体験的特徴を帯びるようになる。

コアステイトと身体
　コアステイトは生理的には，幸福感，愛，優しい気持ち，性的満足感などの身体的状況の性質を帯びている。

　*幸福感*の主な生物学的変化の1つは，ネガティブ感情を抑制し，利用可能なエネルギーを増やす活動が盛んになり，悲観的思考を生むような活動が脳中枢で鎮静化することである。だが，感情の動揺による生物学的覚醒から身体を回復させるための休止以外には，特別な生理的変化はない。休止は身体に全般的休息のほか，目の前の課題やさまざまな目標に向かって努力する準備を整え熱意を提供する。愛，優しい感情，性的満足感は副交感神経の覚醒を促す――それは恐れや怒りによる「闘争・逃走反応」の活性化と反対の生理作用である。副交感神経反応は「リラックス反応」と呼ばれ，全般的な落ち着きと満足の状態を作り出し，協力を促進するような全身反応である（Goleman, 1995, pp.6-7）。

コアステイトでは，*(a) 他者への，他者についての感情，(b) 自己体験，(c) 関係性的体験*が深まり，変容的になる。そして適応的な行動傾向，適応的な自己行動傾向，適応的な関係性行動傾向が解放される。これらの感情体験は，自己—他者—感情の三角形の自己—他者—自己・他者の力動的相互作用に対応している。

気持ち（フィーリング）

他者への，他者についての感情はコア感情現象であり，

5つの［カテゴリー感情］の微妙なバリエーションである……陶酔感と恍惚感は幸福感のバリエーションであり，憂鬱と哀愁は悲しみのバリエーションであり，パニックと臆病は恐れのバリエーションである。この第二のタイプの感情は，より微妙な陰影のある認知状態とより微妙な感情と身体状態のバリエーションが結びついたとき，体験によって微調整される。それは複雑な認知の内容とあらかじめ組織化された身体状態の特徴との結びつきであり，それによって後悔，当惑，シャーデンフロイデ（他人の不幸を喜ぶ気持ち），雪辱などの微妙な感情を体験する（Damasio, 1994, pp.149-50）。

後悔，当惑，歓喜以外では，このカテゴリーには，愛，思いやり，誇り，憎しみ，優しさなどが含まれる。

　*カテゴリー感情*は原始的，普遍的，内臓感覚的に感じる感情である。広い意味での感情は，特異的で個人的意味が織り込まれた認知と感情の融合体である。感情はコアステイトと同時に体験したときに初めて変容の効果を持つ。

AEDP がとくに関心を持つ感情

　クライエントの思いやりと愛。 AEDPがとくに関心を持つのは，クライエントの他者（ここではセラピスト）に対する思いやり，寛大さ，配慮の感情である。クライエントの愛し，共感し，与える能力に焦点を当てると，重要な関係性の能力とリソース（適応的な関係性行動傾向）に気づかされることがある。このような能力はしばしば見過ごされ，ときには攻撃の対象となることもあったかもしれない。クライエントの愛と寛大さを認識し，クライエントにポジティブ

な影響をもたらす力や生産的な能力があるのを認めることにより，クライエントに力を与え肯定することができる。

　こうした基本感情は，クライエントが提供する最善のものである。愛情が有害なものとしてあしらわれることほど感情にダメージを与えるものはない（Guntrip, 1961）。愛情が冷笑されたり拒絶されたり，辱められたりすると，愛することを喪失，虐待，自己の死滅に等しいこととみなすようになる（この時点で，愛そのものや親密さが恐怖の源になる）。また，愛する者の喪失に打ちひしがれて愛情と死を関連づけ，全般的に感情的な距離を置くようになり，人格が貧しくなることもある。それでも感情的環境の支持があれば，クライエントは安心してリスクを引き受け，防衛をやめ，コア感情に到達することができる。そうなるとクライエントは，自分の愛する能力を認め，肯定されていることに喜びと安堵を覚えるようになるが，同時に，これまで自分の深い部分の破壊か，もしくは愛着の対象人物との絆の喪失かという選択を余儀なくされていたことに悲嘆を覚えることが少なくない。

　AEDPは全体的にクライエントの体験に入り込むセラピストの能力と，セラピストの共感反応を受け入れるクライエントの能力に依拠しているが，クライエントの他者と自分自身への共感能力もなくてはならない要素である。共感能力の喪失は，関係性的体験に対して無差別的な防衛をした結果であることが多く，それを扱うことが必要である。

事例　クラークは精神病的抑うつのある母親と非常に密接な関係にあった。母親が慰めるすべがないほど泣き，はばかることなく自殺願望を表すことは，4歳の子どもにとってとてつもない恐怖であり，彼は自分の「身体の中が粉々になる」ように感じたという。やがて彼は自分の部屋に入り，ドアを閉じ，何1つ散らかっていない完全に整頓された環境を作るのが習慣になった。彼の部屋は内的状態の「客観的相関物」となり，そこにいると感情の混乱に関係するものすべてを——ほぼすべてを——締め出すことができた。大人になってからは，感情や欲求を弱さととらえ，論理よりも感情によって反応したときには自己卑下した。彼は，妻の流産に気持ちのこもった反応をしなかったことが引き金で結婚生活が危機に陥り，治療を求めにきた。彼はその状況にふさわしい反応を

7章　コア感情体験のバリエーション　**167**

しなかったことについては自責の念を抱いていたが，妻への思いやりも彼自身の悲嘆や悲しみも見られなかった。だが治療では，セラピストの思いやりに不快感を覚えながらも深い喜びを感じていた。クラークはセラピストにもっと「フロイド派の分析家」のように振る舞うことを求め，「セラピストは客観的でなくちゃいけないんじゃないですか。クライエントに感情を抱くのはルール違反じゃないんですか？」と言った。彼の共感的体験の最初の突破口は，セラピストが，手術を受けることになったので数週間休むと言ったときだった。彼の目にみるみる涙があふれ「先生に何かあったら耐えられません……痛いでしょうに。先生が苦しんでいると思うだけでつらい」。セラピストは彼の反応に心を動かされ感謝した。そして今の感情にとどまり視線を保つように促した。彼の視線と表情はだんだん柔らかさを帯びてきた。彼は恐怖を感じていることに気づいた。「たった今，とても自分の無防備さを感じています。これがどうなるのか分かりません」。この変容的で自発的な瞬間が最初のステップとなり，まず他者への，やがては自分自身への思いやりを体験する能力がゆっくりと回復していった。

　他者への共感は，しばしば自己への共感よりも持ちやすい。ダーウィンも気づいたように，共感的応答性が阻害されていない人でもそうである（1872, p. 216）。クライエントの中には，共感的応答性への到達が損なわれていなくても，自己への共感には問題がある人たちがいる。共感がセラピストに向けられたとき，それを認めることは非常に大切である。クライエントの共感を寛大な心と対人関係に関わる能力の証拠として肯定し評価することは，クライエントの自尊心と自信を大いに強化し，やがて自分自身や自分の苦境に共感する力になる。自己共感能力は精神的治癒に不可欠であり，有害な自己非難や自己嫌悪の強力な解毒剤として大切に育てなければならない。

自己体験，自己状態，生気感情

　「自己の基盤は身体の現実の上に形成される……自己は自分が生来，身体の中に存在することに気づく……その人の観点から行動や生活の意味を理解で

きるのは，自己とその生命体だけなのである……」（Winnicott, 1972, pp. 15-16）。自己状態と自己体験（たとえば自分を強い，無価値，活動的，老いている，弱々しい，有能，途方に暮れている，攻撃的な存在として感じる）は主観的なフェルト・センス（felt sense）の探索をともなう（Gendlin, 1991; McGuire, 1991）。これらは自己—他者—感情の力動によって喚起された自己の顕著な側面についての感情現象である。身体を基盤とした感情体験を個人的意味をもとに洗練化したものが自己状態と自己体験であり，それがアイデンティティを構成するのである（Bollas, 1989）。

この文脈では生気感情は（Stern, 1985），自己が体験をどのように受け取ったかという体験の質的側面を指す。たとえば悲嘆というカテゴリー感情なら，その自己体験は生命感が強まる，力が強まる，あるいは枯渇することかもしれない。生気感情は自己体験の性質を表し，体験が自己にとってのどのような意味を持つかを伝える。

自己体験はある状況に特有な一時的な現象のときもあるが，それが特徴になりアイデンティティに根づくと，人格特性の体験的関連要因になる。たとえばある特定の相互作用において劣等感や無能感を抱くのはよくあることだが，劣等感が全般的に広がると人格の構成に重大な影響を与える。あるクライエントは，劣等感が自己感とアイデンティティの本質的要素になり，安まることがないのだと言っていた。「いつも自分は劣っているという感覚があって，一瞬だけの体験じゃないんです。あのことやこのことがきっかけになるというより，いつもつきまとっている。いつも人と距離をとってしまう。そんなふうに感じているのは自分だけだと思っていました。でもトムに出会ったとき，そういうのは私だけじゃなくて，もっと大変な人もいるのかもしれないと気づきました」。

理解を持って接し受け入れてくれる他者に自己状態をさらけ出すことで，それが変容することがある（Rice & Greenberg, 1991 も参照）。あるクライエントは共感的な他者に自分の劣等感を話したことにより，結果的に劣等感が薄らいだ。

事例　ある男性は高い知的能力に恵まれていたが，それが苦痛の種だった。頭

がよいことをひけらかしていると両親から責められ辱められていたからである。彼は能力を発揮しようとしなくなり，実際，どちらかというと並み以下のように見えた。セラピーの過程で，彼は自分の賢さを体験して，知性のひらめきを見せることと関連づけていた恥やパニックを克服した。すると旺盛な創造力があふれ出し，さまざまな関心を追求し，それを新しいかたちで統合できるようになった。内省的な自己機能が発達するとともに，人から褒められる瞬間の当惑も乗り越えられるようになっていった。

　自己感情体験のほとんどは体験の背景にとどまっている。クライエントが自己状態を感情的に体験できないときは，セラピストは身体に根ざした要素に注意を向け，内臓感覚に基づいて治療を進める。焦点を変更することにより，無味乾燥で抽象的な洞察をなくし，感情プロセスの変容力を解放することは，治療プロセスにとって有益だからである。共感的理解と共鳴を通してこれらの身体体験に集中することができれば，対処し克服し成長できる機会を与えられたことになる。自己共感と自己受容が高まると，*適応的な自己行動傾向*が解放される。クライエントは自分の基本的欲求の性質を理解し，それを現実的に達成する努力に全力を傾けるようになる。

AEDP がとくに関心を持つ自己体験

　無防備さ（vulnerability）は，リスクを引き受けるときや防衛を下げるときにしばしば生じる感情的自己状態である。自分はひとりぼっちで力尽きそうだと感じるときもそうである。もしクライエントが，もう孤独ではなくセラピストが一緒にいると感じることができれば，無防備さは恐いものではなく気持ちを引き立ててくれるものになりうる。クライエントが過剰な自己信頼を精神的な生き残りの手段にしていた場合，無防備さはとりわけ有望な臨床的マーカーである。それは防衛が和らいで，信頼が生まれ，関係性のニーズを表に出そうとする意志を示すものだからである。クライエントが関係性の欲求をさらしたことを屈辱と感じないで，むしろセラピストに支えられていると感じるためには，繊細で機転のきいた対応が必要である。

　真の自己体験。真の自己状態と本質的自己の体験は，他の深い感情体験に続

くコア感情現象である。たとえば強烈なカテゴリー感情の体験（とくにそれまで耐えられなくなるのを恐れていた感情）に続いて，同じぐらい強烈な真実の自己状態を体験することは少なくない。コアステイトの一面である真の自己体験には，幸福感，ウェルビーイング，リラックス，すべてが単純明快で，たやすく，美しいという感覚などがともなう。あるクライエントはそれを「ブラスバンドの中のフルートの音」にたとえた。作家ジョセフィン・ハートはこの喜び，真正性，生命感の体験を「自己へのめくるめくような炸裂」（1991, p.41）と表現したが，フリッツ・パールズは同じことを「喜び，笑い，生きる喜びへの炸裂……本来の人格と真の自己が結びつく」（1969, p.60）と述べている。セラピストがこうした体験（クライエントが本来の自分，「現実感」「生命感」を感じる）を気づいて受け入れる閾値は，非常に低く設定すべきである。セラピストはそのような体験に注意を向け，促進しなければならない。

関係性的体験

自己と意味の共有の相互作用の経路は，2つではなく3つある。「私」の感覚と他者の感覚，そして「私たち」という感覚である……「私たち」という感覚には重大な自己の視点の変化がある——他者と共有する現実を積極的に体験するという変化である（Emde, 1988, pp.36-37）。

関係性的体験は*起こりつつある中の二者現象*として概念化されるコア感情現象であり，関係における双方によって感情的に構築される（Beebe, Jaffe, & Lachmann, 1992 参照）。また防衛や不安がない状態での自己—他者の力動的相互作用の自己体験の体験的因子である。関係性的体験は，共にいると感じる，離れていると感じる，近いと感じる，疎遠に感じる，同調している，同調しないなどの体験を含む。定義上では，関係性的体験を含むすべての体験は自己の領域の中で感じるものである。「親しさの非常に顕著な特徴は，他者の存在に依拠しているにもかかわらず，各自の自己の中に中心があることである」（Kelly, 1996, p.59）。個々人の体験によって構成されているにもかかわらず共同の感情であることを示すために，あえて*関係性的体験*という逆説的な表現がされている。この間主観性（Stern, 1985 など）は広く研究されるようになって

7章　コア感情体験のバリエーション　**171**

きている。「子どもの『私たち』の感覚の発達と，意味を共有する対人世界は，研究の焦点として注目されつつある」(Emde, 1988, p. 36)。

　関わりの感覚と親しさは，乳児と親の感情の共有を土台にして関係の中で構築される現象である (Emde, 1988; Stern, 1985, 1998; Tronick, 1998)。この感情的コミュニケーションを通して，母子は相互的な協調状態を達成する（あるいは非協調状態の後で再び達成する）(Tronick, 1989)。母子の協調状態は，感情的共鳴，理解されているという感覚，そして最終的には安定した愛着の基盤になる。

　AEDPでは，クライエントとセラピストは近接性と親しさの感覚の体験的性質に焦点を当て，洗練化していく。潜在的なものを顕在化することにより，関係性的体験は拡大し増幅する。その変容を充分に体験すると*適応的な関係性傾向*が解放される。適応的な関係性傾向に対する気づきとアクセスが高まるにつれ，人は関係性の課題を乗り越えられるような行動をとろうとする。徐々に，親しさと心的距離の縮まった接触は安全や快適さと関連づけられるようになり，自己の喪失の恐れや他者への迎合に結びつかなくなってゆく。このプロセスでは共感と自己共感もいっそう喚起されるようになる。

AEDPがとくに関心を持つ関係性的体験

　*一致，感情共有，共鳴。*AEDPがとくに関心を持つ関係性的体験は，理解され，見守られ，愛されているという感覚，リラックスし開かれた状態，親しさや距離感の近さなどの受容感情体験を生み出すような体験である。こうした体験に不可欠なのが一致や感情共有の状態で，それが「相互作用の鍵となる瞬間」(Beebe & Lachmann, 1988, p. 329)である。スターンは，一緒に声を出すことや感情の伝染などの状態の共有を主観的な親しさの基盤と考えた。パートナーの感情表示をまねることにより，相手の心理・生理的状態に対応する心理・生理的状態を自分の中に喚起するのである (Ekman, 1983; Zajonc, 1985)。

　ビービーとラッチマン (1988) が指摘したように「他者と関わり波長合わせを高めるプロセスには，お互いが似ていくという一面がある……つまり行動の類似性や対称性は，感情状態の相似と関連する」(p. 320)。これが間主観性（共有された感情状態）の生理的基質が生まれるメカニズムになる。だから感情志向の心理療法では，セラピストの感情をともなう関与が不可欠なのである。セ

ラピストの感情をともなう関与がなくては，親しさと共感の体験の変容力は充分に発揮されないのである。

　クライエントとセラピストが強烈な感情を分かち合う共有のプロセスは，強い近さと親しさを喚起する。安堵，軽やかさ，密接さ，とけあう体験，その他の同調状態は，感情共有の体験的因子であり，開かれリラックスしたコアステイトの一面である。注目すべきなのは，非常につらいネガティブ感情の共有が，しばしばクライエントに安堵と軽やかさをもたらすことである。これこそが感情体験の開かれた，防衛のない，相互による波長合わせのコミュニケーションによる達成（および再達成）の本質といえる。

　さらに，体験を表すことで体験が強化されたり，まったく別の体験に転換されたりするなど，表現それ自体が体験を変容することがある。たとえば肯定的で共感的に耳を傾けてくれる人に，自分は人とつながることができず同調していないと感じていると話すことによって，つながっていないという体験が密接さや，理解されていると感じる体験に変化することがある。互いが認める共鳴は「徐々に高まり」「共鳴，高揚感，畏れ，相手と同じ波長でいることの至高体験」へと至る（Beebe & Lachmann, 1994, p. 157，傍点は筆者）。これらの感情の波長の一致，感情共有，共鳴の体験は，開かれて，心的に近づき，親しみのある関係性的体験やコアステイトへとつながる。クライエントとセラピストが互いに同調を感じ（協調状態の体験的因子），上記したそれぞれの体験に関わるならば，非常に深い治療作業を行うことができるだろう。

　深い自己体験と親密な関係性的体験は互いに浸潤する。

　　親しさの体験の顕著な性質は，本当の自分に*触れ*ているという感覚である。自分
　　が誰であり，何であり，どういう人間なのかにあらためて気づくことができる。
　　自分を*見つめる*内観や瞑想とは異なる……親しさの体験では，見ることは他者
　　の存在するところで起こる。考える必要も見つめる必要もなく直接的に起こる，
　　つまり体験的なのである（Malone & Malone, 1987, p.19。Kelly, 1996に引用）。

　深い関わりと親密さを体験すると（直接的な，真の感情の行ったり来たりのやりとりによる共有），他者に対して開かれ，飾らない，無防備さをさらすのをいとわない態度が引き出される。これが，それぞれが他者に波長合わせす

7章　コア感情体験のバリエーション　**173**

ると同時に真正な自己体験にも波長合わせする段階的プロセスの本質である。行ったり来たりの段階的プロセスのやりとりには，感情を抱いた相手に直接的にその感情を表し，つながりを維持しながら相手の反応を取り込み，感情の対話を継続する能力が必要である。コアステイトにおいては，関係性のプロセスは各自の体験を深めまた強めてくれる。

　感情を持って関係的に関わるのは容易なことではない。というのは，クライエントが（セラピストもそうかもしれないが）感情的関わりからしばしば連想するのは，不安，罪悪感，恥，感情的苦痛，その他さまざまな不快感情だからである。この難易度の高いプロセスは，多くの人にとって経験のないものである。未知なるものへの恐怖，無能で無力であることへの恐れ，発見され生身をさらされることへの恐れは大きな障害になることがあり，それを克服しなければならない。

　セラピストの方も（個人的問題を別にしても――これも非常に手ごわいが），開かれた態度と親密さを育むこの段階的プロセスの訓練を受けている人は少ない。このプロセスでは誠実さと共感だけではなく，自己を積極的に関与させ自身の感情体験を積極的に利用することが必要である。それには大きな感情的リスクを引き受けることが求められる。こうした作業には，セラピストの開かれた態度，感情的関わり，自身の反応への意識が不可欠である（Alpert, 1992; Fosha, 2001）。それなしには，感情と関係性のプロセスが分かちがたく結びついた治療作業は，起こりえないのである。

　セラピストの開かれた態度はクライエントの体験を促進し，治療プロセスへの参加を深める。するとセラピーには熱がこもり，うわべだけの相互作用はなくなり，気づきが高まり，意味のある重要な作業ができるようになる。

　そのような相互体験をする能力は，成熟した対人関係や成長を促進するような愛着の基盤になる。メイン，フォナギー，トロニックおよび共同研究者たちの実証的研究が示すように，感情的コミュニケーションによる協調状態の達成は，自分が大切な人の心の中に存在するという理解を深めてくれる。それは力強く成長できる能力の根底を成す，安定した愛着の土台となるのである。

臨床で大切な5つの区別

受容感情体験：
強い感情を帯び，極めて大切だが，コア感情ではない

　セラピストの共感がクライエントに及ぼす効果は，感情の変容モデルの核を成す要素である。ここではクライエントがその共感をどう体験するかを考えたい。マッカロー・バイラント（1997）は，「受容能力は，無防備さ，開かれた態度，感情的つながり，共感，親しさの基質である」（p.294）と述べている。受容感情体験とは，自分に対する他者の感情反応の体験を指す。その基盤となるプロセスには，知覚的・認知的・感情的要素がある。通常は感情の言語で表されるが（「愛されていると感じる」など），ここでは感情を帯びた*評価*を指している。この評価が感情，とくにしばしばコア感情へとつながる。例を挙げると，わくわくする・生き生きする・大きく広がる（生気感情）や，落ち着きがある・自信がある・穏やかである（自己状態），感動・感謝（カテゴリー感情）などがある。また不安定，憔悴，興奮，いらだち，不安，警戒につながることもある。

　共感と愛着の関係性的体験に基づく治療モデルでは，クライエントの共感と愛着の*体験*をアセスメントする必要がある。受容体験は感情反応に先行し，その土台となる。クライエントとともに受容体験を正確に探索することは非常に大切である。それなしにはクライエントの感情反応がどの文脈で生じるのかを理解できない。受容体験は評価（環境を読み取る能力）の結果であり，適応の中核的要素である。防衛によって受容感情体験を排除しているクライエントは，この適応的能力を回復する必要がある。彼らは他者が自身に与える影響を認識することを恐れているのである。

　他者の愛，憎しみ，怒り，感情の無関心，思いやりをしっかり心に受け止めること（つまり自分に対する他者の強い感情を受け止めること）は，非常に重要である。たとえば誰かの怒りの対象になると，腹が立ったり怖くなったり（カテゴリー感情），自分をちっぽけに感じたり（自己体験），気が高ぶる（感情）かもしれない。その人が他者の怒りの対象になった体験をしっかり心に受け*止めること*を明確にすることにより，怒りや恐れ，ちっぽけになったような感

覚，気の高ぶりを文脈の中で理解することができるのである。

　セラピストは他者（クライエント）を読み取る自分の能力を頼りにする。同じように，セラピストは，クライエントが話題にする他者についてはクライエントの読み取り能力に明に暗に頼ることになる。セラピストは自分自身の場合も含めて，どんな精神的プロセスにも読み間違いや歪曲が入り込むことがあるように，どんな知覚―評価にも読み間違いや歪曲が入り込むことがある（クライエントの経歴や動機により）ことを認識している。それでもセラピストは，ときには不完全であっても，他者の感情状態を瞬時ごとの変化を通して把握することは可能であるという前提に立たなければならない（Kiersky & Beebe, 1994, p. 389）。他者と密接に関わり互いに影響しあった結果として自分の中に起こる変化は，他者を「理解する行動的基盤を提供し」「他者の知覚，一時的世界，感情状態」に入り込むことを可能にする（Beebe & Lachmann, 1988, p. 331）。

　クライエントがセラピストの共感を受け止める体験について考えてみよう。いくらセラピストが共感的であっても，共感的だとみなす（またはみなさない）のはクライエントであり，それに対して感情を持つかどうかもクライエントにかかっている。ヘンリー・ヒートウォール著の有名な国立公園のガイドブックは，挑発しなければクマに襲われないかという質問に対して「挑発していないのに襲われたという話は聞いたことがありません。ただし挑発かどうかを判断するのは，あなたではなくクマなのです」（1988, pp. 45-46）と答えている。バレット・レナードは（Greenberg, Elliott, & Lietaer, 1994 に引用）共感の3つの段階を挙げ，第3段階を共感の受容と呼んでいる。

　まずセラピストがクライエントに共鳴する（セラピストの共感体験）。次にセラピストが共感を伝える（共感の表現）。3番目にクライエントがセラピストの理解に気づく（クライエントによる共感の受容）。クライエントの共感の受容は，治療効果と最も強い相関関係があることが分かっている（p.522）。

AEDP がとくに関心を持つ受容的感情体験

　AEDPがとくに関心を持つのは，クライエントが理解され，好意的に評価され，支援されていると感じる受容体験，そして安心感を生み出す受容体験であ

る。ヒーリング感情（次章で取り上げる）はしばしば，そうした一連の体験を心で受け取ったとき生じるものである。愛され，安全で，理解されているという受容感情体験に反応して，どんな身体感覚があったかとクライエントにたずねると，リラックスして，防衛という皮を一枚脱ぎ捨てたような身体感覚を覚えたという報告があった。あるクライエントは温かい配慮を受けた後の感覚を「どこで感じるかに注意してみました。体の表面に沿って，皮膚や，そのすぐ下の筋肉や組織に沿って感覚が走りました。安心が皮膚に触れて，リラックスしていく感じです」と表現した。他のクライエントの体験はもっと内面的で，「心の内側を優しく撫でられているような感じ」だった。ジョセフィン・ハートの小説『ダメージ』の主人公は，見てもらえ認められていると感じる体験の後に起きたことを，こう描写している。「静寂が私の上に降りてきた。私は深く息をついた。ふいに皮膚の外へとすり抜けたような感じがした。歳をとったような，だが満たされた感じだ。気づきの衝撃が強い電流のように全身を駆け巡った……故郷に戻っていたのだ」(1991, pp. 26-27)

　ポール・オースターの小説『ムーン・パレス』で主人公が愛された体験を語るくだりは，病的状態が歯止めなく落下するのがどのように逆転したかを鮮やかに語っている。

　　僕は崖っぷちから飛び降り，もう少しで地面に衝突せんとしていた。そしてそのとき，素晴らしいことが起きた——僕を愛してくれる人たちがいることを，僕は知ったのだ。そんなふうに愛されることで，すべてはいっぺんに変わってくる。落下の恐ろしさが減るわけではない。でも，その恐ろしさの意味を新しい視点から見ることはできるようになる。僕は崖から飛び降りた。そして，最後の最後の瞬間に，何かの手がすっと伸びて，僕を空中でつかまえてくれた。その何かを，僕はいま，愛と定義する。それだけが唯一，人の落下を止めてくれるのだ。それだけが唯一，引力の法則を無化する力を持っているのだ（『ムーン・パレス』新潮社，1994，p.63）。

　オースターの文章はウィニコットの「想像を絶する不安」の1つ，永遠の墜落 (1962) を想起させる。だがまたその解毒剤である*(感情的に)抱きしめられる*ことも思い起こさせる。誰かに感情的に抱きしめられることによって想像を絶す

7章　コア感情体験のバリエーション　**177**

る不安さえも和らぎ，鎮まり，なだめられ，想像できる不安（内省的な自己機能）へと変わり，そればかりか安心感へと変わるのである。これがポジティブな受容体験の治癒性の本質である。

変容を引き起こす感情と変容すべき感情

AEDPは，他の体験的STDPと同様，変容を引き起こす感情体験と治療によって変容すべき体験をはっきりと区別している。葛藤の三角形で言うと，変容を引き起こす三角形の底の現象（コア感情）と変容が必要な三角形の上側の現象（嫌悪・防衛感情）という違いである。

変容を引き起こす感情：コア感情

コア感情体験（コア感情とコアステイト）は，本質的自己との接触と最適な関係的・対世界的機能への通り道である。変容的感情の体験はすべて，自己が真正の自己で有能であり，他者は正しく認識され，自己―他者の相互作用を最ものぞましく調節できるような自己―他者―感情の三角形の中に統合される。

変容すべき感情

A．不快感情

コア感情とは対照的に，治療的変容を必要とする強い感情体験のグループがある。それは不安，恥，苦痛，無力感，孤独感，絶望などの不快感情で，ほどよい養育環境ではなかったことに原因のある反応である。コア感情体験の決定的要素が適応的な行動傾向の解放であるのに対し，不快感情の特徴は麻痺である。「適応的感情のような内から外へと向かう自由な流れではなく，自己攻撃的あるいは抑制的な感情反応は概して内に向かい，萎縮し，ひるみ，退避し，目を背けるといった特徴がある」（McCullough Vaillant, 1997, p. 143）。不快感情が顕著なとき，その環境で精神的に生き残り，機能するための最善の手段は防衛である。防衛なしには精神的苦痛が大きすぎて耐えられないのである。こうした反応（不快感情やそれに発展する赤信号感情）は精神病理の発症の核心であり，臨床作業の根拠である。これらが適応的な反応を激しく抑制しないようにすることが，治療的変容の目標である。

事例　あるクライエントは，父親に作文を一方的に批判されたとき，「小さくなって消え入りそうな」気持ちになったと，つらそうに涙ながらに語った。彼女は，いつも「まだだめ」だと感じさせられるのがどれほど苦痛だったかを話したが，そのこと自体がこの感情（自分はまだだめだいう痛み）のブレイクスルーになった。これはセラピーにおいて，明るく陽気な外見の奥に隠されている彼女自身の真摯さを高める大切なステップだった。クライエントが父親とのやりとりについて話したときに，セラピストが支持的で共感的な反応をしたことで，信頼して心を開くという行為が引き出されたのである。

　病因的な不快感情のブレイクスルーと直接的・内臓感覚的体験は治療のチャンスであるが，AEDPが促進しようとするタイプの変容には充分ではない。クライエントが最も無防備な無能感（それまでずっとひとりで苦しみながら戦ってきたもの）を，勇気を出してさらしたことは，孤独感が支持と共感によって変容するきっかけになりうる。だが本当の治癒が起こるためには，その孤独感が変容しなければならないのである。

　セラピストにできる反応は，クライエントの勇気を好意的に真価を認める，クライエントの感じる痛みに共鳴する，すべてひとりで耐え忍ぶのはとてもつらかったにちがいないと言う，クライエントが心を開いてくれたことに感動していると言う，ただ共感を込めてため息をつくなどがある。だがクライエントがセラピストの感情的応答性を受け入れないと，こうした介入は定着しない。クライエントが心を開き，セラピストが感情的に抱擁した後で接触が深まったかどうか，また最初の瞬間に，感情的な近さがクライエントを不安にさせたり遠ざけたりしていないかに注意しなくてはならない。治療のチャンスがあるのは，「これでよいと感じたためしがない」ことにまつわるクライエントの苦痛と恥を，共感，肯定，支えで迎えたときである。そして次のステップは，クライエントがそれを受け入れられるよう手助けすることである。

　この事例のクライエントがセラピストの「(感情的)抱きしめ」を受け入れ

7章　コア感情体験のバリエーション　**179**

ることができれば，防衛方略に頼ることをやめるだろうし，自己─他者─感情の図式は，自己が尊重され，他者は肯定的で，感情は耐えられるものとなるばかりか，むしろ生気を与えるものへと変わる。そして自分が強くなったと感じると，耐えられそうにないと恐れていたカテゴリー感情（よい親に恵まれなかったことへの悲嘆，父親への怒り）と向き合うことができ，それにまつわる適応的な行動傾向の恩恵を受けることができるようになる。社会においてより有効に機能できるようになり，自己感が強化され，それはやがて感情能力に転換される。だがセラピストの支持を受け入れられない場合は，そのことが治療の焦点になる。共感は人を過去の感情的貧困に関する悲嘆に向き合わせることを，無意識はいわば知っているのである。

B.　防衛感情

　変容が必要なもう１つの感情体験は，防衛感情である。防衛感情はしばしば愛着やつながりへの満たされなかった渇望を覆い隠し，自己体験の弱い領域を保護する機能をする。たとえば防衛的攻撃や防衛的なセクシュアリティには，愛，認知，理解への満たされない正当な渇望にまつわる未表現の悲嘆や怒りが潜んでいることがある（McCullough Vaillant, 1997）。たとえば先の事例で，クライエントがセラピストを「ベタベタしている」と非難し，セラピストの共感を軽蔑したとする。その軽蔑は防衛感情の１つである。軽蔑することによって，それまでの人生で心的に近づく体験を逃したという悲嘆から自分を守り，誰かに評価されたいという深い渇望を認めることにまつわる無防備さから守っているのである。退行的感情（癇癪，メソメソする，自己憐憫）は，すぐれた防衛感情である。本物の感情を模倣することにより，クライエントが何としても回避したいもっと恐ろしい体験をごまかせるからである。

感情体験の適応的側面と不適応な側面

　感情は適応的なものであるというダーウィンの主張は，コア体験とは何であり何ではないかを判別するのに臨床的な意義があることを教えてくれる。コア感情は，自己が真正の自己であり，他者が正しく認知され，状況が許す限り相

互作用を統制できるような自己─他者─感情の図式に不可欠である。そのような自己─他者─感情の三角形には穏やかな感覚があり，現実的で，純粋な自己受容的視点がある。コア感情と適応的な行動傾向は精神的健康につながる。

不適応な体験の意味

　自己がよくない存在として見られたり，他者が実際よりも偉大または取るに足らない存在として認識されたり，交流が満足感のない，避けられないものとしてとらえられている場合は，コア感情体験を扱っているとはいわない。自己体験が何らかのかたちで攻撃されている場合は（よくない，価値がない，弱い），防衛がコア感情体験への接近を阻止している自己─他者─感情の三角形があると推測される。他者や自己についての歪んだ，二次元的で，不正確な見方も，防衛によって近づけない体験の存在を示唆している。他者は「素晴らしい」が自己は「価値がない」というのは，コア感情に近づけないというサインである。コア感情に接近できるとき，自己の表象または他者の表象，あるいは両方が変容する。たとえば怒りの感情を防衛によって抑えている場合，怒りを腹の底から感じられるようになると，自己は有能な存在に（強い，自己主張ができるなど），他者は不誠実で，批判的で，脆く，自分のことしか考えられない，その他「いい人」以外のものへと再構成される。だが基本的に他者の愛情を感じることを避けているならば，無価値な自己という感覚は，愛される体験への渇望と恐れにまつわる自分の無防備さを防衛しているのかもしれない。恐れの感情に接近できると，無防備さのある開かれた自己と愛すべき他者という感覚に再構成されるだろう。

　感情の不適応な表現には，コントロールできないという主観的体験がともなう。そこには不安が存在し，感情を表現するのは自己表現のためでもコミュニケーションのためでもない。むしろ感情の表現と恐れている結果（不快感情）を関連づける圧倒的な不安と強烈な感情に対して防衛しようとしているのである。コントロールできないという主観的感情は，たいていは不適応な感情表現のマーカーであり，その人にとって望ましくない結果を招く。

適応的体験の意味

　感情の*体験*（先の事例の殺意を覚えるような怒りの体験など）や空想の中で

7章　コア感情体験のバリエーション　**181**

の感情の表現と，現実生活での感情の表現はしっかりと区別する必要がある。空想の中での怒りや攻撃は，それを激しくすることによって本質的な自己への接触が促進される。だが実際の表現（治療的環境での表現ではなく）は適切で調節されたものでなければならない。さもないと自分にとって最善の利益にはならないからである。実際には，憤怒が適応的であるのは，自分を守ったり，対決を見極める場合，また自己主張する力になるときである。

　コア感情の適応的な表現は，自己をコントロールでき，感情が自分の基本的に目指すところの表現であるという主観的体験をともなう。

　コア感情の適応的側面は，クライエントの能力を強化するような行動傾向の活性化に表れる（Coughlin Della Selva, 1996; Laikin, 1999）。たとえば怒りについて考えてみよう。衝動抑制を失うことは適応的ではなく，怒りの衝動的な表出はコア感情の表現ではない。それは防衛感情または調節されていない原始的な病理の現れである。一方，殺意を覚えるような怒りを充分に*体験する*（行動化ではない）ことは適応的である。自分の感情を知り尽くすことは，自分のためになる行動を起こす原動力になるからである。適応的な自己感は責任を引き受けるが，自己や他者への攻撃は適応的ではない。適応的な自己体験は，自己への思いやりなどの適応的な自己行動傾向の解放を生み出す。セラピストがクライエントの役に立つためには共感的観点からクライエントを見る必要があるように，クライエントもまた自分を深く配慮できるようにならなければならない。本当の責任感は自己共感なしには成り立たない。

輝くものすべてが金ならず： 感情と感情的になることを区別する

　変容を引き起こす感情体験は，感情的になる体験（防衛または回避の機能がある）と区別しなければならない。純粋な感情体験には次のような特徴がある。

▼感覚，内臓感覚体験，心的イメージが顕著
▼「何らかのエネルギーが外に向かって*高まる，流れる，共鳴する*」（McCullough Vaillant, 1997, p.232），または安らかさ，穏やかさ，リラックスの感覚がともなう

▼開かれた，前向きな感覚

▼純粋な感情体験に関連する認知は陰影があって具体的（Marke, 1995）であり，全般的，ステレオタイプ的ではない

▼どんなにつらい感情でも，表すことによってやがて安堵がもたらされる

▼終わりがある。体験の活性化の輪郭（Stern, 1985）は波状的である

　赤信号感情や防衛的感情には以上のような性質はなく，次のような特徴がある。

▼「内向きのエネルギー（萎縮，退避，抑制）」（McCullough Vaillant, 1997, p.233），または緊張やフラストレーション

▼「行動の過度な阻止や自己攻撃的な抑制」（McCullough Vaillant, 1997, p.233）

▼遮断されている，抑えられている，あるいはコントロールできないという感覚

▼静止や停滞の感覚，どこにもたどり着けないような感覚，悪化・沈下・落下・崩壊などの感覚

▼防衛的感情や不安な感情にまつわる認知は全般的で，そうあり続ける傾向が強い

　共感，感情の伝染，感情の共有などの現象を踏まえると，セラピストの反応は感情と感情的になることを区別するのに役立つかもしれない。波長合わせのできるセラピストであれば，コア感情状態には心を動かされ強烈に感じられ，強い感情的・共感的反応が喚起されるのを感じるだろう。セラピストはクライエントが感じているものに近いものを感じ，クライエントが体験しているものに苦痛，喜び，思いやりを感じる。だが感情的ではあっても本物の感情ではないとき，セラピストは当惑する。調子はずれの歌が音楽的な耳には耳障りなように，本物ではない感情はセラピストを本能的に落ち着かなくさせる。だが純粋な感情はセラピストを引きつける。

7章　コア感情体験のバリエーション　**183**

静かな流れは深く流れる：
感情の「真実」の告白と知性化と区別する

冷静に落ち着いた口調で話しているからといって，感情がともなっていないとは限らないし，防衛であるとも限らない。穏やかで率直なコミュニケーションが感情の真実を表し，心の奥深くで感じた個人的意味の告白であることがあり，それはコアステイトの機能の一面である。

それまで耐えられなかった真実や，知ってはならなかった真実を，個人的体験の「真実」として告白するとき，クライエントは勇気を持ってつらい「事実」を言明し，他者への病的な忠誠や他者を守りたいという病的な欲求 (Kissen, 1995) を手放し，それによって自分が代価を払うことも受け入れる。この真剣な対決と告白は，クライエントを根底から自由にする。

防衛や不安のない明快で凝縮された内的確信は，感情的真実の語りの特徴である。その確かさ，つまり「確信のある状態」(James, 1902) はコアステイトの体験の特色の1つである。口調は，痛み・悲しみ・切なさ・怒りなど特定の感情に彩られて情熱的で断固としていることもあるし，凝縮された強い確信以外はほとんど感情を含まず，叙述的で冷静で穏やかなこともある。いずれにしろ曖昧さがない。

こうした非常に有意義な告白を防衛的な知性化と見誤らないことが大切である。また防衛・不安・恥などに関する個人的真実の告白を，実際の防衛・不安・恥と混同してはならない。自分の防衛を認めることと防衛とはまったく違う。個人的真実の告白の動機付けは表現やコミュニケーションをとるものであり，防御的，回避的なものではない。自分の恥の深さや，どれほど関わりを遠ざけていたか，その結果どうなったかというつらい真実をたじろがずに表すことは，葛藤の三角形の底にあるコア感情体験である。

8章
ヒーリング感情

喜びと苦しみを紡げば，
神聖な魂の衣となる
すべての悲嘆と嘆きの下には，
絹のような喜びが走る

ウィリアム・ブレイク「無垢の予兆」

メタ治療プロセスと変容感情

　セラピストの存在価値は，変化をもたらすことにある。私たちは介入を通じて，クライエントの苦悩を和らげ，クライエントがより豊かで充実した人生を送れるように，変容プロセスを始動させようとする。それでは，クライエントがセラピストの共感を実感し，理解されたと感じると，何が起こるのだろう。クライエントが恐怖症を克服し，人生における解放感を獲得できる（あるいは，取り戻せる）と，一体どうなるのだろうか。それまで耐えがたかった感情を深いレベルで体験することにより，クライエントがついにトラウマ的な過去と向き合い乗り越えられたとき，何が起きるのだろうか。抑うつが消え，不安が克服され，人格的な制限が解消され，症状がなくなったら，どうなるのだろうか。
　変化が生じた瞬間は，新たな始まりでもある。*メタ治療的プロセス*と，その*マーカー*である*変容感情*が作動することにより，治療効果を深め，拡大させる機会が得られる。セラピストの理論志向に関わりなく，治療が順調に進めばクライエントもセラピストも達成感を味わう。メタ治療的プロセスとは，クライエントの治療的変容プロセスの体験であり，*変容感情*という独特の特徴を持った感情と結びついている。変容感情は，治療的変容プロセスが進行することを

示すマーカーである。メタ治療的プロセスは大まかに，*習熟の認識，自己悲嘆，肯定の受容*という3つのプロセスに分けられる。それぞれのプロセスに固有の，特徴的な感情マーカーが存在する。

▼*習熟*（mastery）*の認識*のプロセスにおいて，クライエントは，生活の感情的側面を十分に味わうことを妨げる障壁を克服できたという成功体験を処理する。習熟にともなう最も一般的な感情は，カテゴリー感情である喜び，および活力，誇り，幸せといった感情である（Tomkins, 1962; White, 1959, 1960）。

▼*自己悲嘆*（mourning-the-self）のプロセスでは，面接における体験を通じて，自分に何が欠けていたか，何を失ったか，何がなくて寂しく感じているかに対するクライエントの気づきが促される。喪の作業（Freud, 1917; Lindemann, 1944; Volkan, 1981）と同じく，自己悲嘆には，クライエントに心理的苦痛をもたらしたつらい現実の影響と直面し，その現実を克服する作業が含まれる。自己悲嘆のプロセスにともなう感情マーカーは，感情的苦痛の体験，自己を対象とする悲しみなどである。

▼*肯定の受容*プロセスは，自己悲嘆と表裏一体の関係にある。肯定とは，治療的体験（すなわち，クライエントの苦痛を和らげ，新たに芽生えた増大するウェルビーイング感を育てる体験）を完全に認識し実感し，これと向き合うことを指す。肯定にともなう感情マーカーは，ヒーリング感情であり，これは内面に生まれる感動的な心動かす感情や，感極まる気持ち，および肯定してくれる他者への感謝，愛情，優しさ，称賛の感情の2種類に分けられる。

体験的作業と内省作業の反復

　メタ治療的プロセスは，クライエントとセラピストが治療的協働の成功によって喚起される感情体験の輪郭線を一緒にたどる中で進展していく。この作業は，クライエント，セラピスト双方に内省的自己機能の発展を求めるものであり，作業を通じ，こうした自己機能にいっそう磨きがかかる。このような相互的な治療関係の探索は，体験的作業（Greenberg & Safran, 1987; Greenberg,

Rice, & Elliott, 1993) と内省作業 (Fonagy et al., 1995) の反復をともなう。メタ治療的プロセスには，人前でスピーチする演説者に与えるアドバイスに似た部分がある。すなわち，聞き手に自分がこれから何をするか伝え，実際に行動を起こし，最後にまとめを伝えるのだ。メタ治療的プロセスに含まれる要素には，(a)治療体験を促進すること，(b)その治療体験に命名し，認識すること，(c)クライエントが体験した治療体験を探索すること，が含まれる。言い方を変えれば，まず感じたことを言葉にし，次に語った内容をどう感じたか探るという作業を繰り返していく。クライエントは，治療に成功しそれによって救われただけでなく，自分の体験について深く知っているのだ。自分が成功や支援をどう受け止めているか，またそれが自身にどんな意味を持つかを，クライエントは把握している。クライエントにとって変容プロセスは，一貫性のある体験として識別されるため，クライエント自身が把握できる感情・認知・行動レパートリーの一部となる。体験，振り返り，および——関係論的な文脈での——意味の構築はどれも，メタ治療的プロセスに欠かせない側面である。

メタ治療プロセス

　メタ治療的プロセスとそれにともなう変容感情は，臨床的になぜ有用なのだろう。それには，いくつかの理由がある。第一に，治療的プロセスを静かに進行させる代わりに，メタ治療体験にあからさまに焦点を当てることで，クライエントに対し，本人が成功させた有意義な体験を処理し，その本質を学ぶ機会が与えられる。これにより，面接で学んだ知識の面接外の経験への転用が促され (Mahrer, 1999 も参照)，クライエントはこれらのプロセスについて内省できる。フォナギーらの研究 (1995) やメインの研究 (1995) が示すように，自己や他者の体験を振り返る能力は，レジリエンスや精神的健康と強い相関性を持つ。

　第二に，ポジティブな治療的体験の受容と関わる諸側面を認識し重視することで，心の治癒力が引き出されるため，大きな治療可能性を秘めた特異的な臨床現象が引き起こされる。これらのプロセスに注目し，変容感情という体験を

8章　ヒーリング感情　**187**

促すことで，新たな状態変容に至り，より深層部のリソースに到達できる。この二重のプロセスが，治癒的プロセスおよび治癒自体のマーカーである，ヒーリング感情に反映される。変容感情を十分に体験した結果，以下のような状態の変容が見られる。

▼適応的な行動傾向の全般的な覚醒
▼適応的な自己行動傾向（例，自信・自尊心の増大）の覚醒，および自己への共感の高まり
▼幸福，平穏，安心，くつろぎの状態への到達
▼真の自己状態や，生き生きと活気あふれる真正性への到達
▼人間関係における適応的な行動傾向（例，親密な関係を結ぶ能力の高まり）や共感性の覚醒
▼真の洞察（自分の性格の問題に対する深い理解と明晰さ，およびその問題の克服を可能にするリソースの自覚）

　最後に，こうした治療的体験を受容する中で，良好な人間関係の記憶が蘇る。セラピストとの感情体験が，ポジティブな人間関係の記憶をクライエントが取り戻す助けになる。
　これらの記憶は，心理的な意味での生存に不可欠だが忘れ去られていたものである。

事例　あるクライエントとの作業では，自分を理解も慈しみも，そして評価もしてくれない父親への，クライエントの深い怒りと悲しみ（自己悲嘆プロセス）に着目した。面接過程でクライエントは，セラピストが愛情を持って自分に興味を示してくれることに感動し，この体験が引き金となって，父親が自分を愛し誇りに思っていた遠い昔の忘れていた記憶が蘇った。クライエントは，自分は「作家」だと名乗っていた6歳の頃，父親が彼女の作品に関心を寄せてくれ，誇らしく感じたことも思い出した。こうしたポジティブな体験を取り戻すことで，クライエントの体験の力動への理解が深まった。精神分析でいう潜伏期に不可解な理由で（第二子の誕生や，クライエントが，彼女の父親が自身

の父親を亡くした年齢に達したことと関係しているようだった）父親の愛情を永遠に失うまで，彼女はずっと父親に愛されてきた。セラピストの愛情を実感する体験を通じ，自分は幼い頃父親に愛されていたという記憶を取り戻したことが，彼女に多大な影響を与えた。愛情の喪失と，それに続く両親との関係の悪化が，彼女の成人期の人格と悩みを形成していたが，父親に愛された記憶の復活により，自分は愛され理解されるに値する素晴らしい存在だという中核的な自己感が深まった。またこの記憶は，彼女の成長と発達を妨げてきた，喪失への強烈な不安の起源を，セラピストが理解する手掛かりになった。メタ治療的プロセスを通じ，現在の（セラピストとの）対人的な体験に着目しなければ，過去の対人的な体験に関する肯定的で統合的な記憶は，決して蘇らなかったかもしれない。

感情的な習熟と喜び・誇らしさの体験を認識すること

　トムキンズ（1962）は，「これまで完全に克服できずにいた恐怖の原因を突然克服できると，喜びも生まれる（p. 292）」と述べている。ほとんどのクライエントにおいて，一次感情や感情的なつながりの体験を妨げている要因は，苦痛への恐怖である。パールズ（1969）が述べたように，「発達の敵は苦痛恐怖症——ほんのわずかな苦しみさえも嫌う姿勢——にある（p. 56）」。一次感情の解放にともない，クライエントはつらい真実と向き合う新たな能力を手にする。

　セラピストによる支持や共感，感情プロセスを促す環境の提供により，クライエントは孤独でなくなり，今まであまりに怖く耐えがたいと感じていたことも体験できるようになる。こうした体験すべてに治療の影響が特徴的な形で現れるが，とくにクライエントとセラピストが，つらい体験に挑戦してみて実際どう感じたかに重点を置く場合，感情的な習熟がもたらされることが多い。感情の習熟を認識することで，クライエントは喜びと誇らしさを感じられる。喜び，誇らしさ，自信，自分の能力に対する新たな評価は，耐えがたい体験に耐えられるようになる体験プロセスから生じる，感情体験の例である。ただし感

情的な習熟は，以前は感じられなかった感情を実感できるという点のみに限られず，感情的に有意義な勝利と成果の処理のすべてを指す。

習熟感，効力感，有能感の認識は，自己意識，自尊心および自信の統合に欠かせない大切な役割を果たす（White, 1959, 1960）。喜びというカテゴリー感情は，障壁の克服に関連する心理プロセスのマーカーである点を強調したい。

次の文章は，アメリカの小説家ハロルド・ブロドキーが致死の病との闘病中に書いた記事からの引用である。その中でブロドキーは，自分がもうすぐ死ぬという現実に，妻とともに正面から向き合った帰結を感動的な筆致で綴っている。

　私は今，とても穏やかな気分だ。どういう風の吹きまわしか，もう1週間も幸せな気分が続いている。外の世界は依然として遠く感じられ，過ぎゆく1秒1秒の足音に耳をそばだてている。それでも私は幸せだ――まったく馬鹿げたことに，有頂天ですらある。幸せとしかいいようがない。己の死を楽しむなど至って奇妙に思えるし，妻もこの現象を面白がりはじめている。非常識なのは百も承知だが，私たちふたりに何ができるだろう。とにかく私たちは幸せなのだ。
　（Brodkey, 1996, p.54）。

この文章が示すように，恐怖と正面から向き合い克服すると，その向こう側に喜びが待っている場合もある。

自己悲嘆と感情的苦痛の体験

　彼らはつらい不安に駆られ哀れに泣き叫んだ
　嘆きは終日続いたが
　ついにテレマコスが言うべき言葉を見出した
　　　　　（ホメロス『オデュッセイア』，Darwin, 1872, p.215からの引用）

　クライエントがそれまで避けていた感情体験や，対人的な体験との接点を取

り戻すと，悲嘆のプロセスが発動する。喪失，剥奪，機会逸失の認識が引き金となって，深い感情的苦痛が生まれ，苦痛の体験が癒やしのプロセスを引き起こす。喪失を悼む必要があるため，治療作業では苦痛の体験に焦点を当て，時間をかけて苦痛を味わっていく。

感情的苦痛。感情的苦痛とは，自分の失望，剥奪，子ども時代の喪失，機会逸失，素晴らしい両親という通念の喪失を悲しむ感情であり，苦痛を体験するには内省的自己が必要になる。感情的苦痛（カテゴリー感情）は深く純粋で，おそらく深遠なヒーリング感情だが，これは幼い子どもが抱くような感情とは異なり，こうあるべきではない，現在の状況は道理に反する，今の現実は悲劇に他ならないという信念を基盤とする。ジョフェとサンドラーが指摘するように「[精神的苦痛は]，一方で自己の実際の状態と……これに対する幸福な状態との解離をともなう」(p. 396)。

クライエントの力動的な課題

加えて，この苦痛に耐えられないのではないかという不安に必ず襲われる。クライエントは，一度泣きだしたら止まらないのではないか，精神的にぼろぼろになるのではないか，と不安を漏らすことが多い。クライエントが苦痛に耐えられるよう協力し，苦痛のプロセスを乗り越え無事に浮上できるよう支援することが，この不安を取り除く上で非常に効果的である。

良い親という神話を守るため，つらい現実の否認も使われる。たとえば，自己を犠牲にしても，親を理想化するのだ。現実と完全に向き合うには，この幻想を捨て悲嘆にくれる必要がある。あるクライエントは，自宅に帰る前にこう語った。「家に帰るときは，最初から何も期待しません。母が親らしいことをしてくれるという期待など，捨てています」。そう言うと，クライエントはむせび泣きはじめた。

セラピストの力動的な課題

セラピストも，クライエントと同じように不安を感じることが多い。クライエントに試練を課しているのではないか，自分ではこの大役を果たせないのではないかという不安——「どうすればいいか分からない」——を感じるのだ。この場合もやはり，人生のつらい真実をクライエントが意識することで引き起

こされた感情的苦痛を，耐えしのばねばならない。クライエントと同様，セラピストの場合も，不安の克服に一番効果的な方法は，不安を最初から最後まで完全に体験し，それを通じて適応的な行動傾向を発現させることだ。他の臨床家のビデオを見ると，非常に参考になる。ダーバンルー（1986-1988）は，この激しい感情をともなう（自身または同僚による）作業にさらされる過程で生じるプロセスを，「セラピストの無意識の脱感作」と名づけた。

　悲嘆にともなって訪れる治癒は，深遠な体験だ。人生への新たな渇望，見識，明晰さ，新たな受容などを含む，新しい能力が表に現れる。以前はつらい現実の否定・回避に費やされていたエネルギーを，生きることに活用でき，これによってクライエントの成長能力やさまざまな感情を体験する能力が高まる。否定に基づく希望を手放すのと引き換えに，クライエントの中に，真の希望や充実した純粋な人間関係の可能性につながる，感情的な余地が生まれる。悲嘆の後に訪れる治癒は，受容，妥協，解放，超越などをともなう。

　次の臨床例では，男性クライエントが数年間付き合ったチャーリーという恋人とのつらい別れをまさに体験している。別れを切り出したのは，クライエントの方だ。クライエントは長年，離別をめぐり難しい問題を抱えていて，別れを告げるのを怖がっていたが，行動を起こした。次に紹介するセッションの前に，クライエントは深い悲嘆のプロセスを体験し，どれほどつらくてもあらゆる感情と向き合った。以下のやりとりは，彼が悲嘆を乗り越えた直後のセッションで交わされたものだ。

クライエント：月曜の朝，目覚めたときにこう思ったんです……「自分の気持ちを確かめなくちゃ。いつかまたヨリを戻せるかもしれないけど，まずはこの気持ちに決着をつけよう。だから前に進もう（Let's go）」って。
セラピスト：なるほど。
クライエント：だから月曜の朝に目を覚ましたとき，「前に進もう」と自分に言い聞かせました（大きな笑顔を浮かべる）。それから自分の気持ちを確認し，「これは自分を守りたいという心理から来てるのか？」と自問しましたが，そうじゃなかった。ただ「前に進もう」と言っているだけでした。
セラピスト：前に進もう……素晴らしいことです。

（セッション後半にて）

セラピスト：この「前に進もう」に本当に心を動かされました。とても深いですね。

クライエント：とてもいい気分です。

セラピスト：とても深い場所から生まれたんでしょうね。深くにある幸せな場所から(明るい声で)。実に素晴らしい。

クライエント：道を歩きながら今までの経験を振り返り，チャーリーとの別れを思い起こしてこう考えました。「僕はやった」，やり遂げたんだ。誰かと別れ，その体験を乗り越えたんだ。爽快な気分でした(しばし黙り込む)……。

　喪失後の悲しみに十分に触れ，その感情の意味を知ることで，また自分の立場から逃げたり尻込みしたりせず，恋愛の苦痛に耐えることで，このクライエントは強さを手にした。「前に進もう」という気持ちが生じたこと自体が，大きな力を持つ現象で，適応的な行動傾向が表面に現れたという明確な証拠でもある。「前に進もう」という言葉には，彼はひとりではないという意味も感じられる。この点も非常に大切である。

悲嘆のプロセスを促進する

　クライエントは，自分の過去や防衛機制，対処法を理解しようと夢中になる中で，必然的にこれまで経験したさまざまな喪失と対峙することになる。自分ではどうにもできない出来事(例，親の死)や，不適切な養育体験に起因する喪失は，非常に大きな損害を与える。もう一方，一次的な喪失に対処するための適応的行動の結果として生じた病状が，二度目の喪失をもたらす場合もある。防衛機制への慢性的な依存により，満ち足りた豊かな感情生活を送る能力が損なわれるのだ。セラピストは，クライエントがこの二種類の喪失に対する悲嘆を認識し体験できるよう支援する。クライエントが耐えねばならない悲嘆を前にして，セラピスト自身の悲嘆・悲しみを引き合いに出すことで，プロセスが促され深まる。つまり，クライエントは今回だけでなく，極めてつらい体験に今後も耐えていける。セラピストの感情的な関与は，支持的な環境をもたらす。支持的な環境は，あらゆる文化・宗教において，つらい悲嘆の作業に取り組む当事者を支える上で必要不可欠とみなされており，この支持的な環境の中に癒

8章　ヒーリング感情　**193**

やしの種が眠っている。

　治療の終わりが近づくと，治療関係の制約や行く手に待ち受ける避けがたい喪失に直面することが，悲嘆を促すきっかけになる場合がある。クライエントとセラピストは，自分たちが置かれた関係性の中で可能なこと，不可能なことを踏まえつつ，苦痛に耐えそれを共有しなければならない。協力して喪失体験と向き合う中で，クライエントは苦痛を言葉で表せるようになり，人生の他の領域でも苦痛に耐えられるようになる。この新たな能力の獲得にともなって，セラピストとクライエントの間で何が共有できるかを現実的に認識できるようになる。

肯定の受容とヒーリング感情

　このセクションでは，真の自己と対になる概念である，真の他者を紹介する。続いて肯定受容のプロセスを詳しく探り，ヒーリング感情の現象論を説明する。

真の他者

　ウィニコット（1960）の「真の自己」は，クライエントとセラピスト双方にとって極めて大切な概念であるという以外にも，純粋な形では滅多に出会えない（だが，いわゆる最高点に達した瞬間には体験として確かに存在する）体験の本質をとらえている。それは体験自体に近い概念であり，体験する本人にとって深い意義を持つ。真の他者は真の自己と対を成す関係にあり，同じく主観的な体験を表す。すなわち，ある人物が別の人物に対しまさに適切な形で対応できたとき，その瞬間，その人物は真の存在として受け止められる。真の他者という感覚には，体験的な妥当性があり，個人の体験を確かめ，認めることが大切になる。

　真の自己が最適なかたちで機能する場合には，多くの場合，意識的（社会的な必要性）か無意識的（心理的な必要性）かを問わず，真の自己と一定の防衛機制が混在した，ほどよい自己が特徴的に現れる。とはいえ，私たちが純粋な真

の自己を体験できる，体験と自己実現の瞬間は確かに存在し，これにはピーク体験，最高潮に達する，フロー状態など多様な呼び名がつけられている。同様に他者の反応に関しても，最適な事態ではウィニコットの「ほどよい母親」が現れる。人間関係面でも，たとえ実際に体験するまでその反応の必要性を当の本人が意識していなくても，特定の他者がまさに自分に必要な反応を返してくれる，つまり最高点の瞬間というべき場面が存在する。これが，*対人的至高体験*である。この現象は本質的な応答性，すなわち相手からの深いレベルでの理解や把握，見守りや手助けを指し，同調的，受容的で有意義な活力を生み出す体験である。

　治療の場では，こうした瞬間は必死に求めれば手に入るものではなく，純粋に自然なかたちでしか起こりえない。とはいえ，クライエントによる真の他者の体験を意識することは，非常に大切である。こうした体験には，治療的に大きな可能性が秘められているからだ。真の他者とともに過ごすことで，クライエントはいっそう簡単に真の自己を呼び起こし，真の自己との接点を体験できる。

　真の他者を体験した瞬間の特色をとらえ，それを完璧性の追求や理想化じみた他の要素と混同してはならない。真の他者は必要性に対して生じる応答性であり，感情的に困難な状況における体験的に正確な見立てを表している。真の他者は，現実的で実感があり，心の奥深くで感じとられる，極めて明確な紛れもない体験だ。理想化は，クライエントが真実を他者の普遍の特徴と思い込むようになったときにだけ起こる。つまり，他者を弱さや欠点を持つ人間というよりは，むしろ，常に・そして・あまねく・真実の存在であると思い込むのである。対の概念である真の自己を体験する場合と同様，真の他者は，深い感情的なつながりがある状態で体験される。それは理想化と異なり，固定的ではなく偶発的な体験なのだ。

　真の他者の感覚が，理想化とまったく関係なしに体験的に正確な見立てを下せることを示す格好の例を，映画『セント・オブ・ウーマン／夢の香り』に見ることができる。この映画に登場する盲目の退役軍人スレード中佐は，すさみ果てた腹黒い男だ。傲慢で自己中心的，すぐ暴力を振るうアルコール依存症で，長年患っている重度のパーソナリティ障害のせいで周囲から孤立している。もうひとりの主役，チャーリー・シムズは愛らしい純粋さと誠実さを持つ，名門

全寮制高校に通う高校生だ。やがてふたりの間に絆が生まれるが，チャーリーは中佐にどんな幻想も抱きはしない。チャーリーが，恐ろしい結末を招きかねない事態に直面したまさにそのとき，中佐がチャーリーを救いに駆けつけ，見事な手腕で苦境を切り抜ける。中佐は，チャーリーが必要なものを十分に理解し，それを差し出してみせる。その場に現れ，ここぞというときにピンチを救い，つらく苦しいチャーリーの孤独を吹き飛ばす。その瞬間，不治の自己愛性パーソナリティ障害を越えて，中佐はチャーリーにとって真の他者となったのだ。

肯定の受容

　肯定のプロセスは悲嘆のプロセスより馴染みが薄く，臨床文献で取り上げられることもはるかに少ない。自己を悼むプロセスとは対照的に，肯定の受容には，真の他者との関係を持てる(持てない*経験*ではなく)経験，あるいは過去に関係を得た(もしくは今まさに得ている)経験によるポジティブな感情的帰結の処理が含まれる。肯定の受容のプロセスは，自己の大切な側面が認証，承認，理解，評価される体験をともない，こうした体験によってプロセスが活性化される。肯定は，自己の達成を認識することにも当てはまるし，自己に対する他者の行動の基盤となったり，自己変容の深い認識をともなったりする場合もある。肯定の起点が，自己の場合もあれば他者の場合もある。

　良い方向への変化を認識することが，肯定に内在する本質的な側面である。他者(とくに真の他者)と過ごし，見守られ愛され理解され，共感や承認を得たり，それまで怖くてできなかったことができるようになったり，以前は耐えがたいほど恐怖を感じた感情体験に触れられたりしたことで，自己内部で深い変容が起きる。変容の結果として，当の本人は真の本質的な自己，常に自分はこんな存在だと自覚してきた自己にいっそう近づける。あるクライエントはこの体験を「今まで知らなかった自分を取り戻させてくれて，ありがとう」と表現した。

　肯定の受容に対する反応は，一方では感動，感銘，強い感情，他方では愛，感謝，優しさという2つの側面を持つ，極めて特異な感情反応を引き起こす。英語にこの感情を表現する単語はないが，(おそらく明確な生理的特徴を持

つ）特定の現象，特定の力動，状態変容，それらの体験に応じた適応的な行動
傾向などの，1つのまとまりを持つカテゴリー感情としてのすべての特徴を備
えているように見える。治療的体験の1つのマーカーとして，ヒーリング感情と
いう分類名がふさわしく思われる。そこに含まれる要素は，有名な讃美歌「ア
メイジング・グレイス」に見事にとらえられている。

　　驚くべき恵み
　　なんと甘美な響きよ
　　私のように悲惨な者を救ってくれた
　　かつて私は迷っていたが，今は見出され，
　　かつては盲目だったが，今は見える

　ヒーリング感情は，中でも感情的な苦痛が和らいだという認識や，自分が
ずっと願ってきた通りの見方や反応をしてもらえた体験，正真正銘の真の自己
認識を得た瞬間に反応して生じる。ヒーリング感情は，「かつては盲目だった
が，今は見える」という望ましい変化の証である。この変化は，他者に目撃さ
れ理解されることもあれば，他者の自己に対する影響を反映する場合もある。
　2種類のヒーリング感情によって，肯定プロセスは2つの側面に区別される。
クライエントが感動，感情的，感銘と表現する感情は，真正性の向上に向けた
自己変容のプロセスと密接に関連しているようだ。肯定の受容という感情体験
に気づくことで，2つ目のヒーリング感情が引き起こされる。すなわち愛，感
謝，称賛，優しさなどの，とくに肯定してくれる他者に対して生じる感情であ
る。

ヒーリング感情の現象学

　ヒーリング感情の身体的，生理学的な症状として，感情を抑え，涙をこらえ
ようとするために生じる声の震えが挙げられる。目は澄み切って輝き，たいて
い潤んでおり，視線は上向きになりがちだ。内面状態の変化と視線の方向には
相関性があるようで，上を見上げるか視線を下に向けるかは，それぞれ感情的
な特質を持った状態変化と関わり，明確な内面的な変化と結びついている可能

性がある。つまり視線を下に向ける場合、悲嘆や喪失体験のマーカーである一方、見上げる視線はヒーリング感情と肯定の体験マーカーである。見上げる視線は、何かが湧き上がる、あふれる、急激に高まる、気分が高揚するといった感覚と相関関係を持つことが多い。本人がどんな言葉を使おうと、感覚体験に上向きの方向性がともなう。

　感動、感銘、感情的、および愛や感謝などの感情表現は通常、涙をともなうが、クライエント自身は別に悲しくも苦しくもないと明言する。彼らはえてして、幸せや喜びの感情を伝える。クライエントの反応に悲しみや感情的苦痛が混じる場合も、その痛みを恐れ回避しようとはせず、体験する価値のある感情として受け入れる。たとえば私の娘は、「セサミ・ストリート」のあるエピソードを見て、存在を根底から揺さぶられる変化を体験し、この現象を「幸せな涙」と名づけた (Lubin-Fosha, 1991)。ワイス (1952) は、この反応のある側面を取り上げて「ハッピーエンドに号泣する」現象と表現した。あるクライエントは「真実の涙」という呼び方を思いついた。ユージン・ジェンドリン (1991) は、核心に触れられた体験から生まれるこの涙の本質を、次のように描写している。

　　悲しいときだけでなく、今、目の前の人生を思って涙が出ることもある。ある種の涙は、今を生きねばという思いの喚起とともに湧き上がる。静かで穏やかな涙もある。一番奥深い涙が、抑えられないむせび泣きとは限らない。極めて穏やかな涙の方がいっそう深い意味を持つこともある。そうした涙は、心を深く突き動かされたときや自己の奥深い部分に触れたときにこぼれる。新たな思いが生まれ、一瞬の高揚に見舞われたときにも涙が出る (p.274)。

　完全な自己表現と、強固で存在を肯定するような関係性を前に生じる変化の体験は、特別な質を持つ。ヒーリング感情には、完結性、明晰性、純粋性、新鮮さ、甘美さ、痛切さがある。クライエントは開放的で無防備な状態に置かれるが、それは不安もなければ保護を受ける必要もない、光り輝く無防備さである。くつろいだ気楽な感覚もある。ヒーリング感情にともなう気分（または一次的な感情状態）は、厳粛で痛切にして甘美な場合もあれば、喜びと驚きに満ちた場合もあり、えてして優しく、恥ずかしげな微笑みをともなう。ウィリア

ム・ジェームズは，彼特有の雄弁さと現象学的な正確性を持って，ヒーリング感情を「溶けあう感情と，変化の危機にともなう荒々しい感情」と評している（James, 1902, p. 238）。総じて，ヒーリング感情の性格は甘く純粋で，柔らかく軽やかで和みをもたらす。「アメイジング・グレイス」では，この性格が「なんと甘美な響きよ」という歌詞のフレーズで表現されている。

　対比も，ヒーリング感情に欠かせない要素だ。ハロルド・ブロドキー（1996）は，「私の人生で成し遂げたことなど微々たるものと言われそうだが，生きる喜びは……圧倒的だった。つらいと同時に光り輝き素晴らしくもあった」（p. 52）。これが，苦痛に出会ったことがある人が経験する喜び，何年も暗闇が続いた末に見えた光，ずっと誤解された後にようやく理解してもらえたという実感である。ダーウィン（1872）とホメロス（ダーウィンによる引用）の次の文章は，先立つ苦痛との対比があってこそ重みが増した喜びの涙を綴っている。

> 優しさという感情は分析が難しい。それは愛情，喜び，それに何より共感から成るように思える。これらの感情はそれ自体，心地よい性質を持つ……いとも容易に涙の分泌を促すという点で，我々の現在の視点からすると驚くべき感情だ。長い間離れ離れになっていた末に再会した多くの父子が，これまで何度も涙を流してきた。それが思わぬ再会となればなおさらだ。極度の喜びそれ自体が涙腺に作用するのは疑いないが，上記のような場面では，父子がもし二度と会えなければ感じたはずのおぼろげな悲しみも彼らの心をよぎっただろう。悲しみは自ずと，涙を分泌させる。そのためユリシーズの帰還を前に，テレマコスは，
> 「立ちあがり，父親の胸にすがって泣いた
> 鬱積した悲嘆，ひいては思慕が彼らを包んだ」
> ペネロペがついに夫の姿を認めたときも，
> 「彼女の瞼からたちどころに涙が流れはじめた
> ペネロペは彼の元に駆け寄り，
> 夫の首に両腕を巻きつけて温かな接吻の雨を降らせた……」
> （Darwin, 1872, pp.214-17からの引用）

これこそが，幸せな結末を迎えた際の号泣，喪失と悲嘆の恐ろしい見通しを

乗り越えた再会の本質である。

　次の文章でも，光と闇の対比を通じ同様の感覚が表現されている。光という隠喩は，上向きの視線や，ジェームズ（1902）のいう「フォティズム」（聴覚や触覚などの感覚刺激から光を感じる現象）との関連性を踏まえると，とりわけ適切だといえる。そこには，新たな体験に対する逆説的な認識（すなわち，昔から知っていた事実に初めて遭遇する）とともに，比較と対比も見てとることができる。

　彼はその場所を，まるで期せずして探し続けていた場所のように，よく分からないかたちで知っているように感じた。まるで，時々夢に現れる理想の家のように。彼は光と境界を接する暗闇の中に立ち，内面に募る痛みを，強く胸にかき抱き，探り，理解したくてたまらない甘く不可解な痛みを感じた。その痛みを理解すれば，折に触れ訪れる雨垂れの接吻のほかには，苦痛や喪失や死といった，心を惑わすすべての事物に無関心になれそうに思えた。(Preston Girard, 1994, p.240, 傍点は筆者)

　生きているという強烈な感覚を特徴づけるのは，高揚した感覚と新たな認識である。「内にも外にも，清冽で美しい新鮮な感覚」がある (James, 1902, p.248)。

　次に紹介する2件の引用には，ヒーリング感情という現象の全要素が凝縮されている。以下は，迫害と収監を辛くも免れた直後のカサノヴァの体験を記した文章だ。

　私は振り返り，美しい運河の全貌を視界に収めた。一艘の船に目をやることもなく，望み得る限り最も美しい一日を私は称賛した。水平線から顔を出した太陽の曙光，全力で船をこぐふたりの若い水夫。そして同時に，昨日いた場所で過ごした恐ろしい一夜を思い，幸運なすべての偶然に思いを馳せ，何かが魂を揺り動かすのを感じた。その思いは慈悲深き神の御許に届き，感謝の泉を湧き立たせ，あまりの強烈な力に涙の奔流があふれ私の心を静めた。圧倒的な喜びに満たされた私は，子どものように泣きじゃくった。(カサノヴァ『我が生涯の物語』フレム，1997，pp.66-67からの引用)

ここには，本書でこれまで扱ってきた要素がすべて含まれている。辛くも逃れた悲劇と現在の喜ばしい状況の対比，新たな状態が訪れた感覚，気分の高まりと感覚・認知の鋭敏化，最初に感動を，次いで「幸せな号泣」や「圧倒的な喜び」の涙をともなうヒーリング感情，自分を肯定し深く支えてくれる他者（この場合は「慈悲深き神」）への感謝の気持ちなどである。

　次に30代の男性クライエントの事例を紹介する。彼は最近のセッションを通して，学校時代に級友のいじめの的になり，集団で嫌がらせを受け脅されたトラウマ記憶にともなう，恐怖と自己嫌悪を克服したばかりだった。次に引用するメモを書く数週間前，クライエントは当時の恐怖と苦痛を想起し追体験する中で，安全な場所の記憶も取り戻した。1本の木の木陰に座り心安らぐ慰めを見出した記憶が蘇ったのだ。背中に当たる木の幹の感触，涼しい空気，心地よい孤独が彼に平安と落ち着きをもたらした。先日実家に帰った際，彼は校庭を訪れた。意外にも恐怖や嫌悪感はなく，子ども時代の悪夢の現場である校庭がとても狭く見えた。それから2回ほどセッションを重ねた後，彼は不安から解放され自信を取り戻した自分について語った。セッション前夜，実家の周囲を「うろうろしていた」とき，書きたい衝動に駆られ筆をとったという（彼には珍しい行動だった）。自分が書いた内容に喜び感動した彼は，私の元にメモを持参した。そのメモを，本人の了承を得てここに転載する。

　子どもの頃の自分を思い出すと，自然と笑みが浮かぶ。その感覚はおへそのあたりから生まれる。最初にある想念が生まれ，それが瞬間的に心地よい背景音にまぎれ静かな場所へと消える。そして，訪れたときと同様に突然沈黙が破られ，私の胸，頭を駆け上がって落ち着くべき場所に収まる。それが世間では微笑みと呼ばれるものだ。微笑みが顔に現れ，想念が喜びをもたらし感情を掻き立てる。体の中に温もりを感じ，決して目には見えないがとてつもなく強大な感情の存在が分かる。こんな風に，愛は穏やかに優しく，しかるべきかたちで訪れる。それは私に，弱々しい光を育てる勇気を与えてくれる。腰を下ろすとすぐさま，涙で目がチクチクする。大声で泣くときの悲しみの涙ではない。少し混乱した私は，なぜ微笑みや愛に満ちた想念や感情が，涙を生むのか頭を悩ませる(原文ママ)。自分の内面を深く掘り下げ，1秒ほどの時間が過ぎる。再び少

年に戻った自分を感じ，ようやく自分は幸せだと思える。

　ここにも，紛れもないヒーリング感情が見てとれる。かつて苦痛を味わった場所での幸福との出会い，自分の意志や願望と無関係に向こうからやって来る体験，高揚感（「沈黙が破られ，私の胸，頭を駆け上がり」）を含む強烈な感覚と温もり，悲しみとは違う感動の涙，あふれる愛情，静かだが揺るぎない「穏やかに優しく，しかるべき形で訪れる」感情，ヒーリング感情の出現にともなうさらに深い状態変容の感覚（「内面深くを掘り下げ」），そして最後に，ヒーリング感情を体験した後に押し寄せる次のポジティブ体験——すなわち「弱々しい光を育てる勇気」に導かれ，「内面を深く掘り下げ」たクライエントは「ようやく幸せ」を味わう。

メタ治療的プロセスの成果を受け止める

　肯定受容のプロセスの力動と，ヒーリング感情の現象を描写することは，治療プロセスで何が起きているか——すなわち，治療プロセス自体は順調に進んでいるのだ——ということについてセラピストに注意を促す上で重要である。セラピーが順調に進んでいるということは，セラピストに対し，今ここにいるあなたは，クライエントの問題で主要な役割を果たした過去の人物たちとは，まったくの別人だと示している。古く悪しき要素を繰り返し受け入れるのは得意でも，新たな良い要素を受け止めるのが苦手な力動的セラピストにとって，この点がとりわけ重要になる。たとえば「幸せな号泣」や「真実の涙」を，悲しみの涙と混同しないことが不可欠である。対極を成す否定的な心理状態の気配は常に存在するため，セラピストの誘導の仕方によっては，クライエントは容易に否定的な心理状態や感情的な苦痛に陥りかねない——だがそうなると，貴重な機会が失われる。なぜならメタ治療的プロセスをしっかり探索することで，さらなる治療機会が得られるからだ。

　メタ治療的プロセスとは突き詰めれば，感情否定的でなく感情促進的な関係性（を剝奪されることではなく）を持ち，その関係性の中に存在する体験を受け入れ認識することだ。愛情，感謝，理解，評価といった良い要素を受け入れ，認識し，処理し取り込まねばならない。目新しく馴染みがないせいで，良い要

素はときに恐ろしく思え，クライエントに無力感や居心地の悪さを覚えさせる。未知の事物を前に混乱し心細さを感じるクライエントは，繰り返し「私は今，どうしたらいいんだろう？」という言葉を口にする。つらく自己破壊的だが馴染み深い，存在を消し何も体験しないあり方に戻りたいという，衝動に襲われるクライエントも多い。これが起きると，新たに別の作業が生じ，さらなるワークスルーが必要になる。

　もう1つの問題として，ポジティブな体験はつらい体験と関連づけられることが多い。*ポジティブな体験を持つことで，そうでなかった状態の苛酷さ*がいっそう強調されるのだ。ポジティブな感情体験は，つらい感情に満たされる危険をともなう。クライエントは，どちらの体験も回避するために防衛機制に頼る。ポジティブな体験を味わい完全に自分の体験として認めることで，喪失に打たれ弱くなってしまうのではないかという不安も生じる。ポジティブな体験の素晴らしさを知った今となっては，喪失がなおさら耐えがたくなる。肯定のプロセスを本格的に進める前に，罪悪感や無価値感の問題に対しさらに何度かワークスルーが必要になる場合も多い。

　健全な機能やリソース，感情能力を認識し自分のものとして認めることで，クライエントは，感情的な状況に対処できるという確かな基盤を持つ自信を手に入れ，感情的苦痛を前にしても圧倒される恐れなく，ときに勝利を収めさえする。自信が芽生えるため，ポジティブな人間関係作りに参加し，そうした人間関係が生じる状況にすぐ気づけるようになる。自分の能力への自信と，有意義で互いに満足できる関係を築けるという信念が，対人関係の重要な基盤になる。ヒーリング感情それ自体が，良いことは起こりうるという信頼や希望，自信を高める。ここでの力動的な課題は，防衛的な自己信頼を止め，他者が与える大きなポジティブな影響を体験できるよう自身を開放することだ。防衛的な自己信頼からの脱却を通じて，クライエントは他者との結びつきや関係性の恩恵を享受できるだけでなく，他者の自己への影響を意識することで，逆説的だが強さと活力を手に入れる。

　体験と振り返りの繰り返し（すなわち，感じる作業と語る作業の繰り返し）を通じて，クライエントは変容プロセスを自分のものにできる。あるクライエントが語ったように，体験し言葉で語ることにより「単なる一時的な逸脱や，はかない瞬間としてではなく，自分自身の所有する体験として，すなわち自分

ができることとして，治癒のプロセスを理解し信じはじめる」ようになる。

肯定の受容への抵抗

　メタ治療的プロセスへの臨床的関心が不足しがちな最大の要因は，おそらく，この作業がセラピストの内に引き起こす不快感にある。私たちは，否定的な反応への対処を得意とするため，認められ感謝や愛情を示されると，どうにも落ち着かない。ヒーリング感情はクライエントの防衛機制が抑制された時点で生じるため，この場合，主な原因はクライエント側の防衛ではなく，むしろセラピストの不快感にある。セラピストは，変容と気分改善を巧みに促してくれたことへの感謝や愛情など，クライエントからポジティブな反応を受けると対応に困り途方に暮れるようだ。私たちはたいてい，自分が一番大切だと信じる治療を実施した結果として，相手に感謝されることへの決まり悪さを取り繕うため，（たとえ見かけだけでも）謙虚に振る舞う。クライエントとセラピストの関係の深みの探索に長けた力動アプローチのセラピストは，ネガティブな体験や不満，失望のワークスルーに専念する方がよっぽど気楽なのだ。

> 精神分析理論において発達の描写は常に似ている。それは，各段階で，代わりにもっと良いものが手に入る保証もないのに，子どもに何かを手放すよう促すプロセスとして描くのだ。これは実に厳しい立場であり，象徴的ポジションや抑うつ的ポジション，あるいはフロイド的なエディプスコンプレックスの解決など，表現は違えども，なぜ私たちは拒絶の物語や剝奪のイデオロギーに興味を引かれるのか，我ながら首をかしげたくもなる（Phillips, 1997, p.744, 傍点は筆者）。

　クライエントが他者の愛情を受け入れ，共感を体験するのに困難を抱えていることも愛情や称賛の剝奪から起こる困難であることを，臨床家は十分に理解していない。これはある意味で，従来型セラピストの中立的姿勢が生んだ副産物といえる。自己抑制的なセラピストより，愛情深い交流を持てるセラピストの方が，愛情を認め受容することの困難さ――それが手に入らないときはどんなに強く切実に愛への渇望を感じるのかということも含め――を受け入れやすい（Coen, 1996）。同様に，感情能力や機知，それにともなうプライドを身に付

けることの困難さも，クライエントの病理ではなく強みに目を向けた方が，より的確かつ速やかに明白になる。

　たとえば，治療の成功にともない感謝の念が湧くことが多い。ここで，大切なのは，その感情が，自分は治療で救われたというクライエントの感情的認識を表現していることにある。こうした深い感謝を前に，セラピストはときに心許なさを感じる。セラピストの内面に生じがちな厄介な反応として，自分の価値や能力への自信のなさ，喪失や屈辱への不安，切望していた結果を前に圧倒され途方に暮れる感覚，などが挙げられる。率直な感謝を前にして，私たちの防衛機制が発動する。謙虚さを装い，自分の貢献度を過小評価し，ネガティブな動機の推察に嬉々として取り組む一方，ポジティブな動機を容易に受け入れないようでは，メタ治療的プロセスが妨げられる。セラピストの成長の可能性が失われるばかりか，クライエントもいっそう大きな損失を被る。

　メタ治療的プロセスと変容感情のワークスルーでは，ポジティブな治療体験を，ネガティブな体験と同様に系統的，徹底的に探索することを重視せねばならない。セラピストがこの領域の能力を身に付けることも，同じように重要になる。私たちは，クライエントにポジティブ感情を向けられることに慣れ，防衛機制としての謙虚さを捨てる必要がある。

肯定とヒーリング感情の実践

　次の臨床エピソードは，肯定受容のプロセスとヒーリング感情の全貌をとらえた瞬間にスポットライトを当てたものだ。これらのコア感情は一度出現すると，特別視され注目を集め，つぶさに語られ，他のコア感情体験と同じ強さと徹底性を持って探索されるべきものである。

　クライエントは30歳の独身女性であり，重度のうつ病の既往にもかかわらず，一度も治療を受けたことがなかった。彼女は，公私両面で「行き詰まり」を感じていた。必死で自分を抑えたにもかかわらず，不安定な精神状態が高じて職場で突然ワッと泣きだし，涙が止まらなくなった。これを受けて彼女は来談した。心理療法開始当初，彼女は希望を持てず絶望的な無力感に襲われてい

た。「精神的にまいってしまい」，助けが必要になり，自分で問題を解決できなかったことに屈辱を感じていた。

　次の臨床エピソードは，2時間に及ぶ初回アセスメント面接の最後の15分を記録したものだ。これに先立つ作業の大半は，自己信頼の防衛機制や，それがもたらした帰結の探索——すなわち，感情的な孤独や孤立——に重点を置いていた。その間ずっと，クライエントの防衛機制や他のすべての臨床材料の理解は，適応的・共感的な視点，つまり，彼女の防衛に自立してやっていこうとする彼女にとって最大の努力をしてきたことが反映されていることに焦点を当てたものだった。彼女が現在と過去の人生を説明する際も，クライエントとセラピストの関係性の進展を探索する上でも，クライエントの強みや，彼女の面接での努力が強調され肯定された。セラピストは，共感的かつ表情豊かにクライエントを支え，自分の感情を開示し，クライエントの感情面・人間関係面の体験を積極的に促した。そのため，クライエントには不信や自己信頼の性格的傾向があったにもかかわらず，抵抗は比較的少なく，感情の作業はおおむね温かく協力的な雰囲気の中で実施された（共感的波長合わせに基づくクライエントの苦痛の探索は，抵抗を招かず，むしろクライエントの開放性や信頼，セラピストが「すぐそばで心に寄り添って，自分の心の中にも存在してくれている」という望ましい体験を促す。これに関してはMann & Goldman, 1982を参照）。

クライエント：私はいつも「大丈夫，自分ひとりでできる。誰にも頼らず，誰の助けも必要ない」と思っていました。「手助けなんて無用よ，自分でできるから」という気持ちが強かったんです。だから今までも「セラピストか誰かに相談した方がいいんじゃない」と思うたび，心の中で別の声が「そんな必要はないわ，相談は不要よ」と反論したんです。[自己信頼的な防衛機制を正直に打ち明けている。高い治療同盟が機能している]

セラピスト：そうですね，あなたにとって，自分の気持ちに寄り添うのがどれほど難しいことか散々考えてきました。けれど(ここで話す速度を落とす)私にこんなに心を開いてくれて，驚いてもいます。しかも，こんなに率直に。[クライエントの治療的努力の肯定]

クライエント：(必死に涙をこらえながら，うなずく)[感情が揺さぶられる体験の開始]

セラピスト：あなたにとって，それがどれほど大変なことか分かるにつれ，いっそう深い感謝を覚えています。これは自然と反射的に*(指をパチンと鳴らす)*できることじゃない。[さらなる肯定]

クライエント：*(やや震え声で，涙を浮かべて)*ええ……そうなんです。他人に打ち明けたりするタイプでは，絶対にないんです……。[さらに強い感情]

セラピスト：今，私に理解してもらえていると感じていますね？[ヒーリング感情の目覚めに対し，メタ治療的プロセス的な問いを投げる。はっきりと肯定し，クライエントがそれをどう体験しているかたずねる]

クライエント：理解されていると感じるか？*(必死に涙を飲み込む)*ええと……そう感じます……嬉しいです*(恥ずかしげに笑みを浮かべる)*。

セラピスト：*(とても共感的な口調で)*なるほど。

クライエント：分かってもらえて本当に嬉しいです*(悲しげにそっと笑う)*。

セラピスト：*(共感的に，言葉に出さず愛情のこもった態度で)*うんうん。

クライエント：他にはどうでしょう……ほっとした気持ちです*(感動し震え声で涙交じりに語る)*。自分が伝えようとしていることを分かってもらえて嬉しい気がします*(理解されたことへのヒーリング感情)*。

セラピスト：その安堵感がどんなものか，教えてください……あなたは再び内面を打ち明けてくれましたね，心の奥深くに触れる内容ですね*(質問と，共感的なミラーリングやラベリングを通じて，より深いヒーリング感情の体験を引き出す)*。

クライエント：ええっと，そうですね。

セラピスト：*(共感的に，言葉に出さず愛情のこもった態度で)*ええ，ええ。

クライエント：がんばってみます……

セラピスト：がんばる必要はないです，ただそのままの気持ちを伝えるだけでいいです*(方略的な防衛機制を防ぐ)*。

クライエント：分かりました，できるか分からないけど……自信はありませんが。

セラピスト：大丈夫ですよ。

クライエント：私の胸の内を分かってもらえてすっきりしました……

セラピスト：*(深い思いやりを込めた口調で)*あなたは，大変な重荷を背負ってきましたからね……

クライエント：でもたぶん……先週先生に電話したとき，私も内心こう思って

いたんです（強い感情を秘めた毅然たる口調で，涙をこらえながら）「ほら，そろそろ潮時じゃないか」って（涙で声を詰まらせ，泣きだす）。

［自分の心理的苦痛に対する共感的な認識を受け入れる。ヒーリング感情の深まり。自身の欲求の妥当性を確認する］

セラピスト：（感情を込めて共感的に優しく）潮時だったんですね。

クライエント：（うなずき，泣きながらうつむく。声を震わせしばらくすすり泣く）……思ったんです……本当に一杯我慢してきたって。「もう十分（両手にこぶしを作って叩きつける，激しい腕の動き），とにかく進もう。何とかなる，前に進める」そう思ったけど，おそらく自分を「甘やかす」のが許せなかったんです……この言葉がふさわしいか分かりませんが，きっと……自分のことは後回しというわけじゃないけど，自分と向き合うのは最後にしたかったんです。［感情的苦痛，自己悲嘆，防衛機制とそれがもたらす負の帰結の気づきを詳細まで具体的に描写する，基本的な欲求や願望を表す感情的な余地が生まれる，これまで彼女がまさに避けてきた体験を扱う］

セラピスト：自分なら大丈夫と感じたんですね。

クライエント：覚悟はできていると思いました。

セラピスト：自分と向き合うのは最後にしたいというのは，どういうことでしょう？

クライエント：たぶんそう思ったんです。知るのが怖かった……背後にある私の人格を。職場の人にどう見られているかとか。他人が私をどんな風に見ているかそれに……

セラピスト：ほかに何かあるんですか。

クライエント：ええ，自分の内面と向き合うのが怖かったんです。未知の存在に思えて「ああ，こんなの怖すぎるかも。本当に自分と向き合いたいのか分からない。問題などないふりをして，上手く対処できるふうに装っていれば解決するかも。でなきゃ多少は状況がましになるかも」と思いました。どう解決するか見当もつかなかったけど，何とかなるんじゃないかと。あとは「分かったけど，今この問題と向き合うのは嫌だわ，また今度にしよう」とか。（深く感動した声で）でも，その今度がまさに今だと思うんです（きっぱりうなずく）。［防衛機制の描写を通じた題材の深まり，自身の恐怖心の明確化，感情の深まりにともない助けを求めることの「正当性」を自然に肯定する］

セラピスト：ええ。

クライエント：このままでは絶対前に進めない，完全に行き詰まったと思った
からです。閉塞感はずっと前からあったけど，今回の一連の出来事［治療に訪
れる原因となった危機］に後押しされました。この状況から自分と向き合わざる
をえなくなったんです。そうして本当によかった……向き合うのは大変ですけ
ど。［曖昧さなく明確に，自分の治療の動機を言葉にする］

セラピスト：一から見直してみて。

クライエント：ええ，何かが起こりそうだと感じます。それが何か分からない
し，怖いかもしれないけど……

セラピスト：それはあなた自身，それに成長と関係する変化になるはずです
……［肯定］

クライエント：(感動して)ええ，ええ。［受容の経験，ヒーリング感情］

セラピスト：それに，何かの解決にもつながる。

クライエント：そうですね(軽く笑い声を上げる)。それが，今起きていることです。
［1つの作業の終了］

セラピスト：こうして私とふたりで話してみて，どうでしたか。私のことを，
どう感じましたか。［セラピストが変容を主導。1つの作業が満足できる休止点に達
し，セラピストが，クライエントのセラピストとの関係性の体験や，ふたりの結び
つきに関する体験を引き出そうとする。この作業は，防衛的な自己信頼に頼るクラ
イエントにはとりわけ大切である。クライエントは，他人の助けを求めることを受
け入れ，それが功を奏した。この体験をクライエントが記憶に刻み，自分の体験と
して所有することが大切になる。セラピストの一連の質問が防衛機制とコア感情の
いずれをもたらすかにかかわらず，重要な機会となる。関係性のメタ治療的プロセ
スの開始］

クライエント：先生に，自分の今までの軌跡を知ってもらいたいと思ったし，
先生に話すことで……先生は私にできると思いますか……先生のご経験からし
て，私と一緒にやっていけそうでしょうか？ 助ける方法みたいなものは，あ
りますか？ ［不安ながらも，助けを求める頼りなげで率直な偽りない表情。防衛的
な自己依存とは大違いだ］

セラピスト：ええ(とても優しく，やや意外だという口調で胸を打たれたように)，それ
以上のことができると思います。あなたに対する気持ちが私の中に湧いていま

8章 ヒーリング感情 **209**

すし，あなたの話や今の状態がよく分かります。私にこんなにも心を打ち明けてくれたことに……実際，感動しているんです。[クライエントが脆い面を見せてくれたことがセラピストの優しさを引き出す。セラピストは，クライエントをさらに肯定し，クライエントがセラピストにもたらしたヒーリング感情を，感情を込めて表現することで，クライエントの率直な欲求に直接応えはじめる]

クライエント：(感動で唇を震わせる)[受容の体験，ヒーリング感情]

セラピスト：あなたが私をそんな風に思ってくれて……嬉しいです。[セラピストがクライエントをどう受け止めたかや，クライエントがセラピスト自身に引き起こしたヒーリング感情を，あらためて開示する]

クライエント：(さらに感動して)ええと……先生とは話しやすかったんです。

セラピスト：(嬉しげに)うんうん。

クライエント：本当に私の話を聞いてくれている感じで。先生は本当に……先日お電話したときも。

セラピスト：ええ。

クライエント：何て言うか……先生の口調(感動で涙をこらえながら)とか声が心地良く……温かい感じで……包み込んでくれるというか。だから先生になら話せるし……(静かに泣く，穏やかな笑みを浮かべて)何だか泣けてきて……。[肯定された体験と，それにともなうヒーリング感情をクライエントが言葉にする。人間的な触れあいに対する欲求の新たな体験と，その欲求の表現]

セラピスト：(優しい口調で)うんうん。

クライエント：だから感じるんです(静かに泣きながら)，何て言うか思いやりみたいなものを。[思いやりの認識，ヒーリング感情]

セラピスト：(温かな声で)どうして泣いているんですか。

クライエント：いえ，分かりません(しゃくりあげるのをこらえる)。

セラピスト：(とても優しく)うんうん。

クライエント：ただ……(決然と顔を上げ視線を上げて)ゆったりリラックスしたいと思うんです……包み込まれ……ぬくもりと安らぎを感じたい。たぶんそんな気持ちのせいで……泣きたいんだと思います……いつも強い自分でいなくてもいいんだ，全部吐き出したいと思ったから(弱々しく)……。[人間的な触れあいや，ヒーリング感情に対する欲求のさらなる体験と，その欲求の表現(上向きの視線に注意)]

210

セラピスト：……吐き出したいと。

クライエント：ええ，吐き出したい，何の遠慮もなくさらけ出したいって……たとえるなら，今バッタリ倒れても誰かが抱きとめてくれそうで。ずっと頭の中にこのイメージがあるんです……ほら，ふたりで並んで立って，片方が倒れる実験があるじゃないですか……

セラピスト：……両手を前に出さないまま倒れるやつ。

クライエント：……そう，それで相手が抱えて止めてくれる。私もずっとそれがしたかったけど，自分には無理だと思っていました……［引き続きコア感情の描写。人間的な触れあいに対する欲求の体験と，その欲求の表現。ヒーリング感情をともなう］

セラピスト：うんうん。

クライエント：先生とお話しするときは，それができそうな気がします……（鼻をかむ，今は落ち着き穏やか）。［もう1つの感情の作業の終了。肯定を受け入れ，信頼・希望・安らぎというヒーリング感情を体験する中で生じた，状態の変化と新たな現象の体験］

セラピスト：（感動して）実に深いお話を聞かせてくれましたね……本当に……

クライエント：（見るからに嬉しげに，少し恥ずかしそうに少女のように笑う）

セラピスト：ええと，ありがとうございます。［クライエントの感謝の表明を通じ，クライエントがセラピストに与えた影響を認める］

クライエント：（やや恥ずかしげに，嬉しげに率直に）今まで一番上手く気持ちを表現できたみたい。

セラピスト：ええ，とても表現が豊かで説得力がありましたよ。だから，あなたとの共同作業に期待が持てます。連帯感みたいなものを感じます。つながりのようなものを，あなたは非常に深いかたちで表現してくれ，私も一緒にそれを感じました。あなたが私に信頼を寄せてくれていることには，特別な意味があります。何と言っても，信頼はたやすく得られるものではありませんから……［ふたりが今共有したメタ治療的プロセスの体験と，それにともなう感情の証拠を示すとともに，クライエントの表現力や率直さのおかげでセラピストの彼女に対する理解が深まったことを伝える。それらを用いて，セラピストはクライエントの疑問に対処し，一緒に質の高い治療作業を進められるという希望と自信を表現する］

8章　ヒーリング感情　**211**

クライエント：ええ。

セラピスト：……それは，とても意味があることです。

まとめ

　メタ治療的プロセスを通じて，すなわち治療の成功に必要なリソースと感情的能力を認識し，それを自分のものとすることで，クライエントは，感情的な問題に対処する上での堅固な自信を手に入れ，感情的な苦痛に直面しても，圧倒される恐れなく，場合によってはその苦痛を克服さえできるようになる。ポジティブな人間関係の体験を活かし，そうした関係の確立に積極的に参加できるという自信も高まる。これにより，自身の有能性（無力感の対極）に対する自信の根底を成す基盤や，有意義で相互に満足できる人間関係を築くことは可能だという信念——絶望感の対極にして，信頼・親しさ・心的距離の近さの極めて大切な土台——が確立される。さらには，ヒーリング感情の体験それ自体が，信頼，希望，安心，明晰性，共感，自己共感，さらに善良さが存在すると信じて危険を冒すことや，最高の条件が整わなくても自己は回復できることを信じる力をもたらしてくれる。

9章

もう僕のこと愛してないんだね
——精神力動的フォーミュレーションを協働して確立する：事例による例解

3つの三角形を用いて，
精神力動的理解を臨床的行為につなげる

　クライエントが自分の物語を語り出す（あるいは口を閉ざす）瞬間から，セラピストは，顕在的・潜在的な物語の内容と，セラピスト自身とクライエントの相互作用プロセスという，2つの力動的に重要な情報源にふれることになる。クライエントが差し出すものが何であれ，セラピストはそれを受け入れ，力動的な相互作用の出発点として利用する。3種類の三角形というスキーマは，セラピストが複雑に入り組んだ臨床素材を前に方向性を見失わないために役に立つ。セラピストは，目の前の臨床素材を，防衛機制，信号感情，純粋な感情体験などに分類し，各現象に応じた介入を目指すことができる。特定の自己状態や自己—他者パターンの根底に，さまざまな防衛機制，信号感情やコア感情の集合体を発見する場合もある。最後にセラピストは，どんな場合にその現象が生じるか，同じパターンが作用する状況がほかにあるか，および——とくにAEDPに重点を置いて——どんな場合にその現象が生じないかといった，これらのパターンの「過去の歴史的，また適応的な意義」を探索できる（Mann & Goldman, 1982）。臨床素材を，瞬間的に「葛藤の三角形」上の分類に振り分ける作業は，特定の介入法の影響を速やかに評価し（例，その介入法でクライエントの防衛機制が強まったか弱まったか，感情的な開放性や自発性は強まったか弱まったか），その評価を次なる介入法選定の指針に活用する上で，有用である。1つひとつの反応は，クライエントがセラピストに対してその場で行う

213

スーパービジョンとして考えられる。セラピストはクライエントによる即座の
フィードバックを受け入れられれば，必要に応じて軌道修正し，治療効果を高
めることができる。

　どんな感情体験（精神内部の構造を，独立した葛藤の三角形で表現できる体
験であれば）でも，それに応じた特有の自己像，他者像および自己―他者の相
互作用をもたらす。この要素のどれもが，現在の関係を過去の類似体験と結び
つけて考える「比較の三角形」というスキーマを作り出す引き金になる。その
ためセラピストは，クライエントの力動や，内面（葛藤の三角形）・人間関係
面（自己―他者―感情の三角形）・時系列面（比較の三角形）での世界における
あり方を深く理解できる。

　バーバーとクリッツ・クリストフ（1991）は，短期力動的心理療法の詳細に
わたるレビュー論文の中で，こう述べている。「すべての力動的セラピストに
とって大切だが，中でも短期力動心理療法に携わるセラピストにとってとくに
重要な課題の1つは，クライエントの顕在症状と中核葛藤の関連性を推測する
ことだ」（p.338）。豊かで複雑な臨床素材を，3つの象徴的スキーマ上の分類
に当てはめることで，症状と中核葛藤と転移現象の関連性を体系化できる。加
えて，この一連の概念の臨床的活用法は，教えるのが非常に簡単であり，バー
バーとクリッツ・クリストフが提唱する「経験則の明確化」（1991, p.338）を
可能にしてくれる。

精神力動的フォーミュレーション：
症状から中核的問題へと到達する過程での
瞬時ごとの変化

　精神力動的フォーミュレーションとは，クライエントが語る物語の中に見出
される感情に基づいた組織図である（McCullough Vaillant, 1997）。セラピスト
が3つのスキーマに従って傾聴すれば，そもそも最初から，初期段階の訴えや，
クライエントが具体的な描写のために選ぶ事例，クライエント―セラピストの
相互作用の力動の中に，すでにある程度組織化されたかたちで精神力動的な情

報が豊富に存在するのが分かる。

　セラピストは必ず，現在の状況から出発する。「引き金となる事象は，実のところ，とにかく耐えがたい最後の一撃である」（Mann & Goldman, 1982, p. 24）。クライエントの苦痛に寄り添うことで，その苦痛と現在・過去との関係性や，クライエント—セラピストの変化する関係性の中で，その痛みがどんな形で表面化するかを理解できる。セラピストとの関わりは，強烈な感情をクライエントに引き起こす。初回セッション冒頭で，セラピストはクライエントと気持ちを通わせたいという意思を伝える。クライエントの感情に着目し，詳細を問いただし，共感を持って感情的に対応することで，セラピストは，親しさや心的距離の近さにまつわるクライエントの複雑な感情を掻き立てる。

　セラピストによる最初の質問（「どうしてここにいらっしゃったんですか」）と2番目の質問（「具体例を教えてくれませんか」）へのクライエントの回答は，それぞれ顕在的な主訴と具体例に相当する。顕在的な主訴は，中核葛藤と，それがもたらす不安，使用される防衛機制，防衛機制の帰結などの「最終共通経路」（Mann & Goldman, 1982, p. 20）である。具体例の要請は，曖昧さからの脱却を告げるものだ。ここから治療作業が始まる。クライエントが救いを求めている苦痛の根底にある最初の力動が表面化するため，初回セッション冒頭の緊張に満ちた数分間は，無数の好機を提供してくれる。

　多くの短期力動心理療法のセラピストが，初回セッションが生み出す独自の好機を認識している（例，Coughlin Della Selva, 1996; Davanloo, 1990; Magnavita, 1997; Malan, 1976, 1979; Mann & Goldman, 1982; McCullough Vaillant, 1997）。グスタフソン（1986）は，「初回セッションの神聖な性格」とまで述べ，クライエントが来談した理由に注目することの重要性に触れている。引き金となる事象が「共通経路」だとすれば，セラピストとの出会いが引き起こす希望と不安は二者相互作用を形作り，両者の出会いを第二の共通経路にする。

　危機が大きいほど好機も大きい。感情的な負荷は内面の危機を生むため，必然的に流動性をもたらす（Lindemann, 1944）。その結果，クライエントの身にしみついた防衛機制を克服するまたとない機会が生じる。危機の渦中には，強烈な感情へのクライエントの普段の対処法が明らかになる一方，セラピストが新たなかたちでクライエントと関われば，クライエントが反応の仕方を変えら

れるかどうかということも明白になる。

　クライエントとセラピストは，新たな二者関係の当事者として，初回セッションで独自のパターンを形成する。最善，最悪を含め両者がさまざまな関係性のかたちを持ち込むため，可能性は無限でまだ何も確定していない。治療関係の過程で，これほど恵まれた創造のチャンスには二度と出会えないかもしれない。（治療の全過程を通じて存在するのと同様に）初回セッションに存在する，もう１つの力動的な情報源は，刻々と変わるその時々の治療プロセスである。介入の実施と，その影響の観察は，仮説を検証する１つのかたちである。

　初回セッションでセラピストが自問すべき点を，いくつか以下に紹介する。

▼相手と接触ができているか？　セラピスト自身がそう思っていても，クライエントはどうか？　クライエントが心の交流を実感できている場合，セラピストもそう感じているか？

▼防衛機制が働く領域，逆に抵抗がない領域は何か？　クライエントは人生のどんな分野に苦労し，どんな分野に喜びを感じているか？

▼どんな防衛機制を使っているか？　どんなリソースを利用できるか？

▼セッションをスムーズに進行させる要因は何か？　停滞させる要因は何か？

▼共感や肯定，支持，直面化に対し，クライエントはどう反応しているか？

▼対人関係の反復パターンは，どのようなものか？　どんな環境がそのパターンを引き起こすか？　例外はあるか？

▼クライエントにとって難しい感情と，そうでない感情は何か？　たとえば悲しみは感じるが，怒りを感じられない。怒りは感じるが無力感を覚えないなど。ポジティブ感情の方が，ネガティブ感情より体験しにくいか（あるいはその逆か）？　すべての感情を感じるのが難しいか？

▼怒り，苦痛，嫌悪感などのネガティブ感情に，どう対処しているか？

▼喜び，愛，楽しみ，優しさなどのポジティブ感情に，どう対処しているか？

▼停滞，意見の不一致，対立，失望といった，セッションのマイナスの側面にクライエントは耐えられるか？

▼共感，協力，希望といった治療的相互作用のプラスの側面に，クライエントは耐えられるか？

▼クライエントの中の最良の部分を引き出すのは，何か？　一番調子がいいと

きにはどんな様子か？

▼クライエントの最悪な部分を引き出すのは，何か？　一番調子が悪いときにはどんな様子か？

　AEDPのプロセスでは，感情と関係性をトラッキングする。すなわち，クライエントの苦悩にともなう痛みをトラッキングするだけでなく，症状発症の心配はないと分かり，人生への創造的な解決策の希望が見えたときにクライエントが感じる喜びや安心感も把握する。介入への反応に応じて，内面の解放や閉鎖，関係性の平板化や深まり，無意識的なコミュニケーションの促進や阻害がもたらされ，そのような結果を招く背後には，*力動的に一貫した深い意味を持つ理由*が存在する。こうしたさまざまな理由の関連づけを通じて，精神力動的フォーミュレーションや，クライエントの行動の動機に対する感情による説明と，その根拠が明らかになる。さらに詳しく言うなら，セラピストは——防衛機制によるコア感情の抑圧が，顕在症状や問題の原因であるとの仮説に基づき——中心となる「葛藤の三角形」の底辺にあるコア感情に到達することを目指す。またクライエントの過去の歴史（「比較の三角形」の頂点P）を知ることで，セラピストは，防衛機制への依存を迫られるほどクライエントにとってなぜそのコア感情が厄介な存在なのかを理解することができる。病理の原因となった過去の人物との同一化やその人物の内在化が，クライエントの自己との向き合い方に反映される様子を実際に目にすることで，特定の防衛機制へのクライエントの依存を理解できる可能性もある（Malan, 1976）。

　初回セッションには，いくつかの目的がある。具体的には，クライエントとの接触を確立する，来談に至ったストーリーを把握する，一見過剰あるいは理解不能と思えるクライエントの反応には，実はれっきとした意味があることを明らかにする，といった目的である。だが初回セッションで最も大切な目的は，何が起ころうとクライエントに癒やしの体験をしてもらう点にある。

　この章では治療の基本的構成に着目するが，臨床プロセスには，クライエントの苦悩を和らげ感情的リソースを解放するという，何よりも大切な包括的目標がある。感情的苦痛と，その苦痛から逃れたいというクライエントの望みこそが，治療を支える最大の味方だといえる。

9章　もう僕のこと愛してないんだね　**217**

ケース紹介：アマチュアボクサー

　次に紹介するセッションは，完璧にはほど遠い。それどころか間違いだらけだ。けれど間違いはそれを正す機会をもたらし，クライエントは広い心で間違いを許してくれる。つまるところクライエント自身も核心に迫りたいがため，クライエントは何度もチャンスを与えてくれるのだ。何度も道を誤ったにもかかわらず，2時間の初回アセスメントが終わる頃には，クライエントとセラピストはしかるべき到達地点に達している。以下のケースは，精神力動的フォーミュレーションを通じ顕在症状から中核葛藤を探る1つの手法を示すものだ。

顕在症状，引き金となる事象——最初の質問

　クライエントは，比較的ありふれた事象がきっかけで来談した。恋人と別れた後「うつ状態」に陥ったのだ。だがセッション開始後の15分間で，現在のうつ状態の根底に，自殺を招きかねない，昔から続く絶望が潜んでいることが判明した。

セラピスト：今日はどうしてここにいらっしゃったんですか？

クライエント：えっ？！……う～んと……最近つらくて（*息を吸い込み，大きなため息をつく*）……少し冷静になりたいんです……3年付き合った恋人と別れて，本当にショックです（*泣きはじめる，泣きやもうとするがしゃべれない，涙の合間に話そうとする*）。

セラピスト：そのままでいいですよ，無理せず気持ちを吐きだしてください，ね？［体験に焦点を合わせ，促しを与える］

クライエント：はい（*深呼吸する*）。

セラピスト：とてもつらい体験に苦しんでいますね。［ミラーリング，肯定］

クライエント：ええ……X先生［相談のため受診した医師］のところでもこんな風になって。口を開いたとたん，泣けてくるんです。普段は気持ちを押し殺しているから，言葉にしようとすると傷ついてしまう。［自分が精神的な問題を抱えていることを認める，自身の防衛機制を意識し，自分の感情パターンを熟知して

いる。セラピストは彼の努力を褒め，自分の気持ちに寄り添うよう促す]

セラピスト：なるほど。

クライエント：それで……3年付き合った相手と数週間前に別れたばかりで。とても苦しいけど，彼女がいない状態に慣れようとしています(再び泣きだす)。

セラピスト：今の気持ちを話してみてください(事象より体験を重視)。

クライエント：え〜と……息苦しい感じ。このあたりが(胸をたたく)……変な気分です。

セラピスト：なるほど……胸のあたりが？ [体験にともなう身体反応のミラーリング]

クライエント：ええ……いろいろな葛藤があって。

セラピスト：胸にいろんなものを貯め込んでいるんですね？

クライエント：そう思いますが，それが何かよく分からない……それが，今ここにいる1つの理由です……この問題と向き合い相談するため……他の人に相談する機会がなくて。[本人が意識している以上のものがあることを，初期の段階で無意識に伝えている。クライエントは，自分は自我の適応能力が高いことを説明した。彼が来談したのは，現状を克服できるという希望と信念を証明するものだ。本人が必死で抑えている大きな苦痛や不安，緊張にもかかわらず，前進を促す青信号が多々見られる。だがクライエントは，感情的な孤立も吐露している「他人に相談する機会がなくて」]

セラピスト：なるほど……では，この問題に完全に自分ひとりで対処しているんですね。[ミラーリング，強烈な感情を前にした孤独というテーマの増幅]

クライエント：(うなずく)

セラピスト：それはつらいですよね(深い思いやりを込めて)。

クライエント：はい(初めて数秒間すすり泣く[小さなブレイクスルー]，涙を飲み込み[小さな防衛]一息つく)……少し経緯を説明させてください。私は，ワンダという女性と3年間暮らしていたんです。4カ月ほど前，上手くいかなくなりました。何が問題か私にはよく分かりません。2カ月ほど前，とうとう我慢しきれなくなって彼女が出て行った……2週間前に，はっきり別れたいと言われました……よりを戻せなくて(涙をこらえようとする)つらいです。自分には彼女しかいないと思っていたのに(苦悩に顔を歪める)……。(深くため息)なのでここ2カ月ずっと，沈み込んでいました。これが今の状況に対する真っ当な反応かどう

か分かりませんが……

　感情的苦痛が表面化した最初のブレイクスルーの前に，セラピストが思いやりを示した点に注目してほしい。このブレイクスルーを経て，クライエントはセッション中で初めてきちんと話ができている。これは，彼にとって大切なポイントだ。クライエントは（文字通りにも比喩的な意味でも）一息つく必要があり，セラピストは情報を得られたことに感謝している。感情を体験した後の一瞬の防衛が，ここでは効果的に機能している。セッション開始から5分と経っておらず，感情は消えそうにない。最後に大切な点として，クライエントの強さの証拠が見られる。彼は状況が許す範囲で非常に積極的に心を開き，コミュニケーションを図っている。懸命に努力している。危機のせいで，クライエントの防衛機制が不安定になっている可能性もある（Lindemann, 1944）ため，彼は普段より自分の感情を体験しやすかったと思われる。これが，セラピストに都合よく作用している。

　初回セッション開始後の数分間で，2つの基本的な課題が浮上している。精神力動的フォーミュレーションを通じて，この2つの問題に対処できるはずだ。

　1. クライエントが体験した喪失に，なぜ自分ひとりでは対処できないほど大きく感情を揺さぶられたのか？（何に揺さぶられているのか？）
　2. クライエントにはなぜ，これほど悲惨な結果を招く防衛機制が必要だったのか？

具体例が明かす力動——2番目の質問

クライエント：*(深いため息)* ……向き合うのに苦しんできました……心と頭が反発しあっているような感じで。この2カ月そんな状態と戦ってきたんです。
［自分の力動を十分意識している，防衛機制は自我違和的］
セラピスト：あなたの心は，何と言っていますか？［感情を重視するよう促す］
クライエント：言葉にできるほど，自分の気持ちがはっきりしません。［さらなる防衛］
セラピスト：ええ……でも痛みや喪失があるんですよね……。［あらためて防衛

を回避しようとする]

クライエント：はい，痛みと喪失感（また泣きだす），それに孤独と……怒り（深くため息をつき，涙をぬぐう）。……何が起きているか知りたくて，今日ここに来ました……分からなくて（左右に頭を振る）。［コミュニケーションの深まり。怒りと孤独を話題にする。自分が理解する必要性を訴える。これを単なる知的な防衛機制と決めつけないことが，非常に大切である］

セラピスト：では，今必死で戦っているその感情が出てこれる場所を作ってあげて，胸のうちから吐き出して，私に話してみませんか。感情を無理に押し込める必要はありません（この言葉にクライエントが熱心にうなずく）。現在の状況にどんな意味があるのか，その根強い葛藤が，本当に未知の原因に由来するものか，一緒に見ていきましょう……。［感情への焦点化・感情の共有といった治療課題の明確化を通じて，クライエントとの協働作業の準備をする。クライエントに，あなたはひとりではないと伝える。現在の体験に影響を及ぼす根深い問題に対する，クライエントの気づきをミラーリングする］

クライエント：分かりました。

セラピスト：頭も使いますよ（長い間を置く。クライエントはうなずき，一瞬落ち着きを取り戻し，澄んだ眼差しで期待を込めて見つめる）。……胸がひどく苦しいとおっしゃいましたね。［自分の体験を理解したいというクライエントの欲求への理解を表現。先に進む前に，不安を確認する］

クライエント：（再び涙をこらえながら）現れたり消えたりします……本当に混乱します。ただ基本的には私はとても前向きなんです。

セラピスト：なるほど。

クライエント：……社交的で落ち着きと自信がある。でも急に不機嫌に塞ぎこむときもあって，わけが分かりません。［クライエントが2種類の機能の仕方に言及した点に注意］

セラピスト：それで最近2カ月ほどは……

クライエント：ええ，普段以上にひどくて……物事を深刻に受け止めすぎ，ある意味とりつかれたようになって，四六時中そのことを考えている。ビデオを再生するみたいに，頭の中で何度も繰り返すんです。［この発言が何を指すにせよ，あえて放置することにする］

セラピスト：そうなんですか。

9章　もう僕のこと愛してないんだね　221

クライエント：……最近は多少ましです。ここ2カ月は，感情の狭間で宙ぶらりんになっていました。彼女と一緒に，自分自身もどこかに出て行ったみたいな感じで。本当につらかった。正直，彼女と別れた後の方がましな気分です。少なくとも，今の自分がどんな状態かは分かりますから。

セラピスト：なるほど，ではここ2カ月はつらくてわけが分からない状態だったんですね。

クライエント：まったくわけが分かりませんでした……ひどくつらくて……

セラピスト：何があったんですか？[クライエントに休憩が必要か分からないが，セラピストは一息入れたがっている。そこで，しばらくは具体的な内容に話を転じる]

クライエント：何が起きたか？ええっと……

セラピスト：あなたの身に起きた問題の例を，具体的に教えてください。[セラピストは気分を一新し，具体的な例を質問する。これが2番目の質問になる]

　恋人との問題についてクライエントが挙げた例を探る中で，彼が彼女に対する怒りの感情を否定し（防衛的な排除），優しく感じよく振る舞うよう懸命に努力していた（反動形成の防衛）ことが分かった。その結果，さらに心の距離が開き，感情のもつれが悪化した（恋人に対する防衛的な反応は，「自己―他者―感情の三角形」のスキーマに当てはまる）。だが怒りの排除の裏返しとして，クライエント本人も認めるように，彼は時々「コントロールを失う」ことがあった。2番目の例として，クライエントは恋人に激怒した体験を挙げた。彼女が「馬鹿げた振る舞い」をしたと感じ，彼女の態度を見て，他人のお金（貴重な財産）の取り扱い方が「不注意で身勝手で愚かしい」と思ったという。クライエントにとって肝心なのは，恋人の振る舞いが「子どもっぽく」思われた点だった。彼はひどく腹を立て，「彼女を傷つける」かたちで相手をなじった。「彼女が泣きだしたので」，彼は深い後悔に襲われた。

　ここでは，怒りと批判的な自己，それに「愚かで子どもっぽい」と非難された他者の間に，自己―他者の力動的相互作用が生じている。あるいはフォーミュレーションの方法を変えれば，傷つき泣いているか，弱い他者とこれを批判し怒りをぶつける強大な自己の相互作用でもある。クライエントは，怒りに駆られた強大な存在，他者はか弱い存在だ。これと同じ力動的関係の名残が

過去に見られないか，検討してみると興味深いだろう。「葛藤の三角形」に関しては，恋人に対し防衛的な反応が作用している。怒りに対する防衛機制として，排除と反動形成が挙げられる。防衛機制が圧迫されると，怒りの感情が抑えきれず噴出する。手に負えないタイプの感情は，必ず不安を示唆する。コア感情が適応的に表される場合，不安が目立つことはない。自己が統制権を握り，感情の表現として自己の基本的課題が表れる。感情が適応的でない場合，自己は主たる統制権を握れず，不安（または他の危険な感情）が広がり，深い自己表現への欲求の結果としてではなく，強烈な感情や不安の圧力に圧倒された防衛機制の結果として感情が表される。手に負えない感情は，非適応的な感情の噴出を示す主観的なサインであり，ほぼ必ず悲惨な帰結を招く（ただし，「自分より強く賢明な」他者に対して表現される場合は，そうはならない。この場合，賢明な他者の感情能力を用いてクライエントの感情的な爆発を封じ込め，悲惨な帰結を防ぐことができる）。

深まり

さらにセッションが進んでから，以下のやりとりが交わされた。

クライエント：私は，世の中のとらえ方が変わっているんです。どういうことかというと……。[クライエントが，新たな話題に入ることを宣言]

セラピスト：ええ。

クライエント：……何をするにも理由を探そうとしてしまう。何でも関連づけようとするんです……私には難解な形而上的な悩みがあって……この世のあらゆる存在の根幹が分からないんです……。[知性化の幅広い利用と，それがもたらす悲惨な帰結を示す証拠]

セラピスト：なるほど。

クライエント：……それが悩みの種です（涙交じりに）。人間が働く理由が分からないし（深いため息），そのせいで絶望に襲われます（鼻をすする，気分は安らがない。深いため息）。[深い感情。二次的な感情反応。絶望が何に対する反応か知る必要がある]

セラピスト：心の壁を取り除いて，ありのままの気持ちを感じてみませんか

……そんなに無理に逆らわず……。[知性化による防衛の回避。感情の表現を促す。セラピストはクライエントがとったリスクや，この介入の直前に生じたコミュニケーションの深まりに気づいていない。セラピストは，クライエントが自身をコントロールするためどれほど苦労しているか，十分把握していない。こうした共感の欠如を踏まえると，防衛機制が高じ小さな抵抗に出会うのは当然といえる]

クライエント：(深いため息，長い沈黙が落ちる)[誤った介入が，いっそうの不安と緊張，防衛を引き起こす。コミュニケーションの流れが阻害される]

セラピスト：あなたは今，深い感情，心の奥深くの恐ろしい感情を語ってくれました。[ミスの修正。セラピストがコミュニケーションの深まりを認め肯定する。恐ろしいという単語を加えて，セラピストは，クライエントが伝えようとしている感情の深刻さを理解していると伝え，クライエントが体験している無意味感・絶望感への共感を表している]

クライエント：(鼻をすすり深いため息をつく)……本当に怖いんです(呼吸が激しくなる)……頑張ってはいるけど……。[交流を取り戻す。防衛の壁が下がり，不安が再び高まる]

セラピスト：分かります……3，4カ月ではなく，長い間ずっとその感情に苦しんできたんですね。[思いやりを込めて。現在の危機以前に遡る症状だという考え方を導入し，「葛藤の三角形」の下地を作る]

クライエント：(すすり泣きながらうなずく，深いため息)……ええ(うなずく)。

わずかだがさらなるワークスルー

セラピスト：あなたはとても深い苦痛を抱えている，でも不安な気持ちも大きくて，心を開くのが恐ろしいんですね。[不安の内容の明確化。不安の意味を解明する]

クライエント：(今度は声を上げて泣いている，呼吸も激しい)誰も分かってくれません，世界の意味に対する私の不安を。[孤独を赤裸々に表現]

セラピスト：……人生の意味のことですね。

クライエント：自分の人生にさして意味がないんじゃないかって，不安です。私がやることも，何の意味もないじゃないかと。そう思うとつらくて。[深い苦痛と結びついた深遠なコミュニケーション]

セラピスト：それがどんな気持ちか言葉にして，私と話し合ってみませんか？

［彼はひとりでないと気づいてほしい，という思い。瞬間的に，クライエント―セラピストの関係に焦点が当たる］

クライエント：ここに座って話しているうち，気分がよくなってきました。つらい理由が分かってきたからです。本当に苦しくて。先生と話しているとなぜか気持ちが楽になります。［吐き出すことで楽になる。問題の意味を理解し他人に伝えることも役に立つ］

セラピスト：そうなんですか。

クライエント：他の人とこんな話はしないんです。たぶん，だから説明しにくいんだと思います。

セラピスト：そうは言っても，あなたはとても勇気があって率直ですごいと思いますよ。この問題から逃げていませんし。［肯定］

今この瞬間と過去との関連性

　交互に襲う感情，不安，防衛の波に寄り添い，その時々に最も顕著な要素に応じて適宜介入を行う中で，怒りの感情に対するクライエントの不安が次第に明らかになる（危険な兆候としての不安の感情，防衛反応の最初の三角形が完成する）。不安は，クライエントの親しさへの欲求とも関連するようだ。これはセラピストとの関係性の中でも現れ，クライエント本人が打ち明けたように，彼は心的な近さを切望する一方で警戒を解くのを恐れている（2番目の「葛藤の三角形」の精緻化の開始。親密さへの恐怖心にともなう不安，この恐怖心の由来を理解する必要がある）。セッションを続ける中で，不安の身体的症状として，他の一般的な不安症状に加えて表情の硬さが表れる。クライエントの不安について質問する際，セラピストへの指針としては，クライエントの不安が軽減し，セラピストがクライエントの身体的体験の総合的な意味を明確に把握できるまで，問いかけを続けるべきだといえる。

セラピスト：顔がピクピクしていますが，どうしましたか？［接触を増やせば不安が軽減するかどうかを確認］

クライエント：変ですね，今までこんな風に顔の感覚がなくなったことはない

のに。[症状が今この場で発生したため，クライエント―セラピストの関係の探索が
必要だというクライエントからのヒント]

セラピスト：その感覚に集中して，言葉で描写してみてください。[セラピスト
がヒントを見逃す。もう一度不安を探る作業を行う。別に悪い対応ではないが，次
善の策]

クライエント：顔がしびれたような感じで，痛みはありません。この感覚をど
う表現したらいいかよく分からない，奇妙な感じです。

セラピスト：たとえるなら，どんなイメージが浮かびますか？［身体感覚の探
索を終え，異なる体験領域を導入する]

クライエント：まるで腕がしびれたみたいな感じです。[この喩えに注意。後に
この言葉の多層的な意味が明らかになる]

セラピスト：その経過を引き続き見ていきましょう……私を見てください。私
の顔に何が見えますか？［セラピストは困っている。あれこれ手は尽くした]

クライエント：(ため息)[治療同盟が良好な場合，クライエントはとても親切で忍
耐強い]

セラピスト：難しいですか？

クライエント：ええ，人の顔を見るくらいどうってことないのに。むしろ普段
は得意なんですけど。[目指すべき方向はそちらではないと，クライエントが巧み
に伝えている]

　これは非常に興味深い瞬間だ。作業は順調に進み深まっている一方，クライ
エントの不安はあまり軽減していない。何か大切な点が十分に扱われていない。
セラピストは，ほんの数分前にすでに使った介入法を繰り返し，クライエント
は巧妙に同じことの繰り返しを拒んでいる。だがこの時点で，一時的な行き詰
まりにもかかわらず治療同盟は極めて強固なことから，クライエントの無意識
が割って入り，ふたりがどの方向に進むべきかセラピストにその場で指示を与
えている。セラピストは最終的にこれを理解し，手掛かりをつかんで助けを受
け入れる。続きを見てみよう。

クライエント：……この話の方向性が見えないから，居心地が悪くて，つら
いんじゃないでしょうか……。[クライエントが停滞について振り返り，修復を

図る]X先生の治療で1つ印象に残っていることがあります。先生が言うには，私は怒りの感情への対処に苦しんでいる，怒りを安全に表せずにいて，それはおそらく父が原因で，父の怒りへの対処の仕方に問題があるそうです。[大きな方向転換。クライエントが，大切な人間関係（自分と父親）を踏まえて怒りのコア感情に触れる]

セラピスト：それがどう心に残ったんですか？ ［クライエントの修復への努力を，セラピストがありがたく受け入れる］

クライエント：思い当たることがあったんです。子どもの頃，父にこっぴどく怒られた体験を思い出して。怖くて縮みあがりました。

セラピスト：具体的に話してくれますか？

クライエント：どうってことない話です。私がマクドナルドの外の広場で遊んでいたら，なぜか父が怒って追いかけてきて，私の顔を平手でぶって地面に押し倒し，大声で怒鳴ったんです。本当に怖かった。[セラピストは，この作業をもっと突っ込んで詳細に把握すべきだった。「自己―他者―感情の三角形」の存在。「比較の三角形」のＰの部分――すなわち，小さく怯えた自己と，大きく手がつけられない他者。強大な他者が小さな自己を攻撃するという自己―他者の力動的相互作用と，攻撃にともなう不安・恐怖の感情への到達。とくに，クライエントによる不安の身体症状が顔の痙攣・表情の硬直である理由が，これで分かった点に注目する]

セラピスト：そのとき，あなたは何歳でしたか？

クライエント：えっ？ 8歳か9歳でした。別にそれがトラウマになったわけじゃないんです。[影響の否定。父親を守り，自身の傷つきやすさを完全には認めないという防衛機制]

セラピスト：そのとき，お父さんはどんな様子でしたか？

クライエント：人間は怒ると何かに取りつかれたようになります。私自身は，あまり腹を立てません……理由はなぜか分かりませんが。[怒りに対する防衛機制と，父親に怒りをぶつけられた体験との自発的な関連づけ]

セラピスト：お父さんが理不尽な怒り方をしたとき，あなたに言わせればまったく意味をなさない怒りをぶつけられましたが……それが，あなたの中に別の感情を掻き立てますよね。

クライエント：混乱。

セラピスト：混乱……それを言葉にしてください。

クライエント：とにかくわけが分かりませんでした。おそらく，意味をなさないように思えるから，私自身は怒れないんでしょう。

セラピスト：意味がないと，いっそう恐ろしさが増しますね。怒りの爆発と向き合うのは，事情がどうあれ本当に怖いものです。けれど，何がきっかけか分からず，何に怒っているか，自分のどんな行動が怒りを招いたか分からずに，それほど大きな怒りを体験するのは，悪夢に等しい……(間を置く)。私がその立場にいたらと思うと，比べ物にならない恐怖を感じそうです。[クライエントの体験の意味づけと肯定。「悪夢」というレッテルを通じた体験の増幅。さらなる共感]

クライエント：(熱心に耳を傾ける)

セラピスト：大人になった今の視点からそのシーンを振り返りましょう。もしあなたが，その男の子をかばうとしたら，お父さんに何と言いますか？[父親を守るのでなく，クライエントの自己への共感を高めるためポートレイアルを試みる]

クライエント：こう言いますね。「この子(私のことですが)は，何も悪いことはしていない。この年頃の男の子なら遊んで当たり前だ。マクドナルドに行ったら周りは静かで，ちょっと遊べる時間があっただけだ」父親の対応が妥当とは思えません。状況を考えると。[変化に注意。クライエントは，正当な反応でないという彼自身の視点に到達した。もはや混乱はない]父親の側に，その場で妥当な限度を越えて怒りたくなるような要因が，何かあったのかもしれません。だから……(涙をぬぐう)正当だとは思えません。[クライエントがここで，子どもらしさ，男の子らしさというテーマを持ち出す。子どもっぽさの批判が，再び話題として登場]

　以上がセッションの鍵を握る部分となった。示唆的な連想がいくつも現れた。父親に顔をぶたれて，クライエントは顔の感覚がなくなった。彼が恋人に放った「子どもっぽい」という批判は，クライエント自身の過去を思い起こさせる。彼は子どもっぽい振る舞いのせいで，父親の怒りを買ったのだ。

セラピストとのポジティブな体験：
幼少期の抑うつ的な感情剥奪

　1時間が経過した。クライエントが喉の渇きを訴え，水を欲しがった。セラピストはたまたまオフィスにあった，ピーチアイスティーを出した。クライエントはそれをリンゴジュースと思い込み，一種の「プルースト効果」に誘われて，飲み物の味――そして何よりも，誰かに大事にされた体験――を契機に幼い頃の記憶を呼び覚ました。この記憶が，深い苦痛のブレイクスルーをもたらした（感情的ブレイクスルー，コア感情の内臓的体験）。この臨床題材は，クライエントの孤独，以前は愛されていると思っていた父親に感情的に見捨てられた感覚，それに誰も自分を理解してくれないという感情を基軸とするものだった。ここに，恋人（現在），セラピスト（治療関係），父親（過去）を結ぶ，喪失と喪失への不安という主題をめぐる「比較の三角形」を見出せる可能性があるが，題材がうまく流れだし，ここでは感情を追っているために，この結びつきを追うことはない。

クライエント：これは，リンゴジュースですか？

セラピスト：アイスティーです……ピーチアイスティー。

クライエント：アイスティー，変だな……てっきりリンゴジュースだと思っていました（さらに何口か飲む）。あまりリンゴジュースは飲まないので……

セラピスト：リンゴジュースがどうかしましたか？［細部をたどる，無意識は予想外の形で示唆をもたらす］

クライエント：ただ変だと思っただけで……いや，実はリンゴジュースだと思ったんです。ふだん飲まないし，リンゴジュースといえば子どもの頃を連想するので。

セラピスト：なるほど。

クライエント：だから，リンゴジュースだと思い込んだのがおかしくて。

セラピスト：そうなんですか。

クライエント：いや～，まったく変ですね。

セラピスト：リンゴジュースから，どんなことを思い出しますか？

クライエント：幼稚園です。

9章　もう僕のこと愛してないんだね　**229**

セラピスト：幼稚園の頃……なんですね。

クライエント：幼稚園に入る前かも。

セラピスト：3〜4歳ですか？

クライエント：私は確か……リリーパッド幼稚園にいて……リンゴジュースを飲んでいました。

セラピスト：そのときのことを思い出すと，どんな気持ちになりますか？

クライエント：(うなずく)基本的には幸せな気持ちです。でもその頃，奇妙な事件がありました。私は子どもの頃，度を過ぎて活発だったんです。落ち着きがなくて。どう思われていたか分かりません……多動という言葉はその頃なかったかも……でも手足を全部骨折しました。両腕と片脚を折ったんです。[感情を呼び覚ます力動的文脈の中で，診断・既往面で重要な情報が登場。環境に馴染まなかったという極めて重要な情報の伝達。確かに手に負えない子どもかもしれないが，5歳前に3回骨折する環境は安全と言えない]

セラピスト：本当ですか？

クライエント：全部一度にではないですけど。

セラピスト：そんなに小さい頃に……？

クライエント：ええ，本当に小さい頃……ええと，時期をちゃんと思い出してみます……やっぱり幼稚園に入る前ですね。

セラピスト：幼稚園入園前に，両腕と片脚を骨折したんですか？

クライエント：友達が多くて活発で，ガキ大将的な存在でした……なぜか両腕と足を折ったんです。

セラピスト：そうですか。

クライエント：変ですね……詳しく思い出してみます(淡々と少年のようなひたむきさで言う)一度はジャングルジムから落ちて，もう1回は，誰かがテーブルの上からジャンプした拍子に，テーブルが足の上に倒れたんです……重い大きな大理石のテーブル(非常に表現豊かに)。もう1回は……あのときは……(今度は頭を左右に振る，意味のある情報が得られそう)……高い木があって……6メートルほどの……いや，私が小さかったからそんなに高いはずはないか，たぶん3メートルくらいでした。[自分の言葉に夢中になるクライエント。詳しく具体的な描写。もう不安はなく，過去を追体験している。これが特定のコア感情がないコアステイトの状態。存在感，真正性，プロセスへの没入感が見られる]

セラピスト：うんうん。

クライエント：……梯子を持っていて。木工教室の先生と一緒に梯子を作ったんです……普通の梯子と違って1本の足が長くて，もう1本はかなり短い梯子だった……1本は木に届いたけど，もう1本は届きませんでした……それで梯子を上って木の枝に届いたので，つかみました（両手で仕草をする，非常に生き生きとしている）。そしたら梯子が倒れて……しばらくぶら下がった後（両腕で落ちる動作をする）両腕を折りました……まったく変な話です（少しきまり悪げに笑う）……やんちゃ坊主でした……。[クライエントは自己を意識していないが，環境的な支持の欠如が持つ感情的な意味合いも意識していない。極端に自立的なスタイルが顕著に見られる。他人に多くを期待せず自力で解決する。自我親和的パターン]

セラピスト：う～ん。

クライエント：……重力の法則も分かっていなかった。

セラピスト：ええ……。[セラピストは恐怖にゾッとするが，今のところその感情を内心にとどめておく]（間を置く）

クライエント：そんな記憶も……ハハッ……今思い出してもちっとも怖くないんです。

セラピスト：ううん，そうなんですか。

クライエント：……それがそのときいた場所のせいか，一緒にいた人のせいか分かりません。

セラピスト：なるほど。

クライエント：……恐怖心をどこかへ置いてきたのかも……。[洞察]

セラピスト：そんな頃から……。[マーカー。3～5歳の頃にこのパターンがすでに存在]誰と一緒でしたか？

クライエント：いつ？（意表を突かれて）

セラピスト：木から落ちたときです。

クライエント：（強く頭を振りながら）ひとりでした……

セラピスト：ひとり？　……それでどうなりました？　木から落ちて腕を折って？

クライエント：腕が妙な角度にねじれました。痛かったので泣いて，（腕を指して）支えながら教室に戻ってみんなに見せました。それから病院に行って治りました。

9章　もう僕のこと愛してないんだね　**231**

セラピスト：まあ，何てこと……それはいくら何でも……ひどすぎる話です。

クライエント：まあ……

セラピスト：そんな恐ろしいこと，耐えられない……誰だって……。[恐怖体験に対する防衛機制を扱う。小さな少年にはいっそう恐ろしかっただろうと示唆]

クライエント：怖くなかった……（静かに泣きだす）怖いと感じませんでした。痛かっただけです。

セラピスト：でも今その話をして，泣いているじゃないですか。

クライエント：どうだか分かりません……今は怖くないんです。

セラピスト：そうですか。

クライエント：でも，当時怖かったかどうか分かりません。

セラピスト：ええ，そうですね……でも孤独感もあるでしょう。

クライエント：（熱心にうなずく）ええ，孤独感の方がひどかった……

セラピスト：つらいですね。[共感的な振り返り]

クライエント：ええ……つらかった……最悪でした。ぶら下がったまま……1分くらいそうしていたでしょうか……そうだ！……叫んで大声で助けを求めました。……誰も来なかった……あれは……怖かった……誰か助けに来てくれないかと期待していたから。[セラピストとの共感的なつながりを通じて，恐怖の記憶・体験が抑圧から解放される]

セラピスト：ええ……

クライエント：誰も来なかった。本当に怖かったです。しまいには……誰も来ないと悟り……ずっと誰か下で（両手で抱き抱える仕草）受けとめてくれそうな気がしたけど……でも……（さらに涙ぐむ）最後にはそんなこと起こりっこないと分かりました。[悲痛な調子。助けを求める思いが通じないというつらい自覚]

セラピスト：……起こりっこないと（間を置く）。

クライエント：はぁ……（悲しげ）子ども時代から目立つ問題が……今も解決されていないと思いますか？[オープンさ，クライエントが新たな領域を切り開く好例。不安に対処した今，深い探索はもうパンドラの箱のように謎めいてはいない]

セラピスト：ええ……心からそう思います。

クライエント：（クライエントもうなずく）……子ども時代の記憶が蘇るなんて，本当に変な話です。[クライエントとセラピストは，中核的な体験と深い無意識的なコミュニケーションの段階に達している]

セラピスト：思うに……体験が蘇り，リンゴジュースとアイスティーを勘違いしたことがきっかけで記憶が引き起こされたわけですが……あなたの心の奥底には，自分が大事にされていないという痛切な感情があるようです。[統合的なコメント。両者に堅固な基盤を用意し，認知と感情を統合し，大切にされなかったという中核的な主題に名前をつける。先に進む前の基盤固め]

クライエント：ええ……確かに（泣いているが，今は耐えられる）。[痛みのコア感情]

セラピスト：ひどい気持ちですよね，悲惨な感情です。[ミラーリング，共感，深い感情の言語化]

クライエント：ええ，子ども時代で最悪の気分でした……「もう僕のこと愛してないんだ」という言葉が浮かびました。それをはっきり覚えています。

セラピスト：……心の中でそう言ったんですか。

クライエント：いえ，泣きながら口に出して言ったんです。それは私が何より恐れていることでした……（泣きながら）傷つきました。[さらなる抑圧の解放，いっそうの深まり，もう不安はない]

セラピスト：「もう僕のこと愛してないんだ」？

クライエント：（うなずく）

セラピスト：それは，誰に向けた言葉でしたか？ [コア感情と特定の他者との関連づけ]

クライエント：主に両親です。いや，ふたりとも愛情深い人たちなんです。いつも周囲に優しく接しています……（頭を左右に振る）。[「葛藤の三角形」は完成したので，次に自己—他者—感情のスキーマと「比較の三角形」の要素を埋めていく]

セラピスト：何ですか？

クライエント：今，ちょっと考えていたんです……両親が優しくなかった場面を思い出そうとしているんです。父親がひどく当たったのは一度だけ，猛烈に怒ったときです。[ワークスルー。クライエントが自発的に疑問を投げかけ，微調整を図り，大まかな判断をして中心的な力動を詳述している]

セラピスト：あのこっぴどく怒られた日？

クライエント：（うなずく）

セラピスト：それだけが，大きな例外なんですね。

9章　もう僕のこと愛してないんだね　**233**

自発的な関連づけ：
現在―過去の関連と防衛反応の三角形

　話の続きを紹介する。ここでもやはりクライエントが主導権を握っている。

クライエント：(うなずく)両極端なんですよ(アイスティーを少し飲む)。それを言うなら私自身にも気づいた点があります。私は普段，情熱的で優しく思いやりのある人間ですが，怒ると自制心を失います。[自己に守られる形で怒りのコア感情に言及。重大な関連性。これまで，彼が父親の怒りの犠牲になった体験を探索してきた。ここで彼自ら，自身の怒りを話題にする]

セラピスト：そうですか。

クライエント：少なくとも心の中では。表には出さなくても，そう感じます。[体験と表現を自然に区別。幸先のいい予感]

セラピスト：心の中では，自制心を失っている。

クライエント：はい。

セラピスト：怒りに駆られて。

クライエント：そうです。

セラピスト：例を挙げてください。

クライエント：(ため息をつく)例……たとえばワンダとのことです。彼女はあるイベントを運営していて，お金の管理を任されていたのにヘマをしでかした。経験不足で，自分の仕事を誤解していたんです。私は彼女を厳しく責めました。本来すべき以上に厳しく接して，侮辱さえしました。

セラピスト：2点聞きたいことがあります。1つは，あなたが心の中でどう思ったか，起きた出来事に対しどう感じたか。もう1つは，実際のあなたの発言と行動です。[クライエントが先ほど自然に示した，体験と表現の区別を強調する]

クライエント：(うなずく)あまりに管理が杜撰に思えたので，ひどく腹を立てました……でも……そうですね……心の中では……(呟く)。[「比較の三角形」のCの部分に当たる，怒りのコア感情を探索している]

セラピスト：ええ。

クライエント：カッとなって，ますます怒りを募らせました。彼女が本当に馬鹿げたことをしたように思えました。不注意だった……それで……こう言いま

した。「これからは，君みたいな子どもにお金を預けないようにするよ」それが本心でした。お金の扱い方がまるで子どもっぽかった……でも私は彼女を傷つけました。彼女が泣きだしたから。[過去には，彼自身が子どもっぽいという理由で父親に責められている。ここに，もう1つの自己―他者―感情のスキーマが見てとれる。大きく，自制心を失った怒りに駆られた自己と，小さく「子どもっぽい」他者。両者の関わりはやはり攻撃的だが，今回は自己が他者を攻撃している]

セラピスト：う～ん。

クライエント：(とても悲しげに)後悔しています……(ため息)やっぱり。[苦痛の原因を十分悼んでいることから，彼が怒りとその帰結を深く理解していることが分かる]

セラピスト：そうですね。

クライエント：(涙ぐんで)怒りは人を孤立させます。だから私は，怒りをあらわにするのに不安を感じるんだと思います。父が怒ったときみたいに，自分が怒りをあらわにするたび，父が私を孤独にしたみたいに，私も相手を孤立させるんじゃないかと(非常につらい感情，次第に穏やかになる)……あああ！(ゆっくり大きな息を吐く)[抑えられない怒りとその帰結をめぐる，自分と父の同一化を自ら言明。自分が怒りに対し防衛反応をとった理由を説明する]

セラピスト：今，「あああ」と言いましたね(ミラーリング)。今のは何ですか？

クライエント：今の気づきに納得したからです。

セラピスト：うん，うん(長く引き伸ばす，安堵のため息と釣り合う口調で)。

クライエント：すっきりしました。

セラピスト：つながりが分かって。

クライエント：(うなずく)

信頼の深まりが題材の深まりへ：無意識への道

　セラピストは，感情の帰結に対するクライエントの反応を探り続け，さらに探索を深めた。その間ずっとセラピストは，彼が不安や孤独を感じず探索できるよう，クライエントに寄り添うことを心がけた。彼が主導権を握り，セラピストがついていく場面がたびたび見られた。

クライエント：(アイスティーを飲む)とてもいらだちを覚えます。間違いなく問題の原因は感情にあるからです。普通の問題なら解決できるけど，感情，とくに悪い感情に対しては上手くいかなくて。[感情に対する防衛機制を認識していることに言及]

セラピスト：そこを私たちの作業で何とかできればいいですね。悪い感情などないと思いますよ。解決すべき問題もありません。感情とは，物事への対処の仕方，表現の仕方なんです。[啓発，再構成]

クライエント：私が言う悪い感情というのは，相手を傷つける感情です。

セラピスト：内面の感情と，その感情を表現する方法を区別したいと思います。

クライエント：(うなずく)

セラピスト：たとえば怒り。あなたが話してくれた場面では，お父さんの怒りはトラウマになるほど衝撃的な体験でした。ただトラウマになったのは，お父さんが怒ったからではなく，自制心をなくしたからです。[体験と表現を再度区別]

クライエント：不安なんです，自分も怒って自制心をなくすのが心配です……。[ついに「葛藤の三角形」の危険な感情を明確に打ち明ける。怒って自制心を失うことへの不安]

セラピスト：実際にそうなったことは，ありますか？[激しい怒りを掘り下げる作業の鍵を握る質問]

クライエント：(曖昧な表情で顔をしかめる)

セラピスト：実際の場面で……

クライエント：……考えてみます……(沈黙)。ええと……(うつむく，悲しげにため息)ええと，一度ありました……オウムをしつけていて……かまれたので殺したんです。叩きました……(すすり泣く。泣きながら深いため息をつき，セラピストを見上げて目を合わせる。泣きながら話すので聞き取りにくい)そのときの罪悪感を消したい……それが原因だと思います。[深まり。クライエントの表現の具体性と生々しい描写に注意。大きなブレイクスルー]

セラピスト：(とても優しい口調で)そのオウムの名前は？[クライエントは急いで感情と関わる描写を終わらせるが，もう少しこの事件の話題を引きのばす。実感を高めるために詳細を聞きだす。コア感情の波にもう少し乗り，クライエントが今起きたことを精神的に吸収・消化できるようにする]

236

クライエント：忘れました。

セラピスト：そのオウムを，その後どうしましたか？

クライエント：隠しました。オウムを隠したんじゃなく，自分が殺したことを母に言わなかったんです。ただ，死んだと伝えました。母と庭に埋めました（今はだいぶ落ち着いている）。

セラピスト：苦しい罪悪感ですね……あなたのつらさがよく分かります。

クライエント：……今思い出して，あの出来事が怒りを恐れる原因かもしれないと思うなんて，びっくりです。

セラピスト：……ええ。

クライエント：……大切な相手を傷つけるのが怖いんだ……（うなずく，澄んだ眼差し）。だから怒りをあらわにするのが怖いんです。もし自制心をなくしたら，大切な相手を傷つけるかもしれない。ワンダにしたのは，そういうことです。私は腹を立てて，誰にも好かれない人間になった……別に相手の体を傷つける心配はないんです。今はそれほど衝動的じゃないから。そんな衝動の捌け口は別にありますし……

象徴的なスキーマと関係の作業を用いた精神力動的フォーミュレーション

　セッションが終わる頃には，怒りや，阻まれた親密さへの欲求をめぐる葛藤が，クライエントの顕在的な問題（長年彼を悩ませ，恋人との別れを契機に大幅に悪化した抑うつ状態）に中心的な役割を果たしていることをたやすく見て取れた。喪失と，怒りが持つ破壊的な力を恐れたクライエントは，怒りに対して防衛線を張り，そのせいでいっそう自分を偽りよそよそしく振る舞い，無口になり，人間関係に支障をきたしていた。恋人が去ったとき，彼は強烈な感情であったにもかかわらず，悲しみを感じたが，怒りは感じなかった。ここでも彼はやはり孤独だった。内面に向かった悲嘆と怒りが結びつき（別れの原因は自分ひとりにあると責めた），来談の原因となったつらく深刻な不安・抑うつ状態を生み出した。

　不安にともなう身体感覚——顔面の麻痺——は，父親に叩かれた場所と関連している。興味深いことに，その感覚を表現するよう指示すると，クライエン

9章　もう僕のこと愛してないんだね　**237**

トは腕がしびれたような感じと答えた。あくまでも推測だが，破壊的な怒りを抑制したいという願望から，この喩えを連想するに至った可能性がある。腕がしびれていれば，怒って殴りかかることはできないからだ。

　セッションの時間はほぼ終わった。大きなブレイクスルーがあり，クライエントは，（父との同一化に起因する）幼少期の決定的な出来事と，現在の抑うつ状態を引き起こす要因を関連づけることができた。セッション終了前に，自殺の問題に必ず立ち戻る必要がある。コア感情の発現は，極めて強固な治療同盟を示唆するものだ。またクライエントは，治療同盟に圧倒されず，この関係に協力する優れた能力を示した——これも良好な兆候である。しかし，暗黙の理解にとどまらず，直接的なアセスメントを行う必要がある。セッションの続きを以下に紹介する。

クライエント：その捌け口が……
セラピスト：……ボクシングですね。
クライエント：……ボクシングの練習です。攻撃的なスポーツで，練習中は自分の存在すべてをかけて対戦します。相手はギアをつけているので，相手に怪我を負わせることはない。だから……攻撃性を安全に表現できるんです。それに怒りも。対戦中は自分の攻撃的な感情をぶつけます。でも相手が嫌いなわけではありません。友達と対戦するのが一番好きです。そうすれば……危険なく相手に怒りをぶつけられるからです……（心を打たれる）それが，私の趣味です。
　［これは，怒りを表現する安全な場に関する深遠な治療的コミュニケーション。安全への言及に注意。それまでにこうした発言をしっかりと受け止めていれば，セラピストはそれを扱っていたはずである］
セラピスト：ええ……私から，1つの考え方をお伝えします。自制心を失うことへの不安には，2つの起源がある。1つは，大事なオウムを殺したときの，あなた自身が自制心を失った体験。もう1つは，お父さんに叩かれた体験です。
クライエント：ええ，父がカッとなるのを見て，今度は自分もそうなったことで，自制心を失うのが怖くなりました。［会話の率直性，直接性，明確性に注目］
セラピスト：しかし，あなたはそれに対して，自分の反応から怒りの感情を排除しようとしたんです。
クライエント：感情を排除？

セラピスト：そうです……

クライエント：そうかもしれません。

セラピスト：その代償として，あなたは内に引きこもった……あなたは，好かれない人間と言いましたが，私なら引きこもると表現します。他人に好かれない，内面にこもる，どちらもたぶん指すものは同じです。

クライエント：(熱心にうなずく，非常に集中している)おっしゃることは分かります……

セラピスト：……思うに，あなたを困らせているのは怒りではありません。怒りに対する不安です。

クライエント：ええ，そう思います。先生のお話は筋が通っています。

セラピスト：引きこもり，超然性，無感情，あなたが言う「好かれない人間になる」……

クライエント：**納得ですね**(長い沈黙)。う〜ん(感銘を受ける)。[クライエントはこのセッションで，自分に起きている出来事の意味を理解することを求めていたため，これは非常に大切なコミュニケーションである。これが，彼にとってとても大切な目的だった。感銘というコア感情が，このアセスメントが正しいことを示している]

　セッション終了間際に，セラピストは無意味感に話を戻し，自殺願望や自殺企図について直接質問した。クライエントは次のように答えた。

セラピスト：もう1つ，作業させてください。

クライエント：いいですよ。

セラピスト：何もかも無意味だという恐ろしい感情に，話を戻します。その絶望感にとらわれたとき……その瞬間に自殺を考えたことはありますか？

クライエント：(首を横に振る)ちゃんと自己保存本能がありますから。相談できる友人もいるし，人生にはいいこともあります。それに経験上，たとえ人間の存在の意味に絶望するとしても，生きる目的は必ずあると感じています。その目的が何なのか，いつも分かるわけではないけれど。自分を破壊したいとは思いません。私だってささやかながら，世界をよくする役に立っていると思います……言葉にするのは難しいです……

9章　もう僕のこと愛してないんだね　**239**

セラピスト：しばらく，その体験を味わってみてください。

クライエント：(黙りこみ感情をじっくりと味わう)

セラピスト：あなたは，とても素敵な人だと思いますよ。

クライエント：(目に涙をためて)ありがとうございます……人として，悪くない人間だと思うんです……。[セッションが終わりに近づく。最後の作業が残っている。作業をやり遂げたという体験を処理する必要がある]

初回アセスメントの総括

セラピスト：一緒に振り返りをしましょう。そろそろ時間が終わりに近づいて来ました。

クライエント：そろそろ終わりかと思っていました。

セラピスト：ええ，一緒に過ごした2時間を振り返ってから，今後どうするか話し合いましょう。

クライエント：分かりました。

セラピスト：自分の頭で考えて消化するには，時間が必要だと思いますが……今日やったことをどう感じていますか？ 話してもらえますか？

クライエント：気持ちとしては，安心感です。最初は何が起こるか分からなかったから。

セラピスト：その安心感を詳しく聞かせてください。

クライエント：私が忘れていたことを話し合えました。不安なくこうした物事を感じたり考えたりでき，今は安心して自分の内面を探れます……こうした点を話し合えてホッとしています。

セラピスト：ふたりで何をやったおかげで，不安が減ったのでしょう？

クライエント：よく分かりません……(黙り込む)。

セラピスト：あなたがしたこと？ ……私がしたこと？

クライエント：私たちがしたことです。ふたりでやり遂げたんです……2つの要因があると思います。私が先生に対し率直になれたこと，それから先生が専門家で，飾り気なく接し，私を思いやり……気遣ってくださったこと。[孤独の解消]

精神力動とは，さまざまな心理要素が互いに関連して体験と行動をもたらす
際の，変容の規則または原則を指す。したがって，たとえば自己―他者―感情
の３つの表象スキーマそれぞれの関連の仕方が，一連の力動を表現している。
とはいえ，各スキーマのさまざまなバージョン間や，異なるスキーマのさまざ
まな要素間に数多くの相関関係が想定される。最終的には，クライエントの症
状や，引き金となる出来事，機能の仕方，面接での振る舞い，主観的体験，過
去の葛藤，それらすべての相関性の理解に結びつくかたちで，さまざまな説明
を関連づける一番簡潔な手法が，精神力動的フォーミュレーションである。精
神力動的フォーミュレーションは，クライエントの中核的課題と支配的な動機
を示唆できるものでなければならない。

　上述のセッションで興味深いのは，２つの異なる自己―他者―感情のスキー
マが示唆する力動である。すなわち，一方のスキーマでは自己（やんちゃな９
歳児）は小さく，他者（怒り狂う父親）が大きく，大きな他者が小さな自己を攻
撃するという自己―他者の力動が働き，恐怖の感情が優勢であり，悲嘆と内向
がこれに続くのに対し，他方のスキーマでは，自己（やはり９歳児）が大きく
他者（彼をかんだ乱暴なオウム）は小さく，大きな自己が（些細な挑発に反応し
て）小さな他者を攻撃するという力動が働き，怒り，次いで圧倒的な罪悪感が
支配的である。この２つの「自己―他者―感情の三角形」の結びつきは，被虐
待児に見られる加害者との同一化を反映している。子どもは，親が自分に対し
てそうしたように，より弱い他者に行動の矛先を向けることで，自身の完全な
無力感を克服し，強大さを実感する。加えて，本来の加害者に対して表されな
い怒りが，無力な他者という不当な標的を見出す。

　しかし，この逸脱に対する恐怖，罪悪感，悲しみは非常に大きいため，こう
した感情が精神病理の発生源となる。一粒の砂が混じることで，それを核に危
険な真珠が作られるのだ。精神力動的なナラティブを通じて，クライエントは，
怒りは危険な感情であり，相手を傷つけ愛情を奪うため，心の中から根絶すべ
きだという教訓を引き出す。この教訓が一般化され，感情はすべて厄介だから
捨て去るべきだとなる。そこで防衛機制が発動する。このケースでは具体的に
いうと，クライエントの防衛機制への依存が，恋人との別れをもたらし治療の
契機となった。見捨てられ愛されなくなったクライエントは，結局ひとりにな
り，子どもの頃と同じように愛情を失い絶望している。

9章　もう僕のこと愛してないんだね　**241**

ふたりの最後のやりとりは，初回セッションでクライエントの治療開始が可能になった理由を本質的にとらえている。クライエントは，自分を理解し，感情と接点を持ちつつ，自制心を保ち自らの体験の意味を把握できるよう手伝ってくれるセラピストとの関係を通じて，以前はあまりに圧倒的と感じられた感情と向き合えた。孤独が解消し，彼は以前とは対照的に，不安を高めるのでなく和らげ，心を癒やしてくれる感情体験の力を腹の底から体験したのだ。

第3部
介入方略
介入方略に向けた導入

深層心理学の有効性を，私はある意味で盲信していた。そのため，ときに起こる失敗の原因を，クライエントの「治療不能性」ではなく自分自身の技量不足に求めた。この仮定に導かれて必然的に，普段の技法に修正を試みるようになった……

フェレンチ (1931, p 128)

姿勢：クライエントの安全と
セラピストのリスクテイキング

　深い感情作業に必要な信頼を構築するには，セラピストの自意識が主体的に関与し (Casement, 1985)，できる限り偽りのない態度で，守りに入らず純粋なかたちで自らの感情体験を共有することが求められる。AEDPの臨床的姿勢では，セラピストにも，少なくともクライエントに対するのと同様に多くのことが要求される。本心を隠し続けるセラピストに，クライエントがすぐさま心を開いてくれるなどと期待してはならないだろう。

　セラピーで求められるのは，クライエントが安心でき，セラピストが勇敢である感情的風土である。治療関係におけるクライエントの安心感は，1つにはセラピストがリスクを背負うことで高まると考えられる。セラピストが積極的に感情を共有し感情的なリスクを負う意欲は，クライエントの感情的な関わり方の手本ともなり，セラピストが持論を自らの身をもって実践していることをクライエントに示すことにもなる。感情豊かなセラピストの姿勢は，感情とは豊かで貴重で，そして耐えられるものであり，それにエネルギーを吸い取ら

れたり，圧倒されたり，恥じ入ったりする必要はないというメッセージである。セラピストの感情的なオープンさと表現力は，AEDPの主要な技法的目標であるクライエントの感情体験を深めることにも役立つ。感情的な現象には伝染性があるからだ。感情のミラーリングと感情共有の間には相関関係があるようで，一方の当事者の感情は他方の当事者の感情を促す。逆に一方が感情を表現できない場合，もう一方の感情が抑制される場合もある。セラピストの思慮深く調整された感情状態は，クライエントの感情への到達を促し深めることができる。

　セラピストがどんな姿勢で臨めば，クライエントの中に，相手を信じるリスクを冒して心を開くことが可能だと信じる気持を生み出せるのだろうか。もしセラピストが内なる状態をクライエントに合わせ，自分自身の希望やオープンさを前面に押し出せれば，何か深い変化が起こるかもしれない。その瞬間，セラピストはほどよい存在を越えて，紛れもなく良い治療者になるチャンスを手にすることができるだろう。

介入の単位

　AEDPでは介入の一単位は，セラピストのコメントではなく，セラピストのコメントとクライエントの反応の1セットによって構成されると考える。重要なのは，クライエントによる介入の体験とその後の反応である。したがって，セラピストが防衛機制を和らげる目的で，共感的にクライエントの体験の一部を肯定したとしても，その目的が達成されたどうかの判断を下すのはクライエント自身だ。その肯定を共感的だと感じるかどうかはクライエント次第だし，それに反応して抵抗を弱めるか強めるかを決めるのもクライエントだ。そのため，セラピストには技法的に多大な自由が与えられることになる。介入が感情の深化，関係の疎遠化，不安増大のいずれを招こうと，セラピストの介入の力動的な疑問への答えが得られるからだ。クライエントを怖がらせ閉じこもらせる力動への理解からだけでなく，クライエントが感情的ブレイクスルーの後に見せる反応からも多くを知ることができる。AEDPでは，セラピストは，強烈な介入があまりに大きな抵抗を引き起こすのではないかと恐れて，慎重に振る舞う必要などないと考える。大きな抵抗にあっても，抵抗がなかった場合と同じくらい有益な情報が得られるからだ。唯一大切なのは，クライエントのその時々の体験の変化を力動的に処理し，共感的に活用してセラピストの次の対応

の参考にすることである。

介入方略

コア感情体験にアクセスする方法は数多く存在する。たとえば美的体験（映画，歌，芸術作品，美しい景色），直接または間接的に味わった強烈な達成感（例，野球選手マーク・マグワイアの本塁打歴代記録更新），恋愛，社会的な共有体験（例，マーティン・ルーサー・キング・ジュニアの死）などはすべて，深く心を揺さぶる変容を引き起こす力を持つ（Bollas, 1989; Gold, 1996; Winnicott, 1974）。コア感情体験に，偶然に頼らずある程度の確実性を持って到達できるようにすることが，AEDPの目標である。

伝統的な分析技法から——感情の変化モデルに基づきAEDPに統合された——体験的STDP技法への転換は基本的に，セラピストの活動を，受動を能動に変えるプロセスである。STDP技法の多くは，従来セラピストの内面に秘められていたものを公にし，それを治療関係に関わる両者が到達できる，クライエントとセラピスト間の対人空間で活用できるようにするものだ。

コミュニケーションの概念が言語的伝達を超えて拡張され，防衛の概念も，従来の防衛機制（拒絶，知性化，反応形成など）を超えて拡張される。コミュニケーションの領域に非言語的な行動が含まれ，アイコンタクトの回避，口調や声量，身体動作やその欠如が治療における注意の対象になる。身体はコア感情が宿る場所であるため，AEDPでは治療時の固い姿勢を克服し，身体や身体言語を正式な治療的談話の一部として取り込んでいくことが求められる。

理論を臨床実践に変換したものが技法であり，ここでの目標は「感情的な変容の出来事」をもたらすプロセスを特徴づける変容原則を明確化することだ（Greenberg & Safran, 1987）。治療行動上のAEDPの方略（Strupp & Binder, 1984）は，ほどよいセラピストが自身の感情能力を実際に使うための手段である。この治療方略は，*関係的*，再構築的，*体験—感情的*の3種類に分けられる（表1参照）。すべてのAEDP方略の基本的な目的は，深い感情と主観的な「真実」がある場所での治療作業を成し遂げられるようにすることだ（Fosha & Osiason, 1996）。3種類の介入法は，防衛機制と赤信号感情の影響を最小限に抑え，親しい関係性の中で感情体験を促すための新たな経路に焦点を当てている。

表1
AEDPの介入方略

関係的方略

クライエント―セラピストの関係的体験の促進
トラッキングと焦点化

セラピストの支持と肯定の表明：
不特定な治療的要因（共通要因）を AEDP 特有の要因に変える
クライエント自身とクライエントの体験を肯定し，確認しその価値を認める。すなわち配慮と思いやり，関心を示す。励ましを与え，手を差し伸べる。健全な反応を認め肯定し増幅する。自己への共感とセルフケアの価値を認め，それを肯定し大切にする。支持と肯定に対するクライエントの反応を探索する。

セラピストの共感的反応の表現
共感をはっきりと表すこと。気持ちや状況を共感的に言葉を使ってこと細かに描写すること。セラピストの共感に対するクライエントの反応を探索する。

セラピスト自身の感情体験の表現
感情的な自己開示。ミスや弱さ，限界を認める。クライエントが与えるものを受け入れ，クライエントから受ける影響を認める。セラピストの全能性を中和するための自己開示。セラピストの自己開示へのクライエントの反応を探索する。

少しずつ波長を合わせることによって，心的距離の近さ・親しさを促進
クライエントとその瞬間ごとの体験を共有する。セラピストが心的距離の近さを表すことにクライエントがどのように反応するのかを探索する。

クライエントとの共同作業
非言語的コミュニケーションの相互モニタリング。見解の比較。クライエントが自分自身の心の専門家であることを活用する

感情的―関係的な体験のメタプロセシング
セッション終了時のプロセシング

再構成方略

オープンさと防衛性の狭間での揺らぎをトラッキングする
防衛反応に対する作業
防衛の特定，ラベリング，明確化。体験に焦点を当てた防衛の作業と感情喚起的作業。ポジティブなリフレーミング。コスト効果分析。プレッシャーを取り除く。コーチング・アプローチ（すなわち努力を続けるようクライエントを励まし，そうすることの価値を確認する）。

赤信号感情との作業
不安への対処。不安にともなう身体症状を探索する。不安の認知的，空想的，体験的な側面を探索する。意味を見つけ理解する。再確認，正確なラベリングを通じたリフレーミング，心理教育。プレッシャーを取り除き，クライエントの努力と成果を高く評価する。

恥との作業
感情体験の認証。

青信号感情との作業
青信号感情への焦点化とそのトラッキング。

自己─他者─感情の三角形の作業：
自己体験と関係性的体験にともなうポジティブ・ネガティブな側面のトラッキング
自己，他者，感情の相互依存性を理解する。良い状態と悪い状態を対比する。

比較の三角形の作業：
相互作用の反復的パターンと新たなパターン
関係的パターンを比較する。苦痛と肯定双方を含め，対人パターンの反復をクライエントに敏感に察知させる。苦痛と肯定双方を含め，「新たなパターン」，または反復からの脱却をクライエントに気づかせる。対人パターン構築における自己と他者の役割を探り，それが自己体験に与える影響を探る。

統合的なプロセス
新たな自伝的語りを生成する。

介入方略に向けた導入　**247**

体験─感情的方略

純粋な感情体験を促す

感情を直接的にトラッキングする。普通の言葉を，感情や動機付け（または欲求）を表現する言葉に翻訳する。深まる感情体験に向き合い，その体験に耐えるよう促す。

単なるミラーリングを超えて

クライエントの感情のミラーリング──感情的共鳴。先行的なミラーリング。感情を増幅する。

感情体験に名前をつけ，肯定する

具体化，詳細化を求める

体験の身体的な相関に注目する

ポートレイアル：想像された相互作用とその力動─体験的な相関

ポートレイアル。ポートレイアルの完了。中断した感情の流れを完了させるための感情的ポートレイアル（恥，罪悪感，アンビバレンス，解離の問題への対処）。衝動・感情・対人関係の脱感作のポートレイアル。修復的なポートレイアル。

感情の再構築

感情体験と感情表現── 感じながら対処すること。

*関係的*介入は，クライエントとセラピストの双方向的な感情の絆の形成を活用して，関係性の中でクライエントが安心感を覚えられるようにし，これを通じて防衛機制の機能を縮小させるものである。関係的方略は，対人的な障害を生む防衛機制を回避し，クライエントが感情や心的距離の近さ・親しさを掘り下げて強く体験・探索できると同時に，「私たち（セラピストとクライエント双方）」が共鳴や相互関係，同調性を体験するような環境の醸成を促すことを目指す。*再構成*の介入は，自分自身への共感という視点を通じて，クライエントの意識や，クライエント自らの感情的・対人的体験への理解を扱う。防衛機制は，適応に向けた自己の「最善の努力」として，心理的な生き残りのためかつては不可欠だったということが，自己を共感的に理解するために鍵となる。セラピストは，再構成方略を用いてその時々の相互作用を素早く処理し，クライエントが，自己および他者に対する自らの体験パターンに気づくことができるよう支援する。*体験—感情的*の介入は，コアステイト，およびコア感情の体験の直接的な促進を通じて，防衛機制の回避を目指す。

治療行動上のAEDP方略は，どれも最終的には感情的関係性の中での感情体験の促進を目的とし，共感と，感情的に強烈な体験に耐え，その感情処理を進んで共有する意思を特徴とする，治療姿勢を基盤としているといえるだろう。

10章

関係的方略

治療課題の1つは，意味ある関連性をつくることだ……これにより，親しさ・心的近さ，そして苦痛や不安，屈辱と結びつける有害な連想から解放され，代わりに，セラピストとの良好な関係がもたらす強い喜びと結びつくことが可能となる（Marke, 1995）。

治療関係を通じて，クライエントが防衛にじゃまされず心を開いて語れるような潜在能力を引き出す際は，セラピストの感情的関与に対するクライエントの反応を探索することが重要になる。クライエントはときに，配慮や，思いやりや，共感を受け入れるのに苦労することもある。こうした介入はえてして，心の奥深くに抑圧された欲求を刺激し，その欲求に対する不安や防衛が当初は高まることがある。否定的であれ肯定的であれ，セラピストが表現する内容に対するクライエントの体験的—力動的反応が，治療作業の焦点になる（Alpert, 1992; Foote, 1992; Fosha, 1995; Marke, 1995; McCullough Vaillant, 1997; Sklar, 1994）。

暗黙の了解を明らかにすること，すなわちセラピストの内面にクライエントを存在させるだけでなく，クライエントがどう存在するかを探ることは重要だ。なぜなら，そうすることが親密さにともなって沸きおこってくる苦痛と失望を避けるための防衛の広がりを打ち消す新たな体験の大切さを教えてくれ，その体験に踏みとどまる力が備わるからだ。加えて，こうした治療作業は，内省機能を育てるプロセスを促し，強化し，ときに加速させてくれる。

この作業は肯定的，共感的であるのみならず，非常に相互交流的でもある。それは単なる肯定と支持ではなく，二者間の距離感に関する作業でもある。クライエントは，治療関係の反復的な側面，非反復的な側面の双方に注意を払い，これらの側面を処理する必要がある。これを受けてセラピストは，はっきりとした表現的方略を通じて自らの体験の肯定的側面，共感的側面，感情的側面を

251

区別する。後二者はどちらも，クライエントに対するセラピスト個人の感情反応の表現をともなう。しかし，共感的側面では，クライエントの内面が明らかになる中でのクライエント（彼の感情，物語，体験）に対するセラピストの反応が重視されるのに対し，感情的側面では，クライエントとの関係における一個人としてのセラピストの存在が明らかになるため，セラピストの反応が重視される（関係性の描写については，Bacal, 1995 も参照）。

クライエント―セラピストの関係的体験の促進

トラッキングと焦点化

セラピストは最初から，クライエントが自分と話すことをどう感じているかということや，セラピスト自身がクライエントと話すことをどう感じるかということに意識を向ける。そしてクライエントにも，同じ作業をするよう促す。セラピストは，治療関係は新たな体験と対人力動を探索するための豊かな土壌であるため，ふたりの間に生じる感情を率直に話し合うことは可能で，またそうすべきだというメッセージを伝える。私たちセラピストは，クライエントが心的距離の近さと隔たりの体験を言語化するのを手伝おうとする。今何が起きているか――良い点，悪い点を含め――を話し合うことで，心的関係の近さの感覚が強まる。この作業は部分的には，近年登場した対人関係論アプローチの作業（Coen, 1996; Ehrenberg, 1992; Ghent, 1995; Lindon, 1994）に似ているが，AEDPの場合，セラピストは瞬時ごとのやりとりに細心の注意を払い，クライエントの関心を今起こっている関係性的体験へと自由に向けさせることができる。

陽性転移は明確化せず，主に陰性転移に対処するという精神分析の経験則は，AEDPには当てはまらない。ポジティブな関係性的体験は，阻害された過去の欲望がもたらす痛みと関連しているため，真の不安をもたらす場合もある。クライエントとセラピストが一緒に題材を処理できるよう，ポジティブとネガティブの双方を含め両者の関係性的体験を強めるというのが，AEDPの経験則である。よってAEDPでは，私と一緒にいてどんな気持ちですか，私をどう感じますか（私という人間を，どう受け止めていますか）といった質問がよく投げかけられる。

専門的に言えば，セラピストはラポールや感情の質，無意識的コミュニケーションの深さなどの変化をトラッキングする（Malan, 1976, 1979）。セラピストは，個々の変化が治療関係とどう関わっているかを検討する。すなわち，防衛が強まれば，クライエントの話に耳を傾け，セラピストとのやりとりの中にクライエントの居心地を悪くさせた要素がなかったか確認し，同様に題材が深まれば，クライエントとセラピストが協力して，何が信頼とオープンさの深まりを可能にしたかを理解するよう努める。

関係が近くなるにしたがい，なぜその現象が起きたかを理解するのと同じくらい，その現象が実際に起きたという事実を忘れないことが大切になってくる。この種の感情的知識に対する防衛は大変根深いものがあるからだ。深い治療体験でさえ，それがきちんと同定され処理されねば，意識の外に置かれて「消失」しかねない。場違いな謙虚さのせいで，ときにはセラピストがふたりのポジティブなやりとりにクライエントの意識を惹きつけられない場合もある——しかし，ネガティブな体験だけでなくポジティブな関係性的体験にも，同じように揺るぎない勇気と徹底さが求められることを忘れてはならない。

ひょっとして私，そんなに悪くないのかも？

初回セッションにおける次のエピソードでは，（クライエントは母親を「悪い人間」と感じていた。そんな母の死に対する，不完全な悲嘆の感情に関する）強烈な感情的ブレイクスルーを受けて，クライエントとセラピストの関係が探索される。重大なブレイクスルーを経てもクライエントが十分な安堵感を得ておらず，適応的な行動傾向が生じていないことへのセラピストの不安に促されて，クライエントとセラピストの関係性に焦点が向けられた（セラピストは，そうできたにもかかわらず，自分の不安をはっきり開示していない点に注意。にもかかわらず，セラピストの感情が，感情の対話へと寄与している）。

セラピスト：私と話してどんな気持ちになっているか，教えてください。
クライエント：少し抵抗を感じます。先生に全部打ち明けているけれど，本当の意味で心の結びつきを感じられません。[表出反応の三角形。クライエントは，セラピストとのコミュニケーションの難しさを率直に伝えている]

セラピスト：一体どうして？

クライエント：分かりません……怖いんです……どこかで自分を守って，何か隠しているような感じ……。[クライエントが不安と防衛の要素を明らかにする]

セラピスト：どんな風に？

クライエント：心許ないというか……。[自己体験，防衛反応の三角形が完成]

セラピスト：それ[抵抗]は，私に対する反応ですか？[今度は自己―他者―感情の図式を詳述させようとする]

クライエント：いえ，分かりません……先生は私の話に耳を傾け，内容を整理してまとめてくださっている，先生は私を大切に思ってくださっていると感じます……[耳に心地よい表現だが，裏を返せばかたちばかりのお世辞]

セラピスト：待ってください，その後「でも」と続くんだと思っていたのですが。

クライエント：いえその……「でも」と言いたくなるような抵抗を感じるのは，「それで今どんな気持ちですか？」と質問されたときです……「もう，やめてちょうだい！（若い女の子風の口調で）……質問が難しすぎるわ」って感じ。その手の質問には答えられません。[要求を突き付ける他者―不十分な自己―感情への到達の阻害]

セラピスト：（深くゆっくりした声音で少し悲しげに）それは悲しいですね。あなたには驚くようなコミュニケーション能力があって，私たちは，お互い心が通い合うやりとりができていると，お伝えしようとしていたところです。[ここでセラピストは，クライエントに対する自身の感情的反応を使って，互いの見解の相違を探り，抵抗の壁を越えられるか確認している。クライエントの病的な信念の否定]

クライエント：（非常にオープンに心を開いて）自分でも何が怖いのか分かりません……。[防衛と不安の減少]

セラピスト：おかしなことに，あなたが私に話してくれる内容に抵抗は感じられないのです。あなたは，私から何かを受け取ることに抵抗している，何かをあなた自身に与えることに抵抗しているような気がします……。[クライエントの自己共感を促す]

クライエント：（率直に，相手の言葉を深く受け入れ真剣に考え込む）ええ……その通りです。

セラピスト：あなたの態度に何も問題はありません……ただ1つ欠けていると

すれば，それは今日ここを去るとき，あなたは自分が他の人間に深い影響を与えたことを知り，自分の力に畏敬の念を抱いてもっともだということです。

　［セッションでのクライエントの成果を認め肯定する。自己共感を促し続ける］

クライエント：(率直に，柔らかな口調でしっかり相手の目を見て)なるほど……。［不安と防衛の低下，オープンな関係性］

セラピスト：**自分自身のために受け取ってください。**［クライエントを支持することで自己への共感を促す］

クライエント：(感動し，澄んだ眼差しに率直で柔らかな口調で受け入れる)ええ……ありがとうございます……そうですね……(微笑む，コアステイト。長い沈黙)

　［ポジティブな体験に対する防衛の解除。クライエントは，ポジティブな体験を受け入れ感情的に体験できている］

セラピストの支持と肯定の表現：
不特定の治療要因を AEDP 固有の要因に変える

　クライエントがセラピストの配慮や温かさ，自分に対する理解を感じとることが，良好な治療成果に大きく寄与することがいたるところで示されている (Frank, 1982; McCullough et al., 1991; Orlinsky, Grawe, & Parks, 1994; Rogers, 1957)。AEDPのセラピストは，こうした要因を偶然に委ねるのでなく，系統的にそれを現実化する方法を模索する。すなわち，AEDPの介入では**不特定な治療的要因をAEDPの介入に適合したアプローチ特定要因に変える** (Fosha, 1995) ことが大切になる。

　クライエント自身と本人の体験を肯定し確認し評価する，すなわち配慮と思いやり，関心を示す。セラピストはクライエントの体験を肯定し，その体験がクライエントにとって持つ意味の真価を認める。セラピストはクライエントに，共感を抱いていることを率直に示し，セッションを通じて配慮と関心を表現する。セラピストは，*共感的尊重* (Rice & Greenberg, 1991) を持ってクライエントと接し，クライエントの人間性と本質的な価値を肯定する。また，勇気，感受性，率直さ等のクライエントに備わった好ましいリソースを，たとえそのリソースへの過度の依存により問題が生じている (人格障害，不十分な対人パターン) とし

ても，肯定する（クライエントの人格のネガティブな側面への対処法は，次章の防衛への対処を参照）。こうした肯定が内在化されると，自己肯定的な信念や認識に対するクライエントの自信が強まる。セラピストが，クライエント自身にそうしたポジティブリソースを認識する能力があるかどうか，あるいはクライエントが激しい自己批判に飲み込まれてしまっているかを判断することが，とくに大切になってくる。

　励ましを与え，手を差し伸べる。セラピストは治療の全過程を通じクライエントの協力者であり，前進を続けるよう励まし，成果を指摘し，今後の道のりが楽になるよう手を差し伸べる。またセラピストは，作業中の出来事や，クライエントの人生で起きた出来事など，相手の忍耐強さが報われた過去の事例を引き合いに出すこともできる。セラピストは，説明や支持，協力を求めるクライエントの要求に直接応え，役立つ返答を返すこともできるだろう。似たような状況でセラピスト自身が役立つと感じた対処法を話題にすれば，アドバイスを提供し，クライエントが自分自身の問題に関し感じている恥や孤立感を和らげるという，2つの役割を果たせる可能性がある。

事例　セラピストはクライエントに対し，あなたは一番手助けと支持が必要に思えるときに（とくにストレスが強く，圧倒され落ち込んでいるとき）無口になり視線を避ける傾向がある，と指摘した。クライエントはセラピストの観察の正しさを認め，こうたずねた。「なるほど，それを変えるにはどうすればいいんですか？」。セラピストは，この反応を受動的な攻撃性や依存的傾向の証拠とみなさず，クライエントのリソース不足を踏まえて，相手に同じ質問を投げ返すこともせず，代わりにこう返事した。「視線を保てなくなったら，まずその事実を自分で意識してみたらどうですか。同時に，自分の内面で何が起きているために社交的になれず引きこもってしまうのかを，とくに意識してみるのです」

　健全な反応を認め肯定し増幅する。それがどんなに小さなものであれ，セラピストはクライエントの努力の成果に注目する。たとえばコンクリートの割れ目

から緑の葉がのぞいているとき，強大なコンクリートの存在を否定はしないが，草の葉に着目するように。セラピストは，クライエントが恥や罪悪感，自己批判にとらわれて気づかなかったり過小評価しがちな内面にあるポジティブなリソースや成果に目を向けるよう手助けする。どんな問題を抱えて治療に訪れようと，クライエントは必ず数々の健全な適応的行動をしているはずだ。セラピストはこうした行動を指摘し，クライエントはゼロからのスタートではなく，もうすでに活用できる幅広いリソースを持っていることを強調する。とりわけクライエントが問題を抱えている分野では，セラピストはどんな成果にも注目し，クライエントの内面にはすでに達成しようとしていることをかなえる能力が部分的にではあっても備わっていることを伝えるようにする。

事例　クライエントは，威圧的な父親と上手く会話できず絶望していた。だがセラピストがクライエントに，彼自身が先日，娘のスポーツチームの怒りっぽいコーチに適切な対応をとったことを思い起こさせると，とたんにクライエントは希望の光を見出した。次のセッションに，彼は前回よりリラックスした様子で現れ，父親と気楽にふざけたやりとりができた場面をいくつか思い出したという。後に彼は，その思い出がすべて母の死以前の出来事だったことに思い当たった。父への共感が芽生えるにつれて，クライエントの恐怖心は薄れた。次第に彼は，自分が父親にしてあげられることもあると感じるようになり，父親との接触を増やしはじめた。

　自己共感とセルフケアを認め肯定し賞賛する。治療的な変化にとってとくに大切な領域は，クライエントが次第に自分に優しくなり，己への共感を感じて自身を大切に扱うようになることだ。セラピストは，クライエントがどんなかたちで自身を大事にできるようになってきたかに注目し，それと同時にセルフケアや自己共感の欠如があるときには，それにも留意すべきだ。セラピストは，クライエントが自らを擁護するとき，何に手こずるかを明らかにするのを助けることができる。すなわち，クライエントの自己共感が芽生えるまで，セラピストが本人の支持者になるのだ。自己共感の傾向を強力に活性化させる1つの方

法は，クライエントに対して，誰か他の人が自分と同じ苦境を訴えたらどう感じるかとたずねてみることだ。もし自分の子ども（実際にいればその子，いなければ仮定する）が同じ問題に対処しなければならないとしたら，その子にどんな感情を抱くか想像させると，とりわけ効果的である。

クライエントの思考と感情が，自己を許し共感的な方向性に傾くにつれ，また自分自身を愛情と理解を持って扱えるようになるにしたがい，セラピストはその成長を評価し，それらの変化に対するセラピスト自身の嬉しさや喜びを伝える。このような場面には，クライエントの治療を終えても生涯続く癒やしと成長のプロセスを可能にする能力の芽が宿っているといえるだろう。

クライエントは治療の中で新たな自己認識を受け入れると，それに基づき行動を起こしはじめる。セラピストは治療を通じて，クライエントが自分の感情により気づき，いっそう率直に自己を表現でき，偏見のない心で自分の状況を眺めるようになっていると分かるだろう。クライエントは，セラピーの外の他者との関わりの中でも，純粋に自己を表現し迷いなく自分自身を生きることを学ぶ。またこうした成果をセラピストとともに注目し，喜ぶことができるようになる。これらは飛躍的な成果を表すものであり，これらの成果の認識を通じてクライエントの自尊心が高まり，生きて行く力が得られるようになる。挫折や困難の痛みも共有できるようになるだろう。セラピストがクライエントの努力を認めることで，クライエントは自尊心が高まり，これまで以上に心を開くことができるようになっていく。

支持と肯定に対するクライエントの反応を探索する。肯定が，不安や罪悪感，防衛をもたらすことも多い。

事例　セラピストのポジティブなコメントに対し，クライエントは「先生はとても前向きな方ですから」と答えた。防衛するため，話の焦点を自分からセラピストに転換したのだ。セラピストが，肯定を裏づけるクライエントの行動を証拠として明確に指摘し，同じ主張を訴え続けると，クライエントはもじもじしはじめ，やがて誰かにくすぐられたようにこらえきれず笑い出した。やがて，少しずつ会話を重ねた末，クライエントは自分の長所に気づき「素晴らしい」気分だったが，その感情があまりに馴染みないものだったため，「どうし

たらいいか見当がつかなかった」のだと白状した。

肯定が深い悲しみをもたらすこともある。クライエントが，破壊的な環境を長年耐え忍んだ帰結に触れた結果，自己嫌悪がいっそう強化されるだけに終わる場合もあるからだ。

セラピストの共感的反応の表現

苦しんだ人は苦悩を知っている。だから手を差し伸べる。
　　　　　　　　　　──パティ・スミス『ロックンロール・ニガー』

AEDPに特有の要素は，*共感の明確な表現*である（Alpert, 1992, 1996; B. Foote, 1992; J. Foote, 1992; Fosha, 1992b; Osiason, 1995; Sklar, 1994）。この方略は，セラピストがクライエントの気持ちをしっかりと聴いていることを気持ちの反射によって伝えるのみにとどまらず，セラピストの共感的な反応を積極的に活用するものだ。セラピストは，クライエントの体験に照らして，ある状況がクライエントにとってどんな意味を持ちうるかについてセラピスト自身の印象を伝える。

セラピストによる*共感的詳述*を通じて，クライエントは自分が体験した出来事に関する詳細で感情豊かな叙述を耳にする珍しい機会を手にする。これが，自己共感が苦手な人には驚くべき体験になりえる。共感的詳述とは，クライエントが，セラピストの心の中にいる自分の存在に気づくプロセスの拡大版だといえる。セラピストの目を通して自分を見つめることにより，クライエントの自己認識や自己共感が想像以上に広がる。

AEDPではセラピストのクライエントと自身の感情状態を共有することを許すだけでなく，そうすることをむしろ奨励する。ただし，1つだけ条件がある。セラピストが表現する内容はすべて真実でなければならないということだ。効果の有無はこれに左右される。表情や眼差し，クライエントの体験の質を的確にとらえる言葉等はみな，共感的な理解を伝えるコミュニケーションの手段である。クライエントのために流す涙や，怒りの感情についても同じことがいえ

10章　関係的方略　**259**

る。クライエントがセラピストを共感的だと感じれば，苦もなくふたりの間で感情をスムーズにやりとりできる（ステップごとのプロセス）。多くのクライエントは，他者が自分の感情に寄り添ってくれることの影響を実感した体験がほとんどないため，これは非常に効果的な介入になる（Osiason, 1995）。

事例　クライエントが，娘との電話での熾烈な応酬について描写した。セラピストは，話を聞いているだけで自分も緊張する，そのやりとりの中で詰め込まれていたすべての感情が感じられるからだとコメントした。クライエントも自分自身の緊張を認め，続いて追い詰められ息苦しさをまさに感じると訴えた。クライエントとセラピストは拳を固く握り，浅い呼吸を繰り返しながら，自分たちの言葉で張り詰めた感情を表現し続けた。最終的にクライエントは，電話での会話中に感じたが，最初は上手く言葉にできなかった極めて不穏な感情のすべてをはっきりと表現できるようになった。

　共感に対するクライエントの反応を探索する。セラピストは共感的な反応を表し，クライエントの反応に着目してクライエントがセラピストをどう感じているか見守る。防衛のせいで，共感体験が阻害・抑制されたり，その意義が極小化されたりする可能性があるからだ。

　　クライエントが共感的で安全な他者としてセラピストを認識できなければ，クライエントに対する共感の気持ちは，できるだけ具体的に言葉にして表すべきである。クライエントに対して，温かな思いやりある感情や悲しみの感情をあからさまに自己開示すれば，防衛のこの側面を回避できる（Marke, 1995）。

　拒絶や他の防衛に加えて，作業を深める機会として，ほかに次の2つの反応が往々にして見受けられる。

▼共感——理解されたという感覚——が，ヒーリング感情をもたらす（感謝，愛情，謝意の感情，感動）。

▼共感が，大きな痛みや悲しみをもたらすことも多い。共感されることで，クライエントは人生の感情的な喪失を腹の底から認識することがある。何かを手に入れることを通じて，クライエントは，自分が現在または過去に手に入れられなかったものに痛切に気づく。だが，手に入れることで（強さを生み出す肯定とともに），今まで一度も得られなかったものを悼むことも可能になる。

　こうした力動を明確にすることで，変容を固定化することができる。ビービーとラッチマン (1994) はこう指摘する。「これらの相互作業を言語化しラベリングすれば，このプロセスを通じて当初の表象を変容させることができる」(p. 132)

　ただし，セラピストに一言アドバイスしておきたい。クライエントの体験に注意を払う一方，自分自身の体験も見過ごしてはいけない。よい相互関係の体験を否定したいというセラピストの防衛的な欲求が，クライエントの同じ防衛欲求より低い方が望ましい。トロニックの研究 (1989; Gianino & Tronick, 1988) によると，一方のパートナーのポジティブな感情は，同等性と協調性に基づく相互的プロセスの結果として生じるという。つまり，セラピストが作業に満足していれば，そのプロセスは順調である可能性が高い。すなわち，クライエントも同じく作業に満足していると考えられる。セラピストは，他者の共感がもたらす影響の自覚に対するクライエントの防衛を回避できているかどうかを，セラピスト自身の反応から評価することができる。初回セッションの終盤を取り上げた次の例を見てみよう。

テントの前に立つ歩哨を出し抜く

クライエント：実際のところ，私は自分の感情をさらけ出すのが得意というか……たいていの人より上手いと思うんです。
セラピスト：とてもお上手と言って構わないでしょう。あなたは，私と一緒に驚くべき作業をやってのけました。それに私は…… *(クライエントの深い反応を引き出す余地を作るため，セラピストは口をつぐむ)*。[肯定]
クライエント：*(目を閉じ深く息を吸い込む，感動している様子)* ありがとうございます。

セラピスト：(感情を込めてゆっくりしゃべる)あなたが私に打ち明けてくれたこと，ふたりで一緒にやり遂げたことに……心を動かされました。これは本当にすごいことです……簡単にできることではありません……とても難しいことです。[肯定，セラピストの口調はクライエントの深い反応を反映している]

クライエント：正直言うと，私も第一印象では「この先生だってどうせ口先だけだ」と思っていました……。[関係性の防衛]

セラピスト：(話を遮って)それは違います……それは途中から生まれた印象でしょう。私の直感にかけて言いますが，それがあなたの第一印象じゃない……あなたは最初，私の話を受け入れ，私の言葉に心を動かされた。[肯定に対してクライエントが最初に見せた深い反応から，セラピストは，クライエントの反応に対するセラピスト自身の体験や，ふたりで一緒に行った作業の印象を頼りに，クライエントの防衛に異を唱える]

クライエント：(黙り込む，恥ずかしげに微笑んで)ええ，先生の言う通りです。

セラピスト：あなたの印象が途中で変わったとしても，別に責めはしませんが……(ふたりとも声を上げて笑う)そうなんですか？[安心させるため，クライエントの防衛的な欲求を肯定する]

クライエント：ええ。

セラピスト：自分を守る必要があるとき，こんな防衛が現れます。

クライエント：私がテントの中に座っているとすると，途中から湧いてくる印象は，テントの外に立つ歩哨みたいなものです。テントの中に入って本当の私に会うためには，まずこの歩哨と話をしなければなりません……先生はさっき，「ありがとうございます」と答えるテントの中の本当の私と触れあったんだと思います。他方で歩哨は「ちょっと待てよ」と口を挟む……「そんなに簡単に招き入れていいのか？」と。[セラピストが防衛を回避し，テントの中の真の自己に「接触」した経緯を伝える，見事な体験的描写]

セラピスト：そうですね，大変ですよね。ここで，私たちはセッションの終わりに近づいています。これだけ率直に内面を深くさらけだしてくれたこの状態でいるには難しいことかと思います。私は自分が感じたことを伝え，あなたはこの2時間の気持ちの変化を教えてくれました。あなたには，少し時間が必要だと思います。家に帰った後，あなたがどう感じるか様子をみて，それが今後2，3日間にどんな影響を与えるかを見てみましょう。……とはいえ，今この

瞬間，どんな気分ですか？［心を開き受け入れることにともなう，クライエントの心許なさや不安を繰り返し肯定する］

クライエント：安心しました，ほっとしています……この間読んだ本に，安心感を得る一番確実な方法は，自分の不安と向き合うことと書いてありました……でも私は自分の頭の中と正面から向き合いたくない。どうしたらいいか分からないからです。中には，話題にするのが難しかったり，気恥ずかしさを感じる問題もあります……でもそのうち，向き合えるようになるでしょう。［認識にともなう安堵，今後のリスクテイキングと困難な作業への意欲の高まり］

セラピスト：なるほど……それで，これからどうしましょう？

クライエント：そうですね……先生と治療を続けたいです。今は希望を感じているし……私にとってはある意味で正念場だと思います。自分のためにも，やり遂げなくては。［共感が，信頼と希望という感情の高まりを生む］

　セラピストが最初にクライエントを肯定したことで，クライエントから深い感謝を引き出すことができたが，その後すぐに防衛的な不信感が芽生えた。この不信感を抑えつつ，同時に安心を求めるクライエントの欲求を肯定することで，信頼があらためて確立され，希望が生まれ，リスクテイキングとこれから始まる感情的に苦しい作業への意欲が掻き立てられた。

　クライエントの防衛を回避できない場合，クライエントに防衛が必要な理由を理解するための作業をもう一度行うことが重要である。注意深い質問と探索を通じて，個々のクライエントにとっての治療体験の詳細が明らかになるからだ。

事例　セラピストは，初回セッションでやり遂げた作業に満足していた。クライエントはその作業に深く心を動かされたように見えた。だがセッション終了間際，クライエントは目線を避け，その日のセッションが自身に与えた影響についてほとんどコメントせず，セラピストを落ち着かない気分にさせた状態で立ち去った。次のセッションで，クライエントの前回の反応について問いただした。クライエントは非常に不安げな様子で，以前の担当セラピストと性的関係を結んだことを告白した。秘密を打ち明けていくらか気が楽になったもの

の，クライエントは心を痛めてもいた。さらにクライエントは，今のセラピストへの好意を——視線を通じて——認め，その感情を探索することで，前と同じ過ちを繰り返す恐れがあるという不安を，自ら進んで話してくれた。

セラピストの感情体験の表現

*感情的な自己開示。*クライエントに自分の感情的反応を開示することで，セラピストはクライエントがセラピスト自身に与える影響を，その影響がポジティブであれ，ネガティブであれ，きちんと認めることができる。(Ferenczi, 1931; B. Foote, 1992; Lachmann & Beebe, 1996; Mitchell, 1993; Winnicott, 1963b)。セラピストは，自らの感情を活用して親しく開かれた対人関係の場を形成する。クライエントへの好意を口にしてもいいし，クライエントと親密に接するのが難しくつらいこと，このセッションが自分にとって有意義で感動的であること，クライエントとの共同作業を通じて救われたこと，あるいは作業の一定の側面に苦痛を感じていることを話すこともある（「今のあなたの言葉に対する私の反応をお伝えしましょう。思わず全身が震えましたよ……」）。

多くのクライエントは，幼少期に自分が大切な他者に影響力を持っていたという実感が希薄である。そうでなければ，彼らは親に放置されたなどと感じなかったはずだ (Osiason, 1995)。セラピストとの体験は，クライエントが一番必要とするときに得られなかった親しさへの感情を引き起こす。

*過ちや弱さ，限界を認める——自己開示。*治療関係上で亀裂が起こったとき，セラピストは亀裂への己の責任，あるいは過ちを探索し，感情とともにそれを認める (Safran & Muran, 1996 も参照)。ときにはクライエントへの治療の目的に向けて，セラピストが感情の自己開示を越えて，よりプライベートな個人的体験の領域に属する開示を行うことがある (Alpert, 1992; Searles, 1958, 1979)。これによって，セラピストの積極的な関与が新たな次元で明示され，クライエントが深い安心感を覚える可能性もある。とくに，クライエントがセラピストのリスクテイキングを評価しこれに安堵感を覚えた場合，苦労するセラピストへのクライエントの反応は，共感的，支持的，協力的になることが多い。セラピストの自己開示を通じて，クライエントが自分を他人の役に立て

る人間（Winnicott, 1963b），他者に望ましい影響を与えられる人間と感じられれば，それは癒やしの体験になりえる。クライエントは，苦労し「頭が混乱している」のは世界で自分だけではないと腹の底から理解するため，孤独感や恥，卑下の意識が和らぐのを体験できる。こうした自己開示が，セラピストにも解放をもたらす場合もある。つまり，自分の過ちに対する恥や自責の念，罪悪感が消え，クライエントとの作業に専念できるのだ。このような作業をすることでセラピスト自身が，感情に基づいた変容モデルの深遠な理念を体現することになる。その理念とは，人間は一人ひとりが，長所と短所，天賦の才能と心の傷を兼ね備えた複雑な存在であり，何より大切なのはその事実を他者や自分自身に率直に伝えることである，ということだろう。

　*クライエントがセラピストに与えることを受け入れ，その影響を認める。*他者が圧倒的な感情に対処できるよう手助けすることで，本人の感情的能力やレジリエンスに大きな好影響が生まれるといわれている（例，Herman, 1982）。治療関係を結ぶ両者のうち無防備な方が，「より強い，またはより賢明」と思われる相手に共感し，これを支持し安堵感を与える際は，クライエントからの助けをセラピストが認識し受け入れる能力が非常に重要になる。すなわち，セラピストが助けを受け入れることによって，クライエントの生成能力が肯定され，自分の美点に対するクライエントの自信が強まり，自分に誇りを抱けるようになる。

　*セラピストの全能性に対抗するための自己開示。*臨床的なスケール（clinical continuum）の極には，理想化された他者像を維持するために自己卑下するクライエントも存在する。こうしたクライエントの場合，完璧には程遠い苦悩するセラピストと対峙する体験を通じて，自分自身のリソースへの信頼，すなわち普段なら防衛によって排除されてしまう自己への信頼が促される。治療の全能性に対抗するための自己開示（Alpert, 1992）は，分離，区別化や個性化を促す（Bacal, 1995; Ferenczi, 1931）と同時に，クライエント自身の強さへの認識を強める。クライエントは，頼りにならないセラピストと有能な自分の存在に気づいて失望するより，全能のセラピストというイメージにしがみつきたがる（ちなみに，セラピストも同じイメージにこだわることもあるだろう）。セラピストが苦悩や不安を打ち明けこの否認を取り除けば，クライエントもセラピストも，誰でもしょせん人間にすぎないと腹の底から納得することができるだろう。これはまた，行き詰まった治療を打開するとても確実な方法でもある。

こうした力動的特徴を持つクライエントにとって，自分自身の能力を認め受け入れるのは恐ろしいことだ。それは多くの場合，自分の無力感や混乱，感情的な欠点を通じて，いつか長年待ち望んでいた愛情や配慮を相手から引き出せるのではないかという期待を手放すことを意味する。この種のクライエントの親はたいてい批判的で判断に偏りがあり，親の独善性により，揺るぎない確信や完全無欠さをにじみ出していることが多いようだ。こうした親はたいてい，効果的に機能できるが感情的に孤立していることが多い（愛着軽視型）。クライエントはこの親との絆のせいで，自信に満ちた親と比較して不安に駆られ，親の博識さの前に自らの非力を感じる。クライエントは安心の対価として，低い自尊心や抑うつ，依存，無気力に悩まされる。有能感の獲得を通じ非力さを手放せば，愛着の絆が脅かされるだけでなく，実存的な不安と向き合い，秩序や公正さ，「正しい答え」が必ずあるという心休まる考えを手放すことにもなる。この防衛的な依存を捨てることで，クライエントに自己有能感という恩恵や喜びを得る余裕が生まれるだけでなく，人間関係上の欲求が満たされる余裕も出てくるだろう。

　セラピストの自己開示への反応を探る。これは高いリスクをともなう強烈な介入法なので，セラピストは絶えず自分自身をモニターする必要がある。セラピストは自分の感情体験を利用することが，セラピスト自身の欲求充足に終わらず，クライエントに役立っていると確信できるようでなくてはならない。そのため，セラピストの自己開示に対するクライエントの反応を，いっそう注意深く見守ることが求められる。クライエントが自己開示を負担に思い，踏み込み過ぎと感じたり嫌悪感を抱いたりした場合や，無感覚になったり，それを遮断したり，不安を覚えるなどの反応を示した場合，そうした反応自体が治療作業の対象となる。逆にクライエントが，心強さや感動を覚え，相手に大切にされていると感じ，自分の価値を実感した場合にも同じことがいえる。これにより，対人関係面でのクライエントの体験を新たな角度からとらえなおすことができる。

細やかな波長合わせを通じた，親しさと心的距離の近さの促進

　今まで論じてきた介入はすべて，二者双方の相互的な影響や，体験（ひいて

は関係)の質が決して静的でないことを示してきた。こうした会話を通じて心的な距離の近さが育まれる。セラピストはクライエントへの理解を深め，クライエントは自分自身への理解を深めていく。同時にクライエントはセラピストに対する理解も深め，セラピストもまた，新たなかたちで自己を知る。ケリー（1996）が述べるように，ふたりの人間の間の親しさは「自己の最も奥深い部分でのダイナミックな相互のやりとり（p.60）」を基盤とする。

瞬時ごとの体験をクライエントと共有する。小さな一歩を重ねるプロセスは，人間関係のオープンさと心的距離の近さを促し，波長を合わせ，真正性のある存在，接触，「徹底的なクライエントの受容」（Osiason, 1997）を通じて，病的なプロセスを中和させることを目指す。スターンら（1998）はこれを，刻一刻と変化するプロセスと呼んでいる。だが波長合わせという表現が必ずしも的確ではなく，そこから多少——セラピストの真の自分らしさを残す程度に——逸脱する場合もある（Slavin & Kriegman, 1998）。（達成手段は多様とはいえ）1つの決まった目標が存在する，コア感情を解放するプロセスと異なり，ステップごとのプロセスに決まった答えはない。クライエントに波長合わせしたセラピストが真正性のある姿勢で，明確な達成目標なしに今後の展開の方向性も明確に分からないまま，クライエントの一歩一歩に寄り添う。これは主としてクライエント主導型のプロセスであり，必要とされるのは，クライエントにとっての主観的現実が肯定されること，およびクライエントが支持され孤立しないことだけだ。ときには，それ以外に何も起こらないこともあるし，当事者双方にとって意外なことに，大きな変容が生じる場合もある。

このプロセスはたいてい，クライエントが不安に震えながら「恥ずかしい秘密」「弱み」「みっともないこと」をセラピストに打ち明けようと決意するところから始まる。この手の告白はえてして，「この話は誰にもしたことないんですが……」「こんなことを話すなんで自分でも意外です」といった台詞で切りだされる。コア感情体験と違い，この方法の癒やしの源はクライエントの直接的な体験や表現の中に含まれていない。不安や恥，罪悪感，自己卑下にまみれた感情——以前はひとりで体験していた感情——を，揺らがないポジティブな他者と共有するところに，変容の可能性が存在する。他者の受容や共感，理解を通じて，こうした感情に本来的に付随する不快感（あるいは恐怖心，恥）が大幅に薄れる。強い人間的なつながりと受容が，オープンさを促し，関係性的

親しさや心的距離の近い人間関係に対する抵抗を減らしてくれる。その1つの要因は，クライエントが以前はひとりきりで対処してきた問題を他者と共有できた点にあり，多くの場合，これが両者にコアステイトの体験をもたらす。

不安と恥が消えて防衛が不要になると，ときには，防衛を引き起こすそもそもの原因となったコア感情——たとえば悲嘆，怒り，性的欲望——が表れる。だが，表れるコア感情が，防衛を発動させた本来の感情ではなく，愛情や感謝，安堵感など，人間的接触への反応として生じた感情である場合も，同じくらいよく見られる。ここでの目的は，本質的な他者の発見と並行して，他者との密接な接触を通じて（結びつきや親しさ，心的距離の近さを通じて），本質的な自己が明らかになっていくことにある。

またこのプロセスは，クライエントとセラピストの間の気分や感情の微妙な陰影や変化——相互性の中の非対称性——に意識を向ける場でもある。セラピストは，この種の探索に長けているからだ。力動や感情，体験をめぐり，細やかに微調整された会話を交わすチャンスでもある。「あなたにはひとりの時間が必要だという私の言葉を聞いて，あなたは嬉しそうでしたね。でも，なぜかそれを実践するのは難しいようです」「確かにそれには一理ありますね」「今の言葉から，2，3回前のセッションでの出来事を思い出しました……」など。こうしたやりとりの中には砕けた調子のものもあるかもしれないが，相手に嫌がられず続けられれば，心的距離は近づき，親しさが増し，最終的にはクライエントの気分がコア感情，またはコアステイトへと深まっていくだろう。

*治療的な親しさへの反応を探る。*このプロセスがもたらす親しさが，一部のクライエントに強い恐怖心をもたらすことがある。とくにクライエントに親しい人間関係を結んだ体験が少ない場合，プロセスの密度の濃さから境界の課題が浮上することが多い。

クライエントとの協働作業

クライエントは無力感に駆られて救いを求め，治療に訪れることが多いが，AEDPの1つの目標は，初回セッションから，クライエントが自分自身の豊かなリソースに気づけるよう援助することにある。心理プロセスの専門家としてのセラピストの役割は評価されるべきだが，他方でクライエントは自分の内的

世界の専門家といえる (Gold, 1994, 1996; Greenberg, Rice, & Elliott, 1993; Rogers, 1961)。自分に能力があると感じることで、クライエントが自分の人生をコントロールしていると実感でき、治療においては、距離感や上下関係よりも、相互性や心的距離の近さを高められる。セラピストは、人間関係の協働的側面をさまざまなかたちで培うことで、クライエントの自信を育てることができる。以下に、そのうち3つの方法を紹介する。

非言語的コミュニケーションの相互モニタリング。クライエントとセラピストは、姿勢や表情、体の動き、視線、声音を通じて大量の情報をやりとりしている。コミュニケーションのこうした側面を意識するか否かにかかわらず、それが両者の間に起こる出来事や、ふたり一緒に過ごしてどんな感情を抱くかに影響を及ぼす。クライエントは、感情に焦点を当てて非言語的コミュニケーションの観察・評価に参加するよう請われるだけでなく、そうするよう「訓練される」。接触の深化につながる、こうした*相互的な共感的波長合わせまたは感情的ミラーリング*を、クライエントに教えねばならない。セラピストが手本となり、たとえばクライエントの非言語的な感情の変化——視線を嫌がる、神経質に笑う——と、それに対するセラピストの反応(「ちょうどそのとき、あなたの口調が変わり、私はあなたが離れて行くという不安感を覚えました」)に言及する。クライエントに対して、セラピストの非言語的コミュニケーションに関し気づいた点や、それにどんな感情を抱いたかを言葉で描写するよう力強く励ます。このプロセスへのクライエントの参加を促すため、「私の目を見てください、何が見えますか。どんな気分ですか?」とたずねてもいいだろう。これにより、クライエントとセラピストが協力して親しさを作り出す。

*治療体験と相互作用に関する見方の比較*も、推奨される。セラピストだけが解釈を披露するのでなく、参加者それぞれが自分の視点を共有し、意見の一致点と相違点に対処する (Alpert, 1992)。セラピストがコメントの最後に、「これが私の見方ですが、あなたはどう思いますか?」と言い添えてもいい。どちらに進むべきかセラピストが自信を持てない場合、迷いをクライエントにぶつけるのも有用だろう。クライエントは優秀なスーパーバイザーだ。見方の比較を通じて、クライエントの統制感や、これは自分のセラピーだという意識が高まる。親しさも促され、次のエピソードが示すように、治療上難しい領域が、行き詰まりではなく進展のきっかけになる。

洗濯機に入らない

　次の臨床エピソードでは，クライエントがセッションで達成した深い感情の作業や，セラピストとの連帯感を認識するか，それとも安心感を求めて普段の態度に回帰し，「洗濯機」（クライエントが考案した，防衛に駆られて堂々巡りに陥る状態を指す表現）の中に戻るかが課題となっている。セッション前半では，クライエントが離別の苦痛やその悲劇の破滅的な結末を避けるため，自分の殻に閉じこもっていることが判明した。すなわち，クライエントにとってはさまざまなものが危険にさらされていると感じられるのだ。この作業では，防衛に対するクライエントの欲求を肯定せず，セラピストは違う道を選択した。次に紹介するのは，防衛への対処法（次章参照），および意見の相違を認めつつ協力作業を行う方法の具体例である。

クライエント：まあ……（涙ぐむ）。
セラピスト：続けてください。どうしたんです，なぜ泣いているんですか？
クライエント：（腕時計に目を落とし）ええ，落ち着かなくちゃ。行かないといけないし……
セラピスト：いえ，まだ何分か時間はありますよ……
クライエント：（声をあげて泣き，ティッシュで目を隠す）
セラピスト：ブレンダ，そんな風に全部胸にしまいこむのは止めて，吐き出して……さあ……何を言おうとしたんです？
クライエント：自分を取り戻さないと。
セラピスト：今，打ち明けてと言ったところなのに，あなたは必死で自制心を取り戻そうとしている。［波長合わせ不足の明示，意図の相違がある］
クライエント：（うなずく）
セラピスト：ふたりで話すうちにつらい感情にたどり着き，あなたが顔をティッシュで覆っているから，私はてっきり泣いているんだと思いました。でも実際は，涙を懸命にこらえているんですね。［強い感情に対するクライエントの防衛欲求を肯定，弱い防衛ではない］
クライエント：ええ，我慢しようとしています。泣きだす一歩手前だったけれど，今は駄目なんです。家に帰らないといけないから。

セラピスト：別に「ほっといて，私は自分が好きなようにするから」と言って構いませんよ，私はあなたを尊重しますから。ただ，言葉に出して言わなくては。態度では伝わりません。

クライエント：待って，私たち同じ土台に立てていませんよね。[意志疎通の欠如について，クライエントがセラピストに注意を促している]

セラピスト：分かりました，では同じ土台に戻らせてください。[クライエントに主導権を握らせ，修復の発端となる試みに応える]

クライエント：感情の面で悪戦苦闘しています……何と言っていいのやら……。口をつぐんでそのことは忘れようとしたけど……先生がその関連性を認めさせようとするので，つらくて。[クライエントが責任を持ち，自分が感情に対し防衛線を張ろうとしていることを明確に言葉で言い表す。抵抗を克服しはじめる。コミュニケーションと親しさへベクトルが向かう。つながりを認めたくない気持ちを打ち明けることで，親しさが深まる]

セラピスト：ええ，私は，あなたと私が洗濯機から抜け出したことをきちんと認識しようとしています……気持ちよくこの場を立ち去れるよう，あなたが洗濯機に戻りたいというならそれも結構です。ですが少なくとも，今日ここで過ごした時間の大半は，それとまったく違うことをしていた点を忘れないでください。

クライエント：だからつらかったんだと思います……

セラピスト：あなたは大きな危険を冒して，つらい場所に分け入ってそこにとどまり，自分の感情と向き合いました。それに私を受け入れてもくれた。私は，あなたの心に寄り添えたと感じています。あなたがそれを感じたか分かりませんが。[その場で生じた大きな感情の作業の性質の特定。セラピスト自身の感情反応の活用]

クライエント：私も同じように感じました。この種の感情が苦手で……そうした気持ちをないがしろにしていました……あまりにも強烈な感情で居心地が悪くて……でも，先生には，別に何ともないことなんですね。[クライエントが，協働作業での自分の役割を果たす。自分とセラピストの相違を詳しく描写。クライエントは「葛藤の三角形」に基づく言語で話している。現時点では，防衛より赤信号感情に重点が置かれている]

セラピスト：なるほど，私は楽だけど，あなたには居心地が悪い。分かりまし

10章　関係的方略　**271**

た，それは仕方ないです。［セラピストは，しぶしぶ相違を認める］

クライエント：この手の感情的な結びつきや考え方を，私は極力抑えようとするけれど，先生はできる限り発展させようとします。［クライエントが意見を展開し続ける。ふたりの間の綱引きの性格を次第に正確に把握］

セラピスト：では私が歩み寄りますよ。

クライエント：（声を立てて笑う）

セラピスト：意味が分かりますか？

クライエント：ええ……セッションが終わって帰宅した後，何事もなかったような顔をするなってことですよね。［セラピストの立場を代弁する］

セラピスト：そうです，私も妥協してこれ以上しつこく強要はしません……［セラピストの行動に影響を与えたいという，クライエントの欲求を認める］

クライエント：先生がそんな話を持ち出すんで，面白いですね……私は，先生がこんなやりとりをしたことを認めるのが怖くて，先生の感情が怖くて……誰かと近しくなるのが怖いんです，分かりますか？　先生は私たちの関係を過大評価する……私は逆に過小評価しようとする。でも，私の体験に対する先生の感情反応に対して，あるいは先生の思いやりに対して，一体どう対応したらいいか分かりません……先生と何かを分かち合うことが，怖いんです。［「葛藤の三角形」に基づく主観的な真実の核心を突く宣言。クライエントは，自分がセラピストの「思いやり」を受け身にとらえ，それに恐怖心を感じていることを十分認識している］

セラピスト：正直に話してくれてありがとう。［クライエントへの感謝の表明。クライエントの勇気と寛大さを暗に認める］

クライエント：だから，恐怖心を追いやるために自分の殻に閉じこもりました……分かりますか？　［オープンで直接的なコミュニケーション］

セラピスト：もちろん分かります。［ふたりが同じ土台に立つ］

クライエント：今は，前とまったく違う気分です……楽になったというか……前はつらかったけど……今の会話で，今日のセッションで起きたことや，それを意識するのがなぜ大切かに気づかされました……先生も，しつこく言わないと約束してくれたし……先生は私がどんな人間か分かってくださってます……でも今は，5分前，10分前とまるきり違う感じです。［防衛線を張ることと，心を率直に開くことの違いを内臓感覚的に体験したことを，クライエントが確認。セ

272

ラピストに話を聞いてもらえたと感じること，強要されたくないという自分の欲求を理解してもらうことの大切さを明確化。強い防衛からソフトな防衛への変化の例]

クライエントがふたりの意見の相違（「感情的な結びつきを，抑えようとする私と，発展させようとする先生」）を認識し，セラピストがクライエントに対し，強要されたくないという欲求への尊重を約束することで，クライエントは防衛を和らげ，その性格を描写し，防衛を引き起こした恐怖心の由来を明らかにし，最終的にはある程度の安堵感を得られた。意見の比較を通じ，当初は脅威だったものが，袋小路の打開を経て極めて生産的な作業に転じ，やがては「洗濯機」（防衛的反応の三角形）を脱して表現的な反応の三角形へと戻る，クライエントの機能的変化をもたらした。

クライエントを心の専門家として認識し活用する。セラピストはクライエントの見解を頼りにし，陰鬱な悩みの中で自分の強みを忘れがちなクライエントに対して，クライエントの見解が治療に役立っていると伝える。クライエントが豊富な知識と体験を持つ心の領域は，数多く存在する。たとえば精神的に病んだ親の元で育ったり，または肉体的もしくは精神障害と向き合うことを迫られたような場合には，クライエントは（望まざる結果とはいえ）特殊な能力を身に付ける機会を手にする。十分に活用されないことが多いもう1つのリソースは，弱者や助けを必要とする他者（例，クライエント自身の子どもなど）へのクライエントの対応力である。クライエント自身がトラブルに見舞われると，この卓越した対応能力——普段は他者の求めに応えてすぐ差し出せる能力——がなくなってしまうように思われる。クライエントの心の知識を認識し活用することで，セラピストはクライエントの得意な領域や能力に積極的に意識を向けさせることができる。その目標は，普段は他人のために貯えている高い能力を，クライエントが自分自身のため活用できるようになることだ。

加えて，葛藤と無関係な領域の長所を活用することもできる。たとえば，あるセラピストは，仕事では成功を収めているが，私生活で自分に自信が持てない叩き上げの実業家に対して，彼がビジネスで培った対人スキルは，困難な私生活への対処に活用できる素晴らしい武器になると指摘した。

10章　関係的方略　**273**

感情的―関係的な体験のメタプロセシング

セラピストはセッションを通じて，クライエントがメタ体験のプロセス（すなわち，クライエントの自らの体験に対する体験）に注目するよう積極的に働きかける（Damasio, 1999, p. 8 も参照。彼は同書で「感情を感じることと，その感情を感じているという気づき」を区別している）。理解されたと感じるクライエントの体験と，クライエントの内省機能が，AEDPの治療プロセスの性質そのものを通じて活発に促されるのだ。

*セッション終了時のプロセシング。*クライエントとの初回面談では最後に必ず，セラピストとともに過ごして話し合ったことに対するクライエントの反応の処理に，しっかりと時間を費やさねばならない。セッションの効果が強力であるほど，メタプロセシングがそれだけ大切になる。セッション中に重大な感情の作業が含まれた場合，セラピストとの体験をクライエントがどのように体験したか探索する必要がある――「私と一緒に難しい（有意義な，恐ろしいなど）作業をして，どう感じましたか？」主に治療関係に関する作業を行った場合，クライエントの感想を聞くことが大切になる――「私との親しさが増して（あるいは心許なさや無防備さ，居心地のよさを覚えて），どう感じますか？」「私がそばにいて（あるいは私に反論されて，理解されて，私が傷つくのを見て）どう感じますか？」この種のプロセシングには，次のような無数の機会が存在する。

▼クライエントの体験とその力動への理解をいっそう深める
▼防衛や赤信号感情がすでに忍び寄りはじめていないか，確認する（その兆候がある場合，セッション終了前にもう一度作業を行えるチャンスがある）
▼クライエントに，深い感情的ブレイクスルー後の感情を十分に体験する機会を与える

上記はどれも非常に強力で親しさを必要とする介入だ。親しさを前面に出しつつ，これは普通の会話ではないこと，またセラピストとクライエント双方が安全な文脈でリスクを負うことを目指す対話である点を，さりげなく伝えるのが大切になってくる。

体験療法の技法の多くは，感情体験への到達を促す方法を重視するため，治療作業は知的作業というよりも内臓感覚的なものになる（例，Gendlin, 1991; Greenberg, Rice, & Elliott, 1993; Mahrer, 1999; Perls, 1969）。他方で，クライエントが今体験したばかりの内容への本人の気づきや関心に注目することの重要性は，あまり強調されない。このような作業をすることで，否認の防衛に対処することができる。この防衛は，事後的な後シナプス性の防衛に相当するといえるだろう。クライエントが体験した気づきや，ひいては記憶自体がやがて消失する現象だ。これが原因で，セラピストを最も落胆させる体験が生じる。つまり，驚くほどセッションが上手く運び，セラピストが変容を期待しているのに，クライエントが何事も起こらなかったような顔で次のセッションに現れ，治療が振り出しに戻る，というようなことだ。

これに関連したポイントとして，過去の連想を打ち消すことの大切さが挙げられる。これは，強烈な新しい体験だけでなく，その体験をまったく新たなものとして名づけ認識し，なぜどのように過去の体験と違うかを明確にすることで達成できる。こうした会話のトーンは無味乾燥で知的なものではなく，穏やかな確信や明晰さ，直接性，あるいは情熱や強い感情を持って主観的な「真実」を語るものであるべきだ。

遠い眼差し

最後のエピソードには，前述した介入法の全部ではないにせよ，多くが登場する。だが転換点となるのは，セラピストが自己開示を行い，クライエントからの手助けを受け入れる部分だ。クライエントは，他者に影響を与えたという深い感覚に支えられて，新たな力を感じ，自立を追求する意欲を手にする。セッション終盤の会話を見ていこう。セッション前半では，クライエントの母親との過去の関係と，夫との現在の関係が持つ病因的な側面に治療作業の焦点が置かれた。

セラピスト：あなたは耐えがたい出来事に向き合わなくてはならなかったんですね，耐えがたいことに。あまりにひどすぎる。[肯定，明確な共感] 今どんな気分ですか？

クライエント：悲しいです。当時はほかにどうしようもなくて，逃げ場もなく，嵐を逃れる安全な港もなかった。[この種の詩的で雄弁な表現は，コア感情の兆候である場合が多い]でも今何より悲しいのは，ダリル[夫]との結婚を選んだときには，ほかにも選択肢があったということです。自分に関しては，その点に深く傷ついています。その事実と上手く折合いをつけられません。

セラピスト：そんなことはありません。あなたは着実に前に進んでいます。[肯定，励まし，治療成果の評価]

クライエント：(深いため息)

セラピスト：今の気持ちを言葉にしてみてください。[感情と認知の結びつけ]

クライエント：居心地いい気分です。先生と一緒にいると，温かなくつろいだ気持ちになり，受け入れられていると感じます。抱きしめられるとかいうのでなく，すぐそばに先生の存在を感じます……あのときの場面に記憶が戻ります。[幼い弟の誕生を機に母親が重度のうつ病になり，感情的に不在だった頃]公園に母が座っていて…道路を渡った先に祖母がいる……母は塞ぎこんでいるんです……私はルイス[弟]ともうひとりの子と一緒にいます。母が私の前にいないときの様子が目に浮かびます(うっすら涙を浮かべる)。母の顔を見て両目を覗き込むと，母があの考えに取りつかれていると分かるんです。[安全な環境で感情的な基盤に触れたことで，クライエントは過去に戻り，彼女の問題に密接に関連する状況を再び生き直す。今回は，彼女はひとりではない]

セラピスト：(ため息)

クライエント：学校から家に帰ると，胸が張り裂けそうでした。私は大好きだった，人生への希望にあふれた明るく綺麗な母が精神的にボロボロになるのを嘆いたり，母を失ったことを悲しんだりは一度もしなかった(こみ上げる苦痛)……バスを降りると祖母が迎えに来ていて，母は二階のベッドで塞ぎこんでいるんだと分かった日もありました。祖母が迎えに来るのは嫌だった，母がよかったんです。

セラピスト：私の目を見てください，何が見えますか？[唐突な再焦点化]

　この種の題材の感情的強度は，えてしてセラピストから極めて強い感情反応を引き出す。このケースで，題材に没入していたクライエントをセラピストが連れ戻し，治療関係に再び目を向けさせた行動は，セラピスト側のこの種の逆

転移反応の証拠である。ふたりのやりとりに戻ろう。

クライエント：先生は，私の痛みや悲しみに心を動かされているんですね（不安げに唇を咬む）。……今の先生は，遠くを見るような目をしています……そんな目を見ると怖くなります。[クライエントは自分の感情を完全に把握し，セラピストにも波長合わせしている。防衛はない。次はセラピストの番だ]
セラピスト：そのまま続けてください。
クライエント：先生も傷ついた過去を思い出していらっしゃるのかな，と思います。あまりに身近に感じられたのかなと。[セラピストに対するクライエントの深い共感]
セラピスト：う〜ん。
クライエント：とても遠くを見るような眼差しです。いつもと違って。
セラピスト：今の話を続けましょう。[関係性の相互作用のトラッキング，把握]
クライエント：怖くなります。先生に手が届かず，目の前にいないので。先生がどこかへ行ってしまいそうな気がして，でも行ってほしくない。でなければ，先生が壁の向こう側にいるような感じ……（感情豊かに，涙声で）先生を身近に感じたい，そばにいてほしいんです。私は先生が大好きだし，先生の苦しみも何となく分かるから。[コア感情への接触，適応的な行動傾向の解放。クライエントは，自分の深い欲求と認識の性質を正確に表現できるだけでなく，セラピストの苦痛に対する共感も覚えている]

　クライエントに対して，セラピストの反応に対する認識について話し続けるよう促すことで，新たな治癒の機会が生まれる。臨床題材の感情的性格が引き金となって，セラピストに感情反応とそれにともなう防衛が生じた。その瞬間にとどまるよう促されたクライエントは，最初にセラピストに関するクライエント自身の体験を表し，それがセラピスト本人の苦痛に由来するのではないかと考え，クライエントから見たセラピストの喪失を言葉にしている。治療を通じて抑制が解除されたばかりのプロセスを，薄気味悪いほどそっくり繰り返しているのだ。だが今回，クライエントは解離したり，その体験に対し防衛を働かせたりしていない。ただその場にとどまり，自分の喪失感を体験し，セラピストとの接触を保った上でさらに一歩踏み込んでいる。受け身に終わらず，感

情のリソースを存分に活用してリスクを負い，セラピストとの有意義な結びつきを取り戻したいという欲求を明言している。セラピストは，感情的なやりとりを深め続けてクライエントの訴えに対応する。

セラピスト：とても感動しています(涙で声を震わせる)。あなたの愛情を感じます。お互いをとても深く理解できて……自分が遠い目をするときにどうなっているか知り，あなたに教えられました(少し涙ぐむ)。ありがとうと言わせてください。[セラピストの自己開示。クライエントの影響力を認める。クライエントの共感と助力の受け入れ，感謝の表明]
クライエント：(思いやり深い，落ち着いた態度と声音で)先生は何に傷ついているんですか？[セラピストが落度を認め，クライエントの協力を受け入れたことで，クライエントの不安が消える]
セラピスト：あなたがお母さんとの体験を話していたときに，それが起こったんです……あなたの話が私の心のどこかに触れ，それを振り払いたくなる思いが湧いてきました。[自己開示]
クライエント：今日に限らず昔から，私は誰かが遠い眼差しをすると不安だったので，口に出して言えてよかったです。今まで慎重になっていて。言葉に出したとき，それを言えて嬉しかった……先生に聞いてもらえて距離が縮まりました。言うべきでない言葉ではなく，むしろ関係を深める手助けになってくれました……それに喜びを感じますし……嬉しい驚きです。

　クライエントの勇気に促されてセラピストも意を決し，さまざまな技法的な介入法を盾に身を隠すのでなく，この時点で，引き続き心を開き己の弱さを見せ，自分の感情的反応への対処に努めようとした。同時にセラピストは，自分の反応を支配し，クライエントとの絆を再確認している。クライエントが差し出した支持は，肯定され認められ，感謝を持って受け入れられた。クライエントは今，元気を取り戻し輝いている。確認すべき問題がまだ1つ残っている。すなわち，クライエントが先ほどまで元気を失っていたのは，クライエント自身が養育者——あまりに馴染み深い役割——を負わされたからではないかという疑問だ。

セラピスト：私が最初あなたに対応できなかったのは，1つには不安だったからです。私が解離したような状態になって，あなたが養育者の役割を押しつけられてしまうんじゃないかと心配でした。

クライエント：そんなことはないですよ。

セラピスト：私もそう感じますが，あえて質問して，あなたの口から返事を聞きたかったのです。[セラピストが自身の感情的反応を活用]

クライエント：*(心を動かされ，確信を持って語る)* 実際に誰かに「戻ってきて」と言えるなんて，自分でも口を開くまで思いませんでした。「戻ってきて*(感情があふれ，声が震える)*，お願いだから戻ってきて。あなたに一緒にいてほしい，どうか行かないでちょうだい」……その言葉に，誰かが答えてくれる……*(沈黙。大きな微笑みを浮かべる，とても優しい声で)* 私はいつもこう考えてしまうんです。「他人と親しくなると危険が一杯なのに，どうして戻ってきてほしいなんて気持ちを口に出せるの？」って。[セッション前半の介入に言及] 一体どうしてそんなことが言えるでしょう？ そんなのずるいじゃないですか。[感情的ブレイクスルー。コア欲求の深い言明。母親は満たすことができなかった欲求]

セラピスト：大丈夫，解離が得意なのは，あなただけじゃありませんよ。

クライエントとセラピスト：*(一緒に笑う)*

クライエント：*(明るい笑みを浮かべ，愛情と喜びに満ちて)* ここから卒業できたら，本当にすごいことになるでしょうね。[受動性，依存性，無気力が見られたクライエントが，自発的に自信ありげに治療の終了に言及する]

　これは究極の修正感情体験である。原因となるトラウマ体験と似た状況に直面したクライエントは，最大限の感情的適応力を持って対応し，見返りに純粋な感情反応を手にした。この最後のやりとりは，計り知れない重要性を持っている。自然に生じた転移—逆転移反応を通じて，もう1つの作業が成し遂げられた。セラピストから反応を得られる保証もない危険な状態に置かれながら，クライエントはその瞬間，自身の欲求，願望，感情反応を十分把握しつつ，活力や自意識，他者への共感と思いやりを備えた大人として振る舞っていた。クライエントの認識の正しさが肯定されたことや，クライエントが自分自身を，他者に影響をもたらし，貴重な何かを提供できる存在ととらえることを通じて自意識，自尊心，自己効力感，問題解決能力を高めたことで，治療効果が得ら

れた。本気で他人に手を差し伸べるのは優れたリソースの証であり，そのリソースを肯定し，さらに大切な点として，それを受け入れ活用することで，そのリソース自体がいっそう開花していく。

クライエントは，彼女の人生の問題の中核的な原因となる体験を打ち消すことができた。すなわち，セラピストが遠い世界に引きこもり自分の前から消えそうになったとき，クライエントは「戻ってきて」と口に出せたのだ。今回は彼女の言葉に相手が耳を傾け，反応し，コミュニケーションの錬金術が再び魔法を生み出すまで彼女と関わってくれた。潜在的なトラウマの反復を通じて，修復と再生，有能感が得られた。最初の出来事は必然的に解離をもたらしたが，今回は統合が促された。

クライエントが自己を犠牲にすることなく，真の自己やリソースの深遠な表現として他人に手を差し伸べるようになれたら，（セラピストとの）別れと終結後についての探索を検討してよいだろう。クライエント自身も進んで，熱意と情熱を持って治療終結の話題を持ち出しており，こうした熱意や情熱は，ほどよく面倒をみてもらえて愛着条件が満たされた際に生じる，探索への衝動の特徴だといえる。

11章
再構成方略

　クライエントとセラピストは，精神力動的な対話を継続的にするなかで再構成の作業をしていく。セラピストは感情の変容モデルの示す諸要素もとに，再構成作業の介入をしていく。その要素とは，基本的な原動力としての適応力，感情的に自分と相手の両者が寄与し，ともに感情的に大切な状況を作り出していくこと，およびクライエントの変化の潜在能力や，健全な機能，リソース（例，活発さ，勇気，親切，率直性，独創性，ユーモアなど）の尊重などである。そしてそのようなクライエントの能力やリソースにより敏感に気づけるようになることなどだ。

　ここで紹介する介入法は，伝統的な精神力動療法で使用される解釈によく似ている。だがAEDPでは，これらの介入をはるかに初期の段階で，より頻繁にしていくのが特長だ。AEDPではふたりで協力してクライエントの体験に対する解釈にのぞみ，セラピストはクライエントに仮説を提示し吟味するよう促す。関係的，体験的─感情的な技法を用いても防衛が消えない場合，臨床的には再構成的な介入の直接対峙的なアプローチが望ましいかもしれない。

　具体的に言えば，AEDPには再構成のための介入方略に効果をもたらす豊かな素地があるということである。AEDPの介入では３種類の三角形を用いて，その瞬間ごとの臨床的なやりとりを処理し，感情への到達とオープンな人間関係を培っていく。再構成の作業は，感情的─体験的な作業に先立ちその基盤を築くものであり，すべての段階で使うこともできるものだ。この介入では，３種類の三角形を使って，クライエントの感情的─関係的な反応の長期的なパターンと瞬間的なパターンを把握し，その原因と機能を理解する。クライエントが自分の感情的─関係的なパターンに馴染み，これをコントロールできれば，さまざまな防衛への依存を減らし，豊かな感情に基づく視点からとっさに反応することができるようになるだろう（Jordan, 1991; Kohut, 1984）。自分の行動や感情を言葉にし，自分の行動の決定要因やそれが他者に与える影響を意識す

281

ることで，クライエントの内省力が育っていく。

オープンさと防衛性の狭間での揺らぎの把握

　刻々と変化する臨床題材をその役割に応じて「葛藤の三角形」のいずれか1つのカテゴリーに分類することができる。クライエントは題材の深まりと心的距離の近さに向かっているか，それとも題材の深まりや心的距離の近さを避けているか？　セラピスト自身の逆転移体験は何を意味するのか？　クライエントの言語的，非言語的なコミュニケーションと無意識的なコミュニケーションは合致しているか？　セラピストは，感情のコミュニケーションが主に防衛の目的に使われているのか，それとも表現の目的に使われているのか，いずれの役割を果たしているかを見定める。とくに感情（コア感情は除く）は3つの機能すべての表現に活用されうるため，この見定めは重要である。「この涙はどこから来ているのですか」「その涙は悲しみの涙ですか，それとも恐れの涙ですか」といった簡単な質問が，恐れの涙（赤信号機能），防衛―退行の涙，悲しみの涙（コア感情）を区別する上で非常に重要になる。コア感情に関わる題材に対処する場合と，防衛や不安の現れに対処する場合ではセラピストの介入が異なるため，この機能的な分類が欠かせない。

事例　セラピストとの心的な距離の近さを重点的に探索する途中で，クライエントが目をそらしてこう言った。「妻の言う通りだ，私は本当に冷たい人間なんです」セラピストは，この言葉を主観的な「真実」の表現とはみなさず，心的な距離の近さに対する不安が生んだ防衛としてとらえ，次のように声をかけた。「あなたは，私と親しくなるのが怖いから，自分には他人に優しく振る舞う能力などないと思い込もうとしていませんか。もう一度私を見てください……今どう感じますか？」クライエントは答えた。「一瞬，先生の温かさを感じていい気分でした。でもすぐに，なぜか逃げ出したくなります。自分でも信じられませんが，今は内心，文字通り震えていて両足に力が入りません」。そ

の後ふたりで，心的な距離の近さという恐怖をもたらす体験に対して，ワークをさらに続けていった。

セラピストが，「私は冷たい人間だ」というクライエントの発言を，防衛に基づく機能がもたらす嫌な人物像という帰結に向き合える彼自身の能力を反映した，主観的な「真実」の表現とみなしていれば，セラピストはまったく違う対応をとっていただろう。このケースでは，クライエントの発言は防衛的な方略であるというセラピストの直感がクライエントの反応によって裏づけされ，クライエントがこの発言を通じて締め出そうとした恐怖心が明らかになった。

「葛藤の三角形」によって構成される体験処理の作業では，その瞬間ごとに出てくる臨床題材と，治療プロセスが向かう方向性（題材が深化しているか表面化しているか）の両方に意識を向けていくことが大切だ。

防衛反応への対処

防衛への積極的な対処が，すべてのSTDPの特徴である。AEDPでは，直面化する姿勢ではなく，クライエントに寄り添い，積極的に関わる共感的な立場から，防衛に向き合う。まずは，防衛というクライエントが編み出した独創的な自己擁護の手段の背後にある，適応的な動機付けに着目する。次に，定着した防衛がクライエントの現在の人生に及ぼしている悪影響に目を向ける。クライエントに対して，セラピストに批判され，恥をかかされ，自分のやり方を変えるよう迫られたと思わせるのではなく，セラピストから肯定され，行動レパートリーを広げるよう促されたと感じてもらう必要がある。

防衛は，本人によるコア感情の体験を妨げ（かつ本人を守り），親密な対人関係を邪魔する。内面に潜む力強い生命力が（本人の目からも）覆い隠され，当の本人は抑制され，押さえ込まれた存在，あるいは不安と恐怖に満ちた存在として生きていく。クライエントの現在の生活では防衛が本人の妨げになるが，もともと防衛は，保護が必要で防衛が適応的であった幼少期に本人を守るため

11章　再構成方略　**283**

に発達したものだ。AEDPのセラピストは，防衛反応に対処する際にこの点を心にとどめておく。治療に訪れる成人クライエントが示す防衛は，多くの場合子ども時代に本人が抱えきれないような出来事に直面し，無防備な自己を守りつつ大きな問題を抱えた他者との愛着の絆を維持する必要に迫られて，生まれたものなのだ。

　セラピストが防衛の存在に気づいた場合，いくつかの対処策がある。再構成的な作業は，ソフトな防衛（表出反応の三角形の特徴）より強固な防衛（防衛反応の三角形の特徴）に適用されることが多い。

　防衛の特定，ラベリング，明確化。まずセラピストが共感を使えば，中立的な立場から，クライエントと防衛について話し合うことができるだろう。クライエントと一緒に，防衛が一番顕著なのはどんな場面で，それがどんな形で働くかを探る。たとえばセラピストが，「あなたは悲しくなると私から目をそらすのに気づいていますか？」と言うこともできる。クライエントにとって防衛はえてして自我親和的であるため，防衛の特定，ラベリング，明確化は非常に有用になりうる。防衛と関連性を持つ体験的―内臓感覚的な要素も探ることが大切だ（Coughlin Della Selva, 1996; Laikin, Winston, & McCullough, 1991; Magnavita, 1997）。防衛を受ける側の相手がどう感じるかについて，クライエントに中立的なフィードバックを与えるのも効果的だ。そうすればクライエントは，防衛反応のせいで他者との間に壁が生まれ，必要不可欠な内的体験―関係性的体験への到達が失われることに気づく。共感的で中立的なフィードバックを通じて，クライエントは，防衛反応を示す自分と関わる他者がどのように感じるかも知ることができる。こうした体験のその時々の変化に波長を合わせられるようになれば，クライエントは自分がいつどんなかたちで防衛に依存するか次第に把握するようになる。マッカロー・バイラント（1997）もこのプロセスを論じ，*防衛の認識*と名づけている。

　防衛を扱うための体験焦点化作業と感情喚起的ネーミング。防衛への対処のもう1つの側面は，体験的な要素（Davanloo, 1990）であり，防衛反応の身体的な関連要因（例，「苦しい」「頭がクラクラして何も感じられない」「寒い」）をクライエントに意識させる。次にその体験を，クライエントが，防衛が低いときの感じ方と対比させる（例，「頭がよく働く」「わくわくする」「和む」）。とくに，クライエント自身の言葉に基づく，感情に訴える映像的な喩えを用いたネーミ

ングは，クライエントとセラピストが共用できる略称として役に立つ。たとえば前章で紹介した臨床エピソードで，クライエントは，防衛反応に駆られた自分の機能状態を説明するために「洗濯機の中にいる」（深みに届かず同じところをぐるぐる回っている）という表現を思いついた。別のクライエントは，「上滑りしている」という似た喩えを使った。こうした喩えは示唆に富むだけでなく，クライエントとセラピストの共通言語になることを通じて，心的距離の近さを高め，防衛自体の自我違和的な側面を高める。

ポジティブなリフレーミング。たいていはクライエントの防衛が自我親和的から自我違和的に変化する気づきの高まりにともない，防衛反応が他者からの阻害と隔絶を生み，自分の人生を大きく制限しているという気づきも高まっていく。自分が失ったものを深く気づくにしたがって，クライエントは防衛を人格上の欠陥とみなしはじめることが多い。この人格的側面が自己批判の対象になった場合，セラピストはクライエントの支持・肯定，および防衛のポジティブなリフレーミングをして対応する（Alpert, 1992; Sklar, 1992）。セラピストは，防衛が現在もたらしている負の影響を認めつつ，かつてはクライエントに防衛が必要であったこと，また防衛はクライエントの対処能力とクリエイティブな工夫の反映であることをクライエントが分かるよう手伝っていく。クライエントにとって屈辱感の原因となりがちな防衛だが，これに共感的な理解を持って接することができれば，自己批判が薄れ自己受容が高まる。防衛反応を敵視せず，そこに反映される適応的な努力を認識することで（Alpert, 1992; Kohut, 1977），受容ができ，クライエントは自己に対して共感的になり，周囲の現実をより客観的に把握できるようになる。

防衛が自我違和的になると，クライエントはこれまでに失われた機会を悲しみ，悼む時期を迎える。自分の病的状態が他者（とくに我が子）に与える影響に対する悲嘆の思いは，ひときわ痛切となる。病的パターンの世代間連鎖への自分の関与と腹の底から向き合うことが，耐えがたい苦しみを生む場合もある。この悲嘆の過程を経て，クライエントは共感と自己受容が深まり，リスクを冒して従来よりもオープンに他者との感情的な関わりを持ち（Alpert, 1992; Coughlin Della Selva, 1996; McCullough Vaillant, 1997; Sklar, 1992），必要に応じて関係修復を試みたいと思えるようになってゆくだろう。

コスト効果分析

　クライエントとセラピストは，マッカロー・バイラント (1997) が*防衛のコスト効果分析*と呼んだ作業を一緒に行い，防衛反応を振り返りその目的と有用性，過去と現在を話し合うことができる。防衛を通じて，クライエントは何を得て何を失っているか？　過去における防衛のコストと効果，および現在の生活に生じた変化を考えることで，クライエントは，防衛がもはや必要な機能を果たしていないことに気づくだろう。防衛は，クライエントを守る以上に本人の成長を妨げているのだ。防衛していないときの喜びやメリットに対してクライエントの意識が高まってくると，この時代遅れの保護策を断念することができるようになっていく。

　ここで重要なのは，クライエントが主導権を握っているところにある。自分の防衛を知ることで，クライエントの選択肢は減るのでなく増えていく。あきらめと後悔に駆られ，しっぽを巻いてすごすごと防衛を手放すのでなく，クライエントは自信を手に入れる。クライエントは現在，別の選択ができる立場にあるのだから。

　防衛のコスト。クライエントの人格のマイナス面──他者からの阻害と孤立を生みがちな反応──は，クライエントの目標や欲求に照らして，防衛によって起こる望まれざる結果として共感的に理解できる。クライエントの対人パターンはえてして自我親和的なので，クライエントにとって他者からの否定的な反応は不可解に感じられることが多い。そのため，他者から批判されたり軽蔑されたり，見捨てられたりすることなく，このパターンとその防衛によって引き起こされる結果を明確にできることは，クライエントにとって目を見張るような体験となるだろう。防衛のコストの認識は，関係的介入を通じた防衛への対処の１つの手法とみなすこともできる。

　防衛の利点：防衛を手放すことへの抵抗。クライエントにとって，生涯にわたり安全（二次的な安全の感覚，Main, 1995）を確保する手段であった防衛は，病的状態の原因を作った対象と深く結びついている。防衛がクライエントの今の生活にどれほど悪影響を与えようと，防衛を手放すということは，愛着対象を失うという恐ろしい喪失感やアイデンティティ喪失，愛着対象に対する裏切りという強烈な罪悪感と同じこととみなされる (Searles, 1958)。これらの事実

を明らかにすることで，クライエントに，結びつきをつなぎとめるのではなく，適応的な手段を検討する機会を与えることができる。クライエントは最終的には，愛着対象との絆が実は幻想にすぎなかったことに気づく。本当の意味でのケアを与えてくれない人間関係を維持するために，自己を犠牲にしてきたことにクライエントが次第に気づくにともない，絆の空虚さとの対峙がいっそうの悲嘆と喪の感情をもたらす可能性はある。だが『オズの魔法使い』の主人公ドロシーのように，クライエントは自らの内なる強さを自覚しはじめる。これに関連して，防衛を手放すことへの抵抗を生む要因として，クライエントが自己の一部を捨て，アイデンティティの土台に別れを告げるかのように感じる点が挙げられる。今までのやり方を止めるのは，喩えるなら気難しく不愉快だが，頼りになる仲間を見捨てるようなものだ。この喪失を悼むことが多くの場合防衛を手放すための最後のステップになる。2つに引き裂かれる思いに直面し，あるクライエントは長年慣れ親しんだ感情的な生き残り策であった「秘密のスパイ」という自己感を涙ながらに捨て去った，ということがあった。

　プレッシャーを取り除く。防衛方略は，長年活用されてきた保護機能であるため，ときに手放すのが難しい。そのため，クライエントはいらだちから自分では絶対無理と思われることをするよう自分に圧力をかける。このクライエントが自ら課した（自己処罰的な感覚，あるいは自己への共感の欠如に由来する）プレッシャーを，前向きな動機付けと混同してはならない。抵抗の激しさが増すときというのは，えてして奥底に眠る不安を含む臨床題材が表面に浮上しつつあることを示唆するものであるから，セラピストはクライエントがもっと慎重に進めたいという自身の欲求に波長を合わるのを手伝うとよいだろう。

　クライエントが自ら課したプレッシャーに対し，セラピストは2つの対応をとる。すなわち，プレッシャーを取り除くことと，クライエント自身によるプレッシャーの軽減を手助けすることだ（Alpert, 1992）。セラピストは，それまでのクライエントの治療成果に重点を置き，つらい体験と向き合って長年の行動パターンの変容に取り組むことの難しさに共感することができる（Sklar, 1992）。準備ができる前に次の体験に進むよう促すプレッシャーがなければ，クライエントの自制心が高まり，不安が軽減し防衛欲求も低下する。逆説的だが，プレッシャーを取り除くことが治療の進展につながることがある。まだ準備が整っていないのに次の体験に進む必要はないと感じることで，新たな体験

に対するクライエントの統制感が強まり，結果的に不安が薄れて，防衛の必要性も低下する。今のままでいいということで，逆に前に進む障害（ほんの一瞬前には手強く見えた障害）を取り除く効果があるのだ。さらに，クライエントの自己批判的な姿勢や厳格な自己に課す基準——安全を求める自分の欲求へのいらだちと解釈できる——への対処を通じて，セラピストはクライエントが成し遂げた進歩を指摘し，つらい体験と向き合い長年のパターンの変革に取り組むことの大変さを認識することができる。クライエントは自己懲罰的な傾向があるため，「あなたは最善を尽くしている」とセラピストが証言し支持することで大きな効果が得られる。この種の評価は，クライエントの孤独感や自分の病理への敗北感を和らげ，治療を続ける新たな意思と決意をもたらすことができる。プレッシャーを取り除き，それを通じて不安の軽減と自己受容の向上を図るのは，治療の行き詰まりを打開する上で効果的な技法である。

コーチング・アプローチ。最後に，プレッシャーの排除と対を成す方法がコーチング・アプローチ，すなわち努力を続けるようクライエントを励まし，そうすることの価値を確認するやり方である。これは具体的には，クライエントには，他者の助けを借りて建設的な目的に向け一定の苦痛に耐え，相応の努力をする能力があるという，セラピストによる信頼の表明である。新たな場所にたどり着くよう，応援され誘導され，やや強引に勧められ促されることが，大きな治療効果をあげる場合もある。セラピストはときにミラーリングを行い，ときにクライエントをせっつき，ときに相手を尊重しつつ声高に異議を唱える。クライエントが自然にたどり着ける目標以上のものを要求するのもタブーではない。クライエントに対して，たとえ難しくてもアイコンタクトを保つよう努力し，自分が頭の中で想像した攻撃の帰結を逃げずに探索したり，もう少し長い時間悲しみに耐えるよう促すのもいいだろう。

プレッシャーの排除を，肯定ととらえるか無礼な行為ととらえるかは，クライエントの体験次第であり，それと同じように，セラピストの介入が励ましになるか圧力になるかを決めるのも，最終的にはクライエント自身である。ある人には，ちょっとしたコメントや質問が大きなプレッシャーに思えても，別の人からすれば，多くの質問と促しを受けて体験の幅が広がり，結果的に深い思いやりや共感を覚え，貴重な助力と感じられる場合もある。クライエントが自分に到底無理なことを求められているという素振りを見せたら，それはセ

ラピストの継続的な励ましから，プレッシャーの排除と共感の明示へとスイッチを切り替えるタイミングの指標だととらえるのがいいだろう。AEDPと直面化的な治療法との違いは，できないからといって相手を責めたり批判したりせず，クライエントの否定を（抵抗とみなし対処するのでなく）肯定する点にある。そうではなく，クライエントが自分自身を責めたりプレッシャーをかけたりする場合，AEDPのセラピストは自己共感を促し，ある領域での治療の行き詰まりを，別の領域での治療作業のチャンスとして活用するよう努める。

赤信号感情への対処

不安や恥，罪悪感，無力感，絶望は，コア感情への反応として生じる強力な回避状態であり，防衛を引き起こす。次に紹介する技法に関する考察は，赤信号感情すべてに当てはまるが，赤信号感情の原型という意味で，不安と恥を中心に話を進めていきたい。

不安への対処

不安なクライエントは自分の不安に気をとられているため，セラピストは心身ともにクライエントの体験にできるだけ寄り添い，相手の孤独感を軽減するよう努める。不安はえてして，防衛は克服できたが，クライエントがまだ非常にとても傷つきやすく感じているサインである。防衛と同様，不安反応は人生早期，すなわち真の感情的危機が生じ，クライエントが信頼できる他者という心強い存在を得られず，孤独を感じたときに学んだものだ。クライエントが不安を示した場合，セラピストは相手の状態に敏感に反応し，孤独を和らげる手助けをしなければならない。

不安にともなう身体症状を探る。セラピストと一緒にいてクライエントが不安を感じる場合，クライエントの関心は目下の自らの体験に向けられている。クライエントは，不安の身体的兆候やその変化に極端に敏感になる。セラピストもそんなときはクライエントに寄り添い，波長を合わせるとよいだろう。クラ

イエントに，不安の身体症状を詳しく描写してもらう（体のどの部分に反応が起きているか，どんな感覚をともなうか）ことが，力動的な情報を集めつつ不安を確実に和らげる介入法になる（Davanloo, 1990）。クライエントはその瞬間の不安体験を伝えることで，それを克服できることが多い。また，不安という感情——どんなときに起こりやすく，最終的にどうコントロールするか——を識別できるようになる。内面の体験を，関心を寄せてくれる他者に詳しく語るうちに，不安の原因となる状況自体が変わりはじめる。

クライエント：（すすり泣く，深いため息をつき頭を振る）変な感覚ですが，何かピリピリした感じがします。

セラピスト：どこが？ 全身ですか？ （優しく思いやりある口調でたずねる）

クライエント：顔です。

セラピスト：顔なんですか。

クライエント：ええ。

セラピスト：なるほど……それはどんな感じですか。

クライエント：奇妙な感じ……感覚が麻痺したような。

セラピスト：麻痺している感じ。顔のどのあたりでしょう？ ［不安反応の身体症状を詳しく探索。不安の無意識的な意味を理解する準備も整える］

クライエント：……この上のあたり（両頬に手を添える）……頬です。

セラピスト：頬ですか，では顔全体ではなくここことここだけですね（クライエントの仕草を真似る）。……そうですか。［ミラーリングを通じ，関係的な結びつきを強め不安を和らげる］

クライエント：ええ，まったく変な感じです……不思議だけれど，そう口に出したら楽になりました……これが私の悪いところなんですよ。神経質すぎるっていうか。［リラックスし，言葉に出してセラピストとつながることで，クライエントが自分の状態を表現する能力を取り戻した点に注意］

　生理的症状を詳しく探るもう1つの大きな理由は，その症状が無意識的な意味を持っているということがある。不安の感じ方やその場所と，不安を象徴する空想の力動の間には，無意識的な1対1の相関関係がある場合が極めて多い。この例の場合，セラピーを進めるうちに，クライエント（第9章に登場し

た，子どもの頃父に頬を叩かれたクライエント）の不安は，強い怒りとそれが
もたらす帰結（自制心の喪失）への恐怖心によって引き起こされることが判明
した。セラピーの早い段階で，ピリピリした感覚が生じる場所を特定したこと
で，無意識のスキーマが働き，父に叩かれた記憶とそれにともなう空想を想起
しやすくなった。したがって，具体的な詳細を追求することには次のような利
点がある。

▼不安が耐えられるレベルまで和らぎ，恐怖心を他者と共有できる。どちらも，
不安なクライエントに安心感を与える。
▼不安を見分けやすくなる。
▼詳しい力動に関する情報が得られ，その具体的な意味がやがて明らかになり
やすい。
▼無意識を誘導できる。

　不安の認知的，空想的，体験的な側面を探索する。セラピストはクライエント
に対して，不安がどんなものか語り，それをクライエントがこれまでに感じた
他の感覚と関連づけ，不安な気持ちの行き先を想像するよう促すことがある。
またクライエントに対し，現在および過去の不安にともなう空想や他の認知に
ついてたずねることもできるだろう（「最悪の場合，何が起こる可能性があり
ますか？」「これまでに起きた最悪の事態は何でしたか？」「そのとき何が起
こりましたか？」）。不安の力動的な原因を見つけるために，セラピストは不安
の正確な起点を特定するよう努めてもよい（「それを初めて感じたのはいつで
すか？」「そのとき何が起きていましたか？」）。この種の質問を通じて，クラ
イエントは不安の程度を理解し，不安の対象を否定・回避するのでなく，まず
はそれを認め直視することで，自分の無力感や恥を克服するプロセスを始める
ことができる。
　意味を見つけ理解する。不安の感覚を不安の内容（クライエントが何をなぜ恐
れているか，それが過去とどう関係するかなど）と結びつけることで，セラピ
ストとクライエントは一緒に，クライエントの感情の意味を読み解くことがで
きる。圧倒的に強い不安の基本的な性質として，その瞬間に起きていることの
意味が分からないということがある。そのような体験の意味合いが分かれば分

11章　再構成方略　**291**

かるほど，不安に対する手に負えなさも減っていくだろう。

　再確認，正確なラベリングを通じたリフレーミング，教育。セラピストはえてして，クライエントはクライエント自身が戦っている不愉快で恐ろしい体験・感情が，不安の現れであることを理解していると思い込みがちだ。だが実際は，そのようなケースは少ない。セラピストが，こうした反応やその普遍性を再確認し，正確なラベリングを通じてリフレーミングし，教育することがときに非常に有用となる。不安を軽減する他の方法として，感情的負荷が低い話題に変える，クライエントが不安を抑制するため普段どのように対処しているかを探る，などが挙げられる。後者のアプローチを通じて，クライエントとセラピストは，クライエントの心的機能に関するより多くの情報を知ることができ，ときにはクライエント自身が一時的に失っていた適応能力・自己治癒力との接点を取り戻すことができる（Bohart & Tallman, 1999; Gold, 1994）。

　プレッシャーを取り除き，クライエントの努力と成果を高く評価する。この技法は，根強い防衛への対処だけでなく，不安にも応用できる。クライエントの不安が高まったら，クライエントの体験をセラピストが理解し相手を追い詰めないことが重要になる。防衛の場合と同様，セラピストがプレッシャーを取り除きクライエントを高く評価することで，クライエントの孤独感が和らぎ，セラピストがクライエントの統制心を再確認することにより，不安や他の赤信号感情も大幅に低下することが多い。

　身体症状の探索，不安の認知的，空想的，体験的な側面の探索，意味の特定と理解，再確認，正確なラベリングを通じたリフレーミング，教育，プレッシャーの排除とクライエントの努力・成果の高い評価は，どれも不安への対処だけでなく，赤信号感情すべてに利用できる。次に，赤信号感情の恥への対処に特有のいくつかの問題をしばらく見ていく。

恥への対処

　心地よい反応を突然批判されると，恥が生じる。ほとんどの場合，恥は人間のすべての体験領域の抑制を招き，苦痛だけでなく発達不全をもたらす。恥への治療作業の目的は，恥によって歪められた反応のポジティブな性質をクライエントが発見し，体験できるようにすることだ。セラピストは，クライエント

の体験に対してショックを受けたり，それを批判する気持ちを持つのではなく，称賛や高い評価，励ましで反応することが大切だ。

　次のエピソードは，恥の反応のマーカーである視線そらしを，関係的な文脈のなかで注意深く探索したケースである。

見られるのが怖い

セラピスト：初めからずっと思っていたんですが，あなたの視線について。

クライエント：ええ。

セラピスト：こちらを見ないわけではないけれど，ほとんど私から目をそらしていますよね……

クライエント：そうですね……

セラピスト：私の目に何か恐ろしいものが見えるんじゃないかと，怖いんですか？［関係性と関わる不安の探索。クライエントに，非言語反応の相互的な観察に参加するよう促す］

クライエント：私の眼鏡はどこでしょう？（手を伸ばす）……もう20年も使っていて，かけてもよく見えないんですよ……よく分からないけどたぶん……今のままでいたいんだと思いますが……。［ソフトな防衛］

セラピスト：なるほど。私から視線をそらしたいという感情にとどまってみてください。［視線そらしという関係性の問題に注目することで，ソフトな防衛を回避する］

クライエント：分からないけど……先生の目を見続けたらどうなるでしょう，何が起こるでしょう。分からない，別に先生は催眠術をかけたりしないでしょうが……先生に何かばれるかもしれない，といっても，もう全部さらけ出していますが。ほかに何をお見せできるでしょう。恥ずかしい……恥ずかしいんだと思います（泣きだす）。さっきはできた［「全部打ち明けられた」］けど，その後で恥ずかしくなる……まったく，本当に役立たずの眼鏡なんだから（両目をぬぐうため，再び眼鏡をはずす）。［恥という回避的感情の内臓感覚的体験］

セラピスト：（思いやりを込めた相槌）うんうん。［共感的な寄り添い］

クライエント：（うなだれ静かに泣く）［恥と苦痛］

セラピスト：（優しく）私の目に何が見えるのが怖いんですか？［恥の認知的・空

11章　再構成方略　**293**

想的な側面を探る]

クライエント：分かりません……何が見えるのが怖いか？……私が見るものが怖いんじゃない，先生に見られるのが怖いんです（今はしっかり視線を合わせている）。

セラピスト：私に見られるのが怖い。[反復]

クライエント：あるいは，先生に見られたことに気づくのが怖いんです。(抑圧的な感情の解放)

セラピスト：それはどういう意味ですか？

クライエント：(曇りないまっすぐな視線，少し微笑み開けっぴろげな表情で)先生には何でも話せます，それはいいんです。先生に見られるのも構わない，ただし先生に見られていることに私が気づかない限りはね。それが一番怖いんです……うわ！ これってすごい発見ですよね！！！ [今まで理解できなかった体験の意味を見出す。リラックス。主観的な真実の宣言。コアステイト。オープンさと直截さ]

　怪物は，名前をつけられると力を失う。自分の体験に名前を付しその意味を理解することで，クライエントはコントロールを取り戻し，自分の全能感の範囲内でその体験を自分のものにすることができる。

　感情体験の肯定。赤信号感情全般，中でも恥に対処する際の鍵の１つは，感情性と弱さ（あるいは悪，わがまま）の関連性を断ち切ることだ。同じように，セルフケア（自己共感，自己承認）と身勝手さのつながりも断つ必要がある。赤信号感情を，うぬぼれ，弱さ，自己陶酔，身勝手さ，悪，高慢，あるいはクライエントに浴びせられたその他さまざまな批判的な特徴の証と見るのでなく，これらの感情は単に発達課題の達成に向けた努力の大きさを示すにすぎないとクライエントに理解してもらうことがセラピストの仕事である (Ferenczi, 1931)。そうした反応には，批判や辱めでなく，思いやりや称賛，受容，指導，巧妙な促しで対応する必要がある。セラピストがクライエントを支持し肯定し，クライエント自身の感情に対する権利や自らへの責任を再確認することが，極めて重要になる。加えて，恥ずかしくてそれまで踏み込めなかった領域にクライエントがためらいがちに足を進めるのを喜び，その気持ちを表現するとよ

いだろう。

事例　母親に性的虐待を受けた過去があったため，そのクライエントは，性的反応は恥ずべきもので，自制心喪失の証拠とみなされるような環境で育った。子どもの頃，年相応の無邪気さで体を露出すると，親から高圧的な説教を受けて，厳しく禁止を言い渡された。クライエントが大人になると，性的抑制が顕在症状となった。彼女は身体的反応を極端に恥ずかしがり，性的興奮を感じるたびに自分の体に「裏切られた」感じがすると語った。恥の意識を取り去る治療の一環として，セラピストは，クライエントの幼少期の体験に同情を示し，彼女が子ども時代にとった行動を，活力と精神的な発達過程の反映ととらえなおした。セラピストは，自分の幼い娘が誇らしげに体を露出したエピソードをクライエントに語り，クライエントは感銘を受けた。自身のセクシュアリティの探索に乗り出したクライエントの行動は，セラピストに肯定され称賛された。幸い，クライエントのパートナーもこの探索を支えてくれた。やがてクライエントは恥ずかしさを感じなくなっただけでなく，新たな自我の発見，新しい自意識拡大の手段として，官能的・性的な体験を楽しめるようになった。

青信号感情への対処

　ときには，問題となる否定的な反応ばかりに目が向き，希望や信頼，好奇心，オープンさ，探索への熱意が，治療の中で見落とされることがある。青信号感情をトラッキングし，それに名前をつけクライエントの注意を向けさせるのは非常に重要なことである。

青信号感情の焦点化とトラッキング

　意識を向けてみると，青信号感情を持続して感じ取るクライエントの力が非

常に低い場合がある。セラピストと同様，クライエントはポジティブな体験よりもネガティブな体験に対処する方に慣れている。青信号感情体験に注意を向けさせると，クライエントは自意識過剰になり，セラピストが「解釈」の中でそのような体験を退けるだろうと思い込んで，愚かしいと片付け撤回することもある。

治療作業では，こうした青信号感情反応にクライエント自身が波長を合わせるよう促すことも大切だ。そのような青信号感情反応の中に見出される情報の価値に対して，クライエントに敏感になってもらうことが重要になってくる。つまりそれは，自己の内的リソースのポジティブな評価を含む感情的環境に対する望ましい解釈に表れる反応のことであり，セラピストはその反応を認めた後，青信号感情の出てくる前に起こった事象をクライエントとともに探る必要がある。そうすることで，ポジティブな体験をクライエントの全能感の一部に組み込み，その体験を育ちつつある内省作業の対象とすることができるだろう。セラピストがその信号としての感情を，より豊かな感情体験に変えられるよう促すことも大切だ。体験的作業を通じて，クライエントは信頼と希望の芽生えを理解するだけでなく，それらを腹の底から体験し，そうした体験をもたらす環境と結びつけて考えられるようになるだろう。

次のエピソードでは，作業の大半が表出反応の三角形の中で起きている。これは，臨床的なやりとりから分かるように，ある程度の基本的な信頼とリスクを進んで負う姿勢がすでに存在していたことを示す。ただし，これはクライエントの態度から得られた推測にすぎない。クライエントが，自己をオープンにしてくれるセラピストとの関係性のさまざまな要素を直接，内臓感覚から体験すると，急激に不安が高まる。青信号感情としての信頼と，信頼を生む理解・共感を余すところなく実感する体験とは，まったく別物である。自分を理解してもらえた，真価を認めてもらえたという完全な受容体験は，クライエントにとってとどまるのが非常に難しい。まさにクライエント本人が心の底から求めているものであるにもかかわらず，あまりに馴染みがないために恐怖を感じるのだ。

イソシギを愛した男

クライエント：自分を責めないようにして，とにかく今の気持ちを話してみます(長い沈黙)……[恋人が，クライエントが「生き生き」と感じられることに一緒に挑戦してくれないという悩みを語り出す]

セラピスト：クロスカントリーや，ロッククライミングの話はあまり重要ではないですよね。問題はあなたの感情で，これはあなたの心に深く関わることです……あなたの感情にはとても純粋な部分があるのに，それが見落とされている気がします。[問題を感情的にリフレーミング。普通の言葉を，感情や動機付けを表現する言葉に翻訳している]

クライエント：先生が“純粋な”と言ったとき，思わず尻込みしました。[真の自己の把握にともなう不安の言語化]

セラピスト：ええ。

クライエント：体がビクッとするのを感じたんです。なぜその言葉で居心地悪く感じたか分からないけれど……気持ちとしては，楽しいことをしているときと同じ気持ちです。[話題のすり替え，戦術的な防衛]

セラピスト：「あなたの感情には純粋な部分がある」という私の言葉に対して，あなたはどう反応しましたか？ [再焦点化，ソフトな防衛の回避]

クライエント：分かりません，とても……

セラピスト：ここではなく(頭を指差しふたりで笑う)，ここ(胸を指差す)に意識を集中してみて。心の奥深くに注意を向けて。体がすくんだのは，理性が原因ではないはずです。

クライエント：う〜ん，自分の感情を理解してもらえたと思いました。それが不意の出来事だったので驚き，居心地の悪さを感じました。それが一番近い表現です。とても嬉しい気持ちでした……理解してもらえて応えてもらえた，自分の気持ちに対応してもらえた(長い沈黙)。こんな体験には慣れていないんです。[不安を，セラピストによる理解や反応と結びつける。新たな比較の三角形が生まれる。すなわち，今までと違う体験なので恐怖心を感じる]

セラピスト：それで，尻込みした？ [再焦点化]

クライエント：分かりません……先生が“純粋”という言葉を使ったときに，映画を見て泣くみたいに，ある意味で感情に圧倒されました。[不安―圧倒され

る感覚―と強烈な感情の関連性に再度触れる］

セラピスト：ええ……ええ……

クライエント：私はいつも，はっと息をのんでしまいます。

セラピスト：息をのむのが1つと，あともう一点，あなたの反応で少し気になるのは「う～ん」という言葉です…

クライエント：そんなこと，言ってますかね？

セラピスト：ええ，この「う～ん」という発言も，感情的に少し距離を置く手段ではないかと思います。［非言語的な防衛の発見］

クライエント：そうですね，緩衝材みたいな。

セラピスト：そうです。

クライエント：少し壁を作るような役割があるんですね。［セラピストとクライエントの密接な協力。クライエントは率直で，心を閉ざさずに自分の防衛を話題にしている］

セラピスト：その通り……ちょっとした保護作用です。［共感的なリフレーミング］

クライエント：ええ……先生が"純粋な"と言ったときに不意打ちを食らって，自分でも気づかないうちに壁を作っていました。

セラピスト：なるほど……私があなたの奥深い感情に気づき，それを理解したことで，これほど直接的な反応が起きるんですね――それが，つらいのか怖いのか分かりませんが。［暗に協力を求める］

クライエント：怖いんです。［協力を求める依頼に応える。理解されたというポジティブな体験にともなう，回避的な感情が明確になる］

セラピスト：体がすくみ，居心地の悪さを感じる……そこに注目したいですね……一見すると非常に良い体験に思えるのに……恐怖を感じる。

クライエント：なぜ怖いのか分からないけど，怖いんです。ぐにゃぐにゃと溶けていきそうな感じがして。［理解されたという感情に向き合った際の無防備さの内臓感覚的体験］それが怖い。とにかく全部阻止して，何もかも隠したくなります。ある意味で感情が麻痺する感じです。［防衛に支配された機能の内臓感覚的な体験。瞬間的な防衛の構築］

セラピスト：それで？

クライエント：何も感じなくなります。全部阻止して，すべて自分の中に閉じ

298

込めておきたくなる。生きている実感がありません。でも先生の言う通り，何か居心地の悪さを感じるんです。それが何だか分からない。[防衛の結果としての麻痺。クライエントは不安に再び注目する。生き生きした感覚の回帰]

セラピスト：実は私も少し迷っています。もしあなたが怖いなら，その恐怖心にはきっと理由があるから，ゆっくり話を進めようと思う一方，いや，もう一歩先に進めないかという気もしています……。[異なる視点の比較。治療のジレンマのクライエントへの開示]

クライエント：もう一歩先に進みましょう[クライエントが前進を選ぶ]……恋人と浜辺を歩いていてイソシギに気づいたんです。そのことを言うと，彼女は「イソシギの話なんてやめてよ，私にはどうでもいいんだから」と言うんです。

セラピスト：今聞いていて，私も（彼女の反応に対して）たじろいでしまいました。[はっきりとした共感。先回りのミラーリング]

クライエント：そんなにしょっちゅうではなく，そんなことを言われるのは時たまです。[極小化]

セラピスト：私の今の言葉は受け取りにくいようです。[不安の特定]

クライエント：てっきり先生が「やれやれ，実に子どもっぽい悩みですね」と言うと思ってました。[過去の体験に基づく不安の内容。今は，防衛を反映した自己批判として内在化されている]

セラピスト：でも今，私の実際の反応を受け入れるのに少し苦労しているようですね。[共感的な防衛の認識]

クライエント：聞き流して先に進もうかと。[防衛]

セラピスト：……また怖がっている感じがします。私があなたの感情に寄り添うのを受け入れるのが怖いんですね。[不安と，不安と心的距離の近さの相関に話を戻す]

クライエント：そうだと思います。その感情に身を委ねたらどうなるか分からない……自分が怖いだけじゃなく，先生がやっていることも怖いんです……先生が私を受け入れ理解を示してくださると，思わず尻込みしてしまいます……本当です。体が反応して全身がびくっと飛び上がるんです。[心的距離の近さへの不安の内臓感覚的な体験の表現]

セラピスト：なるほど。そろそろ終わりですね。今日のセッションを録画したこのテープを見てください。確かに怖くて，自分の身を守ろうとするのも無理

はないと思える部分もあります……でも同時に別の面に目を向けてほしい……あなたがどれほど努力し，防衛に頼らず私に心を開いてくれたか……私としては，極めて短時間で最大限の成果をあげられたと思いますよ。[肯定，総括]

　この作業の過程を通じて，セラピストとクライエントは非常に重要なパターンについて詳しく話し合っている。つまり，クライエントが腹の底から望んでいる肯定と共感は，彼を怖がらせること，生き生きした感情と恐怖心，安心と虚無感は互いに結びついていること，クライエントが支持され認められることを基盤とする自己─他者の関係は，（たとえつらくとも）否定を基盤とする結びつきが人間関係を表していたという彼のそれまでの体験に反すること，などだ。加えて，防衛と不安という体験が身体感覚的に探索され，クライエントは，彼自身がエピソードの冒頭で述べたように，自分を責めたり殻に閉じこもったりすることなく，親しさ・心的距離の近さに対する防衛反応を回避することができた。

自己─他者─感情の三角形：
自己の体験と人間関係の体験にともなう
ポジティブ対ネガティブな側面

　*自己，他者，感情の相互依存性を理解する。*クライエントが内面のさまざまな状態に気づくにしたがい，個々の状態の根底にある具体的な自己─他者─感情の三角形の構成要素を，クライエントが解明できるように手助けすることが作業の中心になる。たとえばクライエントは，「敗北者，太って間抜けな醜い負け犬」という自己意識が，幼少期における母親など，自分を拒絶する力を持った他者と結びついたものであることを知ることができるだろう。さらにクライエントは，コア感情の抑圧が，巨大な力を持っていると思われる他者に無価値な自己が従属しているという力動と関連していることも理解できるだろう。見捨てられることへの不安に促されて，クライエントは本当の感情──このケースでは怒り──を防衛によって排除しているわけだ。

*ポジティブ状態とネガティブ状態を対比する。*治療やそれ以外の場面で，心地よい感情の体験に関心を向けることで，クライエントは，コア感情に触れたときの自分自身の体験がまったく異なったものになることを——感情的に——理解することができる。内面の感情に触れる体験は，有能感や安心，ブレない方向性をもたらし，他者がさほど強大で圧倒的な存在に思えなくなる。クライエントが自身の感情と接点を持ち続ける限り，自分の運命が他者の手に委ねられることはない。よい心理状態を示す体験の１つとして，選択の権利・自由に対する感覚が挙げられる。病的な自己状態ではこうした感覚がまったく見られず，手に負えないという感覚，大きな力に翻弄されているという感覚が優勢になる。

特定の自己状態と，その状態を引き起こしがちな他者との関連性を見出し，それを特定の防衛—信号感情—コア感情の布置と結びつけることで，クライエントは最終的に自己の感情能力の向上につながる形で，自分自身の特異な力動を把握できる。この種の認識を通じて，次のような治療結果がもたらされる。

▼悪い状態は単に悪い状態にすぎず，それ以外の心理状態も存在すると気づく。特定の状態に，自分のアイデンティティの全機能を表す重さはないということを理解する。「*私なんて駄目だ*」という発想が，「*今は，よくない状態にいるだけ*」へと変化する。さまざまな状態への意識が高まることで，最低の自分という病的な認識は，よくない状態にいるだけだという意識へと変化する。さまざまな状態への気づきが高まることで，最低の自分という病的な認識にともなう恥や自己卑下が和らぐ。

▼クライエントは体験を積むにしたがい，ポジティブな自己状態を引き起こしやすい環境の特徴と，ネガティブな状態が前面に出やすい環境の特徴を理解するようになる。この自覚は，クライエントが特定の環境を選択的に求める上で役立つだけでなく，感情能力の発達にも寄与するため，自分が過ごしやすい環境を構築する能力が高まる。

▼クライエントは，次第に自己への否定的なレッテルを捨て去るようになる。クライエントは，とりわけ感情的な負荷がかかる状況や，幼少期の困難な状況を克服するための思考習慣を背景とした，自分の機能障害を理解しはじめる。気づきや自己共感が芽生えるにつれて，自分の感情能力を実感する体験を通じ

11章　再構成方略　**301**

て自尊心が高まる。それと同時に，外的状況をきっかけに最悪の自分が表れてしまう閾値が，次第に上がっていく。クライエントの統制感や習熟感によって，従来横行していたパターンが少しずつ変化する。この種の内省的な気づきを通じて，自己感覚と他者観の再構成が行われる (McCullough Vaillant, 1997)。

▼自己共感の高まりと，コア感情との接点の拡大を通じて，クライエントの他者に共感し調和する能力が向上する。その結果，自己―他者の相互作用に関する力動が変化し，相互性がいっそう高まる。

比較の三角形：
相互作用の反復的パターンと新たなパターン

*関係的パターンを比較する。*比較の三角形は，すべてのクライエントの人生の主な対人関係を示すものだ。類似性があろうが対照的であろうが，自己―他者―感情のパターンとの関連づけも可能である。この関連性は，たとえば，クライエントが父親に接するときと同じように軽蔑を持ってセラピストに対し，自分は父親やセラピストより優れている，賢いと思うなど，反復的なパターンをとることもある。逆に，正反対の関係性が生じる場合もある。常に他人に理解されることを求めていたクライエントが，特別視している叔母に親近感を覚える一方，母親との間に距離を感じ，母親の前では自分が見えない存在になったように感じることもあるだろう。したがってセラピストは，反復的なパターンとその例外や，類似点と相違点に注意を払う。クライエントが接触の深化を求めていようが，接触から遠ざかろうとしていようが，比較の三角形の観点から人間関係の変動を処理することで，現在のクライエントの治療体験が，馴染みあるパターンの一部なのか，それとも新たなパターンの現れなのかを把握できる。セラピストは，パターンを観察した結果を総合して，クライエントに対して自らを観察し関連づける方法を教える。

*痛みをともなうものとポジティブなもの両方の対人パターンの反復をクライエントに敏感に察知させる。*過去の重要な人間関係は，対人体験の土台作りに影響を及ぼし，ときに現在の人間関係と治療関係の双方に，過去の関係の影響が繰り返し現れ

る。クライエントとセラピストは協力してこの探索を行う。この探索では，自己体験，他者による認識・体験，相互作用のパターンに注目する。セラピストは，クライエントが反復されるパターンを敏感に察知できるよう助け，クライエントは反復されるパターンが現れたらすぐ察知できるように努める。ここでの焦点は常に，どのように感情を処理するかと，そのようなやりとりの中でクライエントがどのような自己感の状態に至るかである。

　特定のパターン——たとえば，怒り（コア感情）による破滅不安から，「良い子」的な行動（防衛）に走るなど——を発見したら，クライエントが同じような反応を示す別の状況を調べることで，理解を深められる。「他の人との関係でこのパターンに気づいたことはありますか？」「破滅不安は，どこから来るんでしょう？」などは，防衛が和らいだ際に重要な情報を引き出すのに役立つ質問である。

　「新たな」パターン，または反復からの脱却をクライエントに敏感に察知させる。セラピストは，パターンに適合しない例外にも興味を示す。「腹が立ってもさして気にならない相手を，誰か思いつけますか？」など。パターンに合う体験と合わない体験を比べることで，クライエントは何が引き金になるか，自分がどんな状況に弱く，どんな状況でベストを発揮できるかを理解できる。新しいという点を，強調する。なぜなら苦痛をもたらす病的なパターンから逸脱したパターンは，最初に発覚したとき，生まれて初めて起きた1回限りの体験に思えるからだ。前述のように，この種のパターンの発見は，たとえ相手が主たる愛着対象でなくとも，他の類似した記憶の抑圧からの解放につながる場合が多い。

　病的パターンの反復に注意を払えば，セラピストは「ルールの例外」（すなわち，どれほど短くても，クライエントの信用，寛容さ，信頼が高まり愛情に包まれる関係的な体験）に目を光らせることができる。セラピストは，こうした状況でのクライエントの対応力を指摘し肯定し，強調する。

　*対人パターン構築における自己と他者の役割を探り，それが自己体験に与える影響を探る。*過去のパターンと現在の関係の結びつけを通じて，クライエントは，成人後の人生のシナリオにおいて，彼自身が，選択を通じて（たいてい無意識ながら）積極的な役割を果たしていることに気づきはじめる。クライエントが，特定の人間関係の構築に対する自分の寄与に，責任を負うことが大切になる。トラウマ体験など，クライエントが影響力を発揮できない状況で自分の無力さ

11章　再構成方略　**303**

を認識し，弱さを受け入れることも同じく重要になる（Fosha, 1990; Herman, 1982; Miller, 1981）。クライエントが，問題の原因となる対人パターンを具体的に意識するにしたがい，そのパターンのうち，自分の限界や恐怖心，認知的嗜好（すなわち認知の歪み）に起因する部分と，他者に由来する部分とを区別することが重要になる。クライエントが似たような反応をとった場面を指摘することで，この区別を行える。クライエントは，自分がさまざまな相手に対して，同じような怒りの感情や防衛で反応することに気づけば，自分をもっと細かに観察できるだろう。一見異なる人々の間に，実は自分がとくに敏感に反応する何らかの微妙な類似点がないかどうか，調べてみようと思うかもしれない。

　感情の変容モデルを適応的な観点から見ることで，クライエントが反応する感情的環境——この場合，感情的に重要な他者——への意識を高められる。多くの防衛や不安反応は，特定の対人環境特有なものであり，両者の関連性を理解することが，防衛や不安の克服と，根底にある病理の根絶に向けた重要な一歩になる。またクライエントは，自意識や，異なる対人環境でその自意識がどう変化するかにも敏感になれる。これは，不適切性・無防備さなどの感情から不安反応や防衛反応が生まれる仕組みと，密接に関連している。セラピストは，クライエントが一定のかたちで現実を構築していることに気づくだけでなく，外的現実へのクライエントの適応・反応の仕方も理解することができる。拒絶や外在化，個人的責任の投影によるクライエントの認知の歪みを正すのも大切だが，一方でセラピストはクライエントが自身のコントロールの範囲を超えて起こった不幸な出来事に対して感じる歪んだ自己責任や自己批判も，正さなければならない。

事例　セラピストが休暇から戻った後のセッションでは，クライエントは心を閉ざし，セラピストから距離を置いていた。クライエント自身は，別に怒っているわけではないと言い張る。セラピストはクライエントの反応を，育児を放棄して遊びに出かけがちだった母親に対するクライエントの感情と結びつけてとらえた。クライエントは，失望感を覚えていることを認め，続く何回かのセッションで，さまざまな喪失体験や見捨てられ感情を想起したが，それでも怒りの感情を否定していた。セラピストは怒りについて考え続け，これを踏ま

えた上で，母親が長年慢性病に苦しめられた時期を含め，誰にも自分の感情を悟らせたことがないと語るクライエントの話に耳を傾けた。セラピストは，こうコメントした。「あなたはきっと怒りを感じていたはずです。でも死んでしまうかもしれない母親相手に，怒りをぶつけられるわけありませんよね」クライエントは，セラピストを切実に求める思いと，セラピストへの怒りにあらためて気づき，次いで，それまで一度も認めてこなかった，育児を放棄した母親への怒りを自覚した。

比較の三角形の有効な使い方とは，精神病理の存続に強力な役割を果たすある種の反復を，クライエントに気づいてもらうことである。この反復の中には，クライエントが自らを，病因となる他者がクライエントに接したのと同じやり方でクライエントが自身を扱うことも含まれる。これは次の臨床例が示すように，病理の原因となる過去がクライエントに及ぼす影響力を力動的に打ち消す上で，極めて重要な気づきである。ここでは比較の三角形（これには他の２つの三角形も含む──図6.8参照）が，次の臨床エピソードの場合のように，題材を構造化し，クライエント（とセラピスト）を明確な理解に導く上で有用となる。

感情の荒波に持ちこたえる

エミリーは，自制心を欠く母親の下で育った。母親は理由もなく癇癪を爆発させ，八つ当たりして娘に暴力を振るうことがあった。幼いエミリーにとって，この癇癪は「高波」のように恐ろしく圧倒的に思えた。エミリーは用心深く母親に接し，爆発のリスクを減らせるように母との関係を「やりくり」した。

エミリーは父親を，自分の本当の親（父親兼母親的な存在）とみなしていた。彼女は父親が大好きで，父も娘を可愛がった。当然ながら彼女は，母親の理不尽と暴力にさらされる自分を放置し，絶対に手を差し伸べてくれない父親に対する感情と向き合うことに抵抗し，年長者を敬う姿勢を守り続けた。初期のセッションではエミリーが，自己主張をするたびに，これは失礼な発言に当たらないか（別に失礼な内容はなかった）とセラピストに確認するので，一歩前進しては一歩後退する繰り返しだった。

11章　再構成方略　**305**

やがて彼女は，自分に対する父親の態度を彼女自身が内在化していることに気づきはじめた。信頼できる唯一のまともな親である父親との絆を維持するため，父親が彼女に対して取った方法と同じ方略を，エミリー自身も採用していた。彼女は常に，自分にプラスにならない状況に耐えるよう自分自身を納得させてきた。言うまでもなく，彼女は手に負えない人々と巧みな方法で付き合ってきた。自らのために立ち上がり自分を擁護するのでなく，自らの虐待の共謀者として過ごしてきたという気づきはエミリーにとってはつらいものだったが，この理解を通じて新たな解決策が得られた。30年間で初めて，エミリーは夫への揺るぎない献身に疑問を抱きはじめた。彼女の夫は，虐待的で自我関与が強く，まれにしか妻に思いやりや配慮を示さないという点で，気味悪いほど彼女の母親に似ていた。

これで比較の三角形が完成した。エミリーの父親との体験が心理構造に内在化され，彼女はことを荒立てないよう，自己主張や怒り，抗議，自己擁護の感情を押し殺し無視した。こうした内在化の結果が，夫や同僚への彼女の態度に明確に現れていた。これと対照的に，彼女のセラピストや親友との関わり方によって，比較の三角形の最後の一点が完成する。一貫して彼女の味方だったセラピストは，彼女の自己擁護を助けてくれた。変化のプロセスは，内在化された父親像と，それを受けて彼女が編み出した自己管理法からの脱却，および自己主張を促す新しいポジティブな人間関係の内在化だった。セラピストとの関係を通じて，エミリーは自身のコア感情にも触れることができた。以前の歪んだパターンを維持していたら，コア感情には到達できなかっただろう。

以降のセッションで，セラピストが関わる特別な事件が発生した。その事件が起きたとき，クライエントの目にはセラピストの態度が，父親や彼女自身の「昔」の態度と不気味なほどそっくりに思えたのだ。だが今回は，エミリーは腹を立てセラピストに抗議した。その事件とはこうだ。ハリケーン接近中との警報を受け，エミリーはその日早い時間に電話を入れ，予約していた夕方のセッションのキャンセルを申し出た。セラピストは，「どのみち私はずっとオフィスにいますよ，午後になってから来るかどうか連絡してください」と答えた。その次のセッションで，エミリーは，最初はセラピストの対応に「怖気づいた」と語った。自分がまるで，些細なことを大げさに騒ぎ立てる心配性の「弱虫」みたいに感じたからだ。セラピストが表面上は人当たりよく対応し

たので，エミリーは，しばらくしてようやく自分が「頭にきている」のだと気づいた。この出来事を話し合ううちに，クライエントはセッションをキャンセルすることで，身の安全を確保し（母親や夫の怒りの爆発という高波から身を守るべきだったように）ハリケーン襲撃から自分を守るため，積極的な役割を担っていた。けれど，セラピストは，彼女が自分のために払った努力を肯定も評価もしてくれなかった。彼女には，セラピストの発言が，彼女の不安は根拠が欠けるとみなし，そんな心配に目を向けず適当に対応するよう指示されたと感じたのだ。

　クライエントは，セラピストとの作業を通じて一貫して修正感情体験を持つ中で，セラピストは自分の味方につき，自分の主張や自己擁護を支持してくれる存在だと思えるようになっていった。彼女にとってセラピストが，昔の愛着対象に似た存在に思えたとき，エミリーは新たな自己にしっかりとつかまり（Shane, Shane, & Gales, 1997 を参照），率直に怒りを表明しセラピストに抗議した。これに対して，セラピストはクライエントの認知を肯定した。父親とは別の存在として普段はセラピストを見ていたのに，ここでは父親に似通った人間としてセラピストを見ていたというズレを認識することが，この極めて重要な作業を後押しする力となった。結局はこのズレが，貝に侵入した異物の役目を果たし，その核のまわりに真珠が形成されたのだ。セッションの最後にクライエントは——少し怯えつつも——，自分の結婚生活を徹底的に見直す決心を固めた。もし彼女が，基本的に理不尽な状況を切り抜けることに労力を費やす代わりに，自分の意見を主張しはじめた場合，今の結婚生活が彼女の欲求や願望を満たし，支えてくれるものかどうか，見極める必要があったのだ。

統合的なプロセシング：
新たな自伝的物語の生成

　あるクライエントが以前，「自分の体験に追いつくのに，少し時間がかかるんです」という名言を残したことがある。もちろん彼の言葉は正しく，確かに時間が必要だ。そのような体験の処理をすることで，感情と認知の統合を通

じて体験の意味を理解することができるようになる。体験の振り返りは，統合に欠かせない重要なツールである。振り返ることが体験の表現につながり，その表現が（精神）構造に転換される。統合的な関連づけの作業は，体験後に行われるもので，実際に起きたことを本人が言語化し，その体験の本質を明確に説明できれば，学習が促される。こうした点で，体験的精神力動療法において洞察が重要な役割を果たす。ここでいう洞察とはグリーンバーグら（1993）が「意味の創出」と言い，マーク（1995）が「新たな物語の生成」と呼ぶものである。この種の統合的作業は，各セッション末尾の感情的ブレイクスルーの後にその出番を迎え，終結段階の作業ととくに深い関わりを持つ。

　治療のこの側面は，自分自身の人生の物語の書き直しに当たる。この新たな物語は，固定的な構成概念でなく，人間の主観的な「真実」が静的でないように，決して完成したり固定的になったりすることはない。クライエントがさまざまな物語を構成する間，セラピストはこの課題の達成を助けるために，一連の用語つまり，3つの三角形のカテゴリーを使うようにする。これらのカテゴリーとその相互関係は，治療の実施に使用する用語として，AEDPのセラピストの作業の核となる情報であるため，こうしたカテゴリーの活用を通じてクライエントの自らの体験に対する理解が促され，結果的に本人の達成感や統制感が高まる。自分の心理的問題の原因を理解するだけでなく，その問題が生じた経緯や作用の仕方も把握できれば，大きな力になる。これはダーバンルー（1986-1988）がクライエントの苦悩の「原動力」と名づけたものでもある。新たな物語は，精神力動的フォーミュレーションをクライエント自身の声で伝えるものだ。したがって，以下の要因間の関連性を理解できれば，クライエントは己の精神生活に対する有能感を得られ，精神生活自体が，恐ろしく非論理的で予見できない未知の存在ではなくなる。

▼防衛，不安，コア感情のパターン
▼葛藤の三角形のパターン形成と，その結果としての精神病理（症状，非適応な対人パターン，人格パターンなど）
▼過去の体験を踏まえた自分の反応，および「他者」をどう認知し体験するか

　またクライエントは，自分は善良で強く統制心があると感じる場面（最良の

リソースを発揮できる感情的環境）と，逆に最悪で弱く，無力で機知に欠けると感じる場面（最悪な部分が露呈される感情的環境）の関係的な背景も，意識する必要がある。自分の状態を素早く判断できれば，その状態を変えられる余地が大きくなる。それが難しい場合，少なくとも今の状態は一時的なもので，恒久的な自分のあり方ではないと明確に意識する必要がある。上手くいけば，クライエントは自分のパターンと他者のパターンに精通できるだろう。治療作業は生涯にわたる取り組みだが，クライエントによるこうした統合的な処理と新たな物語の生成を通じて，治療を完了させることが可能になる。何より重要な点として，クライエントは感情的なストレスがかかる状況・体験への対処法を内在化するだろう。

　こんなとき，先生［セラピスト］なら何と言うだろうと自問しました。そして，自分はこの男［クライエントを激怒させた相手］をどうしたいのか想像してみました。ええ，奴を思う存分叩きのめし，骨をへし折って……といったことです。すると冷静になれたので，単刀直入に相手に対して，あなたの行動が気に入らないと伝えました。すると，どうなったと思います？　どうやら，新しい友達ができたみたいなんです。

　この例で元クライエントは，もしセラピストがこの場にいたら何と言うか考え，治療プロセスを具体的に内在化することで，厄介な感情に適応的に対処できている。自分の本能的な体験を通じて厄介な感情に直接対処することで，クライエントは，その体験がもたらす明晰性や適応的な行動――この場合，率直な自己主張――というメリットを享受している（この例は，1年後のフォローアップセッションのもの）。
　この統合的作業は，クライエントとセラピストの体験の共有に根ざしている。ここに至るまでの過去のすべての介入では（またその後の介入ではなおさら），防衛を回避し，一瞬のチャンスをとらえて感情の波に乗るために，簡潔さが何より重要となる。しかし，統合的な作業では，セラピストは語ることができ，クライエントも自由に話すことができる。目標は，クライエントが意味のある物語を編み出せるよう手伝うことだ。常に自己への共感という視点に立ち，自己と他者が及ぼす影響を十分に意識しつつ感情と認知を統合することで，一

11章　再構成方略　**309**

貫性のある自伝的な物語，すなわち防衛的な排除に分断されない物語を展開することができるのだ。

12章
体験的—感情的方略

　体験的—感情的介入は，次の２つの臨床的文脈に適用できる。すなわち，⑴感情にアクセスしにくい場合に，防衛機制を迂回して感情体験を促すために活用できる，⑵治療的作業を通じてすでに感情を引き出している場合，感情を深め，それにともなう精神力動的な現象をワークスルーするために活用できる。体験的—感情的方略を通じて身体感覚や視覚的イメージ，嗅覚・触覚的な体験に集中することで，防衛機制を強める認知的—知性化プロセスが回避され，感情への到達が促される。さらに，感情を生む場面を「思考と夢想の中で」(Davanloo, 1980, 1986-1988, 1990)細部まで詳細に味わう（または追体験する）場合(Brennan, 1995; Bucci, 1985)，コア感情の表現にともなう適応的行動傾向をいっそう容易に呼び起こすことができる(Darwin, 1872; Greenberg & Safran, 1987)。深い感情を体験するクライエントの能力を活性化すれば，クライエントは防衛機制に縛られずに機能するというのがどういうことかを実感できる。これは，難しい治療的作業へのクライエントの意欲を高める上で，何より効果的な方略の１つである(Davanloo, 1986-1988, 1990)。

純粋な感情体験を促す

　感情を直接的にトラッキングする。ライスとグリーンバーグ(1991)は，「感情体験に直接的に的確な注意を払わなければ，複雑な人間環境の中で，感情は生物学的に適応的な機能を果たせない」と指摘している(p. 197)。したがって，感情促進的な特定の介入法を選定するに先立ち，セラピストはクライエントの瞬間ごとの感情体験を直接トラッキングし，これに焦点を合わせる(Greenberg, Rice, & Elliott, 1993; Greenberg & Safran, 1987)。トラッキングと焦点化を通

311

じて，その瞬間の個人の状態を知る手段が得られる。目的は，クライエントの思考でなく感情に働きかけ，彼の感情体験を変容させることにあるため，セラピストは一貫してクライエントの感情をトラッキングし，これに焦点を絞り「こだわる」。セラピストはクライエントに対して，自身の感情状態に注意を払い，その感情がある一瞬から次の一瞬までにどう変化するか，体験として記憶に刻むよう指示し，これを促す。またクライエントが感情を追う作業から脱線した場合，面接プロセスの体験的な側面に再びクライエントの関心を向けさせる。自分の感情に焦点を絞り，その感情を頻繁に言語化することで，クライエントも自身の感情を意識するようになる。たとえ知性化が激しいクライエントであっても，感情反応について直接質問することによって，そのプロセスに感情を吹き込むことができる。クライエントが，つらい出来事に対する自分の感情反応を把握できない場合，それは幼い頃に感情体験を共有し，その処理を助けてくれる信頼できる相手がいなかったせいかもしれない。セラピスト自身もクライエントと向き合っているため，セラピストからクライエントに対して，自分の感情反応を吟味するように促し，それを通じてクライエントに，精神病理の中核にある未だ探索されていない感情を探らせることができる。

　ただの言葉を，感情や動機付け(または欲求)を表す言葉に翻訳する。防衛機制を避け，感情体験を促すもう1つの方法は，セラピストが生き生きとした，感情に訴える印象的な言葉を使い，短い簡潔な文章で話すことだ。たとえば，あるクライエントは身体的虐待を受けた過去を当然のことのように語り，「当時はみんなそうしていたから」と片付けた。セラピストは，単に反射によって返すミラーリングにとどまらず，クライエントに対してその「悪夢」を詳しく描写するよう求めた——悪夢となれば，社会的に妥当な現実とはかけ離れた世界である。別のクライエントは，母親が自分や妻に相談もなく夫婦の寝室の家具を注文した経緯を語った。彼は，母親はいくらか支配欲が強いと認めつつも，「あの人に悪気はない」と言い張った。セラピストは，もし夫婦のベッドに母親が割り込んできたらどう思うかとたずねた。

　深い感情体験に向き合い，その体験に耐えるよう促す。多くのクライエントは強い感情体験に向き合い続けた経験がないため，起こった感情の深さに恐怖心を覚えることもある。セラピストが，その感情体験に向き合い耐えるよう直接励まし，その体験が永遠に続くわけではないと安心させることで，不安を和らげ，必要

とされる安全な環境を提供することができる。

単純なミラーリングを越えて

　クライエントの感情のミラーリング——感情的共鳴。クライエントが感情的になっている場合，セラピストはクライエントの感情を模倣し，その体験を肯定する。そのためにセラピストは，クライエントの感情を必ず肯定しつつ本人の前でその感情を（ときに誇張して）再現し，クライエントに自分の体験の意味や深さを，セラピスト自身の声や目つき，表情，言葉を介して実感させる。これによりクライエント自身の感情体験が深まり，「現実味」を増す。あるクライエントは，「つらいときに先生を見ると，先生の目の中に自分の痛みが見えるんです。おかげでいっそう深く，より真に迫って感じられます」と語った。

　ミラーリングとその言語化は，クライエントの感情体験の内臓感覚的なリアルさを深め高めるだけでなく，体験したが本人でさえも完全には理解していなかった，クライエント自身の新たな側面への気づきを促すのに役立つ。

事例　クララは，仕事で担当している大規模な案件をやり遂げられるか自信がなくなり，来談した。だが業務内容を語る途中で，なぜかひときわ言葉巧みに説明できるようになった。彼女が仕事に興味と愛情を抱いているのは明白で，彼女の話に耳を傾けるのは，セラピストにとっても楽しい体験だった。セラピストが彼女にミラーリングを始めると，クララは当惑し恥ずかしがり，それを素直に受け入れられなかった。リフレクション（ミラーリングと言語化）を繰り返すうち，ようやくクララは，仕事への深い喜びを意識し，その気持ちを認められるようになった。次第に，セラピストが話した内容の意味を理解できるようになった。セラピストが映し出したクララの自己体験（彼女自身が排除してきた体験）を通じて，彼女は自己感覚を獲得し，自信と有能感をますます高めた。

12章　体験的—感情的方略　**313**

先行的なミラーリング。セラピストは最初に防衛機制を観察した上で，あたかも防衛など存在しないかのように対応することもある。お互い率直に心を開いているという前提に立つことで，クライエントの防衛機制が和らがないか様子をみるのだ。この方法は，ソフトな防衛機制にとくに効果的だが，根強い防衛にもときに驚くほど効果をあげる。セラピストは，*先行的なミラーリング*（もしクライエントが感情を表現できたら，そうしたであろうかたちで感情的に反応する）を活用することもできる。性格形成を特徴づけてきた感情的な抑制と歪みの結果として，クライエントは感情の「体験者」および伝え手として未熟である。しかし，眠っているこの能力を呼び覚ますことはできるのだ。セラピストは，もしクライエントが感情反応の体験を自らに許せたら感じたであろう感情や，今感じているかもしれない気持ちを投影する。この潜在的な感情に反応することで，クライエントを「より優れた能力」へと導き (Harris, 1996, p. 167; Vygotsky, 1935) の発達の最近接領域も参照)，自身の感情への接触を図るクライエントの動きを促すことができる。この方略は，母親が幼児のコミュニケーションスキルを促す際の，比較的未分化な感情覚醒の状態に意味を付与する行動によく似ている。母親は幼児の体験に共感し，それに名前をつけ，母親自身の反応を通じてその体験を肯定する。乳幼児の母親は，子どもの発声に「うんうん，窓の外が見たいのね」といった具合に，極めて具体的な意味を与える。この行動が，赤ん坊のその後の感情の入った関係性的体験や言語表現の構築に重要な役割を果たす。同様に，セラピストとの感情的な対話もクライエントの感情能力のきっかけとなり，それまで不可能だった関連づけを実現する。

事例　クライエントは，子どもの頃に経験した幼い弟の死を思い出そうと努力していた。彼女は，すべてが混沌としていた様子をポートレイアルの技法を使って想像し喚起して，そのとき起きたことをなぜ思い出せないかということに焦点を当てた。セラピストは，衝撃的な未知の体験を前に圧倒された少女の混乱を肯定した。セラピストは痛切な声音で「苦痛に満ちて慰めを求める幼い少女の姿を想像できる」とクライエントに伝えた。クライエントは，セラピストが想像したクライエントの感情を手掛かりに，死の床にある弟を抱きしめた鮮明な記憶を，当時の身体感覚とともに取り戻した。最終的にこの記憶を，ク

ライエントが治療を必要としていた，成人後の慢性的な消耗性の身体症状と関連づけることができた。

---

*感情を増幅*する。ほんの少しばかりの感情しか喚起できない場合，セラピストはその感情があることを認めて，それに対するセラピスト自身の感情反応を開示することによって，問題となる感情を増幅する。自分の感情を無視されたり馬鹿にされたりするという，つらい体験をした人には，これが感情体験になりうる。また感情の増幅は，クライエントを，感情反応のさらなる探索や，本人の病理の中核にある未探索の感情へと導く。もう１つの方法は，*思い切って賭けに出る*ことだ。クライエントがいらだちを語ったら，セラピストはそれを怒りにして返す。同じように，悲しみを深い悲嘆に変え，気持ちを乱す出来事を悪夢と呼ぶ。だが賭けに出る際，あまりにやり過ぎてはいけない。目的は人為的に感情を高めることではなく，防衛機制を解かれたクライエントの感情体験の正確なニュアンスをとらえることにある。クライエントの直接的な体験こそが，最適なさじ加減を決める上で究極の判断材料になる。

感情体験に名前をつけ，肯定する

クライエントが感情体験をする際には必ず，それを肯定し名前をつけねばならない。クライエントが，自分の悲しみや怒り，愛情をそれと意識しないまま，涙を浮かべたり，両手をギュッと握りしめたり，優しい表情を浮かべたりするのは珍しいことではない。そんなときには，「今の気持ちにどんな言葉がぴったりですか？」「その感情を言葉にしてみましょう」といった簡単な質問で，絶大な効果が得られる。自分が今この瞬間，感情を体験しているとクライエントが自覚すれば，それだけ感情を累積的な自己感に統合しやすくなる。

事例　重い強迫症のクライエントが来談し，黙って微笑みながらしばらく座っ

12章　体験的−感情的方略　**315**

ていた。やがておもむろに「……それはそうと」と口を開き，いつもながらの夫婦関係の悩みを淡々と語りはじめた。セラピストは，クライエントの物腰の一種の軽やかさと，普段と違う心のこもった挨拶に気づき，最初にオフィスに入ってきた瞬間のクライエントの感情に焦点を当てた。クライエントは，意外なことに，オフィスに足を踏み入れた瞬間には実際，リラックスし快活な気分だったことに気づいた。これを機にクライエントは，自分の体験のうち，従来は無意味として見過ごしていたまったく新たな側面を探索するに至った。夫婦関係の悩みに話を戻したときには，新たな視点から問題をとらえられた。自分の中の機知に富んだ側面を上手く利用して，妻との対立を避けられようになったのだ。

　多くのクライエントにとって，感情的になることは弱さや自制心の喪失を意味する。感情に名前をつけ認識することで，こうした連想をワークスルーし，恥や不安，感情への恐怖心を和らげられる。感情体験を否定する手段として，前回のセッションの内容を「忘れ」がちなクライエントに対しては，面接の動画を使って，前回のセッション中の感情に満ちた箇所を見直せば，防衛機制を克服し，感情作業の持久力を高める上で有益なツールになる（Alpert, 1996）。
　感情体験に対する防衛機制への依存からの脱却は，一度で身に付けられるものではない。こうした介入を繰り返し行う必要がある。防衛機制を回避して感情にたどり着くのは実際に可能だが，防衛機制の根強さを過小評価してはいけない。感情に名前をつけ肯定する技法は，感情反応のミラーリングを併用することでいっそう効果を増す。前述のように，クライエント本人の直接的な体験を増幅し，それに名前をつけることが，ときに防衛機制を回避する上で効果的な手段になる。

具体化，詳細化を求める

　具体性は，一般化，曖昧さ，否定，および他の知性化の防衛機制の敵であ

る。「具体例を教えてくれませんか」とたずねるだけで，クライエントはすで
に，感情的に重要な状況で他者と関わりを持っている。具体的な詳細は，クラ
イエントが感情世界でどのように認識，構成，活動しているかを知るための手
段であり，特定のシナリオをクライエントが自ら進んで選択するため，力動的
な情報を入手するさらなる情報源になる。

　具体的に詳しく描写してもらうことで，クライエントが提示するすべての課
題や問題への理解を深められる (Davanloo, 1990)。クライエントが，そのとき
説明している場面の様子や音，匂いを思い出せれば，その体験とそのとき感じ
た感情をいっそう追体験しやすくなる。セラピストは，早い段階で具体的な質
問を投げかけ，話が進むにつれてその場面や登場する人々，動作，ストーリー
を思い描くことで，クライエントを手助けできる。クライエントが依存的な夫
への嫌悪感を語るなら，セラピストは彼女に対し，具体例を１つ挙げるよう求
め，そのとき夫婦がどこにいて，どんなふうに座り，誰が何と言ったかなどを
説明するよう促せる。具体例はクライエントをたちどころに感情に引き寄せ，
力動がより鮮明に姿を現す。

　次のエピソードでは，非常に知的なクライエントが誕生日の大切さを語るう
ち，9歳の誕生日に買ってもらった新しい自転車に乗った写真を思い浮かべる。
紫色の自転車の細部に注意を向けることで，自然な感情が初めてあふれだし，
やがて深い感情的な洞察が得られた点に注目してほしい。

セラピスト：では，一緒に，自転車に乗ったあなたの写真を想像してみましょ
う。
クライエント：分かりました……　(9歳の頃の自分をポートレイアルの技法を使って
思い描く，どんな服を着ていたかなど)
セラピスト：この写真を撮ったとき，どんな気持ちでしたか？
クライエント：(沈黙……柔らかなため息，恥ずかしそうに，率直に)分からないけど，
世界一素敵な自転車だと思いました。とても嬉しかった。
セラピスト：うんうん……どんな自転車でしたか？
クライエント：(満面の笑み，少し恥ずかしそうに)紫色で大きなハンドルが付い
ていました。背もたれつきで，花模様のバナナ型のシートでした。
セラピスト：なるほど。[楽しそうに，彼女の喜びのミラーリング]

12章　体験的－感情的方略　**317**

クライエント：こう思ったんです（涙を浮かべる），この自転車はまるで私みたいだって……子どもの頃は派手好きでした（短く笑う，優しく）。

セラピスト：そうですか。

クライエント：本当に派手なものが好きで……いつも姉にからかわれました。母に服を買ってもらうときも，ド派手で安っぽいものを選んでいました。

セラピスト：うんうん。

クライエント：姉は全然違いました。時々姉が，アイテムを1つ買ってくれたけど，結局全体として派手なのは変わらなくて……でもほら，この自転車はいかにも私らしかったんです。

セラピスト：もっと話してください。この自転車を私も見てみたいですね。[本当に見たいと述べて，治療関係の絆を築きつつ，詳細性や具体性を引き出す]

クライエント：紫色，それもキラキラ光る紫でカッコいいシートが付いていました。本当に素敵だったんです（泣く）。今分かったけれど，この自転車の記憶は，私が幼い頃に自分の感情を大切にしなくなり，他人がどう感じるか気にするようになったことと関係しているんですね。周りに受け入れられたくて自分を押し殺していたから，自分にとって何が大切か，何が欲しいかよく分からなかったんです。

セラピスト：ええ。

クライエント：それで，自分の心の声に耳を傾けるのを止めました……でも，あの自転車は私そのもので，誰にどう思われようと構わなかったんです。

　紫色の派手な自転車のポートレイアルを通じて，クライエントは真の自己，深い満足を覚える共鳴に触れられた。内臓感覚的，視覚的に想起された詳細を通じて，クライエントは，母親に自分の個性を理解してもらえなかった過去を見出し，それを契機に，理性を超えた映像的な形で，自分が他人を喜ばせ他人に受け入れられるために，個性を殺してきたことに気づいた。このエピソードは，しばしば見られるクライエントの力動的とみなされる現象をとらえている。すなわち，「所有」（having）の体験に触れると（この場合，深く理解されたいという願望が満たされること。自転車は，理解されることへの切望の主観的な相関物），クライエントはそれよりはるかに支配的で圧倒的な「非所有」（not having）の体験（母親から共感的な養育を受けられなかったこと）へと至る。後

者の体験は，生存のために本当の自分を偽らざるをえなかったことへの悲しみや嘆きをもたらす。

この場合は，具体性と詳細性への注目それ自体が治療成果を生んだが，この方略はAEDPという取り組み全体の基礎を形成する。すべての感情的―体験的な作業は，具体例に根ざしている。明確化と詳細さを高めると，*感情的―体験的な探求を深めるための下地を作る*ことができる。説明が詳しくなるほど，防衛的な歪みによって治療成果を帳消しにするのが難しくなる。具体性の重視は，感情と感情に関する他の理論にも通じるもので，一部の理論はそれぞれの感情には特化した脚本があるという考えを用いる（例 Lazarus, 1991; Nathanson, 1992; Tomkins, 1962, 1963 を参照）。具体性は，多くの体験アプローチの技法の特徴でもある（例 Alpert, 1992; Coughlin Della Selva, 1996; Davanloo, 1990; Fosha & Slowiaczek, 1997; Gendlin, 1991; Greenberg, Rice, & Elliott, 1993; Laikin, Winston, & McCullough, 1991; Magnavita, 1997; Mahrer, 1999; Marke, 1995; McCullough Vaillant, 1997; Osiason, 1995; Sklar, 1992）。

具体性，詳細性に注目することを通じて防衛機制に対処できるだけでなく，*他者の面前での体験の開示が促される*（Wachtel, 1995）。セラピストが体験の詳細をたずねることで，クライエントはかつてないような形で自分の体験を明確に説明する。防衛的な排除だけが，体験が識別されない理由ではない。セラピストの質問に応えて自分の体験を位置づけるプロセスの中で，それまで考えもしなかった体験の新たな側面がクライエントに明らかになるのだ。いったん言語化されると，それらの体験は以前からそこにあったように思えるが，質問を通じて喚起される前には，どこにも存在しなかった。これが，ボラスのいう「無思考の既知（unthought known）」の１つの意味でもある。他者に説明することで，体験が精緻化され既知のものとなる。

体験の身体的な相関に注目する

人は，身体感覚と感情反応の関連性を必ずしも意識していない。セラピストは，クライエントの体験がどんなかたちで身体に根ざしているかに注目し，ク

ライエントが話している最中に「“ピリピリしている”と言ったとき，体に何か感じましたか？」「その沈黙をどう感じましたか？」「その悲しみを体のどの部分に感じますか？」などと質問することで，セラピストは，クライエントが内臓感覚に根ざした状態を保てるように手伝う（Davanloo, 1990）。クライエントは，自分の内的体験の感覚的，運動的，固有受容感覚的，内臓感覚的な側面に敏感になる。使用する手段の数が多ければ多いほど，感情学習がより持続的になる（Coughlin Della Selva, 1996; Kentgen et al., 1998）。

　関心の中心を，クライエントが考えていることからクライエントがどう感じているか（具体的にいうと身体感覚と内臓感覚的体験）に移すのも，防衛機制と正面から対立せずにこれを回避するもう1つの方法である。クライエントを，内的体験のすべての側面に敏感にさせ，自我親和的な体験を自我違和的にすることが目的である（Davanloo, 1886- 1888）。身体的体験に根ざす記憶はより持続的で，体験をクライエントの心にとどめる上で役に立つ。

事例　父親の死にともなう感情的苦痛への恐怖から，クライエントは感情全般を抑圧していた。クライエントが面接室でその瞬間に感じた不安を探索する中で，セラピストとクライエントは一緒に身体感覚をトラッキングした。胸がしめつけられるような体験を説明するよう求められ，クライエントは「まるで誰かに両手で心臓をつかまれたようだ」と語った。次いで彼は，父親が心臓発作で死んだことを思い出した。悲嘆と苦痛のブレイクスルーが訪れた。クライエントはむせび泣きながら，父親の死以来，自分は感情面で「死んで」いたことを悟った。この気づきが新たな涙を生んだ。悲嘆の波がひいた後，クライエントは深い安堵感とくつろぎを身体的に感じた。その後セラピストは，つらい悲しみの後に訪れた強烈な安堵感の記憶をクライエントの心に定着させ，この感情的ブレイクスルーの体験を詳細にわたって見ていった。これによりクライエントは，危険を冒して感情を抱けるようになった。つらい悲しみは無限に続かず，その後には安堵感やくつろぎに加えて，意外にも幸福感が訪れることを今の彼は理解しているからだ。

体験の身体的な相関に焦点を当てるのは，(a)葛藤の三角形に関する作業では，クライエントが防衛，不安，感情を識別するのに役立ち，(b)自己―他者―感情の三角形に関する作業では，クライエントが「良い」自己状態と「悪い」自己状態の身体的な相関症状を見分けるのに役立ち，(c)比較の三角形に関する作業では，クライエントが感情促進的な環境と感情抑制的な環境での自分の体験の違いに注意を払うのに役立つという意味で，有用である。精神的な体験だけでなく，その体験の内臓感覚的な違いにも関心を払うことで，それらの体験を簡単に見分けられるようになる。

　こうした内臓感覚的な焦点化は，体験的なバイオフィードバックとして作用する。内的に体験した2つの状態——たとえば「悪い自分」(bad me) と「良い自分」(good me) の違いに対する意識は，極めて強大な力を持つ。クライエントは，それまで統制不能と感じていた事象をコントロールすることを覚える。こうして内臓感覚的な体験を通じ，内的状態を具体化・客観化し，命名し区別することにより，変容プロセスの第一歩がすでに始まっている。

　次のエピソードでは，クライエントのつらい悲嘆の内臓感覚の探索が，服喪のプロセスを解決へと導く上で大きな役割を果たしている。この作業は，次に扱う介入方略であるポートレイアルの活用法を示すものでもある。

お墓で涙を流す

　次に紹介するのは，抑うつと，感情の分離，長期的に人間関係を維持できないために，治療を開始した，37歳の男性とのセッションの抜粋である。このセッションでは，クライエントが7歳だった頃の父親の死への反応を取り上げた。クライエントの主たる愛着対象だった父親は，末期疾患で自宅療養していたが，クライエントの目の前で恐ろしいほどやせ衰えていった。クライエントは父親と家でふたりきりになることが多かったが，父の存在を避けた。ある日の夜中，父はこの世を去った。クライエントは何の説明もなく家から連れ出され，2週間ほど親戚宅に預けられた。父の葬式には参列しなかった。成人後は，父の死をほとんど思い出すこともなく過ごした。このセッションで，父の死の甚大な影響とそれへの対処の仕方を扱う中で，セラピストは，クライエントが生前の父を最後に見た時をもう一度一緒に振り返って，今度こそはしっかりやり遂げよう，と提案した。クライエントは抵抗を示し，自分自身とセラピスト

12章　体験的―感情的方略　**321**

に激しいいらだちを見せた。今から紹介するのは，その後の場面である。

クライエント：（かなりプレッシャーを感じている，やや耳障りな声，興奮した様子）まるで私が人殺しみたいだ。血も涙もない冷酷な殺人鬼になった気分です。人殺しみたいに，私は自分の感情を殺し，記憶を殺し，自分自身も殺したんです。
　［防衛機制とその帰結の明確な言語化。深い罪悪感と自己批判。自己共感はない］
セラピスト：でも，今息を吹き返そうとしているじゃないですか。［防衛機制にも阻まれない，クライエントの生命力を増幅する］
クライエント：（声の調子が少し変わる）私は人殺しになりたくない，そんなのごめんです。
セラピスト：人殺しは，あなたを守るためにいるんです。人殺しの仮面の下には，無防備で敏感な，痛みに満ちた感情がたくさん埋もれている，あまりに人間的な感情が……（優しい声で）死にゆく父に対する幼い少年の気持ちです……あなたの目にその感情が宿っている，それを確かに感じます……違いますか？
　［防衛機制の共感的な明確化。説明，ミラーリング，明示的な共感，見方の比較］
クライエント：（少し落ち着く）ええ，その通りです（長い沈黙，顔がぴくぴくする。ワッと泣きはじめ，やがてすすり泣きに変わる）。［感情的ブレイクスルー。エピソードの最後まで続く状態変容］
セラピスト：（涙を流すクライエントにそっと話しかける）……そのとき，あなたはとてつもなく孤独で，ひとりぼっちだった［共感。クライエントの感情体験の増幅］
クライエント：（身をよじってすすり泣く，しゃくりあげる）
セラピスト：幼い少年は何を感じましたか？……お父さんの死体に直面したのは，大人になったあなたではありません……。［感情のトラッキングと把握，防衛の必要性を肯定］
クライエント：ええ，違います（うつむく）［防衛を断念し，肯定を受け入れる］
セラピスト：お父さんの死と向き合うべきなのは，彼［幼い少年］なんです……彼はどう感じていますか？……心の中の思いは？
クライエント：（悲しみに圧倒される）ううっ（まだ激しく泣いている。小さな声）なぜ父さんが死ななくちゃいけないんだ？　なぜ僕はひとりぼっちで残されたんだ？……ひとりで生きろって？……どうして？（身をかがめ，わが身を抱きしめゆっくり体を揺する）……本当につらくて……死ぬほどつらくて……体を引き裂

かれ(みぞおちをつかむ)内臓が飛び出て元に戻せないような……。[その瞬間の悲嘆の追体験。感情的な苦痛に触れる。混在する不安。体験の内臓感覚的相関を自ら進んで語る]

セラピスト：どこが痛みますか？[感情的な苦痛の身体的相関をさらに探る]

クライエント：(息を吸い込む, 嗚咽がおさまる)胸のあたりです。父の死を見て, 胸が全部引き裂かれたようでした。

セラピスト：感情の波がちょうどみぞおちのあたりから生まれるんですね。[身体的相関のミラーリング]

クライエント：(もう泣いていない, 深呼吸する)全身が張り裂けそうでした。もうあんな思いは二度としたくない(力強く)二度と……絶対に…… (沈黙)いやです……死にそうな気分でした(再び泣きはじめる)。父が死ぬのを見て死ぬほどつらかった。父と一緒に私も死んだんです(再びすすり泣くが, 今回は心の結びつきが感じられる。不安の軽減, 深いため息)。[コア感情体験。耐えがたい感情に耐える。防衛機制の原因として, 圧倒的に強烈な苦悩を明示する]

セラピスト：そうした感情はどうなったんでしょう？

クライエント：心の奥深くに押し込めました。[防衛機制の体験的なポートレイアル]

セラピスト：あなたがサミー[クライエントが病床に付き添った, AIDS で死んだ友人]を看病したとき, まるで父親の面倒をみているようでした……あふれんばかりの愛情を持って…… (長い沈黙)あなたは今, どこにいますか？[クライエントの他者に尽くし感情を感じる能力の肯定。クライエントの他者へのポジティブな影響の認証。比較の三角形による関連づけ。父親の病気を前にしたクライエントの無力感への暗黙の対処]

クライエント：(落ち着いた口調, 視線を上に向け内省的に)先生が今サミーの話をして, 彼の看病や父の看病に触れたことで……私の中の何かが救われました……何か心に感じるものがありました(穏やかな眼差し, 柔らかな声, セラピストと目があうと静かに涙を流す)。[ヒーリング感情]……死にゆく父を, 私なりに看取れたんだと……何らかの形で…… (深呼吸。背筋を伸ばして座る。深呼吸, 澄んだ眼差し)。[感情体験後のブレイクスルー。自己肯定。セラピストによる肯定とその治癒的効果を認める。変化と解決の兆しの開始]

セラピスト：今, どんな気持ちですか？[感情的な自己体験のトラッキング]

クライエント：(柔らかな優しい声)少しホッとしました。[感情体験後のブレイクスルーの感情]

セラピスト：ずいぶんつらい思いをして……苦しみをくぐりぬけてきたんですね……(深いため息)[あえてクライエントより一歩遅れたかたちで苦痛を肯定する。感情の波長合わせの小さなずれ。セラピストはクライエントより数歩後を歩く。セラピストは，クライエントがすでに克服した苦痛をミラーリングし，苦痛の十分な体験と表現を通じて，安堵感を体験させる]

クライエント：でも少なくともつらいと感じられたし，先生の目を見てもそれが分かります。[セラピストの感情の波長合わせのずれを修正する。相互的なモニタリング]

セラピスト：私の目を見てどう感じますか？ [関係的な感情トラッキング。相互的なモニタリング]

クライエント：優しさを感じます。先生の目に慰めを感じます。私への慰め，思いやり。一瞬怖くなり，あらためて自分の苦痛を振り返りました。でも次の瞬間には，良い気分になって……。[セラピストの思いやりとその治癒的な効果を，完璧に認識し体験する能力。大切にされる体験を通じて，クライエントは苦痛の感覚を，今度は不安なく振り返ることができる。圧倒的な悲しみを前にしても，今の彼はひとりではないからできること]

セラピスト：それに苦しみも？ [感情のトラッキング]

クライエント：父のことです。

セラピスト：今度はどんなイメージが浮かびますか？

クライエント：イメージじゃなくて……感覚……単なる感情です…ええと……いえ，イメージが1つ浮かびました(間をおく)。父のお墓に行かなくちゃ。[クライエントが服喪のプロセスに関わるにしたがい，自然な治癒的プロセスが復活する。自発的，適応的な新たな感情的解決。コア感情を十分に体験することで，適応的行動傾向が解放]

セラピスト：聞かせてください……

クライエント：(感動しているが，はっきりした話し方。思慮深く決然と)何かが解決すると思うんです(再び姿勢を正す，鼻をかみ咳払いをする)。墓石に刻まれた父の名前を見る必要があります……そして父がそこに眠っていると実感するんです……。[自己治癒のプロセスが自然な流れで進む。否定の解消。中断された服喪を終

えることで，決意を持って行動を起こせる]

セラピスト：そうすべきだと感じるんですね？［共感的反射。悲嘆のプロセスの解決を肯定する]

クライエント：ええ……自分がお墓を見ているイメージが湧きます(深く息を吐く)ああ……そうだ……墓石の名前を見なくては……

セラピスト：墓石には何と書かれていますか？［始まったポートレイアルのいっそうの具体化を促す]

クライエント：名字だけです。碑文はとくにありません。それに父親の名前，叔父と叔母の名前。［蘇った記憶。セッション以前は，クライエントは父の墓に行ったことがないと思い込んでいた。だが叔母の葬儀で，10代の頃に墓を訪れた記憶が蘇った］……父の死をしっかりと実感しなくては……もうどうしようもないということを……それに(再び涙が浮かぶが，視線は外さない)……実際に父の墓で泣きたいんです(穏やかな表現)。……そうすればずっと楽になると思います(深呼吸，悲しみの波がひく)。［自己治癒が自然に進む](セラピストの方に身を乗り出し，まっすぐ見つめる)今は思うんです(感じのよい純粋な微笑み)，こんなふうに感じるのも悪くないって……いったん体験すれば大丈夫だって。［不安が消え去ったことで，クライエントは感情を十分に体験し，表現することにともなう治癒的な側面を発見する]

　このエピソードは，自分を思いやる他者の前で，今まで避けていた深い感情を感じることが，治療的効果をもたらすことを示している。コア感情の体験の中に，自己治癒の種が隠されているのだ。この例では，防衛機制がもたらす精神的無感覚の中にあってさえ，クライエントの生命力の肯定や，防衛機制の共感的なリフレーミングを受けて，最初の転換が起こる(「でも，今生き返ろうとしているじゃないですか」)。防衛機制が抑制されて，コア感情のブレイクスルーが起きる。すなわちクライエントは，今まで怖がっていた強い悲嘆を内臓感覚的に体験する。病的な服喪が健全な服喪へと変容する。第二の変化は，比較の三角形に基づきクライエントの今の人生に関係する人物(サミー)を父親と関連づけ，クライエントが他者を愛し他者に与える能力を自ら認識した介入のさなかに，発生した。奥深くに眠っていた能力をクライエントが再認識し，自分は欠陥のある不完全な人間だと感じなくなるにしたがい，安堵感が生まれ

12章　体験的一感情的方略　**325**

る。クライエントは，深遠な体験の恩恵を享受しはじめる。最後に，クライエントが自分の心の中のセラピストの存在がもたらす甚大な影響力を認識し，自分は誰かに大切に思われている存在だと悟るにつれて，その場での治療効果を如実に示す変化が起こる。こうした変化が生じると，痛みをともなう感情の治療的作業の成果が実り，自発的な自己ケアと自己治癒のプロセスが作動する。クライエントは，感情の旅を続け，直面すべきものに向き合い，感情の矛先である人物に直接気持ちを表したいという衝動（別れを告げられなかった父親の墓で，泣きたいという思い）にかられる。

ポートレイアル：
想像された相互作用とその力動─体験的な相関

　体験─力動的な感情作業の頂点を成すポートレイアル（描写）は，これまで論じてきた技法を使った作業を基盤とする。いったん具体例が明確になったら，セラピストはクライエントに対し，その例の中で一番強烈な感情を感じた瞬間を探し（Mahrer, 1996），さまざまな登場人物に息を吹き込み，相互に交流させるよう促す。ポートレイアルに使われる場面は，現実のものでも架空のものでも，嫌な（回避すべき）場面でも切望する（だが実現したことはない）場面でも構わない。ポートレイアルの節目でクライエントに対して，内面の反応に注意し，自分の感情に意識を向けて感じ，説明するように指示する。ポートレイアルの目的は，クライエントができる限り体験的な形で，感情とそれにともなう無意識的なプロセスを実感できるよう手助けすることだ（Coughlin Della Selva, 1996）。ポートレイアルはしばしば，さらに具体的な事象に関する記憶を呼び覚ます。心的イメージをたどることで，ポートレイアルが自動的に異なるレベルの体験につながる。

　ポートレイアルの活用法を示すために，母親への怒りを痛切に自覚したクライエントの例を見てみよう。セラピストはクライエントに対して，母親に激しい怒りを感じたときの具体的なやりとりを思い起こすよう促し，最も強い感情をともなう瞬間に焦点を当てる。次いでクライエントに，どんな怒りを感じて

いるか詳しく*描写*させ，倫理的・現実的な制約に妨げられなければ，その怒りを母親の前でどう表現するか，母親はそれにどう反応し，互いの言葉と行動に母子ふたりがどんな様子を見せるかを，思考と空想の中で想像するよう指示する。ポートレイアルの節目節目で，クライエント自身の内臓感覚的な感情体験にも注目するよう促す。たとえば殺意を探索するため，クライエントに対して，衝動を行動に移す様子をどのように想像しているか，クライエント本人の行動の結果を他者がどう見るか，クライエント自身は後からどんな感情を覚えるかをたずねる（むろんこれは，クライエントの内面生活の探索であり，実際の行動のリハーサルではない）。感情をワークスルーに至るまで探索することすべてがそうであるように，ポートレイアルにも数多くの治癒的な側面——脱感作，脱抑制，力動の明確化——がある。クライエントが深い悲しみ，罪悪感，勝ち誇った感情のいずれを感じるかに応じて，クライエントの体験やその病理の根底にある力動を明らかにできる。

　この技法を理解する上での鍵は，ポートレイアルを通じて発動される変容メカニズムを理解することにある。ポジティブな他者の面前での受動から能動への転換は，克服を促し病理を打ち消す。クライエントが，受動的な受け手から能動者に変化すればするほど，被害が少なくなる。

　心象に基づく情報処理は，言語に基づく方略よりも感情と密接に関連するため，ポートレイアルは，コア感情とそれにともなう力動のワークスルーを促し，強化する（Brennan, 1995; Bucci, 1985）。同様に，（すべてではないにせよ）多くのコア感情は，その完全かつ十分な表出にともなって潜在的な運動動作をもたらす傾向があるため（Darwin, 1872; Ekman, 1983; Greenberg & Safran, 1987; Izard, 1990; Lazarus, 1991），その感情に関連する動作を言語表現でなく「思考と空想の中」（Davanloo, 1986-1988）で体験（追体験）すれば，いっそう完全な感情体験を得ることができる。

　事実であれ想像であれ，具体的な詳細を明確に表現することが非常に重要であり，これによって，十分な感情体験に対するクライエントの能力が高まる。クライエントに衝動的な殺意を語らせるだけでは足りず，殺害行為を細かに描写させねばならない。その後，攻撃的な行動の影響に対峙させることが不可欠になる——対決や攻撃，殺害の結果として相手がどんな様子になるかを，クライエントに想像させる。次の2つの事例が示すように，どんな情報が無意識的

な体験という領域（極めて重要な力動的情報の源）の扉を開くか，私たちには決して分からない。

事例　ミラは，1歳の娘が他の子に絞殺されそうになるという事故を経験した後，恐怖に震えながらセッションに訪れた。彼女は，加害者の子どもに対して敵意を感じることができなかった。セラピストは，もし娘が殺されていたらどんな反応をとるかミラに描写させた。当初の恐怖心が悲しみに取って代わり，娘の遺体を抱きしめる様子を想像したミラは，娘に別れを告げられず，遺体を手放せないと感じた。セラピストは，この障害物——娘を手放せず別れを告げられない感情——も迂回してクライエントに前進を促し，次に，娘をどこに葬りたいかと質問した。クライエントは，本人も驚いたことに，すぐさま「義母の隣に」と答えた。義母は数年前に亡くなっていた。ここから，クライエントにとっての義母との関係の重要性が明らかになった。彼女はすすり泣きながら，義母がどれほど自分を大切にし，自分は義母にどれほど感謝していたかを思い出した。これが，クライエントの実母との関係には一貫して欠けていた，新たな悲しみの波を引き起こした。この事例では，内面の攻撃的衝動を探るために始めた取り組みによって，クライエントの過去の感情的剥奪への哀悼の感情が深まり，愛情あふれる関係への感謝が新たに湧きおこり，さまざまな要因によって決定される，良い母親という存在の感情的意義に対する理解が深まった。

事例　ダーバンルー（1990, pp.183-84）が，もう1件の劇的な事例を発表している。クライエントは，セラピストに激しく怒っていた。セラピストはクライエントに，その怒りや，セラピストに対してどうしたいかを描写するよう促した。クライエントは，セラピストの腹部を蹴っている様子を想像した。「それで，私のお腹はどうなりましたか？」セラピストは，あざや出血といった答えを期待して，こうたずねた。ところがクライエントは，本人もセラピストも驚いたことに，トランスに近い状態で「赤ちゃんが出てきました」と答え，すぐにワッと泣きだした。クライエントは，病弱な弟が誕生してから母親という存

在を感情的に失った，幼少期の記憶を追体験していたのだ。これが，クライエントの長年の慢性的抑うつの根底にあった中核的な喪失体験だった。このポートレイアルを通じてクライエントは，彼女の体験の強度を表す無意識の一次過程の素材に到達できた。この素材は，クライエントが2歳の頃に生じていた。この体験が初回の評価セッションでなされた点にも，留意する必要がある。

ポートレイアルの終了。ポートレイアルは，自然な結論にたどり着かねばならない。ポートレイアルの対象がグリーフである場合，クライエントは別れを告げ，故人の遺体を弔い，葬儀の様子を想像する。殺意をともなう怒りをポートレイアルする場合，攻撃だけでポートレイアルを止めてはならない。クライエントは怒りをぶつける相手の死体を直視し，与えた損害を確認し，それに対する自分の感情を探る必要がある。結論に達する前に中断するのは，(a)新たな防衛機制の現れであり，(b)クライエントが，情動の流れを最後まで追うことで解放される適応的な行動傾向の恩恵を，十分に享受できなくなる。先ほどのミラの事例のように，患者がこれ以上先に進めないと感じている場合，臨床的判断によりその作業レベルを受け入れる場合もある。患者がトラウマ的な課題を抱え，患者本人が個人的体験に対する統制感を抱くことを何より重視している場合，こうした臨床的判断がとりわけ不可欠になる（例，Herman, 1982）。弱い防衛機制しかない場合，結論が出るまでポートレイアルを続けることが重要だ。その過程のすべての段階で，行動にともなうイメージや内臓感覚的な感覚，空想，言葉が現れる。素材の流れを妨げずに，すべてを同時に探索するのは当然不可能であるため，臨床家はポートレイアルを活性化させる領域に気を配り，その瞬間にクライエントに最も適切な素材を選ばねばならない。

ポートレイアルの種類。ポートレイアルは，さまざまな機能を果たすことがあり，その種類も多様である。次に，いくつかの例を紹介する。

中断した感情の流れを完了させるための感情的ポートレイアル。この場合の目的は，中断された（または不完全な）感情体験をクライエントが完了できるよう手助けすることにある（Greenberg & Safran, 1987; Greenberg et al., 1993）。ポートレイアルを効果的に活用して，途中で遮られたか，病的な規模に達した悲嘆の作業を先に進めることができる（Volkan, 1981）。ポートレイアルを通じて感

12章　体験的―感情的方略　**329**

情の流れを完了させる主な方法の1つは，クライエントに，失われた他者を想像させることだ。たとえばクライエントが恋人の死と向き合っている場合，セラピストはクライエントに，恋人にどうやって別れを告げるか想像させる。埋葬や葬儀の様子を想像させ，一緒に過ごした時間の記憶も引き出す。*対話は必ず現在形，一人称で行う。*もしクライエントが「私はいつだって，彼を愛していることを伝えたいと思っていました」と言ったなら，セラピストは「今伝えてください，彼に直接話しかけましょう」と答える。目標は，クライエントが恋人に直接「愛している」と伝えている様子を想像できるようになるか，もしくは，なぜこれほど簡単なことがクライエントには難しいかを根底から理解することにある。後者の場合は，新たな治療作業につながるだろう。喪失の恐怖を具体化し，最期の別れのポートレイアルを通じてその感情を探索するのは，分離と個体化（これらは，無意識に死と関連づけられることが多い）の問題，および（*必ずではないが*）事例によっては，近づきつつある治療の終結が引き起こす問題に対処する上で非常に有用である。

内的対話のポートレイアル（恥，罪悪感，両価性，解離の問題への対処）。内的対話のポートレイアルは，自己のさまざまな側面の具体化を試みる中で，内面の葛藤や解離を経験するクライエントの支援に使用される。このポートレイアルを通じて，自己の1つひとつの側面に声が与えられるため，クライエントは詳細にその現象を探索できる。ゲシュタルト療法家が使用する2つの椅子の技法（Greenberg et al., 1993）と同じように，批判的な声をポジティブな声に変えるためクライエントに自分自身に話しかけさせたり（ポジティブな感情の受容度を高め，その力動の本質を理解することを目指す），批判的な声で自分に語りかけ，その声の力動的な起源を探ったりする。解離的な力動の場合，ポートレイアルは（次章で示すように）統合という目標を支援する。

衝動・感情・対人関係の脱感作のポートレイアル。怒りや憤怒，殺意と同様，クライエント自身が対処することが困難な性的感情も，過敏さを軽減する必要がある。たとえばクライエントに，クライエント自身はどうしたいか，他者の体をどう想像するか，妄想した筋書きのさまざまな場面を想像するときどんな感覚を体験するか，他者の体のどの部分に一番魅力を感じるか，相手が自分の誘いに応えた（あるいは誘いを拒んだ）場合にどう反応するか，などをたずねる。次々に押し寄せる感情・不安・防衛機制・介入への瞬間瞬間の波長合わせ

もなう，こうした探索は，セクシュアリティから，恥や罪悪感といった連想を次第に取り除く上で効果的な場合がある。未解決のリビドーと関わる強迫観念——たとえば親やセラピストなど，手に入れられない他者への強迫観念——のせいで，クライエントが大人どうしの親密な人間関係を結べない場合，このポートレイアルが効果的な技法になる可能性がある。禁じられた対象との性的妄想を描写し，暗い秘密を白日のもとにさらせば，そのプロセスがどれほど苦しくても，やり遂げたときに大きな解放感を得ることができる。こうした解放感は，1つには，中立的でクライエントを辱めない他者とこうした体験をすることで得られる。衝動の探索は，深い無意識的な反応を表面化させることを通じて，結果的に解放感が得られる場合もある。具体性と臨場性が，記憶の抑圧を解き放ち，クライエントの性的悦楽と親密性・緊密性の深まりを妨げる不安や恥辱感，罪悪感に焦点が絞られる。ポートレイアルを繰り返すたびに，クライエントは特定の感情体験に対して過敏さが和らげられ，その感情を十分に体験し処理することへの抵抗が薄れる。それを繰り返していくことによって，感情に対するクライエントの流暢性，心理的距離の近さ，気楽さが次第に高まり，これによって克服が促され過敏さの軽減がさらに進む。それにより，このワークスルーのプロセスを続けることができる。

　修復的なポートレイアル。修復的なポートレイアルの機能は，クライエントに，現実には不可能な望み通りの治癒的な体験をさせることにある。内的現実——すなわち，空想の体験的・本能的な質——を高めることで，空想が身体感覚に根ざす独自のリアリティを持つようになり，クライエントの体験レパートリーが増える。

感情の再構築：
体験と感情表現—感じること，対処すること

　最適な状態では，コア感情の十分かつ完全な体験を通じて解放される適応的な行動傾向は，感情再構築の有機的な経路を表す。加えて，第11章で論じた「バランス，*指導*，*統制*を得るために構築されるべき認知的な関連づけ」

（McCullough Vaillant, 1997, p. 281）を通じて，認知と感情の統合，視点の発展，意味づけに注目が集まる。

だが理想にはほど遠い状況や，精神構造が脆弱なクライエントまたは対人スキルが未発達なクライエントの場合，セッションでの感情の作業を，現実世界での適応行動に変換することを目指した，作業が極めて有益になる可能性がある。

表現の適切性。感情の作業を通じて（とくにポートレイアル作業中は）セラピストは，探索の対象となる感情的シナリオは*思考と空想*のみに関連するもので，行動を再現することではない点を強調する。感情の作業は解放的で，抑制を取り去る。感情体験後の作業では，適切な表現に焦点を当てる。(a)治療セッション中は重視される，強烈な体験や直接的な体験と，(b)クライエントが治療で得た理解を他者との日常生活に当てはめようとする際に，行動の指針とする必要がある適切性，調整，自己と他者との波長合わせの間には，違いが存在する。たいていのクライエントに対しては，この区別を念押しするだけで十分だが，自己調整能力に問題があるクライエントの場合，より明確に具体的に詳しく説明した方がいい。

感じることと対処すること，自己表現と他者の現実とのバランス。対人的な状況を理想的なかたちで扱うには，自分の欲求への感受性，他者の欲求への同調，問題の処理に対する関心の間でバランスを達成する必要がある。クライエントが対処せねばならない他者にとっての現実を考慮に入れることが極めて重要になる。感情の作業とロールプレイを通じて，こうした問題をクライエントに明確に示すこともできる。配偶者や親のコミュニケーション上の限界と向き合うのは非常につらく，これが新たな作業の引き金となる場合もある。たとえば，あるクライエントは結婚の長所・短所について，妻と率直に話し合いたかった。だが毎回，妻は「腹を立て」夫を攻撃し続ける。やがて夫は，会話らしい会話を始める前に，まず妻を落ち着かせ，状況を慎重に解釈するために多大な労力を費やさねばならないことに気づいた。最初はこの作業の面倒臭さに憤りを感じていたが，次第に夫は自分が結婚をどれほど大切に考えているかに思い至り，おかげで必要な作業も（決して楽でないにせよ）苦ではなくなった。時とともに，彼は自分の側も決して扱いやすいパートナーではないことに気づいた。

治療効果のセッション以外の生活への応用。クライエントは，セッション中は

素晴らしい成果をあげるが，実生活ではさして変化が生じないことが多い。この特定の用途のため，マーラー（1999）は，体験の内的な質に到達し，これを解放するため，とてもわざとらしく誇張したポートレイアルから段階的に始めていくように提案している。クライエントは，次第に現実味を増すシナリオを夢中になって想像するうちに，やがて体験の内臓感覚的な側面を記憶にとどめるようになり，最終的にはこの記憶を日常生活に活かせる。

修復的なポートレイアル：
母親のマザーリング

　このエピソードは，治療開始から３回目のセッションで，この時点では，子ども時代に受けた不十分な子育てに対するクライエントの態度が，すでに変化を遂げている。自分の過去を否定的に振り返る（自分は愛されなかった，苦痛，自分など大切にされるに値しない，自分の過去は心の「汚点」のようなもの）のでなく——治療体験の結果として——ポジティブな自己感を得られたことで，興味深いことにクライエントの中で母親や彼女が置かれた苦境（その厳しい環境のせいで，クライエントは十分な育児を受けられなかったのかもしれない）に対する共感が高まった。感情体験後のブレイクスルーの結果としての，自己共感と他者への思いやりの高まりを受けて，セラピストは修復的なポートレイアルを用いて，このクライエントの体験を足場に介入を進めていく。セラピストはクライエントに対して，彼女の母親が十分な支持と理解に恵まれていたと仮定した場合，赤ん坊の頃の彼女が，母親に愛情をそそがれ，きちんと育てられてどう感じたかを想像してみるよう促した。次のエピソードは，セッション開始から約５分後に始まったものだ。クライエントはくつろいだ様子で，先週１週間に体験した変化を説明している。クライエントの抑うつ状態は大幅に軽減し，生活中のストレスの管理・抑制を通じて自己管理できていると，クライエント自身が実感している。母親（何年も前にこの世を去っている）に対して，怒りや悲しみを感じることも少なくなった。

12章　体験的―感情的方略　**333**

クライエント：母に対する怒りや悲しみが薄れ，同時に自分に対する悲しみも薄れました。私も母も，どちらが作り出したわけでもないある種の状況に，とらわれていたように思えます。母はそれらの役割をただ担わされていた……まるで母の人生がどうなるか，あらかじめ決まっていたみたいです。[自己共感や自己への慈しみの発生と相まって，母親に対する共感と慈しみが生まれる。母親はその過程で現実味を増し，立体的な存在になる]

[ここでクライエントは，家庭環境を話題にする。クライエントの母親は，彼女自身の母からも夫（クライエントの父）からもサポートを得られなかった]

クライエント：母と助け合えていたらよかった。私は小さな頃から，母と心を通わせることができなかった。そんな時間がなく，チャンスは失われてしまいました。そうできる頃には，もう家を離れていました。[大学に行き，若くして結婚したことに言及]私は母のもとを去り，何度も背を向け続けてきました。[若干の防衛機制]

セラピスト：もしそれを今お母さんに伝えられたらどうでしょう。[ポートレイアルへの移行：防衛機制を回避し，感情体験を深められるか試す。過去2回のセッションでは，クライエントはポートレイアルに苦労していた]

クライエント：母に？……そうですね（くつろいだ柔らかな声で）「ママ，あなたが今ここに一緒にいて，昔を振り返ってお互いを分かりあい，思いやれたら本当に……」。ただ，やり直すことなんてできません。今さら赤ん坊に戻れないし，生きていたら母は今72歳です。さほど年でもないけれど。[クライエントが初めて，スムーズに態度を変え，母親に話しかけている。今では，母親への共感が生まれたため，母親に話しかける自分を想像できる。もう自己批判は見られず，クライエントは昔に戻って「やり直せば」という願望を表現している]

セラピスト：お母さんに話しかけて「ママ」と呼びかけたとき，誰が見えましたか？　どこで誰に話しかけ，どんなイメージが浮かびましたか？[力動的，体験的に作業を深めさせる機会。クライエントは空想の中で，母親との関係を修復している。クライエントがどの時点を思い浮かべるかに注目する]

クライエント：分かりません。ただ目を閉じたら……（再び目を閉じる）

セラピスト：何が見えますか？

クライエント：いろいろな年齢の母が見えます。最初に浮かんだイメージは，私の記憶にあるよりも若い母の姿。何枚かの写真で見たイメージです……

セラピスト：お母さんは［写真の中で］どんな様子ですか？

クライエント：(夢見るような声で) 高校を卒業した頃です。素敵なドレスを着て髪は……母はとても美人です。18歳で，温かな人柄に見えます……今度は，赤ん坊を抱いている母が見えます。その写真に頭の中で修正を加えると，愛情あふれる場面になります。だって，そうに決まってるでしょう？［クライエントは，自分を妊娠する前の母親を想像している。これは他の証拠とともに，母子関係の問題がはじめから存在したことを示唆する。クライエントは，自分のためにも母親のためにも「新たな出発点」を作り出している］

セラピスト：何が見えるか教えてください。

クライエント：母が，私の面倒をみています。生後2～3カ月の赤ん坊を……揺すっています。赤ん坊をこんなふうに抱っこして(赤ん坊の頭を自分の肩に乗せ，背中に手を回して，赤ん坊の体を自分にもたせかけている様子を実演する)……ベビーベッドを揺すりながら，赤ん坊を寝かしつけています。ステキ，母は歌を歌っています……実際の母は，歌など歌ったことないのに。［クライエントは，ポートレイアルの中の体験に完全に没入している。「私の面倒をみています」「歌を歌っています」など，現在形を使っている点に注意。クライエントは体験的，象徴的に，自分が経験したことがない愛情あふれる母子関係をポートレイアルし，体験し直している。その母子関係の中で，クライエントは愛され優しく見守られている］

セラピスト：なるほど……

クライエント：母は，歌うなと言われたんです。学校時代に「あなたの声は今ひとつね」といったことを言われて。

セラピスト：何の曲を歌っていますか？［連想の体験チャンネルを増やす。視覚に加えて，聴覚のチャンネルを補う］

クライエント：私の頭の中には子守唄が聞こえます。ラーララー，ベイビー，ラーララー，ベイビーって……子守唄とさえ呼べないけど，でも実際そう聞こえるんです。素敵な歌です…ラララ，ベイビー……歌が得意じゃない人でも大丈夫です。［クライエントは正確にリズムを刻んでいる。体験的なポートレイアルへの没入が続き，深まる］

セラピスト：歌にまで共感しているんですね……それで赤ちゃんは，子守唄で寝かしつけられている。彼女［母親を指す］の方は，どんな気持ちでしょう？［感情的―空想的な要素を付加する。母親の内面生活――赤ん坊が愛情を感じる上で重

12章　体験的―感情的方略　**335**

要な側面——を詳しく説明する]

クライエント：え〜と，これは私の空想ですけど，母は窓辺に座って公園を見やっています……

セラピスト：ええ……

クライエント：赤ん坊を揺すり，たぶん母自身も揺り椅子に腰かけています。母も穏やかな気分です。[空想の中でクライエントは内臓感覚的に，自立した母親の姿を描いている。クライエントが想像する母親の感情状態は，この作業中のクライエント自身と同じように穏やかで落ち着いている。そこにいるのは，赤ん坊の世話をする能力を備えた，満ち足りたひとりの女性だ]

セラピスト：床に座り込み，バスケットの中の赤ん坊に目を向けようともしない女性とは，大違いですね。[セラピストは空想の中の母親を，実際にクライエントが幼かった頃の母親の姿と対比させる]

クライエント：本当ですね！

セラピスト：空想の中で，赤ん坊はどんな気持ちですか？［ポートレイアルの探索を続ける。体験の細部を埋める]

クライエント：想像の中では……大事に世話され，ぬくもりに包まれ，きちんと食事を与えられています。完全に寛いでいてまったく……どんなストレスもありません……愛され，大切にされていて，知らず知らず心地よく眠りに落ちていくだけです。[ポートレイアルにさらなる質感を加える。赤ん坊の内的体験。クライエントに，今体験している感情を表現する機会を与える]

セラピスト：その赤ん坊を見ていると，赤ん坊を責める気持ちは起こらず，理解できるのですね。それはある意味で，あなたがお母さんを許すと同時に，あなた自身をも許しているからです。あなたの心の中には暗闇がありました[自己批判の在り処。すなわち，これは以前から続く否定的な自己体験への言及と理解される]……あなたは今，小さな女の子のあなた自身に何と声をかけますか？
　[統合的作業の開始。最後の内的対話のポートレイアル]

クライエント：(とても優しく温かく，愛情に満ちた声と態度で)「あなたは愛されているのよ……あなたはいい子なの。大好きよ，あなたは何も間違ったことはしていないわ」。[自己批判から，深い共感に基づく自己愛と自己の許しへの転換。共感が，決めつけに取って代わる]

セラピスト：今話しかけている小さな女の子は，何歳ですか？［もう1つの精

神力動的な修正。感情に促された体験レベルは，認知主導の精神作用より流動性がはるかに高いため，この事例でほぼ間違いなくそうであるように，イメージが変化しているかどうか確認することが重要になる]

クライエント：5歳です……妹が生まれたばかりで，母は妹に夢中だったから，5歳の私はつらかったはずです。当時は，自分が悪いと思っていたでしょう。形はどうあれ，私が母に幸せを与えられなかったのは明らかでした。でもサラ［妹］には，それができた。[これで今，クライエントが直面していた一連の深い体験的な素材に基づき，完全に精神力動的なフォーミュレーションを行うことができている]

　クライエントは，急性のうつ病に加えて慢性的な抑うつ状態を併発しており，現在のうつ症状は，拒絶を引き金としていた。このセッションに先立つ臨床場面から，母性剥奪が強く示唆された。クライエントの母親は，第一子であるクライエントと絆を形成していなかった。その結果として生まれた自分は，基本的に愛されない存在だという深い感情——クライエントが常に戦わねばならなかった感情——が，生涯を通じてクライエントをむしばんだ慢性的抑うつの中核にあった。

　1，2回目のセッションは，強烈な感情のブレイクスルーをともなった。クライエントは，恥辱感や無力感の一部を処理し，セラピストの深い肯定を心から受け入れられた。その後は3回目のセッションまでの数日間，落ち着いた穏やかな感情が続いた。クライエントは，珍しく自分の身の回りの世話をきちんとできていると報告した。

　この修復的なポートレイアルの中で，クライエントは母親を癒すことにより自己治癒のプロセスを深めさせた。クライエントは，まだ心に傷を負っていない若き日の母を想像した。そこにあるのは，クライエントの育児をこなし，その子育てをクライエント自身も受け入れ，心の平安と愛情を感じられるような母親の姿だった。このポートレイアルは，それまでの数日間のクライエントの中核的な感情状態の力動を具体化し，愛情や受容，手厚い世話への欲求という，その感情状態の起源をいっそう明示するものだった。ポートレイアルを深いレベルで体験したことで，クライエントはより奥深い無意識の素材にアクセスできた。無意識の素材の特徴である，現実的制約から解き放たれた流動的な状態

を受けて，最後のやりとりでは，クライエントの心の中の小さな少女が赤ん坊から5歳へと速やかな変化を遂げている。5歳というのは，2度目の感情的ダメージが生じた時期であり，クライエントにとって非常に重要な意味を持つ年齢だ。

精神力動的フォーミュレーションが，いっそう詳細にわたるようになった。新たな素材により，クライエントにとって母性剝奪が心の傷であった点が明確になった。この修復的なポートレイアルで明示されたように，妹のサラが生まれたとき，すなわちクライエントが5歳だったときに，心の傷の原因が発生した。クライエントの母親は，新たに生まれた次女と絆を形成し，次女を愛し大事にした。この2回の打撃から，クライエントは，悪いのは結果的に愛情あふれる母親としての能力を示した自分の母ではなく，むしろ自分であると考えるようになった。自分に先天的に恐ろしい欠陥があるため，母は生まれたときから彼女のそばに寄りたがらなかったに違いない。こうした感情的な出来事が発達段階において次々に起こったことは，恥辱感や罪悪感，深い不全感を基盤とする精神構造に反映され，慢性的なうつ症状や，強烈な感情にひとりで対応する力を失わせた。

この修復的なポートレイアルは，心理的に重要な2つの成果をもたらした。すなわち，精神力動的なフォーミュレーションの説明能力を高め，コア感情の解放を通じて，クライエントが自分を愛し大切にする能力を深めるとともに，クライエントに，母親から愛情や世話を受けられなかったという悲劇にもかかわらず，自分は愛情と世話に十分値する存在だと実感させることができた。

13章

お腹とお腹，胸と胸を合わせて
——コア感情体験の持続的な展開を示す事例

　24歳のエイミーは，長引く抑うつと摂食障害の問題を訴えて治療に訪れた。夫婦生活・性生活上の深刻な問題，仕事での優柔不断，不安，全般的な混乱・疑念・自信欠如の感覚，自尊心の顕著な低下にも悩まされていた。生活のあらゆる側面に困難があり，確実に満足を得られる要因は何もなかった。初回アセスメント時，彼女はとくに子どもを持つことへの葛藤に苦しんでいた。すなわち妊娠への内と外の両方から圧力を感じる一方，心の準備が整っておらず，子どもを持つと考えただけで圧倒され，自分は本当に良い母親になれるのかと疑問が生じた。これらの問題が，強い強迫的特徴を持つ人格構造の中で生じていた。彼女は18歳のころから，これまでに3回セラピーを受けていた。

　エイミーの防衛には，感情孤立，合理化・知性化，無感覚・細分化・涙もろさ・癇癪といった退行的な防衛などが含まれていた。全体的には不安が大きな部分を占め，混乱や認知の明確性の喪失として現れた。

　次に紹介するセッションは，クライエントと父親の関係を扱っている。彼女は9歳頃に，父から何らかの性的虐待を受けたのではという強い疑念を抱いていた。詳細な記憶はないが，当時の記憶に欠落があり，自分の心身の働きに大きな変化が生じたことを本人も自覚していた。以前は，彼女はスケートが大好きな元気一杯の少女だったが，9歳以降は物静かな性格になり，まもなくフィギュアスケートも止め，リコーダーも演奏しなくなった。だがはっきり記憶に残っているのは，思春期に父親から極めて性的なあざけり，当てこすりを言われ，みだらな会話を仕掛けられた無数のエピソードだった。その多くが夕食の席で起きていた。父親からの身体的虐待——家の中や階段で彼女を追い回し，殴る——もあった。

　支配欲が強く高圧的で暴力を振るい，尊大で人を思い通りに操る全能の父が，

339

自分自身の態度を正当化する一方で，母親は無口で引きこもりがちであり，夫の支配に決して抵抗しなかった。エイミーの母親は，少なくとも2回は大うつ病に酷似したエピソードを経験したが，それらが起こったときは治療を受けていなかった。

　次のエピソードは，12回目の心理療法での出来事である。セッションの初めにエイミーが，彼女が感じる不安の強度自体は増していたものの，いくつかのポジティブな変化について語った。彼女の不安や他の症状は，腹部の不快感として現れた。クライエントはセッション冒頭で，夫のエドワードと一緒に，彼女が生まれ育った両親の家で夕食をとった際の具体的な出来事を語りはじめた。ここでは，セッション開始から約25分後の様子を取り上げる。エイミーの父親は，彼女を放置して娘婿のエドワード（内心では，娘にふさわしくないと考え，エドワードを深く軽蔑していたのだが）と「男どうしの絆」を結び，娘婿の乏しい（と彼が決めつけた）性生活に「同情」を示す一方，エイミーとエドワードのふたりともこの会話に参加しているという事実を完全に無視していた。エイミーの母親も，その場には不在だったかもしれない。前回までのセッションでは，クライエントは不安と罪悪感から父親への怒りを十分体験していない点に注意する必要がある。クライエントは怒りが起こると，泣きだしたり自分の視点を見失ったり，総じて混乱しがちだった。

セグメント1

最初のポートレイアル：攻撃的衝動に対する過敏さの軽減化

クライエント：……それで父がエドワードに言ったんです。「パンダは5年に1回しかセックスしないらしいぞ，知ってるか？」この言葉は，エドワードを慰めるつもりだったのかしら？　私は立ち上がって部屋から出て行きました。［回避的な防衛］この件では，父をどうしても許せません。

セラピスト：では，考えてみましょう。あなたが御主人としゃべっていると，お父さんが挑発的に割って入ってくる。そんなときお父さんに対し，どんな感情を持ちますか？　［はっきりとクライエントの攻撃的衝動の探索をしている。確かな土台に基づいて困難な探索を行えるよう，場面を設定し，足場を固め，事情を明

340

確にする必要がある。セラピストは意図的に，感情に満ちた表現を使っている]

クライエント：父に本当に腹が立ちましたが……同時に，胸がムカムカする感じ[怒り，不安，嫌悪感が入り混じったもの]がこみ上げて，強い怒りを感じました。

セラピスト：本当に腹が立ったんですね，それに胸がムカムカした？　両方を感じたのですね？

クライエント：(せき立てられるように早口で，だが熱心に語る)ええ，そう思います。最初はムカムカしたけど，父がこれほど愚かな人だと知っていらだちました。何でもセックスに結びつけるんです。とにかくセックスのことばかり，彼の行動すべてがセックスにつながるんです。確かに人間誰でも性的な部分はあるけど，それがすべてじゃありません。こう感じます——あまりに父に腹が立つので——「黙れ」[と言いたくなる]って。「私のことは放っておいて，その話はしないで。[自発的なポートレイアルの始まり]その話をしたら私が怒るって分からないの，私が部屋から出て行くだろうって思わないの，露骨に嫌な顔をしてるじゃない。そんな話は聞きたくないって，私が言うだろうと思わないの。馬鹿げた冗談は金輪際やめてちょうだいって」——もういいんです，とにかく父が問題なんです。[クライエントは，過去のセッションでこの種の作業を体験したことがあり，自発的にポートレイアルを始める。怒りを表すため，父親に言う言葉を想像している]

セラピスト：なるほど。では想像の中で——当然，今は現実の話をしてるわけじゃありません——もし部屋から出て行かず，その場にとどまり[回避的な防衛の排除]，内面の大きな怒りの感情を吐き出すとすれば，お父さんに対してどんな行動をとるか思い浮かべてください。[感情の拡大。「怒り」から「大きな怒り」にレベルアップ。ポートレイアルの深化]

クライエント：それは私も考えていました——

セラピスト：そのとき，その部屋で，ですか？[セラピストは，強烈な怒りの引き金となるまさにその状況の中で，クライエントが自発的にこの作業を行っている点に注意を向ける]

クライエント：いえ，部屋から出て行ったときです。

セラピスト：そうですか。

クライエント：(生き生きと熱心に。身ぶりを交えて)父に爪を突き立てて，黙れっ

て命じていました。「とにかく黙れ」って。[クライエントがこのプロセスに夢中になっている点に注意。修飾語もつけず語り出す。それまで意識していなかったテーマで頭が一杯になったことを示すマーカー]

セラピスト：爪をどうやって突き立てるんです？　何が見えますか？　[具体性・詳細を追求]

クライエント：(力強く，身を震わせながら)父の体を揺さぶって私の爪を……こう言うと奇妙かもしれませんが……父を去勢したい。何と言うか――

セラピスト：別に奇妙ではありませんよ。それで――どうですか？　その気持ちを言葉にしてください。[支持の提供。感情体験のラベリング。クライエントは明らかに「去勢」という感情的に距離感を取るような抽象的言葉を使用している。題材の極めて繊細な性格と，プロセス全体が前に進んでいる点を踏まえ，セラピストはこの方略的な防衛を取り上げない]

クライエント：(熱心に明確な意図を持って)私は父を…去勢したいんです。[クライエントが自分の防衛を取り払う]「もうあなたにはいらないでしょ」って言いたい。父の脳みそを取り出し，何でもセックスに結びつける思考回路を奪って[しまいたい]……父の舌を切り取りたい……あまりに腹立たしすぎます。[沈黙。注意の対象が内的体験からセラピストに移る]

セラピスト：エイミー，そうした感情に触れられたのは大きな進歩です。しかもセッションの間だけでなく，あなたは事件が起きたその場でも自分で感情を扱おうとしている――これは素晴らしいことですよ！　[クライエントの治療の進展と成果の肯定。より深い作業に進む前に，土台を固める]けれど，今はこの作業を続けましょう。当然これは，あなた自身も認めるのが難しい事柄だからです。あなたは，お父さんの脳みそと舌を切り取り，彼の思考と行動を[消し去りたい]と思っている……しかしそれは結局，お父さんのセックスへのこだわりを止めさせたいという点に尽きます。それがいわば，お父さんの性器であり，ペニスであり――文字通りいつもそれがあなたの顔の前に突き出されている。[摂食障害の既往や，不安が腹部に現れがちである点を踏まえ，セラピストは仮説を検証するため，意図的に顔の前に突き出されるという口につながるイメージを使用。仮説を確認する証拠，または覆す証拠が現れるのを待っている]

クライエント：(嫌悪と反発の表情を浮かべて)だから胸が悪くなるんですね。オエッ。[再度の不安と嫌悪感]

342

セラピーは進展している。クライエントは，胸に生起する怒りの感情を明確に意識し，その感情に触れている。エイミーがセッション以外でも作業を行っているのは，プラスの兆候である。以前であれば，彼女が今回語ったようなエピソードは，摂食障害やうつ症状の悪化につながり，夫との喧嘩を誘発していただろう。ラポールは強く，クライエントは自発的にポートレイアルを始め，鮮明な心的イメージを通じて，自分の怒りの感情や加虐的な衝動の本質に速やかにたどり着いている。「目には目を」という無意識の世界の法則に従って，父親の下品さに嫌悪感を抱き激高したエイミーは，怒りの原因——父の（下品な言葉を口にする）舌と（何でもセックスに結びつける）脳みそ，それに性器——を取り去る様子を思い浮かべる。試しにセラピストが口につながるイメージを増幅すると，新たな不安と嫌悪感が生じる。さらに作業を進める必要がある。このポートレイアルは不完全なのだ。クライエントは父親を去勢したいと語ったが，その行動自体も，その結果も，まだポートレイアルの中で描写されていない。

セグメント2

ポートレイアルの継続

セラピスト：今の私の言葉を聞いて，何が目に浮かびましたか？ どんなイメージが浮かびましたか？ ［新たなポートレイアル作業］
クライエント：ただ父の姿が。
セラピスト：どんな風に？
クライエント：食堂のテーブルの上座に座っている父が見えました。
セラピスト：ええ。
クライエント：そこでそれが起きるんです……その場所で，父のがさつな部分が顔を出し，ゾッとさせられるんです。それにエドワードのことも考えます。エドワードも高圧的になったり，私に対して性的な態度で接して，ベタベタくっついてくるんです。ええと，今誰の話をしているんですか？ ［比較の三角形の作業の中で，クライエントが自然に防衛的な解釈を行う。夫への怒りを，父

13章　お腹とお腹、胸と胸を合わせて　343

親への怒りの転移とみなす]

セラピスト：今誰が話題になっているか，という意味ですか？　あなたが誰に対し反応しているか，ということですか？　[明確化]

クライエント：ええ。

セラピスト：続けてください。

クライエント：問題はエドワードじゃない。これが問題なんです。[クライエントが自発的に，夫との現在の問題と父親との中核的な問題を結びつける。葛藤の三角形と比較の三角形の作業は，深い感情が生み出す洞察に関する重要な作業を行う好機である。当時に，次の感情作業につながる，驚くような瞬間が訪れる絶好の好機でもある]

セラピスト：それで，その瞬間に積極的に攻勢に出て，全部吐き出したら，「私にこんなことしないでよ，こうしてやる！」と言ってお父さんに復讐するんですね。最初は，お父さんに爪を突きたてるイメージが浮かび，その後去勢するイメージが浮かんだ——去勢し，何でもセックスに結びつけるお父さんの脳みそを切り取りたいという。お父さんのその考え方が諸悪の根源で，そのせいで全部が駄目になっている。あなたは具体的にどんな行動をとっていますか？　[方向転換，新たな基盤作り，ポートレイアルの完了に向かう]

クライエント：それを思い浮かべるのは，難しいです。[一次感情体験にともなう回避的感情]

セラピスト：難しく感じるのは，あなたがお父さんの思考だけでなく，お父さんの体と向き合わねばならないからですね。[回避的な感情の共感的な詳述と肯定]

クライエント：(真剣に，再び夢中になった様子で)たとえば……両手に持った大きな肉切り包丁で叩き切れば——それでペニスはなくなります。(声音が変わる)でもそんなの無理です。

セラピスト：そんなの無理とは，どういう意味ですか？

クライエント：(再び嫌悪感をあらわにする)実際そうすると考えると，いえ実際にでなくても……父のペニスなど考えたくもありません。

セラピスト：それが無理なのは，もし考えたらどうなるからですか？

クライエント：オエッ　(心からの嫌悪)。

セラピスト：オエッというのは，何ですか？

344

クライエント：(不安の高まり，涙ぐんで)ウッ，オエッ。「離れてちょうだい」って感じです。私はただ父の性機能を消してしまいたいだけです。[知性化された表現に転換した点に注意。安全の確保を求める]

セラピスト：そうですね，でもこの空想の中では，あなたの気持ちの中では，今ここで向き合わない限りお父さんを去勢できませんよ。[つらい感情作業を続けるよう促す]

クライエント：(弱々しい声で)切り落とす……みたいな。

セラピスト：エイミー，あなたの体に何が起きていますか？ 苦しんでいるんですね，吐き出してみて。[クライエントの内臓感覚的体験に焦点を移す。明確な共感，作業継続への促し]

クライエント：(低い泣き声，必死でしゃべろうとする)本当につらくて，痛みが湧き上がってきます。この痛みがどこから来るか分かりません。[感情的苦痛というコア感情のブレイクスルー]

セラピスト：大丈夫です，その痛みを表に出しましょう。[クライエントに寄り添い安心させ，前進する。セラピストが前に進むことで，強烈な体験を追い続けて構わない，セラピスト自身は恐れもひるみもしていないというメッセージをクライエントに伝える]

このときセラピストは，クライエントを支え励ます一方，父親のペニスをどうしたいかという，クライエントが自ら導入したイメージから逃げないようにと提案し，父親に対するクライエントの怒りの再現のポートレイアルを促している。クライエントは怒りの高まりを本能的に体験する。この怒りは，それまでアクセス不能だった別の深い感情の波の出現と関連することが判明する。セラピストが「大丈夫です，その痛みを表に出しましょう」とクライエントに寄り添い安心させることで，クライエントの不安が和らぎ，励ましを受けて生じる，感情的苦痛というコア感情のブレイクスルーの基盤が形成される。この一連の流れは，コア感情(ここでは怒り)の完全な体験が何を意味するかを示すものだ。コア感情の体験が，新たな無意識的な題材につながり，その題材がさらに新たな深い感情体験(ここでは苦痛)の波をもたらす。

セグメント3

感情的苦痛への対処

クライエント：なぜこんなにつらいんでしょう？

セラピスト：ただその痛みを味わい，涙を流してください。それは，ずっとあなたの内面にあった痛みなのです。その痛みは，誰を思っての感情ですか？ ［支持，クライエントに感情にとどまるよう促す。次の深い感情的プロセスを開始する。今回は，自然に生じた苦痛というコア感情を探索する］

クライエント：(悲痛な様子で端的に)私を思ってです。［自己悲嘆プロセスと，その感情的マーカーである感情的苦痛の開始］

セラピスト：(優しい声で)分かっていますよ。［肯定，共感，支持］その手を開いてください(クライエントの仕草を真似し，固く握られている彼女の右手に言及する)。

クライエント：(手を開く)

セラピスト：その手は何をしているのでしょう？ その手を想像と結びつけて――［身体的言語を使って語るよう，無意識に働きかける］

クライエント：父の体を切断し(切るような動作)，彼を押しやっているんです(強く押す動作)。［働きかけが受け入れられる］

セラピスト：押しやる？

クライエント：(極めて悲痛な口調で)なぜ父を押しやることがこれほど大事なのか，分かればいいんですけど。

セラピスト：反対の手は，何をしているのでしょう？ もう一方の手も……左手です。［感情体験の身体的な関連要因にさらに注目する］

クライエント：(弱々しく)分かりません。私を守っているみたい(左の腕で体を包み，自分自身を抱きしめている)。

セラピスト：(柔らかな口調で)これは私のイメージですが，左手はあなたのために動き，右手はお父さんに対する動作をとっているようです。［共感的な詳述］

クライエント：今考えてたんです――リサ[妹]には，こんな問題はないのにって。

セラピスト：妹さんにはこうした問題はないと思うんですか？

クライエント：彼女もセクシュアリティに問題を抱え，悩んでいるのは知って

います。でもこんな風ではないんです。［クライエントは，自分が性的虐待を受けたかどうかという非常につらい問題と明確に向き合っている。彼女は責任を持って，体験的作業を再び別の体験パターン――この事例では，彼女と妹の体験パターン――と関連づけようとしている］*(頭を抱える)*

セラピスト：**あなたの頭に何が起きていますか？**

クライエント：*(低い声で泣きながら静かに)*分かりません。［新たな苦痛の波］

セラピスト：**頭に浮かんだことすべてを言葉にしてください――そういった感情を。**［感情の内臓感覚体験のラベリング］

クライエント：たくさんありすぎて。

セラピスト：*(優しく穏やかな声で)*大丈夫です。今回はあなたひとりじゃない，**あなたはひとりじゃないんです。**［クライエントに寄り添う。励ましやセラピストの存在，感情的接触が，次の段階の深い感情的作業を呼び込む点に注意］

セグメント4

修復的ポートレイアルを通じた解離の解消

クライエント：ずっと小さな女の子が見えています。

セラピスト：**小さな女の子……誰ですか？**

クライエント：*(見えているイメージに集中している)*その子は悲しげで寂しくて。**周囲の人が望む自分になろうと努力しています。**［ポートレイアルのよどみない言語化。小さな少女は明らかにクライエント自身］

セラピスト：**あなたには，彼女はどう見えますか？**

クライエント：ただ立ち尽くしています。

セラピスト：**詳しく描写してください。あなたの目に見える通りの女の子の姿を知りたいんです。何歳ですか？** ［セラピストとの接触を深めつつ，詳細を把握する。セラピストはクライエントに対して，彼女は今，話を聞きたがっている受容的な他者に物語を語っているのだと気づかせたい］

クライエント：9歳です。

セラピスト：**9歳？**

クライエント：いえ8歳です。［年齢が正確である点に注意］

13章　お腹とお腹、胸と胸を合わせて　**347**

セラピスト：なるほど。

クライエント：昔母がつけてくれてたような，小さなバレッタを2つ髪につけています。髪の色は金髪で，小さな緑のショートパンツとTシャツを着ている。見捨てられ絶望しています。［イメージの具体性は，これがコア感情だというさらなる証拠］

セラピスト：うんうん。それで，彼女に何と言ってあげたいですか，一緒に何をしたいですか？［今度は内的対話のポートレイアルになる］

クライエント：(涙まじりに語る)ギュッと抱きしめたい。

セラピスト：続けてください，彼女を抱きしめる。その子をギュッと抱きしめましょう。さあ，両手を自由に動かして……そうすれば少なくとも，実際の体を使った感覚をつかめます……どんな風に抱きしめますか？［クライエントに対して，体を使ってポートレイアルに参加するよう促す］こんな感じ？ (抱きしめる仕草を再現)

クライエント：ええ。母はずっと，ジーナ［クライエントの姪］は，私が3歳の頃にそっくりだと言っていました。私は，一体何が起きたのか考え続けました。ジーナは，好奇心旺盛で元気にあふれ，問題を解決するのが得意です。想像力が豊かで尽きせぬエネルギーの持ち主。ジーナは，とにかく素敵な子で——私の頭の中の女の子と全然違います。［ポートレイアルに登場する9歳の少女は，現在のジーナや3歳の頃の彼女の姿とかけ離れている。自己—他者—感情の三角形と，比較の三角形を自発的に関連づけている］

セラピスト：では，その小さな素敵な女の子に何かが起きたんですね……好奇心旺盛で無限のエネルギーにあふれた，活発で生き生きした女の子が，8～9歳になると，見捨てられ絶望し，ひとりぼっちの孤独な少女になっている。エイミー，彼女を抱きしめて何と言葉をかけますか？ その子を抱きしめて。［クライエントの2つの自己どうしの対話を促し，ポートレイアルを続ける］

クライエント：その子をもう一度連れ出す場面が，思い浮かびます。［防衛の欠如に注意］

セラピスト：もう一度連れ出す？ どういうことですか？

クライエント：以前にも，その子を別の場所に連れ出したんです。［前回のセッションでのポートレイアルに言及している］見えるのはそのイメージです。この子は大丈夫でしょう。とにかく，私が連れ出します。

セラピスト：実際に，その子をどんな風に抱きしめるか，描写してもらえますか？［統合体験の身体的感覚を関連させるよう促す。ここでも，感情の作業がクライエントとセラピストの関係性に根ざす点に注意。セラピストはクライエントに対して，直接セラピストに話すよう促している］

クライエント：こんな風に（実演する）。

セラピスト：向き合って，お腹とお腹と胸と胸をぴったりくっつけて？［クライエントの動作を言葉にする］

クライエント：ええ，ただその子の方が，背が低いですけど。

セラピスト：あなたは立った状態で，その子を抱きしめているんですね？

クライエント：その子の頭が，このくらいの高さにきます（自分の胸，心臓のあたりを指差す）。

セラピスト：その子は，どんな気持ちでしょう？

クライエント：（泣きだす。先ほどまでとは違う泣き方。ヒーリング感情の開始）誰かがそばにいてくれて安心しています。泣いていると，いろんな思いが湧き上がります。［安堵の涙であると確認される］私の家では，どんな感情も感じることが認められませんでした。そんなことをしたら，父さんと母さんがいなくなってしまうから。私はそう思ったんです。妹にも嫌われ，妹も離れていってしまう。妹も両親と同じように，もう私と仲良くしてくれなくなる。［感情や体験に対する防衛を促す，もう1つの不安の原因が明確になる。見捨てられることへの不安。言葉の直接性に注意。クライエントは今，9歳の少女の言葉で語っている。統合的なプロセスと，新たな自伝的ナラティブの生成］

セラピスト：あなたはひとりぼっちで，完全に見捨てられている。［セラピストが一歩うしろにつく］

クライエント：誰もそばにいません。

セラピスト：その子を抱きしめ，その子が，あなたが私の前で泣いたように，シクシク泣き続けている間，何を感じますか？［内的対話のポートレイアルで表現された，クライエントの別の側面の探索。セラピストは，今この瞬間のクライエントと女の子の関わりを，セラピスト自身とクライエントの関わりと対比させる］

クライエント：（澄んだ目で，上を見上げ穏やかな様子で）悲しいです。でも……今なら私が何かしてあげられる……もう一度やり直すとか……きっと大丈夫，よくなるわ。［深い感情的苦痛に付随する体験を克服し，その原因を発見し，修復的

な作業をする。これが深い感情体験の結末である。クライエントは今，適応的な行動傾向に到達している。クライエントは自分の能力を実感し，小さな女の子を助けられると確信している。ヒーリング感情のマーカーである，上向きの視線に注意]

セラピスト：そのとき，あなたの心に他に何が浮かびましたか？

クライエント：私たちはうまくやっていけるだろうって。

セラピスト：えっ？[セラピストは，クライエントが言う「私たち」が誰を指すかはっきり分からない]

クライエント：私たちは，うまくやっていけるって。ちょうど今みたいに。きっと大丈夫です。

　トラウマの帰結の1つは，主たる人格と分断された感情を感じる部分と，容易に打ちのめされる脆弱なかたちではあっても，思考し機能する部分とへの，自己の断片化である（Ferenczi, 1931, 1933; Winnicott, 1949, 1960）。プロセスを作り出し，修復的なポートレイアルとそれが喚起し，そして処理するのを促進するコア感情を通じて，エイミーは2つの自己——見捨てられた小さな女の子と不安だが機知に富んだ大人——を統合できる。感情を感じる方の自己は，孤立を感じる必要はない。機能する側の自己は，空しさを感じずにすむよう，感情的な接触というリソースを必要としているのだ。感情の作業を通じて，クライエントは自分が持つリソースを明確に意識する。クライエントは，小さな女の子を抱きしめることで，感情処理過程にある病理の世代間伝播を未然に防いでいる。クライエントは，彼女が悲しみに沈む怯えた少女だった頃に，母親に見捨てられたように，自己の中の感情を感じる部分を見捨てたりはしない。エイミーは，愛情に飢えた子どもの面倒をみられる，変化を生み出せる大人としての，自分の強さに気づきはじめている。

セグメント5

統合

セラピスト：あなたと彼女——ふたりで問題を解決できるでしょう。あなたたちふたりはいつも一緒です。

クライエント：きっと上手くいくでしょう。[自己への静かな自信の表明] 私の作業も私たちの作業も。どうしたんですか？［セラピストにあらためて注目し，セラピストの目に光る涙に気づく]

セラピスト：とても痛ましい，でも感動しています。[セラピストはクライエントに歩調を合わせる。感情的苦痛に共鳴しつつ，ヒーリング感情にも共感する。だがクライエントは，先に進んでいる]

クライエント：*(静かな強さで)* 涙を流し心が粉々に砕けても，もう怖くありません。泣き明かせば元気になれます。涙には2種類あるんです。[クライエントは，不安の涙とコア感情の涙の違いに言及している] 私は正気を失ったりしません，きっと大丈夫です。もし精神的に駄目になれば何の役にも立てなくなる，でも，今ここで役割を果たしているんです。[クライエント自身の不安を口にする。新たに見出した意義を強く主張する]

セラピスト：どういうことですか？

クライエント：誰の人生に使命があるから，誰だって正気を失いたくはありません。だって——神様も，私に駄目になってほしくないでしょう。そんなことは神様も私も許さない，誰も許さない。そうなったら，私はやるべきことをできなくなってしまいます。[自己への信念，他者への信頼の表明]

セラピスト：今この瞬間，あなたがやるべきことの例として，何が思い浮かびますか？

クライエント：*(視線を上に向けて)* 善や強さのようなものです。私は親切な行いをしたいし，他人に愛情を与えたい，愛情を与えるには自分が元気でなくてはいけません。そうすれば，自分自身にも愛情を注げます。良い行いに取り組めるよう，自分の面倒をきちんとみなくてはいけません。その点では，夫にも恩義を感じています。夫婦関係の中で，私は，夫にも自分にも関係ないさまざまな問題に反応しています。こうした問題が夫婦の邪魔をしないよう，解決したいです。[自分を麻痺させている不安を明確に意識。その不安に触れ，反論し，自分の変化を起こせる能力や才能を実感している。結婚生活に正面から向き合うために，さまざまな問題を解決することの大切さを主張]

セラピスト：その問題とは？

クライエント：そうした問題が，私と夫の邪魔になることはありません。ふたりで子どもを作って，できれば健康に育てられたらと思います。[一連の作業の

13章　お腹とお腹、胸と胸を合わせて　**351**

治癒力を示す深い証拠。出産に対する悩みが変化している。自分の変化を生み出す能力に気づきだし，自分の母親よりも良い母親になれるという自信を抱いている]

……気分が軽くなりました。[感情後のブレイクスルー感情，活力あふれる感情]

セラピスト：今まで体験した中で最も美しい瞬間の1つに，立ち会えた気がします。[セラピストによる，この作業の感情体験の共有]

クライエント：いい気分です。[見事なまでに簡潔なヒーリング感情]

セラピスト：なるほど，あなたは自分の強さを知り，心の軸を見つけたんですね。

クライエント：ええ，まさにそういう感じです。

セラピスト：心の中のとても深い場所で，あなたが何とかすべてを整理できたと伺えて──素晴らしい，とにかく素晴らしいことだと思います。[肯定。セラピストが，クライエントの作業の深さへの称賛と驚嘆を表す]

クライエント：(素朴で深い笑みを浮かべて)いい気分です。

セラピスト：何ですって？

セグメント6

感情的－関係的体験のメタプロセシング

クライエント：今日のセッションを通じて，何か力をもらった気がします。

セラピスト：今どんな力を感じるか，描写してください。[言語化を通じた体験の固定化]

クライエント：私の中に，何かがあるようです。[空虚感の正反対]外の世界には，私を気にかけてくれる人たちがいます。私にはできるんです。とても長い時間がかかるかもしれませんが，永遠に思えるかもしれませんが，一歩ずつ進んでいけます。心からそう感じます。[自己肯定]

セラピスト：それで？

クライエント：心からそう感じるし，足取りが見える気がします。2, 3週間前から今までの足跡が見えました，10歩進んだのが分かります。[達成感に基づく希望]

セラピスト：今，私をじっくり見たら，何を感じますか？［セッション終了前に，

352

先ほど起こった深い感情プロセスの対人関係面への影響をプロセスすることが大切になる]

クライエント：幸せな気分です。本当に幸せです。先生にとってもよかったし，私自身も満足しています。治療当初を思えば，今ここにいるのが信じられません。[クライエント自身の深い幸福感。クライエントが，作業に対するセラピストの満足感を理解していると明快に述べている点に注意。これは安定した愛着の証拠。クライエントの幸せは，セラピストにとって喜ばしいという確信。クライエントは，自分が大切にされていると感じている]

セラピスト：私は，必ず言葉で表現してもらうようにしています，なので，それを言葉にしてください。どんな感じでしょう。

クライエント：いつからか分かりませんが，15〜20分前から，まったく別の場所にいるみたいです……少なくとも今は。[感情的ブレイクスルー前と後の状態の違いを，身体感覚的に体験]

セラピスト：そして今は，幸せを分かち合っている感じなんですね？[クライエントとセラピストが共有する幸福感の関係性的体験に，再び着目する]

クライエント：本当にいい気分です。誰かに本当に心配されている，先生は私を気にかけてくれていると感じます。私の母は，他人の気持ちが分からず，自分の感情しか理解できないんです。でも先生は，他人の気持ちを感じとれるし，私を本当に理解してくれます。最初の頃と比べれば，私が変わったと先生もお考えでしょう。[深い受容的な感情体験の描写。作業を通じた自己内省機能の発達。セラピストも自分の進歩を認めているというクライエントの感情が，彼女自身の達成感をいっそう深めている]

セラピスト：あなたは別の世界にいるんじゃない，別の宇宙にいるんです。

クライエント：ええ，どこか別の場所に到達した感じです。

セラピスト：ここまでは，長い道のりでしたね。

クライエント：ええ，先生がいろいろ助言をくださったと思います。先生は——私が自分を理解するのを助けてくれました。[クライエントの内省的な自己機能の発達を促す]それが助言だったかどうか分かりませんが，私を促し，そばにいてくださったことに感謝しています。治療が進んで，終わるときがどこかで来るでしょう。私たちの治療が終わるんです，この作業自体は終わりませんが。[クライエントは自分なりの言葉で，セラピストの立場から見た体験を描写して

いる]

セラピスト：うんうん。

クライエント：先生は，心から私によくなってほしいと思っています。

セラピスト：私に説明して聞かせてください。この30分だか20分の間，私たちは，いや，あなたは，内面にある場所にたどり着き，問題を克服したように思えます。私はほとんどしゃべりませんでした。その体験が，私たちふたりの間でどんな位置づけにあるか教えてください。言い換えれば，私はあなたが成し遂げたことを私なりに理解し，あなたに寄り添ってきたと思っています。それが私の感じ方ですが，あなたの側の体験を，言葉で語ってもらいたいんです。

クライエント：先生はあまりしゃべらなかったけど，前からずっと優しい促しや，つながりのようなものを感じました……それはまさに私が求めていたものだった。先生にここにいてほしくて……上手く言えませんが……先生がここに一緒にいると分かるだけで，私がこんな風に感じるのは当たり前で，別に頭がおかしいわけじゃないと分かることが大切でした。ただ，先生が気にかけてくださったから……

セラピスト：ありがとうございます。

クライエント：ここにいると安全だと感じます。X先生[以前のセラピスト]のときは，父が治療費を払い，父があの先生を推薦しました。でも今回は，先生が強くそう言うとおりに私が費用を払っていて，父は先生の名前さえ知りません。だから安全です。

セラピスト：それに，この治療はあなた自身のものですね。

クライエント：ええ，私の治療です。

セラピスト：私は今，あの8～9歳の女の子のことを考えています。活発さをなくし，悲しげで見捨てられた，ひとりぽっちで怯えている少女のことです。

クライエント：私はあの子のために今ここにいて，先生は，私のためにここにいるんですね。私たちふたりであの子を助け，先生は私を助けてくれる。そう考えていらしたんですか？

セラピスト：まさにそう思っていました。それがどんな感じのするものか，知りたかったんです。

クライエント：私には，あの子を助ける力があると感じます。だって先生が，私を助けてくれると知っていますから。これで伝わりますか？

セラピスト：分かりますよ，とても嬉しく思います。

クライエント：まるで鎖みたいにつながっていますね。私が元気になるほど，あの子を助けてあげられる。

セラピスト：そして，あなたはその子を受け入れられます。あの子は長い間，あそこでひとりぼっちでした。

クライエント：感じるだけでなく，理解した上で助けられたら……知的な部分と感情の部分が協力しあえます。両者が力を合わせて，良い方向に変えられます。これはすごいことです。本当にありがとうございます。私，本当に嬉しいです。

　この最後のエピソードでは，それまで背景に置かれていたクライエントとセラピストの関係を前面に持ち出すことで作業が終了している。「気分が軽くなりました」というクライエントの発言は，彼女が対峙してきた深い無意識の波が今ようやく終わり，治療関係の検討に移っても，より深い臨床題材の出現に邪魔されたり，中断されたりすることはないというシグナルである。クライエントによる治療関係の体験と，クライエントが参加したプロセスにおける（クライエントから見た）セラピストの役割について探索が行われている。このプロセスの中で，体験を共有し，その体験のどんな点が有意義だったのかを言葉にして分かち合った結果として，絆がいっそう強まっている。

★　　　★　　　★

　この取り組みが結論に近づくと，こうして旅は終わり，セラピーも終わる。セラピーが順調に進めば，終結は関係の取り決めが変化する地点となり，この瞬間から別れが追憶を引き起こし，注意の方向性を定める。

　感情に基礎をおく変容モデルの基盤となる精神的健康のビジョンには，深い感情体験と安心という2つの側面がある。感情を深く体験し，自己や他者の前で安心感・開放性・安堵感を感じる能力は，コア感情とコアステイトという，本書を通じて論じてきたコア感情体験の2つの要素から，直接的に派生するものだ。こうした感情体験を阻む障害によって，個人の精神機能のさまざまな側面が規定されることがなくなれば，2つの能力が本人の存在と一体化し，厄介

13章　お腹とお腹、胸と胸を合わせて　**355**

な拘束なしに内外の世界と関わることができる。

感情と人間関係を阻む障壁が取り払われれば，症状軽減や人格的歪みの修正——その程度にはクライエント間で個人差があるが——などが，おおむね自然に得られる。だが人生は困難であるため，たとえ予後がこの上なく良好でも，抑うつ，不安，関係の中での極端な遠慮（relational reticence），発作的な自己疑念や恥辱感，不信，超然性，絶望，無力感が再発することがあるだろう（比較的健康な状態でも，機能状態が最も良好な場合と最も劣悪な場合という2種類の表象的スキーマが必要とされる。両者の違いはベースラインであり，両スキーマの比率は相対的）。本書で規定するメンタルヘルスの指標は，これら苦痛な現象の完全な消失ではなく，本人がそれらの現象を最適に乗り切る能力である。これは，苦痛な現象を，自己内省機能を使って克服したということを意味する。こうした体験を肯定し受け入れ，体験の意味や，自分が対処すべき状況に関して，その体験が何を明らかにするかを調べることができるようになること，そしてその体験を，自己や信頼できる他者に伝えられるようになることこそが，最も深いレベルでの病理からの解放である。本書を通じて説明してきたように，病理の本質は人前で認めるのが怖すぎるため独りきりで背負わねばならない点にある。この力動を取り払い，コミュニケーションの方向性を——自己と他者へと——向けることができれば，癒やしの変容への道が開ける。それはそれでもう十分に素晴らしいことといえる。

精神分析界では，他者の前で独りでいる能力に関するウィニコットの研究（1960）が，当然ながら大いに称賛されている。ウィニコットは，関連するテーマを扱った他の著作で，伝達されずに残る私的な体験領域を持つことの大切さを訴えている（例 1963a）。このテーマは，いくぶん美化されたかたちで昨今の研究者の著作（Slochower, 1999; Stein, 1999）でも共感を集めている。そのため私は，（心の）健康のこの側面を次のようにとらえ直したい。すなわち，他者の前で独りでいる能力を出発点として，他者の前で自分自身でいる能力が育つのだ。他者の前で自分自身でいるという概念には，自己や他者とのコミュニケーションは自己の完全性を脅かさず，むしろ自己の真正性を高め豊かにし，強化し肯定するものだという信頼が込められている。

感情を深く体験する能力と，自己や他者の前で安心感・開放性・安堵感を感じる能力は，ともにコア感情とコアステイトに根ざすものであり，本質的な変

容プロセスを育む媒体である。この2つの能力が，本質的な自己の持続的な展開を促すのだ。

14章
体験的 STDP の技法とタブー[注1]

　AEDPを十分に理解するには，AEDPが生まれてきた背景を踏まえてAEDP
をとらえることが重要である。その背景とは，短期力動心理療法(STDP)，さ
らに具体的にいえば体験的STDPの領域である。

　短期力動心理療法は，実用主義的で成果志向の短期治療の世界と，時間にし
ばられない深く包括的な精神分析的理解の世界という，重なり合うことのない
2つの領域の橋渡しをする。どのSTDPのモデルも，濃縮された時間枠の中で，
広範囲のクライエントに適用できる大胆な精神分析の目標を持って，いかにし
て真に精神力動的な治療を行うかという問題に熱心に取り組んできた。短期
力動心理療法には豊富な実験の歴史がある。フロイドに始まり(心理療法にま
つわるものはすべてそうだが)，フェレンチ(1920, 1925)，フェレンチとラン
ク(1925)の研究，その後，アレクサンダーとフレンチ(1946)の研究が続いた。
この豊かな歴史についてはクリッツ・クリストフとバーバー(1991)，グスタ
フソン(1986)，メッサーとウォーレン(1995)の詳しいレビューがあり，ここ
では取り上げない多くの現在のSTDPについても扱っている。本稿が焦点を当
てるのは，AEDPの構築に直接的に先行し影響を与えたモデルである。

　マランの短期心理療法(1963, 1976; Malan & Osimo, 1992)，ダーバンルー
の集中的短期力動心理療法(1980, 1986-88, 1990; Coughlin Della Selva, 1996;
Fosha, 1992b; Laikin, Winston, & McCullough, 1991; Magnavita, 1997; Malan,
1986)，加速化共感療法(Alpert, 1992, 1996; B. Foote, 1992; J. Foote, 1992;
Fosha, 1992a, 1992b; Sklar, 1993, 1994)，そしてもちろん加速化体験力動療法
(Fosha, 1995, 2000; Fosha & Osiason, 1996; Fosha & Slowiaczek, 1997)がある
が，ここで取り上げるSTDPのアプローチに共通するのは，どれも体験的要素，
すなわち今，ここでのクライエント──セラピストの関係の中で，それまで耐えがたかった
感情を体験することを治療的変容の重要な媒体ととらえていることである。

　ワクテル(1993)は，精神病理を精神力動的に理解するときには，常に不安

359

の概念が要になることを指摘している。不安は防衛を喚起し，感情体験を制限する。先に挙げたSTDPは，感情体験を最大化し，防衛と不安の効果を最小化するのに最も有効で，効率がよく，総合的な治療法を追求している点で共通している。どのモデルも先駆者がぶつかった壁を創造的に乗り越えようとした。1つのモデルから次のモデルへの発展のプロセスは直線的でもなければ加算的でもない。問題を解決するために，新しいモデルがとった選択は，システム内のすべての構成要素を新たに方向づけし，結果的にそのシステム全体に影響を与えることであった。興味深いことに，パラダイムの変革では必ず起きることだが（Hanson, 1958; Kuhn, 1970），ある問題を解決するために用いられる技法は新たな（その技法に特有な）現象を生み，新しい「データ」は新しい概念化を必要とし，それが次の疑問につながっていくのである（Fosha, 1992b）。

　体験的短期力動心理療法の発展の歴史は，タブーを1つずつ乗り越えてきた歴史である。一歩前進するたびに，精神分析の何らかのタブーにぶつかり，それを乗り越えなければならなかった。そしてそのたびに，無意識の現象は存在するという確信が強くなっていった。技法的な実験に自由に取り組んだ結果，さまざまな深い感情現象に徐々に接近し体験することが可能になった。技法とタブーというテーマを探求するには，感情体験を最大化し治療を加速するような技法を追求する中で生まれた種々の解答を厳密に検討しなければならないが，まずタブーの概念から見ていきたい。

タブー，タブーを破る，無意識のプロセスの頑健性

　ウェブスター辞典（1961）によると，タブーは「ある事柄や言葉の使用およびある行為の実行に対する不可侵の禁止であり，一般に首長や宗教指導者によって課せられる……同様の制限は社会的慣習によっても課せられる」。精神分析はその始まりから，内容においてもやり方においてもコミュニケーションにおける相互作用のタブーを大きく破るものであり，通常の礼儀正しい社会的会話とまったく区別されるものだった（Cuddihy, 1974）。

　精神分析は，個人の最もプライベートな体験の領域だけに関心があることを

大胆に宣言した。この領域は，論理や現実，道徳や社会的慣習，成人の成熟した機能が支配しているのではなく，一次過程，欲求，衝動，幼児的願望が君臨する領域である。クライエントがそうした自己を露出するリスクを負えるような環境を促進するために開発されたこの技法は，立場の弱いクライエントが不利益を被ったり不当な影響を受けたりしないよう，精神分析家の反応から個人的偏見や自己利益，糾弾，拒絶，批判を取り除いたものだった。中立性，非指示，禁欲原則が精神分析のスタンスの技法的要素となり，クライエントは自由連想によってプライベートな領域に接近することが奨励された（非指示の重視は，フロイドが自分の斬新な手法が催眠術や暗示と同一視されることを懸念したからかもしれない）。こうした斬新な手法は，同じぐらい大胆さを持つ多くの者に踏襲されたわけではなかった。もっと複雑な現象（抵抗，陰性治療反応など）への意識の高まりは，技法の大きな発展よりも概念の発展を触発した。そのため精神分析にかかる期間は長期化してしまった（Malan, 1963, pp. 6-9）。最初は革命的だったこれらの技法は体系化され，やがて神聖視されるようになった。そしてどの文化にもあることだが，精神分析の文化にもタブーが生まれた。

　そのタブーによって，厳密に「分析的」ではないとみなされた治療活動は，精神分析の本質的目標（無意識のうちに抑圧されていた感情体験に接近し，クライエントを神経症の苦しみから解放すること）の達成に有効かどうかに関係なく，破門の憂き目にあった。技法面のタブーへの忠誠は，標準的な精神分析治療をさらに長期化させた。体験的STDPは技法を刷新するにあたって，精神分析の文化が築きあげたタブーを突破しなければならなかった。

　通常，タブーは暗黙の前提に基づいている。そうした前提は顕在化させたときに初めて，その真価を検証することができる。古典的精神分析の治療的態度と技法の多く（セラピストの受動性と中立性。セラピストの言語活動の内容や頻度の制限。クライエントとセラピストはアイコンタクトしないこと）には，不当な影響を与えることへの恐れ，つまりクライエントの無意識の体験は外部からの干渉や改ざんに対して懸念すべきほど脆弱であるという不安が表れているようだ。クライエントの体験はそれほど穢されやすいという前提に立てば，無菌状態の環境でなくては無意識の題材の完全性を確保できなくなる。

　対照的に，体験的STDPの技法は，無意識のプロセスは頑健であり，簡単に

は穢されないということを暗黙の前提としている。防衛や抵抗が存在するのはそのためであり，それらには恐ろしく強い力がある。クライエントの強情な態度や変容への頑なまでの抵抗の方が，コア感情の体験の可塑性や外部の影響を受けやすいことよりも，よほど問題が大きい。短期力動心理療法のセラピストの（暗黙の）前提では，問題は「無意識」が道を踏み外しやすいことにあるのではなく，むしろ従来の古典的技法では，無意識の計略（防衛および抵抗の現象）に効果的に対処できる技法のレパートリーが限られていることにある。不当な影響を及ぼすことよりも，確固たる治療的変容を及ぼすほどの影響力がないことを懸念しているのである。その意味で，短期心理療法は無意識の力を賛美する。無意識は「ノー」の言い方を知っているとするのである。

　感情的な関わりに関するタブーは，欲動の支配や精神分析家の無節操への恐れにも由来する。精神分析家の衝動は厳しく抑制しないと（Freud, 1912a, 1912b, 1915），（クライエントにも精神分析家にも）大惨事をもたらすというのである。これは，人間の機能のすべての側面は本質的には（反社会的で抑制されていない），本能に還元できるという理論の当然の帰結といえるだろう。その結果，すべてのタブーと同様，「技法の禁断・禁制・秘密の側面，人間の承認や応答性の往々にして秘かなジェスチャー」（Jacobson, 1994, p.17）が必要になる。本能の奔放さをそれほど心配しないSTDPのセラピストの場合，人間の承認や応答性のジェスチャーは明るみで行われ，その治療的可能性を検証することができる。活動や感情的な関わりのタブーに積極的に反対する短期力動療法のセラピストは，より自由に実験をしてきた。彼らの拡大したレパートリーには，自己表現を促す無意識の効力を高めたり，変容への抵抗を促進する力を無効化したりする新しい技法も含まれている。

　従来の精神分析の技法から体験的STDPの技法への変化は，基本的に*受動性から積極性へ*のプロセスであり，この姿勢の変化はセラピストの活動にも当てはまる。STDPの技法の大半は，かつてセラピストの内側（頭の中，心の中，腹の中）にしまわれていたものを外に出し，クライエントとセラピストの両方がアクセスできるような二者間の移行空間でそれを使えるよう差し出す。

　たとえば心理療法セッションでのビデオ撮影について考えてみよう（すべての体験的STDPで実施）。STDPでは，撮影によって治療が絶望的に穢されるかもしれないと恐れて強力な技法の使用をためらったりはしない。むしろクライ

エントが撮影にどんな反応を示しても——それが精神内部的か医原性かにかかわらず——積極的介入によって対処するという立場を取る。クライエントとセラピストは，治療プロセスの頑健さと治療ツールの汎用性を信頼することで，豊かなリソースを享受することができるだろう。

体験的 STDP

　AEDPは，マランの短期心理療法（BP），ダーバンルーの集中的短期力動心理療法，そして加速化共感療法の系譜に連なっている。ここでは，まずすべての体験的STDPの技法的探求の土台となったいくつかの概念的・技法的な刷新を取り上げたい。それは短期心理療法（BP）の不可欠な要素であるとともに，すべての体験的STDPの共通基盤になっている。次に各モデルの治療的態度，技法，変容の主な経路，変容の実現のために克服したタブーを比較する。最後に，これらの3つの先駆的な心理療法とAEDPの関係について述べる。

短期心理療法（BP）：体験的 STDP の先駆け

　短期心理療法（Malan, 1963, 1976, 1979）は，精神分析および精神分析的心理療法の長期化への反動から生まれた。「長期的な心理療法（とくに精神分析）が限られた人々の生活にいかに素晴らしい影響を与えたとしても，この世界の神経症的な不幸の量と比べれば，その貢献は取るに足らないといってよい」（Malan, 1963, p. 3）。マランは精神分析的心理療法の深みを維持しつつ，もっと広く応用できる方法を開発しようとした。やがて誕生した臨床手法は，精神分析的でありながらも（その技法は本質的に解釈が中心），活動・選択性・焦点づけに関するタブーを破るものだった。マランが好んで言ったように，短期心理療法は根本的に精神分析的であるが，それ以上のものである。

　短期心理療法がもたらした刷新は，すべての体験的STDPの土台である。葛藤の三角形と人格の三角形（のちに比較の三角形と改称）によって臨床題材を瞬時ごとに，そして系統的に概念化し，それを臨床作業の指針として利用した

ことは，マランの大きな功績である。

短期心理療法（BP）の特徴：体験的STDPの共通基盤

　精神力動概念の図式化。基本的な精神力動理論は，コア感情体験，不安，防衛機制がどのように精神内部的に構築され，精神内部的体験がどのように関係性パターンの構築に積極的役割を果たすかという側面から，精神病理を理解する。さまざまな精神機能の複雑な関係性についての2つの図式的表象（*葛藤の三角形と人格の三角形*）は，詳細な理論を凝縮するのに貢献した。デビッド・マラン（1963, 1976, 1979）はさまざまな資料をもとにこれらの図式をまとめ，すべての精神力動的な臨床作業を概念化し，それが短期間で深い力動の作業を行うセラピストに役立つことを示した。コア感情体験，不安，防衛の力動的関係と，現在と過去と治療的関係性パターンの一致は，精神病理および治療プロセスの現象を精神力動的に理解するのに重要な要素である。こうした構成概念をどのように臨床行動に適用するかによって，精神力動的心理療法の各学派の違いが現れる。葛藤の三角形と人格の三角形という図式の利用により，複雑な関係性の本質を即座にとらえることができると，臨床題材を迅速に評価し，短縮された時間枠で総合的で深みのある精神力動的治療を行うことができる。

　葛藤の三角形と人格の三角形による臨床題材の迅速な構造化。STDPのセラピストは，初期評価から終結まで，葛藤の三角形と人格の三角形のカテゴリーを傾聴と介入の指針として用いる。セラピストは2つの三角形を念頭において，クライエントとセラピストの間のラポールの性質と，介入に対するクライエントの無意識のコミュニケーションの深さと強度の瞬時ごとの変化に注意しながら，臨床題材に耳を傾ける。単に知的に注意を払い将来の利用のために蓄積するのではなく，マランが「恐れ知らずにも」と表現した態度で，クライエントの人生や転移にはっきりと認められる防衛と不安のパターンに直接的，明確に取り組みはじめるのだ。

　トライアルセラピー。STDPの初期評価は*トライアルセラピー*と呼ばれ，セラピストは当初から積極的な力動的相互作用に入る準備をして，クライエントとの関係に入る。題材が展開するのを待つのではなく，最適と定義された治療的相互作用を積極的に推進する。クライエントがセラピストに自分の物語を語りはじめた（さらに言えば，語らない）最初の瞬間から，セラピストは2つの精神力

動の強力な情報源に接近している。物語の内容（顕在的要素も潜在的要素も）と，セラピストとクライエントの相互作用プロセスである。セラピストは，何であれクライエントが提供するものを力動的相互作用の出発点として利用する。瞬時ごとのマイクロ分析を行い，出現する臨床題材を防衛，不安，純粋な感情体験に機能的に分類する。そしてそのカテゴリーに対処できる特定の介入をただちに系統的に導入する。初期評価では，マランはこれを試験的解釈と呼ぶ（Malan, 1963, 1976）。クライエントがこうした介入に関わり利用できるかどうかは，スクリーニングの重要な選択基準となる。

*クライエントが力動的相互作用をできるかどうかは，重要な選択基準。*クライエントが力動的に相互作用し，最初の面接（トライアルセラピー）に始まる試験的解釈に反応できるかどうかは，BPにおける非常に重要な選択基準である。クライエントがこれから提供するセラピーを活用できるかどうかを示唆するからである。除外の基準はなく（Malan, 1976, pp. 67-68），機能の混乱の重症度，問題の慢性度，クライエントの過去において問題が発生したと思われる発達の時点などが，そのままBPへの適合性（または適合性がないこと）を決定するわけでもない。作業能力（試験の解釈に反応するなど）が見られることはよい兆候であり，他の診断要因よりも重視される。だがクライエントに求められる反応は必ずしもポジティブなものや自由に伝達されるものではないことに留意すべきである。クライエントは不安や防衛からとても頻繁に反応する。ここで問われているのは，クライエントがプロセスに意味のある関与をするかどうかである。

*治療的企てにおけるパートナーとしての，クライエントの積極的関与。*トライアルセラピーを終えるにあたって，クライエントとセラピストは今後どんな作業をして何を目標にするかを話し合う。クライエントに治療に積極的に参加するように促し，それができるように介入することは，一般に短期的作業の，またとくにBPに共通する特徴である。

*治療開始時に終結の日を設定する。*STDPの治療期間の短縮に貢献する最後の要因は，最初から終結の問題を話題にすることである。マランがサミュエル・ジョンソンの警句を言い直したように「終結の日が定まっていれば，驚くほど題材に集中できる」のである。モデルによって対処の仕方は違うが，クライエントが意識的にしろ無意識にしろ，セラピストとの接触は有限であることを理解していると，セラピーのプロセスは濃縮され強化される。これは非常に強力

14章　体験的STDPの技法とタブー　**365**

な要因なので，マン (1973) はどのクライエントの治療においても，時間の経過とそれを食い止めようとする人の虚しい努力を治療の焦点にしたほどである。フロイドもこのことに気づいていた。ウォルフ・マン (1918) は行き詰まると，題材の流れを回復し分析の状況を再び充実させる方略として，終結の日を設定したものだった。

　無意識のコミュニケーションの深さとラポールの変動を明確な基準によってアセスメントする。マラン (1979) は，セラピストの介入の効果とクライエントが介入に反応する能力をアセスメントする基準として，*ラポール*と*無意識のコミュニケーションの深さ*に注目した。それがマランの精神内部的，関係性的な感情体験の性質のアセスメントの基準である。「ラポールはクライエントとセラピストの間の感情的接触のレベルと定義できる」(1979, pp. 19-20)。「(それは) 常にセラピストの指針となる普遍的な指標である」(p.75)。初回面接のアセスメントでもその後のセラピーでも，セラピストはとくに無意識のコミュニケーションの深さとラポールの質的な変動に注意しながら，個々の介入に対するクライエントの反応を観察する。コミュニケーションやラポールの局所的な変動には大きな意味がある。回数を重ねるごとに力動的に意味のある情報は増えていく。それによってセラピストはクライエントの反応に沿って介入を改良していくことができる。「このフィードバックの本質はラポールの水準の変化にある。だからこれを判断する能力はセラピストの最も本質的な資質の 1 つなのである」(1979, p.75)。セラピストは訓練すると，こうした具体的基準を，確実性を持って使うことができるようになる。マラン (1979) はラポールの概念について「以前の出来事に関するごく平凡で平然とした報告のように見えたものが，その人にとって大きな意味のある感情の……心からの強烈な言明へと変化すると……劇的に*ラポールが深まる*」と説明している (pp. 19-20)。

　要するに，ここでマランが述べているのは感情の深まり，とくにクライエントとセラピストのつながりにおける感情の深まりのことである。同じように，*無意識のコミュニケーションの性格*についてもこう述べている。

　セラピストがただちに警戒すべきタイプのコミュニケーションの特徴を要約しておこう。(1)クライエントが(しばしば唐突に話題を変えて)，関連性が一見して明らかではない事柄について著しい関心と自発性を持って話しはじめる。(2)

もっと入念に考えると，関連性や感情的意味がずっと大きい他の話題と明らか
な類似点が見られる（1979, p.23）。

継続的にアセスメントすることは，BPのアセスメントプロセスにおいても
実際の治療においても非常に重要な活動である。マランは潜在的なものを顕在
化することによって，介入に対する無意識の関与の性質と程度や，クライエン
トが力動的コミュニケーションの相互作用に関わる能力を迅速に評価できるよ
うにした。

*選択的にクライエントに反応するための指針として焦点を活用する。*葛藤の三角形と
人格の三角形を用い，ラポールのレベルと無意識のコミュニケーションの深さ
の変化を指針として，クライエントの過去，現在，転移の葛藤を積極的に力動
的に探索すると，クライエントの中心的な問題のフォーミュレーションを迅速
に作ることができる。この焦点として知られる精神力動的フォーミュレーショ
ンは，初期アセスメントの終了までに完成し，BPの治療的指針となる。焦点
を設定することで，セラピストは選択的に題材に取り組み，それに即した応答
ができるようになるので，治療は加速する。選択性の指針となるのは，クライ
エントが提示する顕在的題材が2つの三角形の構成概念によって中核的な葛藤
として翻訳できるかどうかである。トライアルセラピーの終了時に，セラピス
トとクライエントは今後の治療作業の焦点について話し合う。

*BPにおける解釈の活用。*BPの「方略的目標」は「クライエントの感情的葛
藤を意識化させ，クライエントがそれを体験できるようにすること」である
（Malan, 1976, p.259）。その目標を達成するために，BPのセラピストは葛藤の
三角形の体験のすべてのカテゴリーを明確にして解釈し，それがどのようにし
てすべての関係の三角形のカテゴリーに表れるようになったかを考える。BP
の「最終的目標」はそれまで無意識だったものを「意識化」することなので，
中心的な介入方法は*解釈*である。治療では一貫して，クライエントのこれまで
の人生の特徴的なパターンと，今，ここでの治療関係で起きていることの関
連づけを試みる。セラピストはあらゆる機会をとらえて*T—C—P解釈*を行い，
とくにT—Pの関係に注目しながら，クライエントの感情的葛藤への対処のパ
ターンが転移関係・現在の関係・過去の関係で一致していることを指摘する。
T—C—P解釈は，防衛反応ではなく感情反応を引き出すのにとくに有効であ

14章　体験的STDPの技法とタブー　**367**

る（McCullough et al., 1991）。マランと共同研究者は，BPによる治療の諸側面と関わる要因の影響を検討したが，そのうち，ポジティブな成果と最も相関性が高いのはT—C—Pの関連についての解釈だった。

　　転移，解釈の深さ，子ども時代とのつながりにおいて，技法が革新的であるほど，治療効果も革新的である。……精神分析的手法の使用の成功は精神分析への賛辞であり攻撃ではないことは，どんなに強調してもしすぎることはない。とくにここに示すように，技法が精神分析的であるほどセラピーは成功しているのである（Malan, 1976, pp.352-53）。

　マランはBPの開発によって積極性と指示性のタブーを破った。積極的になり選択的な焦点づけをしても，深い分析の作業をすることは可能であることを示したのである。マラン（1980）は論文の冒頭で以下のように直言している。

　　今世紀の前半，フロイドは知らず知らずのうちに心理療法の未来に禍根を残すような誤った方向に舵をきったと，断言せざるをえない。これは，抵抗が強まるにつれて，受動性を強める反応をとってしまうことであった——やがてクライエントの自由連想という技法，セラピストの「受動的な共鳴板」としての役割，平等に漂う注意，無限の忍耐を選んだのである（p.13）。

　BPでは治療活動のペースとリズムが変わり，治療期間は短縮された。どの力動的介入も（防衛・不安・コア感情への対処も現在，過去，転移の出来事への対処も），最初のセッションから行うことができる。
　マランの貢献は非常に大きい。最初に導入されたときは革新的に見えたが，セラピストの積極的な活動，選択的焦点づけ，治療プロセスのパートナーとしてのクライエントの積極的関与，クライエント—セラピストの関係性の積極的な焦点づけ，治療のパラメーターとしての終結日の積極的活用などは，すべて体験的STDPの標準的手法になった。また葛藤の三角形と人格の三角形の構成概念は，クライエントの体験の瞬時ごとのトラッキングを可能にする概念的ツールとして，のちの体験的力動療法の技法の土台になったのである。
　BPの技法は目標とされるもの——洞察——へと確実に，効果的に，系統的

368

に導くことができる。だが望ましいのは，その洞察が変容を起こすのに不可欠な深い体験へと至ることである。マランは繰り返し本質的な体験主義者としての自分を表している。「あらゆるセッションのあらゆる瞬間の目標は，クライエントに彼が耐えられる限りの彼の本当の感情に触れさせることである」(1979, p.74)。この傾向は，セッションにおける変化の瞬時ごとの分析の重視にも表れている。マランは体験を重視し，タイミング，リズム，活動の解釈を行い，既存の解釈の枠を超えていたが，それでもBPの技法はもっぱら解釈的であった。しかし，解釈の技法は確実に内臓感覚的体験につながるわけではない。彼のモデルでは従来の精神分析的心理療法と同様，深い感情体験は大いに歓迎されるとはいえ偶発的なものであって，解釈の技法によって確実にもたらされるものではなかったのである。

　マランは解釈の限界を探り，それを認めた。それは解釈に反応しようとしない抵抗の現象であり，パーソナリティ障害に最も顕著に見られるものだ。そのようなクライエントは「（解釈に対して）純粋な知的洞察でしか反応しないし，当然ながら，彼らには改善がまったく見られない」（Malan, 1986, p.63）。マランはさらにこう述べている。

> 唯一可能な結論は，まず，純粋な解釈的セラピーは長期的なものであれ短期的なものであれ，限界に達し，不適切であることが判明したということだろう。次に，これを運命として受け入れない限り，解釈に加えて使用できるもっと強力な介入が必要だということである（p.63）。

　マランは「解釈に加えて使用できる」強力な手法を，抵抗を解釈するのではなく抵抗に挑戦するダーバンルーの技法に見出した。マランはダーバンルーの技法の中に体験を求める彼の渇望を満たすものを見出したのである。「彼は系統的に抵抗に対処し，やがてクライエントを，根底にある感情を真に体験する閾値の上にまで導き，そこで初めて本当の意味でセラピーを開始できる」(p.106)。

　ここからハビブ・ダーバンルーの領域に入る。ダーバンルーは先駆者のライヒ (1954) と同様，「性格のよろい」が邪魔をしている限り，心理療法の作業をする意味はないと考えていた。「正面玄関から入れるのに，のぞき穴から目を

14章　体験的STDPの技法とタブー　**369**

細めてのぞく必要はない」(Davanloo, 1986-1988) というのが彼のお得意のセリフだった。ダーバンルーはライヒと同様，たとえ何らかの無意識の派生物に彩られていたとしても，二次プロセスの産物に取り組むだけでは，純粋な治療的変容を起こせないと考えていた。そして，広汎な「性格のよろい」を無効化するのに必要なのは，同じぐらい強い内臓感覚的体験に接近することだという結論に至った。頑なに凝り固まった自我同調的な性格防衛に対抗できるのは，強力な体験だけなのである。抵抗の強いクライエントに対するダーバンルーの技法は，防衛に攻撃を仕掛ける。その目的は純粋な感情体験に接近させ，それを深化させ，強化し，持続時間を延ばすことである。集中的短期力動心理療法 (ISTDP) では，深いラポールと深みのある無意識のコミュニケーションは，ただ注目され，評価され，最大限に活用されるだけではなく (BPがそうであるように)，むしろ積極的，具体的，明確な技法の目標になった。

集中的短期力動心理療法(ISTDP)：
解釈を越えて

ダーバンルーを理解するには，彼のメタ心理学を理解する必要がある。ISTDPの直面化技法 (Davanloo, 1980, 1986-88, 1990) は，超自我が中心的な役割を果たす精神病理学および心理療法の概念化に由来する (Fosha, 1992b)。すべての防衛的行動とその帰結(すなわち症状パターン，感情的抑制，人格の狭まりなど)は，無意識的な衝動，とくに攻撃的・加虐的・殺人的な衝動を感じた自己に対する，厳しい超自我の制裁を反映したものと理解される。ISTDPのセラピストは，超自我との直接対決を試みる。すなわち治療を通じて，超自我の勢力と治療の勢力(セラピストとクライエントの自我。後者は弱体化していてひとりで戦えないが，無意識的な治療同盟を通じてプロセスを促進する)が対峙する。目指すべきブレイクスルーは，それまで禁じられていた衝動を，クライエントに内臓感覚的に体験させることであり，これは超自我に対する治療の勝利を意味する。またブレイクスルーは，クライエントが自我の活動領域内でこれらの体験を統合するのを助け，自我を強化する。超自我の影響をなくすことで，自我が，衝動の持つ豊かで生き生きした特質にアクセスできる一方，二次過程によって衝動が調節され，自我の影響の現実検討が行われる。

ISTDPの技法は，高い要求水準を掲げている。マランの短期心理療法と同様，ISTDPには葛藤と自己―他者の三角形のスキーマへの依拠，セラピストの活動が非常に高いこと，治療的取り組みへのクライエントの積極的関与，クライエントの介入への反応を最も重要な選択基準に使用する，といった要素が見られる。しかし，いくつか決定的な技法的な変更点も存在する。防衛との作業に対するダーバンルーのアプローチに注目することで，こうした相違点への理解を最も深められるだろう。これこそが，おそらく彼独自の最大の功績であり，彼の臨床の特徴でもある。

短期心理療法ではすでに，防衛との作業に多大な注意が払われていた。解釈を通じて防衛を同定し，精神内部でのその働きをクライエントとの作業で明確化するのだ。ダーバンルー（Davanloo, 1980, 1986-88, 1990）は，このプロセスを３つのかたちで変容させ発展させた。まず，防衛という現象を再分類して，そのカテゴリーを拡大した。次に，防衛に対処する革新的な技法を考案した。そして，それまで無意識だった衝動へ速やかに体験的に接近できるよう，防衛との作業の目標を，その作用状態への洞察を得ることでなく，防衛自体の排除に置いたのだ。したがってISTDPの目標とされる，クライエントによる感情への到達の質は，極めて強く内臓感覚的なものでなければならない。ダーバンルーは，クライエントが身体的にも面接室の空間にいることがはっきりするように働きかける。

防衛の領域の再定義。ISTDPでは，防衛という概念が否定・投影・反動形成といった，正規の防衛の枠を越えて拡大される。ダーバンルーが方略的防衛と呼ぶ話し方の癖や，何より大切な点として，非言語的行動までもが，この領域に含まれる。次のセッション風景のポートレイルが示すように，アイコンタクトの回避，声の調子や声量，体の動きやその欠如などの非言語的な態度が，治療的検討の対象になる。

セラピスト：私と目を合わせようとしませんね。
クライエント：いえ，目をそらすのは，そうすれば自分で考えられるからなんです……
セラピスト：では，私の目を見るとどんな気持ちになりますか？
クライエント：大丈夫です……

セラピスト：大丈夫とはどういう意味でしょう。つまり，大丈夫というのも曖昧な表現で……今，微笑んでいますね。

クライエント：構いませんか？ 微笑んでも？

セラピスト：ほら，もう視線が天井の方に泳いでいる。

(Davanloo, 1990, p.12)

　「そんな感じの」「たぶん」「分からないけど」といった口癖も，同様に吟味する対象になる。無意識的な人格パターンの表現を含む，クライエントの非言語コミュニケーションにセラピストが注目するのは，非常に効果的なことだ。それは，言語を介さない親密なコミュニケーションであると同時に，通常の会話の領域外に属し，一気に治療温度をヒートアップさせる。

　防衛の作業における効果的な非解釈的技法，挑戦と圧力。ここで見る防衛ワークの技法は，防衛の同定と明確化をはるかに超えるものである。*防衛方略への依存を続けることによる心理的損失の明確化・描写・解明*（McCullough, 1991）は，防衛の打破と，その根底にある感情のブレイクスルーを目指す3段階のアプローチの第一段階である。クライエントは，防衛への依存の深さを理解するにしたがい，そのせいで自分がどれほど制約されているかを次第に意識する。しかし，変わろうというクライエントの決意はここで試される。すなわち，*挑戦と圧力*という第二，第三の段階を通じて，クライエントとセラピストは，ダーバンルー（1990）が*抵抗勢力との正面衝突*と見事に形容した，熾烈な直面化による衝突を体験する。防衛へのクライエントの習慣的な依存は，それが何であるかラベリングされ（名づけられ），描出された後，防衛を自我違和的な存在にすることを目指した対立・妨害・否定的なラベリング（クライエントにとって受け入れがたく，異質で擁護できないラベリング）といった，さまざまな非分析的な方略による挑戦を受ける。次の例は，自分の感情が分からないというクライエントに，ダーバンルーがどう挑戦したかを示すものだ。自分の感情が分からないというクライエントの発言を，ダーバンルーは防衛ととらえ，これを「甲斐性無し」と評した。そしてこの表現を何度も使い，クライエントを困惑させた。クライエントは，この方略の影響を深く考えるよう迫られ，防衛方略に目を向けぬままにしていられなかった。そして，このやりとりは感情的に強烈なものになった。

クライエント：[自分の気持ちの感じ方を]言葉にするのが難しいです。

セラピスト：しかし，私が言っているのは，あなたがどう感じているのかということについてです。

クライエント：ええ，でも私の気持ちをしゃべるには。だってほら，もし怒っていると私が言えば……

セラピスト：けれど，あなたはいま甲斐性無し同然だ。

クライエント：ええ。

セラピスト：ええ，だけじゃ不十分です。それに笑みを浮かべていますね。

クライエント：(声を出して笑う)自分にも自覚がありますから。だけど，ええっと……

セラピスト：30歳の一人前の女性が，身がすくむあまり，今話されたような状況で自分の感情を口にすることもできないんですか。

クライエント：なぜか分からないけど，う〜んと，私は今まで一度も……

セラピスト：今ここで私たちは，あなたが甲斐性無しである理由を考えているわけじゃない。あなたが甲斐性無しで，身動きさえとれない現状を，目の当たりにしているんです。まず，あなたが麻痺状態に陥り身動きがとれなくなっていることを，認める必要があります。

クライエント：分かりました(そっと小さな声で)。

（Davanloo, 1990, p.61)

　クライエントは，防衛の影に隠れず，率直なコミュニケーションをとり，本当の感情をきっぱり言明するよう迫られている。最後の段階では，次の例のような介入を通じて，クライエントが真意を口にできるよう圧力をかける。この圧力の採用に際して，ISTDPのセラピストは，クライエントの変化への意欲が抵抗勢力以上に強くなっていることを示す，深い無意識のコミュニケーションの証拠を探す。セッションは，次のように続く。

セラピスト：では，この問題をどうするか考えましょう。この悲惨な状況に対して，きっといろいろな感情をお持ちでしょう……。

クライエント：今もいろいろな感情が渦巻いています。ええ。

14章　体験的STDPの技法とタブー　**373**

セラピスト：でも「ええ」だけでは説明不足です。本当の感情を探りましょう。

クライエント：当時どう感じたかですか，それとも今どう感じているかですか？

セラピスト：どちらでも構いません。どう見てもそれが，あなたの人生における潰瘍なのですから。

（Davanloo, 1990, p.61）

　挑戦と圧力の技法に内在するのは，画期的な変化は短期的に可能なだけでなく，今ここで起こせるという信念である。防衛に対するこの積極的な技法の目的は，ダーバンルーがいう*精神内部の危機(intrapsychic crisis)*をクライエントに生み出すことにある。これは，愛する者の突然の死といった衝撃的なトラウマ的出来事の後に観察される，精神的な流動性を説明するため，リンドマン（1944）が最初に考案した用語だ。リンドマンは，危機は，普段は頑固な性格パターンを一時的に和らげるため，危機がもたらす流動性は，速やかに実質的な変化をもたらす類まれな機会であると述べた。外的な危機が存在しない場合，ISTDPでは，急激に本質的な変化を達成するために，精神内の危機を作り出そうとする。セラピストの極めて積極的な介入が，クライエントの中に対立する激しい感情の衝突を引き起こす。クライエントは一方で，自分の習慣的な処し方について執拗に直面化されて，セラピストへの怒りや不快感を覚える。このネガティブ感情が，無意識的な抵抗の力をいっそう強める。他方でクライエントは，自分の精神的苦痛の解決を支援しようとセラピストが尽力してくれているという認識から，深いポジティブ感情も体験する。この感謝・悲しみ・憧れなどの感情が，無意識の治療同盟と，助けを求める欲求の原動力を掻き立てる。これら２種類の「複雑な転移感情」が，防衛では抑えられないレベルまで強まる。すると，それまで隠されていた感情や衝動，それらの無意識的な付随物が急激に湧き上がってくる。

　主に転移におけるこうした複雑な感情が，遠い過去と明らかに関係しているという事実を考えると，次のような広く認められる観察結果も，さほど驚くに当たらない。すなわち，クライエントによる複雑な転移感情の体験が誘発的なメカニズムとなり，最終的には無意識の領域全体の扉を開くことにつながるのだ

（Davanloo, 1990, p.114, 傍点は筆者）。

技法の目標を体験的に再定義。 クライエントが隠された衝動・感情への意識を深めるだけでなく，その衝動や感情を内臓感覚的に体験し，転移の中で直接表すことが，ISTDPにおいて何よりも重要である。

> セラピストは，クライエントのつらい感情を表面化させ，クライエント自身がそれを直接体験できるようにすることを目指す。これが可能かどうかは，複雑な転移感情をどの程度直接的に体験したかに左右される。転移体験が強烈であれば，大きなブレイクスルーが得られるだろう（Davanloo, 1990, p.117）。

ISTDPのセラピストは，防衛の作業を通じて，それまで隠されていた衝動や気持ちを強い感情をともなうブレイクスルーが実現するように努める。

ISTDPでは内臓感覚的な体験が洞察に代わって正式に，また明確な形で触媒の役割を果たすと考えられている。今ここで実際に体験し，従来意識されなかった感情・衝動を，転移関係の中で表すことが，ダーバンルーの技法の目標である。それは，彼が典型的な修正感情体験とみなす体験の中核である。ダーバンルーにとって解釈は，もはや精神の無意識層に到達するために使用する技法ではなく，要約や認知―感情の関連づけ，統合のための技法であり，内臓感覚をともなう作業が終了した後に初めて使用される（Malan, 1986）。精神力動的な情報に基づくワークスルーのプロセスは，内臓感覚的体験の水準でブレイクスルーが実現してようやく，実施することができる。

治療目標。 ISTDPのセラピストの行動は，初回アセスメント時から，クライエントが隠された感情・衝動を体験し，それを表すよう促すことを目的としている。ダーバンルーは，マランの著書の一節を引用して初回セッションをトライアルセラピーと呼び，診断・治療双方の目的に利用している。トライアルセラピーの目標は，クライエントとの最初の接触時点から，転移の中での感情的ブレイクスルーを通じて無意識の題材へ到達することにある。この目標達成に成功すれば，クライエントの治療意欲は飛躍的に向上し，治療の加速を促す強大な力が解き放たれる。それ以外の治療セッションでは，ワークスルーを反復すること，深い無意識層への到達，初回トライアルセラピーの作業を基盤とし

14章　体験的STDPの技法とタブー　**375**

て発展させること，などを行う。短期心理療法と同じく，ISTDPでは，クライエントが初回セッションでこうした体験をできるかどうかが，治療の適合性を判断する最善の指標になる。ここでも，機能的欠陥の重症度や症状の慢性度などの要因より，力動的な基準が優先される (Davanloo, 1980)。

　セラピストが，クライエントの自我との積極的な同盟関係を築き，防衛を果敢に攻撃して超自我の力に激しい戦いを挑ませることで，ダーバンルーはセラピストに中立性と自制を求めるタブーを破った。また，ほぼ社会的タブーといえる別のタブーも犯した。すなわち，性格防衛に関するライヒの革新的な研究 (Reich, 1949) のさらに先を行き，根強い防衛パターンの円滑な機能を妨げることを明確な目的とする，一連の技法を考案したのだ。この技法では，セラピストは「ぶしつけに」振る舞う——話を遮り，叱責し，クライエントの自己破壊的な機能の仕方を，ときにほぼ喧嘩腰で批判がましく話題にする——ことが求められる。ダーバンルーは，クライエントが極力効果的かつ速やかに衝動に到達できるよう支援することが，セラピストの任務であり，目的によって手段が正当化されると信じていた。また彼は，「感じよく振る舞う」ことが必ずしも有用性や有効性に結びつかないと指摘し，セラピストは辛辣で挑戦的な態度をとるべきでないというタブーをも破った。クライエントの症状に応じて無慈悲さや冷酷さが必要とされるなら（ダーバンルーによれば，そうした事態はしばしば生じる），セラピストは常識を投げ捨て，クライエントに必要な対応をとるべきなのだ。たとえ出血するとしても，外科医は断じて執刀をためらってはならない。

　次のように，ISTDPに対するダーバンルーの功績は大きい。

▼体験的な精神力動的治療を初めて開拓した，この治療法は時間の効率的利用も実現した。
▼精神力動的手法の目的を，洞察から，従来は耐えがたかった感情・衝動の内臓感覚的な**修正感情体験**へと，抜本的に，劇的かつ明確に転換させた。
▼内臓感覚的体験という現象と，怒りや悲哀を中心とするさまざまな体験領域の細かな力動を探求した。
▼コア感情や衝動という現象が，不安・防衛の両層を通じて表現された場合にどのような違いを示すかを明らかにした。極めて独創的なかたちで，号泣や癇

癪などの防衛的―退行的な感情と，悲嘆や怒りなどの純粋なコア感情を区別した (Davanloo, 1986-88, 1990)。この区別は，セラピストや，ひいてはクライエントを正しい方向に導く上でも極めて有用である。

とはいえ，ISTDPの理論と技法にはいくつか大きな問題がある。第一に，ISTDPはセラピストに異例の要求を求めるため，この治療法に満足し，自分の技法として完全な習得を望むセラピストはわずかにとどまる。ISTDPのセラピストに求められる生来の攻撃性は，心理療法を天職と感じる人々よりも，むしろ法廷弁護士や政治家に多く見られる人格的特徴である。第二に，クライエント側もISTDPに同じく圧倒され，対応しにくく感じる場合が多い。最後に，すべての精神病理の動機付けは（極端に厳格な超自我に起因する）自己破壊にあるという考え方は，限られた数のクライエントにしか当てはまらない。そのため，こうした考え方に基づく介入は，多くのクライエントの体験に響かない。クライエントが，この概念の真の本質を理解できないからである。確かに自己制裁は精神病理を生み出す強力な要因だが，それが該当するのは，*特定のクライエント群に限られる*。こうした問題が，ISTDPの適用可能性を大きく制限している。

加速化共感療法（AET）：
転移の反復をともなわない修正感情体験

AET（Alpert, 1992）は最初から，ISTDPの利用に際してクライエント（Luborsky & Mark, 1991）とセラピスト（Barber & Crits-Cristoph, 1991）が直面した問題に直接対応し，使いやすさの向上を目指すために開発された。ISTDPと同じ目標（すなわち，抵抗性の高いクライエントとの高強度の体験的作業）を維持しつつ，AETは，より幅広く適用可能な技法の開発を目指したものだった。ISTDPが，防衛・抵抗への効果的な対処を目指す対立的な技法を通じて治療期間の短縮をもたらすのに対し，AETでは，親身なセラピストとの関係の中でクライエントに安心感を抱かせ，それによって防衛の必要性を最小化する技法・姿勢を通じて，治療時間を短縮させる（Alpert, 1992）。その過程で，AETもいくつかのタブーを犯している。

14章　体験的STDPの技法とタブー　**377**

AETでは，その焦点をクライエントが間違ってやっていることから，正しくやっていることへと移す。この先駆的な関係技法（Alpert, 1992）は，共感・思いやり・同情の明示という画期的な姿勢に由来するもので，挑戦・圧力・冷酷な対峙とは正反対の方向への転換である。AETでは，クライエントがセラピストの共感的な関与を体験する可能性を最大限に高めることを意図した介入を通じて，治療の短縮が達成される（Alpert, 1992, 1996; B. Foote, 1992; J. Foote, 1992; Fosha, 1992a, 1992b; Sklar, 1992, 1993, 1994）。

AETでは，怒りや加虐的衝動ではなく，喪失にともなう感情的苦痛が，病理によって回避された根源的な中核体験とみなされる。AETで重視される治療の原動力は，罪悪感に促された自己制裁ではなく，最適なかたちでの自己保存である。ISTDPでは怒りが原型的なブレイクスルー体験であるのに対し，AETでは悲嘆が同じ役割を果たす。すなわち怒り・激高・その他のネガティブ感情は主として，感情的苦痛の直接的体験を避ける防衛とみなされる。

> AETでは，神経症的・性格的症状は，喪失による悲嘆，苦痛，孤独から自己を守る防衛的な試みの産物と想定される。AETセラピストの課題は，クライエントがその悲嘆に耐えられるよう手助けする点にある。セラピストとクライエントが協力して，悲嘆の負担を促す現実的だが共感的・共有的な環境を構築する……こうした相互作用を促す共感的な環境は，強固な同盟を生み出し，埋もれた感情や関連する記憶を解放する（Alpert, 1992, p.133, 傍点は筆者）。

*反復的な強迫をともなわない修正感情体験，伝統的な精神力動療法，短期心理療法（BP），ISTDPとAETの相違点。*短期心理療法やISTDPを含む大半の精神力動的モデルでは，シナリオの反復は避けられず，今度こそ違う結末を得ようとするならば，セラピーの過程で抵抗を生み出す反復を活用すべきであることは当然だと思われている（Alexander & French, 1946）。AETは，治療の長期化に陥るような介入のあり方をなくすことを目指している。AETセラピストの目的は治療開始直後から，変容に向けて，クライエントの（慎重ながら）前向きな準備を確保し，修正感情体験を用いた誘導を通じて，反復的な抵抗の経路を避けることにある（Fosha, 1992b）。初回セッションの最初の時点から，親身に話を聞いてくれるセラピストを前に，クライエントが理解されていると感じれ

ば，防衛や抵抗が勢いを増し発動する前に，自己表現と結びつきへのより優勢な力を獲得できるだろう。

AETでは，人間関係的な要因が最も大切になる。配慮や思いやり，クライエントの感情的苦痛を共有し，負担したいという気持ちの表現を通じた修正感情体験の重視は，感情的関与による防衛の軽減という基本的概念を反映している。AETの技法の特徴は，クライエントに対するセラピストの感情反応を，積極的かつ明示的に活用するところにある。思いやり・共感・同情を示す，クライエントとセラピストの距離を縮める，苦痛と喪失に焦点を当てる，という3つの側面が重視される。

*クライエント―セラピストの絆の形成，配慮・思いやり・共感を示す。*AETの技法（Alpert, 1992, 1996; Sklar, 1993, 1994）は，共感と痛みの感情の共有に基づく，治療関係の速やかな構築を目指す。セラピストは，共感的な観点からクライエントの臨床題材を傾聴する。治療の開始から終了まで，*セラピストは共感的に関わり思いやりを示す。*こうした表現的な介入に，クライエントが感情的な反応を示すか，不安や防衛を強めるかにかかわらず，クライエントの反応を共感的，支持的で直接的なかたちで探索する。そこでは，*防衛のとらえ直しと肯定が*行われる。ISTDPのようにクライエントの抵抗に挑戦する代わりに，AETでは，防衛に対するクライエントのニーズにはっきりとした共感で対応し（J. Foote, 1992），防衛が生じた状況下では，それを絶対必要なものとして肯定する。防衛を捨て，変化するようクライエントに圧力をかけるのではなく，防衛が不要になれば，それに頼ることもなくなるとの前提に基づき，*クライエントがそれまでに実施した作業を評価し，もっと頑張らねばという自分自身へのプレッシャーを取り去る*よう促す。

セラピストがクライエントのプレッシャーを取り除き，それまでに実施した作業への評価を口にすると，クライエントもセラピストも勇気づけられる。加えて，クライエントがセラピストの評価を体験する中で，深い感情が現れる。同様に，あらかじめ考えられたフォーミュレーションが定める方向性にクライエントが従うよう主張するのでなく，セラピストが，クライエントが差し出す物を受け止め，その瞬間に対処できれば，両者ともに作業を楽しめるだろう。クライエントがセラピーに持ち込んだ深い不安への理解を，セラピストが共有で

きれば，クライエントのプレッシャーも軽減する（Alpert, 1992, p.147）。

　　クライエントとセラピストの距離を縮める。 BPとISTDPは，治療における決定への
クライエントの積極的な参加を促すが，AETの技法の革新的な目標は，クラ
イエントとセラピストの距離を縮めることにある。セラピストが自分の反応と
クライエントの反応の両方をモニターするように，クライエントは，自分の反
応に加えて，セラピストの言語的・非言語的な反応をモニターし，持続的な治
療的作業の一貫として，自分の観察や反応を言語化するよう求められる。アル
パート（1992）は，これを*相互モニタリング*と呼んでいる。クライエントに対して，
治療プロセスへのクライエント自身の評価と，プロセスでの出来事に対する解
釈をセラピストと共有するよう促す。したがって，クライエントとセラピスト
は絶え間なくそれぞれの*見方を比較する。クライエントに，セッションの動画を持ち帰*
*ら*せ（Alpert, 1996），治療的な相互作用を自分のペースで検討・内省させると
いう選択肢もある。クライエントは，従来セラピストのみが担当していた活動
（例，相互モニタリング，見解の比較，動画へのアクセス）への関与を促され，
セラピストは，従来はクライエントのみに許された反応（例，感情表現，自己
開示）の治療的な活用の仕方を探るよう求められる。セラピストはクライエン
トと一緒に，自分自身を表現し感情をあらわにする。すなわち，クライエント
の防衛を回避し，強く困難な感情体験を共有したいというセラピストの意欲を
示すため，*自己開示*（Alpert, 1992, 1996）を活用するのだ。

　　アルパートによれば，「全能性は，セラピストにとって甚大な問題であり
……［セラピストには］，自分が生身の欠陥ある人間と見られるのを避ける理
由が多々ある……養育者の全能的な防衛は，深い不安や空虚感，苦痛を覆い隠
しがちである」（1992, p. 147）。*全能性の回避*がAETでは極めて大切である。そ
のため，セラピスト自身が治療プロセスについて感じる不確かさや混乱を開示
することによって，全能性の回避が促される場合も多い。クライエントの達成
感と自己尊重意識を高め，セラピストを「生身の存在」と認識させ，セラピス
トが全能であるという認識を抑制する——治療関係の歪みを是正する——と同
時に，並行して自尊心を向上させることが，この種の介入へのクライエントの
反応において目指すべき帰結である（Alpert, 1992, 1996; Sklar, 1993, 1994）。

　　悲嘆のプロセスの促進。 AETは喪失と悲嘆を主な病理的要因とみなすため，

喪が解決の一次的なメカニズムになる。ここで紹介する技法は，喪のプロセスへの到達と喪の深い体験の双方を促す試みとして，活用されている。

> クライエントに対して，苦痛や失望，喪失に耐え，これまで耐えがたかったそれらの感情——ブラックホール，迷宮，崩壊，自己喪失，完全な孤独，ウィニコットがトラウマ体験の中で言及した耐えがたい不安の記憶——をできる限り十分に体験するよう促す。防衛は，クライエントが耐えがたい失望と喪失に対処するためそれまで利用できた，最善の対処メカニズムとして理解される。セラピストはクライエントの体験に共感するが，この共有プロセスを通じてクライエントの苦痛が軽減し，不安が和らぎ，現実に焦点が合うようになる。セラピストとともにこれらの葬り去られた感情を体験できるようになるにしたがい，クライエントは別の苦悩に直面する。すなわち，自分にとって大切な人々がそうした感情に耐えきれなかったせいで，彼がひとりで対処法を見つける羽目になったという事実を，いっそう深く理解するのだ (Sklar, 1994, p.8)。

AETでは，防衛やその結果として生じる精神病理を，喪失にともなう圧倒的な苦痛から身を守る試みとみなす。したがって喪のプロセスが，癒やしに至る主な経路になる。セラピストは，配慮や思いやり，共感，クライエントの苦痛を共有したいという意思を通じて，クライエントが人生における重大な喪失にともなう悲嘆を実感できるように手伝う。この喪失には，実際の喪失に加えて，剥奪や失望，機会逸失の結果として生じた喪失も含まれる。喪失の十分な体験を受けて生じる悲嘆や喪のプロセスは，クライエントを回復の道へと導く。

AETは，セラピストはクライエントと感情的な距離を保つべきというタブーを犯している。はっきりとケアと思いやりを示すAETの姿勢は，ダーバンルーの対決的な挑戦や圧力と同じくらい，中立性と自制を重んじる従来の姿勢からかけ離れている。AETも，古典的な精神力動心理療法とは正反対に位置するのだ。逆転移を治療に不可欠な手段とみなす作業 (Ehrenberg, 1992; Gill, 1982; Little, 1951, 1990; Mitchell, 1993; Racker, 1968; Searles, 1979; Winnicott, 1947) を基盤とすることで，AETではセラピストの感情や反応が，治療介入の前面に出されて活用される。AETによるセラピストの自己開示の大胆な探索は，それが強力な治療技法であることを示すものだ。セラピストが

14章　体験的STDPの技法とタブー　**381**

自分の感情を共有することで，クライエントの感情体験とその表現が促されると示したことで，AETは，クライエントが過去に葬り去ったつらい感情や記憶への到達を早急に取り戻すのを手伝うための，もう1つの手段を提供している。

ISTDPは，衝動という体験を現象学的に詳述することで貴重な貢献をした。AETの功績は，関係論的な感情体験の現象学を明らかにした点にある。従来の精神分析的アプローチをとるセラピストは，欲求不満を基盤とする治療関係に対するクライエントの反応に起因する現象に慣れ親しんでいる。セラピストが心を開いて共感し愛情を示すことができて，クライエントが愛情や思いやり，肯定を受け入れることに対してどんな困難を抱いているのか，初めて十分に理解できるだろう。喪失に直面した孤独感にともなう現象を，体験的・力動的に詳述し，配慮ある寛容な相互作用によって深い葛藤が表面へと浮き出るということを示した点は，AETの画期的な功績だといえる。

AETの強みは，必然的に限界もともなう。直面化が求められるISTDPと比べて，セラピストにとって利用しやすく，はるかに幅広いクライエント群に適用可能とはいえ，AETは依然として単一の姿勢，単一の病因を基盤とし，単一の変容の経路を仮定した治療モデルにとどまる。

▼ ISTDP と同様，AET でも，クライエントの前で1つの特徴的な感情的な態度が求められる。ISTDP の作業では攻撃的な性格がメリットになるように，AET では涙もろさがプラスに作用する。だが，どんなセラピストも，絶えずクライエントに挑戦し続けることが自然に思えないように，臨床題材に対して，セラピスト全員が自然に涙を流せるわけではない。

▼ AET は，すべての苦悩の原因は1つだと想定している。喪失体験への防衛としての精神病理のフォーミュレーションは，殺人的な衝動に対して自己に制裁を加えた結果として精神病理に至るというフォーミュレーションよりも，はるかに説得力を持つ。しかしながら，それも*常に*唯一のフォーミュレーションではないし，最も単純なフォーミュレーションですらない。同様に，喪のプロセスをもたらす，離別や喪失にともなう悲嘆の体験は，感情的な治癒に至る重要な経路ではあるが，すべてのクライエントにとって唯一の経路ではなく，必ずしも最も効率的な経路というわけでもない。深い感情的苦痛に対する防衛と

しての怒りに対処しても，癒やしを得られないクライエントもいる。そのような クライエントの場合，怒りを十分に体験し，権利が侵害されたときに怒りを 通じて自己の不可分の権利を主張して，強さと自己尊重を獲得することこそが 治癒に通じる。

▼セラピストの逆転移を明確に利用した反応は，ときに効果的だが，不十分だ と判明する場合や，そもそも不要である場合もある。

▼ AET は関係論的な領域で大きな功績をあげているが，結局のところ，その 精神力動的モデルはやはり精神内部に重点を置いている。治療作業の大部分が 行われる「我々（we）」(Emde, 1988) という領域が，概念として明確に定義さ れていない。

加速化体験力動療法（AEDP）：
理論，感情促進，真正性

ISTDPとAET双方に共通してみられる画期的な体験療法的要素や，AETの さまざまな側面を維持しつつ，AEDPは，これらの問題のいくつかの解決に取 り組んでいる。基本的には，直接の体験が持つ変容力を概念的に説明すること を目指す中で，感情の変容モデルが紆余曲折を経て段階的に発展していった。 このモデルが，AEDPの臨床的実践の基盤となっている (Fosha, 2000; Fosha & Osiason, 1996; Fosha & Slowiaczek, 1997)。

AEDPはその精神，理論，姿勢，技法において，多様性を体現している。 AEDPでは，さまざまなセラピストがさまざまなクライエントを治療する中で 出会う現象を説明できる，単一の経路や単一のコア感情，精神病理の発生機序 における単一の中核的力動が存在するとは考えていない。さまざまな中核に至 る異なる経路があり，治癒をもたらす多様な変容のメカニズムがある。根底に ある共通因子は，変容への経路としての感情的に密接な二者関係という文脈に おける，感情の内臓感覚的体験である。

感情の変容モデル，関係論的精神力動学の感情中心型モデル。AEDPの根底に ある概念的枠組みである，感情の変容モデルは，AEDPの治療姿勢や介入方略 を通じて得られるコア感情体験が持つ変容力を，正当に評価することを目指し ている。AEDPの概念は，愛着理論の研究者 (Ainsworth et al., 1978; Bowlby,

1973, 1980, 1982; Fonagy et al., 1995; Fonagy, Leigh, Kennedy et al., 1995; Main, 1995, 1999) や臨床発達心理学研究者 (Beebe & Lachmann, 1988, 1994; Emde , 1981, 1988; Stern, 1985, 1998; Tronick, 1989, 1998) による変容志向の研究に根ざすものだ。

感情と愛着——進化によって人間の本質に組み込まれた自然現象——の作用により，与えられた環境下で個人に可能な最善の適応が促される。感情の変容モデルは，*感情能力(affective competence)*という概念を導入している。この感情能力により，養育者は，自己の発達を可能にする*感情促進的環境*を提供できる。すなわち，愛着関係がその人を危険や，ひいては恐怖が生む破壊的な影響から守ってくれる。刻一刻と変化する感情的コミュケーションを通じて，最適な形で機能する二者関係が，相互協調的な状態を実現し，相互作用の失敗を修復する能力を育む。感情促進的な環境では，人は安全で助けられ，深く理解されていると感じる。感情体験が相手の感情能力を上回ると，その体験をした本人は，恐ろしい体験とひとりで向き合うことになる。精神病理は，防衛という手段を通じて圧倒的な感情に対処しようとする，個人の適応的な努力に端を発する。セラピストは，感情の肯定や感情的な関与などの姿勢を通じて，感情促進の失敗による影響を打ち消すよう努める。孤独ではなくなったクライエントは，以前は耐えがたく恐ろしかった感情を処理しはじめる。感情を分かち合う，開かれた治療環境を促すことで，クライエントとセラピストは，自我の大切な側面を防衛により排除することなく，感情的な相互協調を達成できる関係を築ける。支えられ理解されていると感じることで，クライエントはコア感情に到達し，その成果を手に入れ，次第に真正な自己認識に到達できる。この理解を，その時々で変化する臨床作業に適用するため，AEDPは，自己—他者—感情の三角形という第三の表象スキーマを導入し，感情体験が自己—他者の相互作用のマトリクスに根ざすことを示している。

病理中心型モデルよりもヒーリング中心型モデル。発達，精神病理，および心理療法という現象に対するAEDPの理解は，病理が維持される過程でなく，変化が起こる過程に着目することで形作られた。このモデルの根底にあるのは，（感情・愛着理論の本質を成す）適応である。すなわち，コア感情体験が，有用な情報プロセスと治癒に対する生物の潜在的な適応力を刺激し，呼び覚ます。AEDPでは，適応的な努力，治癒力，変化への深い動機付けが評価され，重視

され，促される。

　AEDPが，臨床題材を構造化するために導入した新たなスキーマには，精神病理的でない反応が形成される可能性が示されている。3つの象徴的なスキーマは，それぞれ2種類のバージョンがある。すなわち，（必ず危険と感知される状況下での）本人の最も病理的な機能を象徴するスキーマと，（安全と感知される状況下での）最高の機能状態を象徴するスキーマである。

　コア感情現象の領域の拡張。AEDPでは，衝動や悲嘆，感情的苦痛にとどまらず，コア感情体験を幅広く定義している。*自己の感情体験や人間関係面での感情体験に加えて，それぞれ特徴的な微視的な力動と現象学を備えた，コアステイトも含むものへと，感情現象の範囲が拡大されている。*

　AEDPは，怒りや憤怒，悲嘆（ISTDPが詳述した現象的・体験論的領域）の探索と同じように巧みに，喪失や苦痛，愛情・思いやりの受容の困難さ（AETが詳述した現象的・体験的領域）を探索することができる。またAEDPは，*メタ治療プロセスとその特徴であるヒーリング感情*という，もう1つの体験的領域を正式に追加し，明確化している。これらは，自分は有能である，助けられている，良い方向に変化していると感じることで生じる体験であり，具体的には喜び，活力，誇り，感謝，感動などが挙げられる。AEDPでは，AETの到達点（クライエントがセラピストの共感を受け入れるのを難しくする，力動の明確化）を引き継いで，自己の体験であれ対人的な体験であれ，あらゆる種類のポジティブな体験を受け入れるのが困難なクライエントの根底にある力動を探索し，詳細に記述している。

　治療姿勢。AETのEが共感(*empathic*)の略であるのに対し，AEDPのEは体験(experiential)の略である点に，両者の違いが表れている。AETは，共感を癒やしの相互作用の1つのかたちとみなす(Alpert, 1992)のに対し，AEDPは明確に共感を示すことを越えて一歩先を目指している。すなわち治療姿勢が，*共感のみの重視から，共感と真正性の並行的な維持に取り組む姿勢へと変化している*(Osiason, 1997, Slavin & Kriegman, 1998)。AEDPでは，どんなかたちで実現されるものであろうと，クライエントの感情体験を促すことが重視される。AEDPは共感を，クライエントを理解する——クライエントに寄り添う——方法の1つと定義しているが，クライエントの前での態度には幅広い選択肢を認めている。クライエントによるコア感情の体験につながる治療体験を，二者間

で処理することが重要とみなされる。

　AEDPのセラピストが目指すように，共感しつつ感情促進に努めることは，逆説的に見える場合もある (Rice & Greenberg, 1991 参照)。今ここでのクライエントを思い切って受け入れる一方，クライエントが可能な限り真の自分に近づけるよう手助けすることを重視するせいで生じる矛盾から，治療を前進させる生産的な緊張が生まれうる。感情の動きに，瞬時ごとに波長を合わせることで，治療姿勢のどの側面が顕著に表れるかが決まる。

　他の3つの体験的STDPと同様，AEDPも，積極的な治療活動と選択的焦点化，治療の主体的パートナーとしてのクライエントの参加，クライエント―セラピストの今ここでの相互作用の重視，体験への防衛を和らげ恐怖を鎮め感情への到達を高める力への信念，を特色としている。基本的な精神力動的概念という点では，AEDPは，瞬時ごとに現れる臨床題材の速やかな特定・明確化というBPの技法を踏襲している。また，弊害をもたらす直面化の姿勢なしに，感情を促すISTDPの効果的な技法も取り込んでいる。AETからは，感情的な関わりと共感的な治療姿勢に基づく，信頼できるクライエント―セラピスト関係の速やかな構築を促す，系統的な介入法を導入している。AETと同様，AEDPのセラピストも，最初から修正的で感情促進的な関係の構築に取り組み，防衛を回避して深いコア感情体験へのアクセスを促すことを目指す。互いの成果を評価し，その結果として得られた変容を探索することで，作業が深められる。

　AEDPは，ポジティブな体験，そしてそれ以上にポジティブな治療体験に関するタブーを打破する。改善は苦痛より錯覚であることが多い，ネガティブな体験は本質的にポジティブ体験よりも真実性が高い，気持ちが優れないことは気持ちが優れていることより偽りがなく本来のあり方である，怒りは愛よりもより真実である，変化は人を欺くが抵抗には普遍性がある，などという一般通念に，異議を唱える。その姿勢や技法，概念的ツールの革新（2種類の象徴的スキーマ）を通じて，AEDPは，ポジティブ体験を受け入れるための概念的・臨床的空間を形作ろうとしている。病理や苦悩だけでなく，健康や喜び，緊張，怒りだけでなくリラックスや安心，そして何より大切なことに，苦しく抵抗的な体験だけでなく，前向きな治療体験をも受け入れる余地を作ろうとしている。

　セラピストが努力の末に得た治療成果を肯定するのは，治療作業の極めて大

切な到達点である。クライエントが理解され，愛され，支えられていると感じ
られる関係性を育むことで，クライエントとセラピストの間に生まれるポジ
ティブ感情を探索することも，同じように大切である。こうしたタブーを破っ
た結果として，AEDPは癒やしの関係と，その特徴であるコア感情体験の現象
学的領域を詳細に記述するものになっている。

結論

　従来の長期的な精神力動的心理療法と比べて，短期力動心理療法はときに，
基本機能の回復を目指す具体的な問題の対処に限定される治療法とみなされて
きた。この14章で扱った体験的STDPは，深い精神力動的作業と時間を意識
した治療が，完全に両立可能であることを示すものだ。BP，ISTDP，AETお
よびAEDPは，それまで無意識だった題材の精神力動的なワークスルーが起こ
りうる，純粋な感情体験の領域へと至る，時間的に圧縮された4種類のやり方
を示すものだ。これらの心理療法は，無意識の現象の堅固さの証拠を提示し，
無意識の現象を速やかに引き出すには受動的で非指示的な技法に頼らずとも，
積極的な技法を通じて達成できることを示している。この技法は，同時に治療
期間の大幅な短縮にもつながる。
　本書ではBP，ISTDPおよびAETを，AEDPへと至る発展の過程をたどって
論じてきた。これら4つはいずれも，現在も使用されている発展過程にある重
要なアプローチである点を明確にしておきたい。さらに，技法どうしが相互
に影響を与え続けているため，異なる技法間の明確な境界は揺らぎつつある
(Coughlin Della Selva, 1996; Laikin, Winston, & McCullough, 1991; Magnavita,
1997, 1999; McCullough Vaillant, 1997)。
　本章を通じて筆者は，体験的STDPが打破した精神分析学界のタブーに着目
してきた。しかし，精神分析が多くのタブーを打破したとはいえ，それが自ら
新たなタブーを生み出したことも貴重な教訓である。クリエイティブな発展を
妨げる新たなタブーを避ける1つの方法は，どんなアプローチとて，すべての
クライエント―セラピストが直面するあらゆる臨床的問題を解決するものでは

ないと理解することにあるだろう。

　4つの体験的STDPはどれも，精神分析におけるもう1つのタブーを犯している。それは，いずれかの精神的体験を他の体験に比べて「特別扱い」してはならない，というタブーだ。つまり，すべての体験は，クライエントとセラピストの相互作用を通じてのみ意味を獲得するという，社会構築主義的な現在の精神分析界の時代精神のタブーである。しかしながら，本書で扱う4つの体験的STDPでは，感情と強烈な内臓感覚的体験を，悪びれもせず公然と「特別扱い」している。

　注1　出典：Fosha, "Technique and taboo in three short-term dynamic psychotherapies" *Journal of Psychotherapy Practice and Research*, 1995, 4, 297-318. *Journal of Psychotherapy Practice and Research* の許可を得て一部を掲載。

おわりに

日本語での AEDP
雲の向こうの光を一緒に探して

花川ゆう子・AEDP 研究所教員

　「あなたは私が今ここに一緒にいることを感じられますか？」AEDPセラピストが頻繁に口にする介入だ。このようにアメリカ生まれで直接的に関係性を扱うAEDPが，シャイな日本人にも効果的なのだろうか？　という質問をアメリカ人からも日本人からもよく受ける。日本人の礼節や謙遜，内と外，といった関係性的な距離を置く文化的バイアスを考えれば，もっともな質問だ。直感的な答えはイエス。筆者はニューヨークでAEDPを日本人クライエントに対して使う中で，AEDPの温かさ，安全性や身体性を前面に出すアプローチは有効だと常に感じてきた。また，AEDPを学んでいる日本在住の日本人セラピストたちのセッション録画を見せてもらっても，この印象は変わっていない。ニューヨークという人種のるつぼで，多文化のバックグラウンドを持つクライエントたちとの面接を重ねれば重ねるうちに，関係性の深さや安らかさの希求は人間としての最も根本的でユニバーサルなニーズだという印象はさらに強くなるばかりである。そしてもちろん日本人はその例外ではない，というのが筆者の主観的な印象だ。この章では，日本人クライエントとのAEDPセラピーセッションの逐語を使いながら，AEDP介入が日本人にも効果的でありえる例を示せたらと願っている。

　また，この章では最近のAEDPにおける理論的な進化も報告したい。本訳書の原書である『The Transforming Power of Affect』が2000 年に出版されてから，AEDPの中でも新しいコンセプトが多々生まれてきた。この章では，その中でも理論的にAEDPの中軸を担う「トランスフォーマンス」というコンセプトを紹介したい。さらに，2000 年の時点では単に技法の1 つとして位置づけられていたメタプロセシングがその後臨床の研究が進んだ結果，この技法に

389

ともなって起こる変容現象が注目され，拡大され，新しいステイトを形成するに至った。この章ではメタプロセシング中に現れる新たに加わった変容感情の種類についても紹介していこうと思う。

トランスフォーマンスに関する理論

　トランスフォーマンスとはダイアナ・フォーシャ（2007）が唱えはじめたコンセプトだ。トランスフォーマンスとは，「包括的な動機付けとなる力であり，発達過程またセラピーの両方で見られる。これは最大限のバイタリティ，真正性（authenticity），そして誠実な関わりを手に入れようと努力する力である。トランスフォーマンスが立ち現れるときの現象は，バイタリティとエネルギーのフェルトセンスが感じられるのが特徴だ」と定義されている。トランスフォーマンスとして表される力については，今までにも別の心理療法理論の著者たちが記述してきた。たとえば，"surrender"（Ghent, 1990），"striving"（Adler, 1964），and "flourishing"（Fredrickson, 1998; Fredrickson & Losada, 2005）などがそれである（Fosha, 2007）。トランスフォーマンスはレジリエンスとも関係があり，アイリーン・ラッセル（2016）は「トランスフォーマンスとは我々の持つ最も高度に発展し，最も複雑で，最も現時点で適応的なレジリエンスの顕現したものである」（p.35）とも述べている。トランスフォーマンスは抵抗の対極にある力を指す。これは癒やしの動機付けとなる力であり，希望が根底にあり，バイタリティを与えてくれるポジティブな感情を希求するものだ。これに対して抵抗とは恐怖や心配によってあおられるものであり，悪感情を避けようとする欲求が根底にある（Fosha, 2007）。

　トランスフォーマンスには3つの特徴がある。1つ目の特徴として，トランスフォーマンスが顕現するためには，関係性における安全性が必要条件となることが挙げられる（Fosha, 2007, 2013）。最初にセラピストがクライエントに出会った瞬間から，その関係が安全と感じられるものであれば，トランスフォーマンスは感情変化のプロセスをすぐにでも活性化し，動きはじめることができる。すなわち，トランスフォーマンスは長い時間をかけてようやく出てくる

種類の力ではなく，条件が整えさえすればすぐにでも活性化される種類の力なのだ。であるからAEDPのセラピストは，クライエントに出会うその瞬間から（もしくは電話越しでも）安全だと感じられる関係性を作るように努める。そしてコンクリートの割れ目に芽を出す草の葉のようなかすかなトランスフォーマンスの兆しであっても，AEDPセラピストはその草の葉に注目し，コンクリートの重みに堪えるそのつらさへのいたわりを示したり，感情体験に共感したり，その草の葉の強さを肯定したり，といったことを表現して安全性を積極的に作るよう心を砕く。

　また，2つ目の特徴としてトランスフォーマンスは精神病理とは独立して存在する力である，ということが挙げられる。すなわち心理療法が深まり，精神病理がある程度軽減された結果として出てくる力ではなく，また心理療法の到達点としての理想的精神健康度を指すものでもないと考える。トランスフォーマンスは，精神病理と同時並行して常に存在する力である。であるから，AEDPのセラピストはたとえ目の前のクライエントが非常に打ちひしがれており，抵抗や防衛が顕著な状態であっても，どこかにトランスフォーマンスの兆しがないかに常に気をくばる。フォーシャはこの姿勢を指して，AEDPセラピストはトランスフォーマンスの探偵であるべきだと述べている（Fosha, 2009）。トランスフォーマンスの兆しは目に見えるポジティブなマーカーをともなっているため，意識をそのような兆しに向けてさえいればそのマーカーに気がつくことができる。「ポジティブ」というとき，これは必ずしも楽だとか幸せと感じる体験を意味しない。そうではなくて，ときにはつらさや苦しさをともなうが心底「正しい」と感じるもの，そしてバイタリティを持って感じられるマーカーを指す。トランスフォーマンスの兆しとは具体的にレジリエンス，力強さ，勇気，希望，誠実さ，高潔さ（integrity），好奇心，そして今まで本人が思ってもみなかったような能力などを指す。

　さらに3つ目の特徴として，トランスフォーマンスはバイタリティあふれる身体的なマーカーをともなって顕現することが挙げられる（Fosha, 2007）。このようなマーカーはポジティブな感情を示すものであり，またレジリエンス，目を見張るような急成長，そして繁栄などにつながる（Fosha, 2007; Fredrickson & Losada, 2005）。身体に根づいたポジティブなマーカーとは，たとえば後述の逐語録でも紹介するが，ワクワクする気持ちのこもった声の

トーンであるとか，ステイトが変容するときに現れる上方への視線だとか，胸に感じていた重い感覚の和らぎ，などである。

メタプロセシングとステイト3

メタプロセシングは本書12章にもある通り，変容体験を振り返る技法である。一見シンプルな介入のようでありながら，その効果は豊かで，複雑なものがある（Fosha, 2000; Iwakabe & Conceicao, 2015）。たとえばメタプロセシングには変容を記憶にしっかりと固定化させる作用や，変容が変容を呼ぶ「変容のスパイラル」を引き起こす作用もある。またレジリエンスや精神的健康度に強く関係する自己内省能力を育てる側面もある。

本訳書の原本が2000年に出版された時点ではメタプロセシングはAEDPの変容現象のスキーマにおいてステイト2からコアステイトへと移行を促す橋渡し的役割にすぎなかったが，臨床研究が進むにつれて，メタプロセシングをする中で出てくる1つの独立した変容のステイトとして考えられるようになった（Fosha, 2012）。（図 変容過程の現象 参照）またメタプロセシングが頻繁に使われる新しいステイト3では，従来の3つの変容感情であるマスタリー（習熟）感情，自己悲嘆感情，ヒーリング感情に加えて，新たに2つの変容感情がこれまで認識されている。揺動感情，認識感情の2つがそれである。マスタリー（習熟）感情，自己悲嘆感情，ヒーリング感情についての詳しい記述は本書8章を参照していただくことにして，新しく追加された揺動感情と認識感情については下に詳しく説明する。

揺動感情（Tremulous Affect）

揺動感情とは，癒やしの変化が急激に起こるとき，それにともなって感じられる恐怖感とワクワク感，ビクッとするような反応と驚き，好奇心と興味，身体的にまさに震撼する感覚，ポジティブだが無防備な感覚などを指す（Fosha, 2006, 2009, 2013）。新しい変化がポジティブとは頭で分かってはいても，今ま

図　変容過程の現象

変容過程の現象
４ステイトと３ステイト変容

| ステイト１　トランスフォーマンス
（レジリエンスの兆し，健康，強さ，
癒やしの活力の現れ） | | ステイト１　ストレス，苦悩，症状
（防衛，感情の乱れ，抑制感情［例：
不安，恥］） |

　　　　　　　　　　　　　　　　　　　　過渡的感情
　　　　　　　　　　　　　　　　　　　　良き前兆を告げる感情
　　　　　　　　　　　　　　　　　　　　コア感情体験の兆し
　第１のステイト変容　　　　　　　　　青信号感情
　安全性を一緒に構築する　　　　　　体験に対するオープンさ，
　　　　　　　　　　　　　　　　　　　　安全性の示唆，変化に対する準備
　　　　　　　　　　　　　　　↓

ステイト２　感情的体験の過程
カテゴリー感情，愛着体験，関係性的体験の調節，受容感情体験，身体的「ドロップダウン」ステイト，喜びの相互主観的体験，真正性ある自己状態，身体的に体験されるエゴ・ステイトとそれに関連する感情，コアニーズ，愛着欲求

　　　　　　　　　　　　　　　　　　　　適応的行動傾向
　第２のステイト変容　　　　　　　　　ポスト・ブレイクスルー感情
　レジリエンスの現れ　　　　　　　　　安心，希望，強くなった，軽くなった
　　　　　　　　　　　　　　　　　　　　という感じ
　　　　　　　　　　　　　　　↓

ステイト３　変容体験のメタプロセシング　変容感情
マスタリー感情（喜び，誇り），自己悲嘆に関する感情的痛み，急激な変化に対する揺動感情，自己の肯定に関するヒーリング感情（例：感謝，感動），新しい理解に伴い感じられる認識感情（例：「これだ！」とか「おおっ」といった感情や認識の「クリック」）

　第３のステイト変容　　　　　　　　　エネルギー，バイタリティー，オープ
　共に作る安定型の愛着，　　　　　　　ンさ，躍動感
　ポジティブな自己の評価
　　　　　　　　　　　　　　　↓

ステイト４　コアステイトと真の感覚
オープンさ，コンパッション，セルフ・コンパッション，知恵，寛大さ，親切さ，明確さ，落ち着き，流れ，楽さ，やすらぎ，『正しさ』の感覚，統一感とまとまりのある自叙伝を紡ぎあげるキャパシティ

で慣れ親しんだ自己感や感情とはあまりにもかけ離れているために，その新しさを信じていいのかどうか迷う。たとえば，ずっと恥の意識を強く持っていた人が初めてセラピストからの肯定を受け入れようとするとき，一方ではセラピストの示すポジティブな自己像を受け入れたいと感じつつも，あまりにもそれまでのネガティブな自己感に慣れ親しんでいるがために，本当に新しい自己感を信じていいのか迷うときに感じられたりすることがある。またそのようなとき，身体的に胸のあたりが「ざわざわする感じ」や「脊髄に振動が走る感じ」などが感じられることがある。揺動感情は新しい変化を恐れる抵抗とトランスフォーマンスの狭間を行ったり来たりする過程で感じられる感情ともいえるだろう (Fosha, 2013)。

　揺動感情を感じているときは具体的に「この新しい感じは良いものだと頭では分かっているのですが，本当に信じていいのかちょっと怖い気がします……」「こんなふうに感じてもいいんでしょうか⁉」「不思議な感じがします……」などの言葉がよく出てくる。そんなときセラピストは「新しい感覚だから怖いと感じるかもしれないけれども，その感覚と一緒にいてみませんか？私も一緒にここにいますから」というように新しさに対する恐怖に共感を示しつつ，この感覚が過ぎ去るまで関係性のリソースを使い，また抵抗とトランスフォーマンス両方に好奇心やコンパッションを向けながら，その体験自体にとどまるように促すといいようだ (Fosha, 2006, 2013)。

　揺動感情はポジティブな変容が急激に起こるために感じられる感情であるため，セラピストがこれを変容感情，つまり変容の証として認識しておくことが大切になってくる。もしも，揺動感情をステイト1での赤信号感情である不安が出てきたと見立て間違いをしてしまうと，セラピストの方が不安になってしまったりして，せっかくの変容自体が十分に花開く機会を失ってしまうことにもなりかねない。

認識感情 (Realization Affect)

　認識感情とは，起こりつつある変容の認知的理解をともなう驚嘆，畏敬の念，仰天などの感情を指す。今まで見えていなかったパズルの最後のピースがはまったときのように今まで見え隠れしていた1つの像が統制をとって現れ出

てきて，その整合性に唖然としたり感動したりするときなどに出てくる感情だ。それは日本語の「はたと膝を打つ」とか「電球が灯った」感覚であったりする。そのときに「なるほど！」「あっ」「ああ，そうか！」といった言葉が出てきたりする。認識感情は認知的部分が大きいが感情であるので，身体的な感覚をともなって現れ出てくる。身体感覚としては，口がきけないほど驚愕してしばらく沈黙が続いたり，「うーん」「えーー！」というような短い声を発したり，首をしばらくかしげたり，といったマーカーが見られたりする（Fosha, 2013）。認識感情も変容感情の一部であるので，これをステイト1で見られる知的な防衛と混同しないよう気をつけることが大切になってくる。そうでないと，せっかく起こりつつある変容体験に水をかけて止めてしまうことも起こりうる。認識感情が起こってきたときは，まさに現れつつある新たな認識の体験に好奇心を持って接し，そのプロセスにふたりでとどまるのがいいだろう。

ケーススタディ

　以下に紹介するセッションは，東日本大震災の4日後のセッション録画を元に起こした逐語録である。筆者とクライエントは地震発生当時ニューヨークにおり，東日本大震災のニュースをメディアを通して知った。クライエントは日本育ちの既婚女性である。ニューヨークに移住後，当時病院の外来クリニックで勤務していた筆者と心理療法を開始していた。このセッション当時，彼女の精神状態は安定していたが，診断名は双極性障害であった。上の姉と兄が若いうちから精神病を発病しており，彼女自身の発病は年齢的に遅かったこともあり，幼い頃，兄姉に比べて唯一の健康な子として将来を期待されながら育った。そのため，家庭の中で唯一健康な聞き分けの良い子として，精神病を持つ兄姉や，その世話に苦心する両親に気づかいをしながら自分のニーズを押し殺すようになった。そのため，大人になってからも周りの人々のために気配りをしすぎて，自らの感情を限界を超えるまで犠牲にしてしまうことが多々あり，そうしたときには体調や心の調子を崩してしまうことがよくあった。
　AEDPの中核となる臨床的な指針は，抵抗ではなくトランスフォーマンスを

常に選び取り，育むところにある（Fosha, 2007）。このセッションは，地震のニュースに対するショックと不安でいっぱいのクライエントの状態から始まるが，その中でセラピストは，クライエントの中にあるトランスフォーマンスの兆しに注目し，肯定していく。肯定の過程を通して，次第に変容が生まれ，またその変容に注目してメタプロセシングをしていくことで，変容のスパイラルが起こってくる。またその過程でクライエントの自己感がポジティブなものへと徐々に変容し，さらには個人的な理解を超えて，地震についても俯瞰的な知恵にたどり着く様子を見ていただければと思う。

A) セッションの始まり：地震の直後の強烈な不安，ストレス（ステイト1）

　注：「しばし沈黙」は3〜8秒程度の短い沈黙を指す。（ ）は非言語の動作や声の調子などを示す。[ ]は理論的な注釈。

クライエント：そんなこんな，大変なことになってしまって……（口元に手を当てる）。

セラピスト：ええ。ご家族の方は大丈夫でした？

クライエント：あ，もう，主人の弟家族が，仙台にいた。[身体的な不安の発露]

セラピスト：よかった……。

クライエント：ちょっと安否確認に，電話も全然つながらなかったし。

セラピスト：ええ，そうですよね。

クライエント：ちょっと心配だったんですけれども，何とか無事で，あれだったんで……。

セラピスト：ええ。

クライエント：とりあえずはちょっと，ほっとして……（2, 3度確認するようにうなずく，右手で左腕を擦る）

セラピスト：ご心配だったでしょうね。

クライエント：そうですね……。ええ……。うん……（うなずきながら，セラピストと同調するように）。ちょうど主人の両親が来たその日に，地震が起きてっていうので，うーん……（2, 3度うなずく）何かそわそわして，過ごしていた感じで……うーん。[同意するように]

セラピスト：するでしょうね……。みどりさん自身は，どんな感じですか？[コンテンツから離れて，クライエント自身の今ここでの感情に意識を向けるよう促す]

クライエント：あ，やっぱりなんか（右手で前髪を触りながら）今もニュースとか，流れているのをずっと見ていて，ほかにも何か原発のこととかも心配だったりして，ちょっと夜寝つくのにも時間かかっちゃったりとか，（何度かうなずく）してるんですけど……うーん……。[ソフトな防衛。自分自身の今ここでの感情には触れず，セラピストの質問には答えていない]

セラピスト：うーん……。[同意するように]

クライエント：ねえ……。いやあ，何か，もう離れちゃってるんで，何がする……できるってわけでも，ない，まあ，昨日ニューヨークのお母さんたちが中心に集まって，募金活動をしようっていうことで，ユニオンスクエアのところで私も参加して，ちょっと呼びかけして（笑顔で2, 3度うなずく），うん，結構皆さん協力的に，入れてくださって。[トランスフォーマンスの発露に基づく行動]

セラピスト：そうですか……。

クライエント：はい，そういう活動に参加することで，ちょっと自分の中のもやもやみたいなのが発散できたりとか，（2, 3度うなずく）して，したりしたんですけど。うーん……。何かまだ信じられなくって（笑顔。2, 3度大きくうなずく）。
［トランスフォーマンスに基づく行動が「発散」へとつながっているが，今ここでの感情がどうなのかについてはまだ答えていない］

セラピスト：ほんとに……。

クライエント：先生のご家族とかご親戚は？

セラピスト：はい，大丈夫でした。

クライエント：（笑顔で何度かうなずく）

セラピスト：被災地から離れたところに住んでいるので……。

クライエント：あ，はーい……（笑顔）。

セラピスト：ありがとうございます，お気遣い……。

クライエント：ははは（笑顔，何度かうなずく）……（しばし沈黙）。

セラピスト：何か，さっきあの，心の中のもやもやが募金活動をされることでちょっと楽になったとおっしゃいましたけど，ちょっと，今日この時点で，胸の中のもやもやがどんな感じかなーって，見てみましょうか？[「今ここで」の体験へ再焦点化]

クライエント：（大きくうなずいて）あ，はーい……（沈黙）。あの，うーん（困った，考える表情），えーとですね……（左斜め上を見る感じ）。こう，自分たちはこっ

おわりに　日本語でのAEDP　**397**

ちで，平和に，こう平穏な暮らしをしている中で，やっぱりこう，友人だった
り家族だったりが，非常事態の中で生きているっていう，それがねえ，こんな
に普通に，暮らしてていいのかみたいな気持ちもありますし，本当にどうなる
か分からない状況っていうのが，何より心配っていうのか，やっぱり常に一日
中考えて，（右手で胸元を押さえる，撫でる）この辺に……あるんで，はい。[ソフ
トな防衛。「今ここで」ではなくセッション外での体験が語られる。その一方で身体
感覚につながりつつある]

セラピスト：今はどんな感じですか？ ここは（胸の中は）？ [クライエントの「今
ここで」の内的体験に再焦点化。3回目の防衛迂回をトライ]

クライエント：（左斜め上を一度見て）そう……ですね……（しばし沈黙）。なんか，
つっかえがあるっていうか（胸元を押さえながら），ちょっと重い感じがしていま
すね。[ここでやっと防衛の迂回が進み，体験が深まる。身体感覚の描写の明確化が
進む]

　地震のニュースに対してショックと不安の混じった気持ちでこのセッション
は始まった。AEDPの特徴として注目すべきは，「今ここで」の内的体験に繰
り返し焦点を当てている点だ。家族の動向，社会の様子といったコンテンツも
もちろんこのような非常事態には大切だが，その中でもあくまでもクライエン
ト自身の「今ここで」の内的体験に注目し，探索していく。3回ほどソフトな
防衛を迂回しようとセラピストはトライしている。ここではあくまでも防衛
をはっきりと言語化して真正面から防衛のワークをするのではなく（たとえば，
「今ここでの体験に集中するのが難しそうですね」など），あえてそれを言葉に
せず，しかし「今ここで」への焦点化を繰り返しすることによって最終的に身
体的な「今ここで」の体験に触れることができた。
　次のセクションでは，「今ここで」の身体感覚が，明確化した後どうするか
を見ていこう。

B) 個人的ショック，その中でのトランスフォーマンスの兆し，受け入れ，ポ
ジティブ感情

クライエント：うーん。ちょっと，その地震が起こる前もちょっとショックな
ことがあって，私の友人が，ちょっと癌で，なってしまってっていうことを，

私にちょっと誰にも言わないでっていうことで，すぐ手術しないといけないっていうことで，もう今ちょうど入院，昨日？　おととい手術で，5日くらい入院，するっていうことで*(2, 3度大きくうなずく)*，それで，そのときにすごいショックで，いろいろ何か考えることがあったので，輪をかけて何かポンっとおきて，すごくこう，考えてしまって……。[胸の重さに注目すると，地震のショックとは別に個人的なショックな出来事があったことが浮上してくる]

セラピスト：どんな思いが動いてきました？　[感情への焦点化]

クライエント：そうです，何か，ほんとに何か，生きてると何が起きるか分からない，ほんと明日何が起こるか分からない，ええ，何か，その，癌の子も，主人の会社の先輩なんですよね，それでニューヨークから今度インド行きが決まってたところだったんですね，だからただでさえ，ちょっとインドに行くっていう不安だったところに，そんな病気が見つかって，どうしてほんとにこんなに試練ばっかりっていうことを言われて……。私が病院通ってるっていうことを*(彼女が)*知ってたんで，そのことを彼女が先に聞いてきてくれて，何か「内臓系の病気？」ってことを聞いてきたんで，正直に言ったら彼女も打ち明けてくれて，まあ，そこでちょっと分かち合うことができたんで，それはすごい嬉しかったんですけども……*(2, 3度うなずく)*。[自発的に行動を起こせたことに関するマスタリー感情]

セラピスト：あー，素晴らしい。[クライエントの分かち合いというトランスフォーマンスに基づいた行動に注目，肯定]みどりさんの，こう，ねえ，自分の心を見せるっていうことをそれをされたんですね。

クライエント：あ，それは……なんで……*(うなずきながら)*。

セラピスト：そういうことができた友達っていうのは。

クライエント：そうなんです，ほんと，心配して，まあ彼女も言いたかったっていうのもあるかもしれないんですけど，私が先にポロッと打ち明けたので，*(何度かうなずいて)*ちょっとそのことすごい私の中では大きな出来事というか，嬉しいというか。[トランスフォーマンスの自己肯定，それにともなうマスタリー感情]

セラピスト：あ，嬉しいという？　[嬉しさというマスタリー感情に焦点化]

クライエント：やっぱり，嬉しかったですね，誰かにこう，またひとり，こう，*(右側を両手で指し示しながら)*私のことをオープンにできた，っていう存在で

きたので，お互いに打ち明けて，こう支え合っていこうね，みたいな感じ……（うなずきながら）存在ができたので……。それはまあ，プラスと言えばプラス……。［トランスフォーマンスの自己肯定があるが，まだ非常に控えめ］

セラピスト：すごく大きなプラスに聞こえますけど。［はっきりとした肯定，増幅］

クライエント：あ，そうです。ええ……はい……（何度もうなずく）。［受容］

セラピスト：よく，ねえ，これ勇気出されて，おっしゃいましたよね。［さらなるトランスフォーマンスの肯定］

クライエント：あ，そう。

セラピスト：ご自分が病院に来られているという……

クライエント：そうですね……うーん（少し左を見ながら，考えて），何か私も，まあ，普通にちょっと病院行ってるみたいなことは周りのお友達にも言っていて，ただ，なんかなかなかつっこんで向こうから，それ以上なんか聞くのはみんな結構遠慮しているのか，ないんで，私もそれ以上自分から具体的なことはあまり……ひとりが知ってるお友達，いたんですけど，ひとりぐらいしか，具体的なことを知ってる子はいなかったんで，またその子がそうやって聞いてきてくれて，（大きくうなずきながら）はい，打ち明けることができたので……。

セラピスト：打ち明けてどんな感じがしましたか？［内的感覚の探索をするメタプロセシング］

クライエント：あ，そうですねー。うーん（しばし沈黙）。割とこう，やっぱり，思ったよりすんなりと打ち明けることができたので，ええ，うーん，（2，3度うなずく）そうですね……（言いながら左斜め下を向いていく）。うーん（しばし沈黙），うーん（しばし沈黙）。またね，何か自分の中に，彼女に言ったのは（右手で胸元を押さえながら），私も彼女を支える心の柱の一本になれたらいいし（両手で胸元を押さえて），また自分，彼女が（右側を指し示しながら）私の心の柱になってくれたらみたいなことを言ったんですけども……。［さらなるトランスフォーマンスの発露］

セラピスト：あーそうですか，それすごく，あったかい言葉ですねえ。［肯定，自己開示］

クライエント：あー，そうですか（笑顔）。うーん，ずっと，メールで交わしたりとか，そんなにこう，普段，子どもの年齢も1歳くらい違うので，まあ，普

段そんなに頻繁に会ったりとかはしてなかった，すごい近所なんですけど，彼女が言ってたのは，私とそんなに会ってるわけじゃないけれども，私には何でもいろんなことを話せるような，気がして，打ち明けたってみたいなことを言ってくれたので……。はい，そんなふうに思ってくれてたんだってことを聞けてすごく，嬉しくて，はーい……。

セラピスト：そうですよね，誰にも話さないでって言って，みどりさんだけにそう言われたわけですもんね。

クライエント：はーい……（何度かうなずく）。それが大きな（目を一度閉じて）記憶でしたね……。すごくつらくって（右手を胸元に当てて）ほんと，「ご主人には言わないで」って言われたんですけど。（顔をしかめて）でも主人にだけは言った方がいいし，っていうのもあったんで，主人にだけは，「言わないで」ってことは言われたんだけどって言って，主人にだけは，うーん，やっぱり会社の，同じ会社の先輩，ということもあるので，うーん，はい……（うなずきながらしばし沈黙。徐々に笑顔に）。

セラピスト：じゃあ，今までとは違って，こう，秘密を，自分の中だけにとどめておくんじゃなくって，信頼して話せる人にはそういうお話も，できるように，選ばれることができるようになられたんですね。[過去と現在の比較。クライエントの成長に注目]

クライエント：はーい。あ，そうですね……。今までだったらね……。（徐々に笑顔になりながら）誰にも明かさずに（右手で胸元をちょっと押さえて）……いた……ははは。[クライエントも自己の成長を認め，受け入れる]

セラピスト：話されてどんな感じがされましたか？ [メタプロセシング]

クライエント：あ，主人に？ ですか？

セラピスト：ご主人に。

クライエント：あ，そうですね，何かちょっとほっとして，涙が出てしまったんですけども（にこやかに）[クライエントは自発的には話さなかったが，話した体験をメタプロセシングをすると彼女の中で夫に秘密を打ち明けることは感情的に大きな意味があったことが浮上。夫婦間での関係性的なブレイクスルー]，その話を彼女から聞いたときも，ほんとにびっくりしてしまって，何かみんなでちょっと，土曜日に，5人くらいで，子どもを預けてレストランに行こうって，その道すがら，ちょっと「誰にも言わないで」って（袖をつかむジェスチャーつきで）急

おわりに　日本語でのAEDP　**401**

に言われたので，ちょっとびっくりして，動揺してしまって，ちょっと泣きそうになってしまって，堪えてって感じだったんで，(2, 3度大きくうなずいて)やっぱり主人には話そうかな，自分ではちょっと受け止めきれない感じがあったんで，帰って主人に話して，涙がこう，出てきてしまって(右手を胸の前で動かしながら，言葉を送り出す感じで)，すごく，ほっとして，何か打ち明けて，(2, 3度うなずいて)すごく，ほっとしました……(うなずきながらしばし沈黙)。[今回は自分の限界を我慢するのではなく，人に助けを求めることができた。助けを得られたときの安堵感。新しい安定型の愛着体験。感情修正体験]

セラピスト：ひとりだけで抱えるには，すごく大きな……。

クライエント：(うなずきながら)そうですね……。

セラピスト：情報ですよね……。

クライエント：(うなずきながら)うーん……。

セラピスト：ここでも話されてるし。[焦点を「今ここ」のトランスフォーマンスに注目，肯定]

クライエント：あ，そうですね！(笑い声を交えながら笑顔で)……。(しばし沈黙，微笑で何度かうなずく)うん，主人は絶対，口は堅い，そういうことは信頼できるって分かってることだったので，うん，そういう存在が居るっていうのも大きいなあって，あらためて……(なんどか微笑しながらうなずく)思って……。

セラピスト：大きい，ですよね……。[肯定]

クライエント：はーい……。

セラピスト：何か，命綱みたいな……ものがありますよね……。[関係性の重要性の強調]

クライエント：はーい……。うん……(何度かうなずく。しばし沈黙)それも，何か，なんて言うのかな，自分にとって，何が大切なのかな，誰が大切な存在なのかなっていうのを，すごくあらためて，まあその，彼女の癌のこともそうですし，彼女自身のこともそうですし，そのことを思い知らされたっていうか，再認識，できた気がしますね。うーん……(何度かうなずく，その後沈黙)。[自分の中の価値基準，優先順位の明確化]

このセクションで面白いのは，最初プライベートで感じた重い友人の癌のニュースがコンテンツとして語られたが，話を探索するうちクライエントの

とった新しい関係性的なトランスフォーマンスに基づく行動が鮮明に浮かび上がってきたことである。セラピストは話を聞きながらトランスフォーマンスの兆しに度々注目し，肯定を伝えている。それにクライエントも素直な受け入れを示す。それまでクライエント自身からは自発的には出てこなかったが，クライエントのトランスフォーマンスに基づく行動（夫に友人の秘密を伝えたこと）に対してメタプロセシングをすると，涙が出るくらいの安堵感があったことが語られる。トランスフォーマンスの兆しに気づくこと，それを肯定すること，そしてそのトランスフォーマンスに対してメタプロセシングをすることで，それまで見えていなかったポジティブな自己体験・新しい感情修正のある安定型の愛着体験がクライエントの内側から発露してきた流れが読み取れるかと思う。外的な状況は何も変わっていないが，内的な心の目のレンズを不安やショックでなく，トランスフォーマンスへと変えるとき，浮かび上がってくる感情体験はまったく違うものへと変容している。

C) さらなるメタプロセシングと変容のスパイラル：ステイト3

セラピスト：どうですか？ ここまで来れて，2つの大事件を話してみて，みどりさんのハートは，今どんな感じですか？ [感情の波がいったん収まったので，メタプロセシングをする]

クライエント：あ！ 少し和らいだ，というか(胸元を押さえながら)ちょっと軽くなって，うーん……はい…… (何度か大きくうなずく)。[ステイト変容。身体で感じられる感情のシフト。ポジティブなマーカー] そうですね……何かこう(左斜め上を見ながら，口元を若干ゆがめて)うちの兄がすごく動いてくれて，というか，やっぱり，うちが海外からこう，主人の弟と連絡がつかなかったんで，うちの兄が心配して，「じゃあ，うちから弟の会社に確認する電話をしてみるから」って言って，それですぐ連絡がついてっていうんで，なんかそういう非常時，兄が急に張り切って(口元に手を当てて，笑いを押さえる感じで)，急にすごい頼りになるところがあって，そういうときは(可笑しそうに)。うーん…… (何度かうなずく)だから何か家族の絆，みたいなものも……すごい感じることができました。[身体的なシフトが起こった後，さらにトランスフォーマンス・ベースの行動の記憶が蘇ってくる]

セラピスト：そこでもみどりさん，ねえ，ご自身で助けを，お兄様から，求め

るっていうことをされてたんですね？［精神病を抱える兄に対してクライエント
から助けを求めることは今までなかった。助けを求めるトランスフォーマンスに注
目］

クライエント：あ，そうですね。まあ，兄から？（思い出すように）兄から電話
があって，「大丈夫なのか？」っていうのを聞かれたんで，まだ，弟と連絡が
ついてないっていう話をして，それでまあ，そこから連絡を入れてくれたんで，
うーん……はい……（しばし沈黙）。

セラピスト：ご家族の絆……。［焦点化］

クライエント：そうですね（笑顔）。うーん……今回はちょっと，すごい感じま
したね。

セラピスト：家族の絆ってどういうふうに感じられますか？［メタプロセシング］

クライエント：うーん……（しばし沈黙）そうですね，やっぱり，何かあったと
きに頼れる存在，普段は，こう，そこまで意識してなかったり（右手で胸元を
押さえながら），むしろ負担に（苦笑）感じたりしているところもある家族が，まあ，
でもこういうときに，すごく力になってくれて，まあ，そういう人たちが居る
からこそ，自分が今生きてることができて，すごく支えになっているんだなっ
ていうのを……（大きくうなずく）うーん，感じて，すごく感謝の気持ちっていう
のが芽生えてきたし，うーん……ほんとあらためて大切にしなきゃいけないな
あっていうのを，思いました（何度かうなずく）。［ステイト3，ヒーリング感情］

セラピスト：どんなふうに，その感謝の気持ちって感じられましたか？［ヒー
リング感情に対してさらにメタプロセシング］

クライエント：何かね，うーん（体を少し右に傾げてから）やっぱりそれはすごい
あったかい（右手で胸元を押さえて）気持ちですよね……。［ポジティブな身体的な
トランスフォーマンスのマーカー］　はい……うーん……はい……（何度かうなず
きながら，しばし沈黙）。

セラピスト：ちょっと時間ゆっくり，感謝の気持ちってどんな風にあったかい
かなって，感じてあげましょうか？［体験へととどまるよう促すことで，新しい変
容体験がしっかりと根づくよう助ける］

クライエント：あ，はい，分かりました……（2分以上の沈黙，途中3度ほどセラ
ピストの顔を見て笑顔を見せたり，ふふふと笑いかけるような仕草も見せる。右手は膝の
上，親指と人差し指をゆっくりこすり合わせる仕草を常にしている。顔は下向きだが，時

折目を上方向に巡らせたり，考えている感じ）。(セラピストと目が合って) うーん……。

セラピスト：どんな感じですか?

クライエント：なんかこのへんから (胸の辺りを両手で指して) ぱーっと広がって，全身こう (その両手で胴体すべてをなぞるように)，やっぱり温まるような，包まれてるような，(何度かうなずく) 感じ，がします。はーい…… (うなずきながらしばし沈黙)。[ポジティブな身体感覚の深まり，拡大]

セラピスト：ここから (胸の辺り) 大きくなっていく……感じですね? [身体感覚の焦点化]

クライエント：うーん…… (何度かうなずく)。

セラピスト：なんて言っていますか? 大きくなった，温かい感じっていうのは? (手振りで胸の前で円を描くように) [メタプロセシングにより体験のさらなる深化を促す]

クライエント：いつも，見守っているよって? 周りに包み込んであげて，見守っているよって……はーい。ちょっと，ささやいてくれているような。うんうん…… (何度かうなずく)。[新たな愛着体験の明確な言語化とさらなる体験の深まり。今まで彼女が抱えてきた孤独感が解かれた感情修正体験]

セラピスト：それはご家族がってことですか?

クライエント：そうですね，うーん，家族，ですね……。家族もそうですし，まあ友人 (目を見開いてセラピストを見て) たちも……。うーん，はい，ちょっと，身近にいる人たちが (両手で自分を囲むような仕草)。うーん……はい…… (しばし沈黙，考えるようにちょっと左を見て，それから納得したような表情)。

セラピスト：それに気がついて，ね，何か気持ちは変わりますか? 何かこう，見守ってくれる人たちがおられ，あったかいなーっていうのはどんな感じがしますか? [さらにメタプロセシング]

クライエント：うーん…… (しばし沈黙，左斜め上を見ながら) もっとこれからは，こう，まあちょっと自分をオープンにして (両手を胸の前で重ねてから開く仕草，セラピストの方を見ながら) 頼ってもいいのかもしれないなって，頼りたいときは，素直に，こうやって身近にこういうふうにやってくれる存在が，いるので……。

[新しい愛着体験とこれからのそのような関わりをしていけるという可能性]

解説：クライエントはここで今までの愛着関係——自分が常に養育者役で助け

を求めない回避的なスタイル——では可能でなかった人に「頼れた」自分の記憶が蘇ってくる。今まで自分ひとりきりで問題を処理し，自分を犠牲にしがちだった対人パターンとは違う，他人と相互的に頼り頼られるという新しい関わり方の可能性がオープンになりつつある。

D) 希望，さらなるトランスフォーマンスの受け入れ，
変容のスパイラルの深まり

クライエント：うーん，はい……（何度かうなずく）どうしても，自分ひとりで（両手を胸の前で合わせて手をたたくような仕草，笑顔で）抱え込みがちな癖っていうのが，今まであるというのは自分でも分かっているので……助けが必要なときは，自分から助けてって発信して，うーん（何度かうなずきながら）いけたら，いいなと思って……（何度かうなずく）。で，また向こう（右手を自分の方に扇ぐような仕草）が助けてほしいときはもちろん自分も助けてあげるし，ちょっとこう，相互の関係性っていうか……（その右手を扇ぐような仕草を何度か繰り返す）。そう，やりとりが，できたらいいなって思って……。うーん……。[過去と現在の比較がさらに深まるが，未来の変化に対してこうなったらいい，という希望を述べるに止まっている。まだ新しい愛着関係体験が完全には統合されていない]
セラピスト：ほんとにそうですね……（肯定）。
クライエント：はーい……（何度かうなずきながら，しばし沈黙）。
セラピスト：それで，すでにされてますよね？ みどりさんね？ [「そういうやりとりができたらいいなって思って」という控えめな未来の行動への希望に対して，セラピストはすでにクライエントがとっていたトランスフォーマンス・ベースの行動に注目し肯定する]
クライエント：あ，そうですね……。[同意。青信号感情]
セラピスト：助けが必要なときは助けが必要ってご主人に言ってるし，それで相手が助けを必要としているときには，聞いてあげられるし。[具体化]
クライエント：（うなずきながらしばし沈黙）そうですね……。でもそのことが（柔らかな笑顔）前より柔軟に，できるようになってきた（首を左に傾げる仕草。オープンさ，好奇心を示す）かもしれないですね……。うーん（うなずきながらしばし沈黙）。
セラピスト：すごいできるようになってこられた感じが。[はっきりとした肯定]
クライエント：あはは，はーい（笑顔）。

406

セラピスト：私から見ていると思いますけど。[自己開示]

クライエント：そうですね……。うーん……（何度かうなずきながら，しばし沈黙）。

セラピスト：ねえ，旦那さんの弟さんの消息を聞いたりとか。

クライエント：そうですね……（何度かうなずく）。

セラピスト：助け求められてますよね，必要なときにすぐ。後で，じゃなくて。

クライエント：そうですね……（しばし沈黙）。ねえ（左に首を傾げる。これはオープンさのマーカー），いつの間に（笑顔，笑い声を交えながら），あはははは……。はい……（やわらかな笑顔）。そうですね，考えてみると（何度かうなずきながら）。うーん（何度かうなずく）。[ステイトシフト。認識感情。軽度の照れがあるが，変容を妨げるほど強くない]

セラピスト：いつの間にこんなに変わったんだろうってさっき気がついてみて，ちょっと笑われてますけど，気がついてみてどんな感じがしていますか？[シフトに対してメタプロセシング]

クライエント：うーん……（しばし沈黙，右斜め下を見ながら）。これはすごいハッピーなことですよね，自分にとってそれは……。はい，うーん……（しばし沈黙）はい，うーん……（何度かうなずく，何度かまばたき）そうですね……（しばし沈黙）。（左に首を傾げて）うーん，（さらに首を傾げる，しばし沈黙。認識感情の現れ）ニューヨークに来てから，こう，やっぱり日本から離れたことで，逆にこういう，そういうふうに（下唇をゆがめる）柔軟になってきたのかもしれないですね。うん，離れているからこそ（何度かうなずく，しばし沈黙）。[俯瞰的な自己理解。コアステイトの兆し]

セラピスト：面白いですね，何か，物理的に，距離的に離れることでかえって何かこう，心的にご家族と近くなる……。[好奇心，肯定]

クライエント：あ（何か思いついたような表情），逆に何か，風通しが，離れたことで良くなって（右手で自分の胸元を前の空間を交互に指す感じで），うーん……（しばし沈黙，何度かうなずく，左斜め上を見る感じで）私の姉ともよくメールのやりとりをしていて，あ，その癌のことも姉にも伝えて，こうちょっとやりとりがあったり，地震が起きてからも一番姉とはやりとりしていて，あ，すごく心が通じてるなっていうのが，あ，姉は分かってくれてるな，っていうのを，すごい感じることが……。[1つのトランスフォーマンスの受容が，別のトランスフォーマンスの記憶を呼びさます。病気を抱える姉に分かってもらえている，と以前は感

おわりに　日本語でのAEDP　**407**

じたことはなかった]

セラピスト：そうなんですか。

クライエント：はい，(明るい表情，目を見開いて)できてるので……。うーん，(明るい表情)不思議ですね。[明るい表情，目の見開きはステイトシフト。揺動感情]

セラピスト：そうでしたか。

クライエント：はーい(何度かうなずく)。

セラピスト：心がそう，分かってもらってるっていうのは，こう，どんな感じがするんですか？[さらにメタプロセシング]

クライエント：うーん……(左斜め下を見て)そうですね，やっぱり，こう，(すこし黙ってから，首を左に傾げて)姉が発病してから，こう，自分の中では，今までは歳の離れた姉(両手で自分の右上の辺りを指し示しながら)，という存在が，おっきな妹という感覚になっていたので，やっぱり姉は姉なんだなという，やっぱり頼れるところもあるし，投げかければすごくいい言葉を返してきてくれたりとか，というのが，すごいやりとりがあるんで……。うん……(しばし沈黙)。

セラピスト：心にこう残る，あー，分かってくれたなっていう感じられるお姉さんの言葉って，今思いつきますか？[具体例を通して感情を深める]

クライエント：うーん……(しばし沈黙，右斜め下を見ながら，右手で鼻の下の辺りをこする)。そうですね……(しばし沈黙，両手を膝の上で組む)。あ，そうですね，あのー，癌の子のことを打ち明けたときに，あのー，その子も大変だけど，自分を一番大事にしてねっていうふうに(右手で胸元を指して)，言ってくれたんですね。私がやっぱりその影響を，人から影響を受けて(右手を胸の前で上下に動かして，目は見開き気味でセラピストを見て)，それが，こう，自分の不安定さにつながったりすることを姉は分かっていて，まずは，自分を一番大切にって，言ってくれたので(右手の人差し指と親指を膝の上でこすり合わせる)。あ，そうかなと思って……。

セラピスト：ええ，ええ。

クライエント：うーん……はい……(何度かうなずく)。

セラピスト：そうなんでしたか……。

クライエント：うーん……(何度かうなずく)。

セラピスト：そうですか，それを聞いてどんなふうにお感じになられました

か？［さらなるメタプロセシング］

クライエント：あ，うーん，そう，あ(目を見開く感じ)，やっぱり私のことを分かってくれてるんだなっていうふうに，思って……うーん……すごい嬉しかったし，やっぱりちょっとほっとしたっていうか，うーん……(しばし沈黙，何度かうなずく)。［安堵は，ステイトシフトのマーカー］

セラピスト：じゃあお姉さん，みどりさんが他人のことを心配する，しがちというか，ご自分の方がどっちかっていうと，おざなりになりがちな傾向をご存知だったんですかね？

クライエント：そうですね……。やっぱり(大きく一度うなずく)よく関わってて，今までもそういうことがあるかも(右に首を傾げながら)。あった，あったかな，やっぱりこう……人をいろいろこう，助けたりして，ちょっとその後，疲れが出てみたり，思えばあったので……。姉はやっぱり，側にいたのでね……(何度かうなずく)。よく知っているので……うーん，よく分かってますね，うーん，はーい……(2, 3度うなずく，右手の人差し指と親指を膝の上で軽く動かし，こすり合わせながら)。うん……(何度かうなずく，しばし沈黙)。

セラピスト：それも何かおっきなことですね……。何か今までいろいろお聞きしてたお姉さんの像とちょっと違う感じがしますね。［増幅。自己開示］

クライエント：そうですね……。うーん……(何度かうなずく)。

セラピスト：みどりさんの，ねえ，年上の見守っててくれる理解者としてのお姉さん像が今はすごくはっきり聞こえてくる感じがします。［自己開示］

クライエント：うーん……(2, 3度うなずく)。そうですね……はーい……(しばし沈黙，微笑)。(目が左を一度見て)ほんとに離れたことで，プラスの面の方がいろいろと多かったのかもしれないですね……(笑顔)。お互いに，素直に思いやれる(両手のひらを胸の前で合わせる形で)，近すぎると逆に素直に表現できなかったり(その両手を左右に振って距離感や衝突を表す感じ)，近すぎて，ちょっとぶつかってしまったり，で，素直に思いやりの気持ちを表現できたのが，何かお互いに素直に，なってる感じが，気がしますね……(何度かうなずく)。［家族と健康で安定型の愛着関係を持てるようになってきている認識の深まり。過去と現在の比較］

セラピスト：うーん……素直にね……。［相手のことを思いすぎるあまり自分の素直な気持ちを以前は伝えられなかったクライエントのことを考慮して「素直」とい

おわりに　日本語でのAEDP　**409**

う言葉に焦点を置く。防衛ではなくコア感情の部分から姉と会話できているのが察せられる]

クライエント：はーい……（うなずきながら）。はーい……（うなずきながら，しばし沈黙）。

　上記のセクションでは，クライエントが新しい他人に助けを求めるという行動をとっていることを認識し，自分のものとして統合することに焦点が置かれている。初めは新しい助けを求める行動を未来の望ましい変化としてしか話していなかったクライエントが，セラピストの「もうその行動をされていますよね」という指摘を聞き，受け入れるプロセスが転機だった。自分がすでに新しい行動をしているということを受容するとき，認識感情そして揺動感情が湧きおこってきた。また，そのような変化をメタプロセシングを通して俯瞰的に認識する中で，新たな姉との関わりの記憶が蘇ってくる。ここでも他人に助けを求めるということ，その助けを素直に受け入れる行動が見られた。セラピストのトランスフォーマンスに焦点を置く介入が，変容を呼び，その変容をメタプロセシングすることでさらなる変容を呼ぶという変容のスパイラルが観察できるのでないかと思う。さらに，自己感の中に統合されきっていなかった新しいトランスフォーマンスの発露が，このセクションのやりとりを通して統合されていったとも見ることができる。

E）重い曇り空から光る青空へ──ステイト3からコアステイトへ
セラピスト：今みどりさんの，みどりさんはどういう感じがしますか？　ちょっと，チェックしてみて……。[大きな変容があったのでその変容自体に注目してメタプロセシング]
クライエント：何かちょっと青空が（笑顔，笑いながら）うふふ（両手を胸元に当てて），雲がもやもやーとして，曇りがちだったのが，少し雲が切れて（笑顔，両手で胸の前のものを押し開く感じの仕草）青空が，見えて，ちょっと日が差し込んできたみたいな……（何度かうなずく）。[イメージのシフト。光はコアステイトの兆し]
セラピスト：うーん……うーん。[非言語の肯定]
クライエント：はい……（何度かうなずく，微笑）。
セラピスト：光がね……。

クライエント：うーん……（何度かうなずく，しばし沈黙）。

セラピスト：すごーく素敵な，イメージですね……。もやもやだった雲っていうのが，切れはじめて，青空とか太陽とかが見えはじめる……。[自己開示。反射]

クライエント：うーん……はーい……（微笑，何度かうなずく，しばし沈黙）。

セラピスト：もしそのイメージに話をちょっとさせてあげるとしたら，なんて言いたがっているかしら？［メタプロセシング。さらなるイメージの深め]

クライエント：（左に首を傾げて）何て，何て言うんでしょうね……。何でしょうかね……（首を右に傾げて，20秒ほどの沈黙，まばたき，両手の指先が動く）。[体験の深まり]うーん，やっぱり，いつも私の側に（両手を胸元に掲げて）いるよってことを，やっぱり，言ってくれているような気がしますね……。こう……なんと言うかこう……もやもやみたいなものを（両手を再び胸元で動かしながら），自分で解決しようとして，こう，閉じ込めているときっていうのは，そういう日の光とか，青空が雲に隠れてあるってことを気づかずに，ずっとこのままなんじゃないかとか，思ってたのが，今先生に話したりすることで（両手をセラピストの方に向けて）こう，ちょっと開けてきたっていうか……［今ここでの関係性への注目]実は側にその存在というのがあって，何か自分が何か必死に働きかけたりする，何かこうしたりすることによって，その存在が分かるっていうことで……実はそのものは常に側にあって，なんでやっぱりほんとに，何か自分が（手を裏返すような仕草），自分で働きかけたり，打ち明けたりっていう，ことをすることで関係が分かるんで……実は側にいるんだよー（両手を胸の前で左右に動かす），っていうことを教えてくれているような気がします，イメージで。うーん……はい……（しばし沈黙）。[小さい頃から感じてきていた孤独感から解放され，誰かや自然に実は守られていて独りではないという新しい安心の感覚。自ら人に働きかける能動性の大切さの認識。コアステイト]

セラピスト：うんうんうん。

クライエント：何かノックをして（右手でノックをする仕草）扉をたたくことで，扉は初めて開かれるっていうか……。[能動性の発露]

セラピスト：ええ，ええ，ええ。はい。

クライエント：うーん……はい……。そういう気づきというか……。うん……。

セラピスト：今日それをされてたんですね，イメージの中でね。

おわりに　日本語でのAEDP　**411**

クライエント：そうですね。うーん……（何度かうなずく）。はい……。

セラピスト：開かれてたんですね，ドアがね。

クライエント：はーい（少し明るい表情）。そうですね……ほんと，心がずいぶん（両手で腰の辺りの高さで丸く円を描くように）明るくなって，うーん，はい，風も通ってきたし……（右手で自分を扇ぐような仕草）。［セラピストの誘導なしに，自発的にイメージの発展を報告。トランスフォーマンスの力が全開している］

セラピスト：あ，風も通ってきた？

クライエント：あはははは（笑顔）。はーい。日の光も，すっと（両手で自分を扇ぐような仕草），通って，うーん……。

セラピスト：それは，素晴らしい。［肯定］

クライエント：はーい……。

セラピスト：ちょっとその感じ，風が吹いてきて，その感覚をちょっと体の中で感じてみましょうか？［体験にとどまることで身体感覚を深めることを促す］

クライエント：あ，はーい……（1分20秒の沈黙。目線を下に向けて，右手の親指と人差し指をこすったりしながら，後半のほとんどは目を閉じ指もほとんど動かさずに，最終的に目を開けてセラピストと目を合わせる。体験の深まり）。（微笑，何度かうなずく，しばし沈黙）うん……。はい，何か，ずいぶん不安な感じが何か解きほぐれて，何かこう（両手を胸の辺りでぐるぐるとかき回す仕草）新芽を感じるというか。［新芽の新しい生命力はまさにトランスフォーマンスのイメージ。変容のスパイラルがさらに大きく成長している］

セラピスト：ええ。

クライエント：こうやって（右手を下から上に持ち上げる仕草）何でも万物が流転してこう（両手で下から上に持ち上げる仕草），とどまることなくて，常に変化し続けて，まあお天気もそうですし，今の日本の状況とかも必ず変化していくんだなっていうふうに思えて，ちょっと希望みたいなものが……（笑顔）あ，はーい，こう信じられることが，何か（右手を上げて，口元から言葉を出すような仕草），はーい……。できました……はーい……。［コアステイト。深い真実の感覚と知恵の出現。最初に感じていた不安や絶望感が希望へと変容した。また自分を掘り下げる作業と地震に対する関わりが意味を持ってつながった］

セラピスト：そうですか，素晴らしいイメージですね……。［肯定］

クライエント：はーい……。そうですね……うーん……（うなずきながらしばし沈

黙)。

セラピスト：そうですよね，今起こっているということも大きな流れの流転していく自然の流れの一部ですもんね。

クライエント：うん……うん……（セラピストの言葉にうなずきながら）。そうですね……ほんと同じ状況が，ずーっと続いていくわけではないので……。そう思ったら，何か少し，すごく楽になれて，うーん……（何度かうなずく，微笑）。はーい……。[俯瞰的な視点。安堵感]

セラピスト：こう新芽が出てきて，っていうイメージがすごく素敵ですよね。[肯定，トランスフォーマンスに焦点を置く]

クライエント：はーい……。そうですね……（何度かうなずく）。はーい……その気持ちで（両手を広げて腰の辺りから前に伸ばす感じ）やっぱり，離れている立場としてはそういう気持ちを持って，見守っていきたいなと，はい，希望を持って……（何度かうなずく）。うーん……。

セラピスト：そうですね。

クライエント：はーい……。

セラピスト：そうですよね……。そういうところから発する，助けと，暗雲立ち込めている状態での助けと，違うでしょうしね……。

クライエント：あ，そうですね……。違うでしょうね……（うなずきながら，微笑）。

セラピスト：何か，そのイメージをこう，伝えていただいて私もね，心が軽くなって，[自己開示。セラピストの中のヒーリング感情]

クライエント：あ（笑顔），そうですか，

セラピスト：風が戻ってきた感じがします。[クライエントのイメージにセラピストも参加する。自己開示]

クライエント：うーん……（何度かうなずく）。そうですね……うーん……。

セラピスト：そういった意味ではありがとうございます。[セラピストの安堵感から発する感謝の自己開示。大地震に関してクライエントの感じていた不安をセラピストも共有していたため，この新しい希望のイメージの出現によってセラピスト自身も救われた感覚があった。セラピストの中でのヒーリング感情]

クライエント：あはは（笑顔），とんでもない（照れたように一度下を向いて）。うーん……（うなずきながらしばし沈黙）ねえ，今日はすごいとっても，ニューヨークもあったかくって，季節の変化も肌で感じることができるので……（右手を胸

おわりに　日本語でのAEDP　**413**

の前で前に動かして言葉を前に送り出すような仕草）うん……はい……（しばし沈黙）。
［話題の切り替え。照れによるソフトな防衛］
セラピスト：みどりさんの心の中みたいに。［ソフトな防衛を迂回し，クライエントへと焦点を戻す］
クライエント：えへ（笑顔），そうですね……。はい……（うなずきながら，両手を膝の上で組んで軽く動かしながら）。うん……（しばし沈黙，それから柔らかな笑顔）。
［言葉はないが，受容が見てとれる］

　感情の波が一息ついたところでメタプロセシングすると，クライエントの中に浮かぶイメージがセッション最初のものと大きく変容しているのが見てとれた。ここでAEDPの介入として特殊だと思われるのは，変容が起こった後に丁寧に繰り返し，メタプロセシングをすることかと思う。上記のセクションでは，セラピストが何か大きな変容があるたびに「それはどんな感じですか？」とメタプロセシングをしている。メタプロセシングが繰り返される中で変容がさらに深まり，クライエント自身の内的変化と地震に対する関わり合いの新しい共通項が浮上し，どちらもしっかりと身体で感じられる希望へと変化していった。重い雲の状態は一時のものであることや雲の後ろには常に太陽や青空があること，また万物流転という高い哲学的視点から物事を見る知恵が内側から生まれ出てきたことは注目に値する。ここで浮上してきた知恵，哲学的観点やイメージはコアステイトの特徴だ。
　またクライエントの内的作業が深まり，変容のスパイラルが拡大する過程を目の当たりにする中で，セラピストが感じていた地震に対する不安や絶望感というものにも変化が起こってきた。一見絶望的なように見える大地震の状況であっても，その後ろにある大自然の光や青空の存在がクライエントから語られたとき，セラピストは一種の救済を感じた。それがとっさに感謝の言葉となり自己開示へとつながった。次のセクションでは，さらにセラピストの体験が深まりを自己開示を通じて関係性的に探索していく。

F）コアステイトが与えるインパクト，セラピストの自己開示を通した心が通じあうという体験──続・コアステイト
セラピスト：今日のセッションはどんな感じですか？　いろんなことがいっぱ

いイメージで出てきましたけど，振り返ってみて，どんな感じがされてます
か？［セッション最後のメタプロセシング］

クライエント：うーん……（左斜め下を見ながら）。ずいぶんこの辺に（両手で
胸元を押さえながら）入ってきたときと，自分，というか，ここ（両手で胸元を押
さえながら）の感じが，変わったので（右手で円を描くように）こう，回転して（両手
を胸の前で前に回転させながら）こう，こう，新しいものが，循環が良くなって，
ちょっと鬱積してたものが，発散できたし……（両手を前に動かしながら）。は
い……すごく有意義な（両眉をちょっと持ち上げる表情，軽い笑顔）時間でした……。
はーい……（うなずきながら，しばし沈黙）。うーん……はーい，うーん……。

セラピスト：良かったです……。

クライエント：はーい……（微笑，うなずきながら）。はい……ありがとうござい
ます（笑顔，軽くセラピストに会釈）。うーん……（うなずきながら，しばし沈黙）。また，
今日のセッションのこと，主人にも（両眉を持ち上げて笑顔）話したいと思います。
こう，自分の心境の変化とか，いうのを……（両手を胸の前で動かす，微笑，何
度かうなずきながら）。うん……はい……（うなずきながら，しばし沈黙）。

セラピスト：風のこと，青空のことを……。

クライエント：はい……はい……（笑顔でうなずきながら）。うん……はい……（う
なずきながら，微笑，しばし沈黙）。

セラピスト：はあーっ。ありがとうございます。

クライエント：ありがとうございます（微笑みながら軽くセラピストに会釈）。

セラピスト：うん，何か，私もやっぱりこういうニュースがある中で，仕事を
しているとどうしても黒く暗雲が立ち込めてしまいますので……［セラピスト
は涙が出てきそうになっている］

クライエント：そうですよね……（心配そうな表情）。

セラピスト：うん，でも今日何か，セッションをみどりさんと過ごすことがで
きて，すごく何か青空が，可能性が見えてきたっていうか……感じですね……。
［安堵感，感謝の自己開示］

クライエント：あ，ありがとうございます……うふふ（笑顔，軽く会釈。何度か
うなずきながらしばし沈黙）

セラピスト：すいません。［涙が本格的に出てきていて，とっさに謝る］

クライエント：いえいえそんな……（首を振りながら）。

おわりに　日本語でのAEDP　**415**

セラピスト：何か，何なんでしょうね，何か，言葉にもなってないようなこと
なんですけど……。[セラピストは止まらない涙に少し慌てており，感情につける言
葉が見つからない。プロフェッショナルなペルソナが取れ，セラピストの人間的な部
分が無防備にさらけ出されている瞬間。深い安堵感と感動の涙。ヒーリング感情]

クライエント：いえいえ，うーん……（首を振りながら，笑顔）。ありがとうござ
います……（ささやくように）。

（セラピストが椅子から立ち上がりティッシュを探している音）

クライエント：（何度かうなずく，笑顔，セラピストの動きを目で追うような感じ）

セラピスト：どんなお気持ちですか？ 何か，私が，何か涙を流しているんで
すけども，それを見ながらどんな感じがしますか？ [セラピストの思いがけない
無防備と感情的自己開示に対するクライエントの反応に注目，メタプロセシング]

クライエント：あ，何かすごくこう……（両手を胸の前で前に回転させながら）先
生と通じ合えたんだなあっていうんで，何かこう，気みたいなものがこう，流
れて，こう，回転しながら，こう，温かいものがこう，すごくこう行ったり
来たりしているというのがこう，感じられて……。はい……。[クライエントに
とって，セラピストが涙を流して深く心が揺さぶられる様子を目撃するのは，心が
通じ合えた共感体験だった。最大限の関わりを求めるトランスフォーマンスの発露。
温かい身体感覚はポジティブな変容のマーカー]

セラピスト：まさにそうですね……。何か今，みどりさんの方からこう，すご
く温かい感じが私にまで，ほんとに体のレベルで感じられた。感じられてます
ね，今。[今ここでの身体感覚のシンクロナイズ。双方に最大のバイタリティと，真
に関わり合うトランスフォーマンスが見てとれる]

クライエント：ああ，そう……（大きな笑顔，何度かうなずく）。はい……（しばし
沈黙）。

セラピスト：癒やしはあれですね，こう，何て言うんですっけ，Two Way で
すね……。何か一方方向じゃなくてね。

クライエント：そうですね……（うなずきながら）。ほんとにそうですね，それ
は……（何度かうなずく）。はい……ええ……（何度かうなずく，微笑，しばし沈黙）。
ほんとに素敵なことですね，そういうことが，なかなかないですよね，日常の
生活で，こういうふうに（両手を胸元に持っていく）誰かとすごく，相互に（両手を
交互に胸元に向かって動かす仕草），分かり合えてる，通じ合えてるって，すご

416

く実感できるって，そんなに（首を細かく左右に振る）めったにないので，はーい
……（嬉しそうに）。素敵，ふふふ（大きな笑顔）ですよね……はーい……。［自らの
感情体験にとどまっていることに注目。セラピストの気持ちを慰めることをしていない］

セラピスト：ほんとに貴重ですよねえ……。

クライエント：うーん……（何度かうなずく）。

セラピスト：何かそういった意味で，心の底から感謝しています。［セラピスト
のヒーリング感情・感謝の気持ちの自己開示］

クライエント：あ！ とんでもない……（少し驚いた表情，顔を伏せてお辞儀をす
るような仕草。軽い気恥ずかしさ）こちらこそ……へへへ（笑顔）。ありがとうござ
います……。

　ここで注目すべきは，セラピストの不意にあふれた安堵の涙と，それに対す
る関係性的なメタプロセシングの介入かと思われる。AEDPでは，セラピスト
の真正な反応も適切なやり方でクライエントとシェアし，それを介入として積
極的に使っていくことを奨励する。上記のセクションでは，セラピストはこら
えきれない安堵の涙を無理に堪えたり，余計なものとして見るのではなく，出
そうになる涙をそのまま隠さず出していること，またそれをクライエントのた
めに介入として使っているのがAEDP的な特徴といえるだろう。そしてさらに，
単に涙を流して感情をクライエントとシェアするだけでなく，セラピストの涙
を見てクライエントはどう反応しているのかに焦点を当て，それを探索するメ
タプロセシングをしているのもAEDPならではの介入だ。AEDPではセラピス
トがしたことが介入ではなく，セラピストがした介入，そしてそれに対するク
ライエントの反応が一対となって介入のユニットを形成していると考える（介
入方略については本書第3部を参照）。よって，パワフルな自己開示のような
介入の後はとくにメタプロセシングをすることでクライエント側から感じた介
入に対する反応を丁寧に探索していくのが大切になってくる。セラピストがク
ライエントに影響を受けて涙を流したからといって，クライエントがセラピス
トの反応を素直に受け取れているとは限らないのである。ここではクライエン
トは，セラピストのクライエントから受けた影響を感情的に受容することがで
き，またその体験を素直に防衛に頼ることなくセラピストと感情的に通じ合え

おわりに　日本語でのAEDP　**417**

たポジティブな体験として感じ，そして語ることができている。セラピストの涙を見ても，養育者役を今までずっと背負ってきた彼女は，セラピストの気持ちを慰めるような役目を買って出るロール・リバーサルに陥っていない点に注目したい。自分の感情の真実を素直に自らの表現として発することができているこの最後の受け答え自体が，このセッション全体を通して見られたトランスフォーマンスの大きな発露が彼女の自己感に統合された証と見て取ることができるように思う。

考察

　大地震のニュースを聞いてショックと強い不安を抱えた状態からこのセッションは始まったが，クライエントの精神内部の体験を探索するうちにトランスフォーマンスの兆しがだんだん見えてきた経緯を見ていただけただろうか。トランスフォーマンスにセラピストが着目し肯定していくと，クライエントもトランスフォーマンスに基づく行動の記憶が，初めは友人，夫，兄，そして姉との関係というふうに1つひとつ順に思い出されてきた。またこれらのトランスフォーマンスに基づく行動は，一貫して自分から相手に能動的に自分のニーズや感情を人に伝えることだったのは興味深い。もともと誰に対しても養育者として接し，自分の感情やニーズを感じ，伝えることができなかったクライエントだが，この時期他人にそれらを伝える能動的な関わりをしていた，という発見は彼女にとってもポジティブな驚きだった。そのような無意識のうちに起こっていた変容は，他人と相互的に関われる新しい彼女の自己感を何度も肯定し，メタプロセシングすることで，統合が進んでいった。このような変容のメタプロセシングを繰り返す中でクライエントは，俯瞰的であり，また哲学的な知恵にあふれるコアステイトにたどり着いた。コアステイトにおいて，最大限の関わりを求めるトランスフォーマンスを自分のものと体験することで，当初の不安やショックを感じていた国家規模の大災害に対しても高い哲学的観点から見ることができ，将来の変化に希望を持てるようになった知恵の深さは特筆に値するかと思われる。

　また最後の部分では，それまで自分の不安や緊張を隠していたセラピストが，クライエントの希望あふれるコアステイトに触れて，深く安堵し，思わず涙し

てしまう。セラピストの涙をどう受け取っているかを問うと，クライエントはセラピストの気持ちを慰めに出るのではなく，「通じ合えた感じ」を素直に表現した。この最後のやりとりにおいてクライエントの自己感が，養育者としての役割から解放されて，相互性を持つ関係性の中で自分の感情をしっかりと感じることのできる感情能力を持つ自己へと変容しているのが見られるのではないだろうか。

　この章の最初にAEDPの持つ温かさ，安全性，身体性といったアプローチが日本人クライエントにも有効な気がするという筆者の主観的印象を述べさせていただいたが，総合的な結論はこれからの研究に答えを委ねたい。少なくとも，ここで出てくるセラピストとクライエントとの組み合わせではAEDPが日本人の彼女に対して有効であり，AEDPの手法がいくつもの変容体験を促す呼び水となったといえるのではないかと思う。

　日本人は文化的に相互協調的自己感を持っているといわれている（Markus & Kitayama, 1991）。つまり，日本では人との関係性をどう保つかということに大いに重きを置いている文化だという。そのような文化の中で相手との関係性を保つために遠慮があったり，謙遜があったり，内と外という境界がはっきり区別されていたりするのではないだろうか。だとしたら，関係性と精神内部の両方を扱うAEDPは，日本人にとってとくに有効なアプローチとも考えられるのではないだろうか。この答えはこれからの日本人クライエントに対する質量的あるいはプロセス研究，文化比較研究，また日本人AEDPセラピストによる臨床事例研究の結果に期待したい。

文献

Adler, A. (1964). *The Individual Psychology of Alfred Adler*. H. L. Ansbacher and R. R. Ansbacher (Eds.). New York: Harper Torchbooks.

Fosha, D. (2000). Meta-therapeutic processes and the affects of transformation: Affirmation and the healing affects. *Journal of Psychotherapy Integration. 10*, 71-97.

Fosha, D. (2006). Quantum transformation in trauma and treatment: Traversing the crisis of healing change. *Journal of Clinical Psychology/In Session. 62 (5)*, 569-583.

Fosha, D. (2007). Transformance, Recognition of Self by Self, and Effective Action. In K. J. Schneider, (Ed.) *Existential-Integrative Psychotherapy: Guideposts to the Core of*

Practice. New York: Routledge.

Fosha, D. (2009). Positive affects and the transformation of suffering into flourishing. In W. C. Bushell, E. L. Olivo, & N. D. Theise (Eds.) *Longevity, regeneration, and optimal health: Integrating Eastern and Western perspectives* (pp.252-261). New York: Annals of the New York Academy of Sciences.

Fosha, D. (2013). "Turbocharging" the affects of innate healing and redressing the evolutionary tilt. In D. J. Siegel & M. F. Solomon (Eds.) *Healing moments in psychotherapy.* Chapter 8 (pp.129-168). New York: W. W. Norton.

Fredrickson, B. L. (1998). What good are positive emotions? *Review of General Psychology, 2,* 300-319.

Fredrickson, B. L., & Losada, M. F. (2005). Positive affect and the complex dynamics of human flourishing. *American Psychologist, 60* (7), 678-686.

Ghent, E. (1990/1999). Masochism, submission, surrender: masochism as a perversion of surrender. In S. A. Mitchell & L. Aron (Eds.) (1999) *Relational Psychoanalysis* (pp.211-242). Hillsdale, NJ: The Analytic Press.

Iwakabe, S., & Conceicao, N. (2015). Metatherapeutic processing as a change-based therapeutic immediacy task: Building an initial process model using a task-analytic research strategy. *Journal of Psychotherapy Integration, 26,* 230-247.

Markus, H. R., & Kitayama, S. (1991). Culture and the self: Implications for cognition, emotion, and motivation. *Psychological Review, 98* (2), 224-253.

Russell, E. (2015). *Restoring resilience: Discovering your clients' capacity for healing.* New York: W. W. Norton.

監訳者あとがき

はじめに

　本書は，2000年に出版された『Transforming Power of Affect: Accelerated Model of Change』の全訳である。AEDPは，Diana Foshaによって始められた心理療法モデルである。日本での紹介は少ないが，北アメリカではもっとも注目されるアプローチの1つと言ってよいだろう。その注目度の理由の1つは，Diana Foshaによるデモンストレーションビデオの強烈なインパクトである。これまでに2本のデモンストレーションがアメリカ心理学会から刊行されている（Fosha, 2006, 2011）。また，2016年には，スーパービジョンシリーズにAEDPのスーパービジョンが発売された（Fosha, 2016）。2006年に発表されたビデオは，10年も経った現在でも，売り上げトップテンに登場し，最近までこの2本が人気トップを独占している。そして，2017年9月の時点では，AEDPの3作がトップスリーである。臨床家の多くは，AEDPを観ることによってその効果や良さが実感できる。セラピストの治療関係の持ち方や感情への接近の仕方は特に際立っている。

　AEDPは，ニューヨークに本部があるAEDP研究所を中心に訓練や研究活動が行われている。トレーニング制度もかなり整っている。入門コースに続いて，面接のスキルを学ぶ実習コース，グループ・スーパービジョンを中心としたアドバンスト・コースなどがあり，体系的に学ぶことができる。資格制度，スーパーバイザー制度も確立されている。AEDP研究所の支部は，サンフランシスコ，バンクーバーにあり，そのほかにも地域部会が組織化されてきている。サンフランシスコの西海岸支部は，David MarsとKaren Pando-Mars夫妻が，AEDPのカップルセラピーの訓練を展開している。Diana Foshaによって始められたAEDPとはいくらか趣が異なったAEDPのバリエーションが学べる。

　AEDPの入門編であるImmersion Courseは，1週間のワークショップ形式で行われ，1年に数回アメリカ各地で開催されている。近年では，ヨーロッ

パ，イスラエル，香港などでも定期的に開催され，毎年合計300人くらいの
セラピストが新たにAEDPの訓練を受けていることになる。すべての受講者が，
AEDPにオリエンテーションを変えるわけではないが，それでも多大な影響力
である。AEDP Immersion Courseの受講者の半数以上は，すでに臨床家とし
て個人開業しており，セラピストとして経験を積みできた人たちである。彼ら
の臨床経験の中で重要であると感じたこと，また個人として重要にすることが
はっきりしていく過程でAEDPにある人間観や姿勢に共感している場合が多い。
また，AEDPの訓練が多分にセラピスト自身の癒やしとなっていることも否定
できない。絶望的ともいえる大きな傷を抱えたクライエントが劇的なまでに変
化し，こころの豊かさを取り戻していく姿を面接のビデオで何度も目の当たり
にすることで，心理療法，そして人間に対する信頼感と希望を取り戻している
ような側面もあるだろう。いずれにせよ，セルフケアと自己理解も臨床家の成
長にとって重要な要素である。

　AEDPは，トラウマへの治療アプローチとしても，知名度が高い。2009
年にはDiana Fosha, Mariane Solomon, Dan Siegelの共同監修による『The
Healing Power of Emotions: Affective Neuroscience, Development & Clinical
Practice（感情の癒やす力——情動神経科学，発達，臨床実践）』（Norton）
が刊行されたが，トラウマと情動神経科学の第一人者であるAllan Schore,
Stephen Porges, Dan Siegalなどの蒼々たるメンバーが著者として名を連ねて
いる。彼らは，本書に限らず，多くの国際大会やシンポジウムでDiana Fosha
と学術的交流を重ねている。かれらは，トラウマやアタッチメントの問題に
関して神経科学研究と理論の最前線にいるが，Diana Foshaに一目置いている。
というのも，Foshaは，彼らの理論を，実際の心理面接においてはっきりと目
に見えるクライエントの感情変容というかたちで，とても説得力を持って示す
臨床力を持っているからである。情動神経科学の理論や知見を心理療法の介入
と変容現象の概念に変換し，それらを自由に使いこなすことができる臨床家は，
世界でも数少ないであろう。

AEDP の特色

　筆者からみてAEDPの主な特徴として以下の４つが挙げられる。まず，変容（Transformation）への焦点付けである。AEDPは，初回面接でクライエントと出会った瞬間から，変化の可能性を最大限に引き出そうとする。人間の根源的な動機付けをトランスフォーマンス（Transformance）と呼び，成長，力強さ，真正性，真なる自分の姿へと向かう力を仮定し，その力を常に探して，それをしっかりとクライエントが体験できるように促す。この変容に対して焦点を当て，追い続けるセラピストの姿勢は，トランスフォーマンス探偵（Transformance detective）とも呼ばれている。変容への焦点付けはさまざまな点において顕著であり，AEDPの理論とセラピーのプロセスのどこをとっても金太郎飴のようにその変容への焦点化がみられる。たとえば，初回面接においてクライエントが緊張して声の震えが止められなくなっているような場面に出くわすことはよくあるだろう。クライエントがそれでもなんとか自分の問題を意味が通じるようにしっかりとセラピストに伝えようとするとき，AEDPのセラピストは，緊張にもかかわらず，自分の問題を論理的に整理して，問題の解決の一歩を踏み出そうとしているクライエントの努力に目を見張り（トランスフォーマンス探偵），それを言葉にしてクライエントに伝えるのだ（肯定）。苦しみの影には苦しみから抜けだそうとする意志があり，防衛には不完全ながら自分にできる限界の中で自分を守り対処しようとする努力がある。それは，闇の中に見える一筋の光であり，クライエント自身でさえ，そのような努力の意義に気づいていなかったり，結果だけをみて落胆してしまうこともある。AEDPのセラピストは，このような力にしっかり注意を向け，それに気づき，それを称賛する。そして，それをさまざまな変化のきっかけとして活用していく。

　AEDPの第二の特徴は，感情への焦点である。感情の種類とその性質が細かに描写されている。コア感情，変容感情がどのような体験であるのか，面接場面とクライエントの感情行動の描写，文学作品の引用との対比から見事に描き出されている。防衛感情，信号感情，コア感情については，他の短期力動療法でも概念化されてきたが，AEDPでは，その現象学的記述が特に優れている。AEDPで特に注目に値するのは，変容感情，コアステイトについての理解であ

監訳者あとがき　**423**

る。コア感情を体験した後に起こる変容感情の分類は，AEDP独自の概念である。これが可能となったのは，変容体験に焦点を当ててその現象について細かに理論化してきたTransformanceへの着目があったからであろう。

　AEDPのセラピストは，感情の世界を言葉で細かに描写することをクライエントに求める。また，訓練においても自分自身がどのように感じるのか，ということを言葉にして表す。その場面に起こっていることを観察し，その本質にできる限り迫って，言葉で正確にあらわそうとする態度は現象学的姿勢といえる。この姿勢は，クライエント中心療法，フォーカシング，エモーション・フォーカスト・セラピー，などの体験療法に顕著であり，AEDPも"experiential"であることを示している。

　第3の特徴としては，関係性の最大活用である。近年ではアタッチメントを取り入れた心理療法は少なくない。しかし，アタッチメント理論に基づいた明確な介入法を示しているモデルはそれほど多くない（Lipton & Fosha, 2011; Prenn, 2011）。本書に紹介された面接の逐語にもアタッチメントの視点からの介入が見受けられる。また，AEDPでは，感情をセラピストとふたりで扱う二者調整（Dyadic regulation of affects）という概念があるように（Fosha, 2001），感情の作業は，アタッチメントと切り離せないものと考えられている。また，AEDPのセラピストの関係性的姿勢である真正性とオープンネスも特徴的である。精神分析においてセラピストの「自己」の活用についてはこれまで多く論じられてきたし，対人関係論的精神分析の文献では，セラピストとクライエントの細やかな感情のやりとりが描かれてきた。しかし，AEDPの面接ほど見事なまでにセラピストが大胆に自分を見せ，そして自分の感情体験を使ってクライエントの変容を促進するモデルは他に例を見ない。自己開示の使い方，そして視線や姿勢を合わせるさまざまな協調の仕方まで，AEDPでは関係性の介入が発展している。AEDPにおいてみられるさまざまな自己開示は他の心理療法では御法度とされてきた。ただし，AEDPでは，セラピストが自分を露出することを奨励しているわけではない。自己開示が，治療的な目的に密接に，そして論理的に結びつけられている。これは，セラピストの中立性という概念を根本から疑問視するとともに新たなセラピストのあり方を発展させている（Prenn, 2012）。

　このような関係性的姿勢と「今ここで」の感情体験を重視するため，AEDP

は修正感情体験の宝庫となっている。セラピストとの肯定的な体験を喚起するため，初期の面接から変容が起こる。AEDPのセラピストは，介入の手続きを正確に，そして忠実に再現するマニュアル化された介入に頼らない。クライエントだけでなく，セラピストが自分自身の「今ここで」の感情体験を重視し，自己を最大限に活用すること，そして，真正であり，今ここにプレゼントであることを目指すため，セラピーは新たな体験と変化を作り出す創出的な場となりやすいのだろう。

　第4の特徴としてポジティブへの焦点である。AEDPは，ポジティブ心理学の知見を積極的に取り入れてきた。特に，Barbara Fredricksonのポジティブ感情の理論の心理療法における応用を検討してきた（Fosha, 2004; Russell & Fosha, 2008）。精神分析をはじめとして精神力動療法は病理を見抜き，防衛を指摘し，認知のゆがみを修正するというようにネガティブを見つけ出し，それを減らすことに注目してきた。もう一方で，AEDPでは，病理が起こったにもかかわらずなんとかやってきた努力，不完全ながら防衛というかたちで困難な感情に対処してきた力などを見いだそうとする。また，心理療法を症状の改善または病理の修復と捉えるのではなく，個人の中にある癒やしと成長に向かう力（トランスフォーマンス）を最大に発揮するのを手伝うこととして捉えている。ポジティブへの注目は決して，ネガティブを否定したり，軽視したりすることではない。むしろ，ポジティブとネガティブという単純な二分化を見直し，ネガティブの中のポジティブ，ポジティブの中のネガティブを指摘しており，ポジティブ心理学の第2波を先取りしてきた。

AEDP の発展

理論的展開

　本書が刊行されてからAEDPについての数多くの論文が刊行されており，また面接のビデオを元に臨床的に話題になっている新しいアイデアも数多くある。その中でも，2つの大きな発展についてここでは簡潔に紹介したい。まず1つは，上にも挙げたTransformanceという概念の明確化である。本書では人間の

根源的な動機付けシステムについて感情とアタッチメントの2つが挙げられていた。その後，この2つの動機付けシステムを統合する形でTransformanceという概念が着想されている。Transformanceという語には，Transfromationの変容とPerformance（行為）が組み合わされている。AEDPは，人の変容のあり方やその方法について研究するTransformational StudyであるというFoshaの発言が過去にみられたが，動機付けの根源としてTransformanceが据えられた。それは，生得的に成長と癒やしを求め，人は変容する根源的な欲求を持っており，防衛の壁を下げて，偽りの自己を取り払い，自己を広げて開放する欲求である。そして，それは，他者に自分を見てもらうこと，知ってもらうこと，（存在を）認めてもらう欲求でもある。このような力を見つけて，それを歓迎し，それが最大限に発揮されるのを手伝うことがAEDPセラピストの作業と考えられるようになっていった。Transformanceという概念ができたことによって，ポジティブ感情への注目をはじめとして，AEDPの技法や理論概念を統合して理解するための軸が形成された。おそらく，クライエント中心療法の自己実現傾向という根源的な動機付けシステムとの違いについて疑問に思う読者も少なくないだろう。実際のところ，この2つの概念には似ているところが多いといえる。後者は，レジリエンス，情動神経科学，特に，人が過去に受けたトラウマにかかわらず大きく変容し，幸福を感じ，適応していけるという変容に関する理解に基礎をおいている点が異なるが，基本的な考え方はかなり近い。

　もう1つの大きな発展は，本書にも見られる変容プロセスの現象のスキーマの3つの段階が4つへと分化したことである（図 変容過程の現象 参照）。本書が出版された当時は，感情変容には，防衛が主体であり，心理的苦痛や不安が強いステイト1，防衛を緩めコア感情が十分に体験されるステイト2，そしてコア感情の十分な体験という変容が起こり，その体験を振り返りさらに体験することによって起こる変容感情が中心の3つの段階へと分かれていた。このモデルでは，変容感情の一部としてコアステイトが含まれて，両者が区別されることはなかった。新たなモデルでは，コアステイトは，独立した「状態」であることが示された（Fosha, 2009）。コアステイトは，防衛がなく，開かれた心持ちの状態であり，マインドフルネスの状態というのが最も分かりやすいかもしれない。一方で，研ぎ澄まされたようなシャープな感覚があり，もう一方には，落ち着きと穏やかさに満ちている。それは，真の自己体験であり，最も一

貫してしっかりとして自己の語りが引き出される。コアステイトが，ステイト3と切り離されることによって，コア感情を体験した直後に起こる変容感情とそれらの感情をさらに処理したときに起こるコアステイトの違いが明確になった。もう一方で，コアステイトとして明確化されることによって，マズローの至高体験との近似性も明確になり，もともと精神力動療法から発展したAEDPが，ヒューマニスティック心理学に接近しつつあることもより明確に感じられるようになった。

AEDP の広がり

　数多くの心理療法アプローチがそうであったようにAEDPにおいても，Diana Foshaという偉大な理論家・臨床家から離れてAEDPが発展することが，一アプローチの発展の鍵を握っている。2009 年に『Transformance』という機関誌が創刊され，AEDPの理論や実践の広がりが広く共有されるようになった。先述のように，サンフランシスコ近郊では，David MarsとKaren Pando-Mars夫妻が，AEDPのカップルセラピーの訓練と実践を発展させている。ともに，Authentic Movementやミンデルのプロセスワークなど，身体アプローチの経験に基づいたカップルワークを展開している。すでに数本のデモンストレーションDVDが発売されており，どれもとても見応えがある (Mars, 2011a, 2011b, 2014a, 2014b)。David Marsは，クライエントがワークショップに参加して，自分たちの体験について語り，ワークショップの参加者であるセラピストたちと交流するコミュニティ・ヒーリングと呼ばれるスタイルのワークショップを行っている。セラピスト同士の関わり，またセラピストからクライエントへ向けての発言は，アドバイスや専門家としての分析ではなく，ひとりの人間として受け取り，感じたこと (witnessing) を伝えるというかたちで行われている。これは，AEDPのクライエントに対する姿勢が訓練の中にも明確に一貫して使われている例といえるだろう。

　近年では，AEDPのシニアファカルティであるEileen Russellが，『Restoring Resilience: Discovering Your Clients' Capacity for Healing（レジリエンスの修復——クライエントの癒やしの力を発見する）』という単著を刊行した。病理を治療するのではなく，クライエントの強みを伸ばしていくというAEDPの姿勢を表し，

レジリエンスという概念を臨床的に拡大して検討しており，Foshaから離れたAEDPの理論と実践として注目に値する。

また，昨年には，PrennとFoshaの共著によるAEDPのスーパービジョンの解説書が刊行されている（2016）。それに先だってAEDPスーパービジョンのデモンストレーションDVD（Fosha, 2016）も発売された。他の心理療法アプローチのスーパービジョンのDVDも12本同時期に発売された。他のアプローチと異なったAEDPの際だった特徴は，スーパービジョン中のスーパーバイジーの体験への焦点付けと肯定である。スーパーバイザーとの今ここでの体験についてオープンに探索し，ともに感じるというプロセスがAEDPでは顕著であり，AEDPの考え方を見事に反映したスーパービジョンセッションであった。

もう1つの発展は，研究である。2015年にAEDP研究委員会が正式に発足した。筆者もそのひとりである。そして，AEDPの効果研究が現在進行中である。AEDPのセッションを見るとその効果はとても説得力がある。ただし，エビデンスが重視される時代の中でAEDPはどのような問題に対してどの程度の効果があるのか，という疑問に対して明確な答えを提示することは，極めて重要である。実際に，AEDPの訓練を受ける人たちは，AEDPのプロセスに強い感銘を受けて，それを取り入れることに熱心であるが，その上で，「エビデンスは？」という質問を投げかけることが多い。エモーション・フォーカスト・セラピーや力動療法の効果が示されてきていることから，これらと似た特徴を持ったAEDPも同等の効果があると予想される。しかし，関係性を用いた介入，変容感情のメタプロセシングなどAEDP独自の介入がどのような効果を生み出すのかという点について厳密な検討をすることが必要であろう（Iwakabe & Conceicao, 2015）。また，変容感情という概念がただ臨床家の印象によって曖昧なまま想定される現象ではなく，信頼性を持って同定できることが確認できることも目的の1つである。

日本における発展

日本においてAEDPが紹介されるまで時間がかかった。その理由の1つは，短期力動療法がごく最近まで紹介されてこなかったことにある。Davanloo, Malanらのモデルは，北米やヨーロッパではかなり知名度も高い。北アメリカ

には，集中型短期力動療法（Intensive Short-Term Dynamic Psychotherapy）の学会がトレーニングや年次大会を活発に開いている。また，北アメリカには，他の短期力動療法アプローチも広がっている。たとえば，Lester Luborskyによる中核的葛藤テーマに焦点を当てたアプローチは，実証研究に基づいて発展している。Hans Struppは，サリバンの対人療法を基礎とした時間制限力動療法を開発し，実証的研究を進めてきた。近年になり，本書の監訳者のひとりである妙木浩之らにより，ようやく短期力動療法の翻訳が出された（Solomon et al., 2001）。日本では，クライエントに積極的に働きかけること，特に直面化を繰り返すようなアプローチはあまり関心が持たれなかったのかもしれない。

　また，AEDPのかなり費用も時間もかかるトレーニングを英語で受ける人がこれまでに少なかったこともその理由の１つである。専門書を通して概念的に学ぶだけではなく，面接において起こっている感情的やりとりと生きた会話のやりとりをそのまま理解して使えるようになるためには長期的に英語圏の文化に触れていることが必要であろう。日本人でAEDPの認定資格を早くから取得した人は少ない。本書の監訳者のひとりである花川ゆう子氏は，早くからAEDPを実践されていたが，ニューヨーク在住であり，日本に紹介する機会が作られたのはごく最近であった。ここ数年，日本においてもAEDPが少しずつ広まりつつある。花川氏を中心にAEDP Japanのホームページが立ち上げられ，オンライン講座が日本語で開かれている。ニューヨークで開かれる入門コースにも，日本語のアシスタントがサポートするまで日本からの参加者も増えつつある。

　感情に関心を持つ臨床家にとって，エビデンスアプローチとして広く知られるようになったエモーション・フォーカスト・セラピー（Greenberg, 2010）に加えて，力動的な背景を持つAEDPという選択肢を持てることは良いことである。AEDPにおけるDyadic Regulation of Affectの概念などふたりで感情を扱うという姿勢は，しんみりとその情緒に浸る点で，日本的な側面がある。AEDPの面接には多くの沈黙があり，その沈黙の中には，ふたりで感じ入る特別な空気が流れる。この静かでありながら，非常に感情的に濃い時間は，文化的にも調和したプロセスのように感じられるだろう。

　しかし，AEDPが日本に根付くためには，AEDPに対する誤解が起こらないことが重要である。心理療法の面接をビデオ撮影することには未だに抵抗が強

監訳者あとがき　**429**

い。そのような中でどのようにして面接を録画し，それを扱うことを中心とする訓練を発展させていくのか，というのは基本的な課題である。AEDPは，訓練においてビデオを多用する。「百聞は一見にしかず」というのは，まさにAEDPに当てはまる。AEDPの訓練や学会発表で見る面接のインパクトはとても大きい。多くの人たちが，AEDPに触れて，実際にトレーニングを受けたいと思う理由も，AEDPの面接に触れてクライエントの加速化された変化を自分の目と肌で「実感」することから来ている。臨床訓練において実際の面接録画を使うことの効果は疑うところがない（Haggerty & Hilsenroth, 2011）。グロリアと3人のセラピストのような題材が心理療法の理解に与えた影響は計り知れない。どのようにしてクライエントを守るという倫理的配慮とセラピスト自身が持つ録画への不安や恐怖を混同せずに，考えることができるかということは今後鍵となってくるだろう。

　次に，日本的な対人的配慮やマナーといったものをどのように扱っていくかという課題がある。AEDPでは真正さ，プレゼンス，などセラピストの自己の関わりが大きく，人としてのセラピストが前面に出る。これは，セラピストとしての役割を放棄して，個人の面を見せれば良いということではない。ただし，役割，心理の専門家としての認知的判断や評価という一般的にいう役割としての専門家像を超えた感情的な関わりが要求される。個人開業が中心である北アメリカの実践ではセラピストが自分自身の色を出した実践をすることは比較的たやすい。もう一方で，日本の臨床家は，病院をはじめとした公的機関で実践していることが多い。そのため，自分を押し出すことはなかなかできないかもしれない。病院における自分の役割を意識するために，患者に対して自己開示することなどがためらわれるかもれない。

　AEDPのセラピストの姿勢が必ずしも組織における役割の中で最適ではないとしても，AEDPの価値を引き下げるわけではない。むしろ，そのような役割をとることがどのような影響を持っているのか，果たしてクライエントの関わりにおいて，効果を高めるように働いているのか，ということを見直す機会を与えてくれる。クライエントの中にはセラピストが自分を横において職業的な役割を演じてくれることに安心感を覚える人もいる。もう一方で，セラピストをひとりの人間として体験することによって，初めて扱うことができるような問題や状況も多くある。また症状を軽減する，その対処法を学ぶということだ

けで，改善するクライエントはほんの一部である。多くのクライエントはより長期的に発展させ，深めた治療関係の中でさまざまな感情を体験できるようになっていくような関わりを必要としている。長期にわたって繰り返されたトラウマから受けた傷を癒やすためには同じように安定さの中でその傷を癒やすための努力が必要になってくる。

本書との出会い──むすびに代えて

　筆者は，感情と心理療法に関心を持っていたので，本書が出てすぐに手に取った。本書のタイトルから，自分にとって大きな影響力を持つ1冊になるだろうという予感があった。筆者も，Davanlooが所長を務めていたモントリオール総合病院精神科の短期力動療法ユニットで実習をしていたことがあるため，前書きを読んで，Fosha氏のDavanlooのアプローチに対する印象と自分の体験があまりにも似ていたので，強い驚きと喜びを感じたのを今でも思い出す（undoing aloneness）の体験でもあり，とても深い肯定体験でもあった）。本書に多くちりばめられた面接の逐語からFosha氏の感情への焦点の当て方や関係の使い方などがとても斬新なものに感じられた。特に共感の伝え方について自分が慣れてきたエモーション・フォーカスト・セラピーとの違いについて好奇心を強くかき立てられた。しかし，当時の自分は，アタッチメントについてあまり理解しておらず，それがAEDPにおいて，非常に見事に関係的介入として具体化されていることを，十分に理解できてはいなかった。

　2003年以降，心理療法統合の国際学会である心理療法統合を考える会（The Society for Exploration of Psychotherapy Integration: SEPI）の年次大会で初めてDiana Foshaや，他のAEDPセラピストの講演やビデオを見る機会があった。スタジオや講演会の壇上で行われた1回限りの面接のデモンストレーションとは異なり，実際の個人開業の面接室の雰囲気がそのまま伝わってくるビデオには強烈なインパクトがあった。特に，初期の面接とより進んだときの面接を見て，より長期的なクライエントの変容を目の当たりにして，AEDPの力がとてもはっきりと感じられた。AEDPの発表は，SEPIに参加する楽しみの1つとなった。

　その後，AEDPに対する関心は，自分の中にあった関係性を使った介入への

関心の高まりととも，遠くから学ぶのではなく，内側から知りたいという気持ちが強くなった。最終的には，AEDPの研究委員会の委員長として効果研究やプロセス研究をするようになっていった。どのプロジェクトも現在進行中であるが，AEDPにおける変容プロセスを研究という視点から見ていくという，素晴らしい学びの機会を持つとができて本当に光栄である。Fosha氏の紹介で花川氏に出会ったのは，2008年のことである。彼女の温かなパーソナリティと熱心さに親しみを覚え，ニューヨークと東京と距離はありながら，連絡を取り続けてきた。今回，本書の翻訳に福村出版の宮下社長が取り上げてくださったときに，とても喜んでくださったのを覚えている。福島氏と沢宮氏とは，花川氏と一緒にウェブを通してAEDPのグループスーパービジョンを受けて充実した時間を過ごした。また，早くから短期力動療法に関心を持たれ，Foshaのセラピーについて知っておられた妙木氏にもご協力を得た。AEDPには，2012年以降，妙木氏の研究会でも発表させていただき，参加メンバーととても刺激的なディスカッションをさせていただいた。AEDPと同様に幅広いバックグラウンドを持った臨床家が集まり，本書に取りかかれたことをとてもうれしく思うし，AEDPの統合的な本質を正確に反映しているといえるだろう。

　筆者は，エモーション・フォーカスト・セラピーをはじめ，感情に焦点を当てた心理療法に関心を持ってきた。また，もう一方で，対人関係論的精神分析など対人プロセスに関心もあり，それらをつないでくれたのがAEDPである。自分自身が臨床家として経験を積む中で，クライエントの中で起こる感情的変容に加えて，セラピストとの間に起こる対人的感情変容に関心が向いていった。そんな中で，AEDPはなくてはならない存在となっていった。人を中心に心理療法について考えるとき，AEDPがとてもぴったりくる感覚がある。

　本書を今読み返すと不思議なくらいに新しいアイデアがちりばめられており，のちに発展してくるAEDPの臨床的な概念の芽生えがいくつも見つかってくる。とても詩的であり，論理的なDiana Foshaの文章が日本語訳でも十分に再現されていることを願う。そして，AEDPが日本の臨床家がさらに発展していくために寄与することを祈っている。

　最後になるが，本書の翻訳刊行を実現してくださった福村出版の宮下基幸社長にお礼を申し上げたい。原版が出てから10年以上経っていることにもかかわらず，本書の可能性について評価してくださり，とても優秀な翻訳者を指名

してくださった。また，福村出版編集部の平井史乃さんにもあわせてお礼を述べたい。AEDPのAcceleratedを編集作業で監訳者の私たちよりも着実に実行してくださった。おふたりのご尽力と翻訳者と監訳者の協働で，本書が刊行にたどりつけたことに大きな喜びを感じる。

監訳者代表　岩壁　茂

文献

Fosha, D. (2001). The dyadic regulation of affect. *Journal of Clinical Psychology/In Session, 57* (2), 227-242.

Fosha, D. (2004). "Nothing that feels bad is ever the last step:" The role of positive emotions in experiential work with difficult emotional experiences. Special issue on Emotion, L. Greenberg (Ed.). *Clinical Psychology and Psychotherapy, 11*, 30-43.

Fosha, D. (2006). *Accelerated Experiential Dynamic Psychotherapy with Diana Fosha, Ph.D.* Systems of Psychotherapy APA Video Series. Washington, DC, American Psychological Association.

Fosha, D. (2009). Positive affects and the transformation of suffering into flourishing. W. C. Bushell, E. L. Olivo, & N. D. Theise (Eds.) , *Longevity, regeneration, and optimal health: Integrating Eastern and Western perspectives*, pp.252-261, New York, Annals of the New York Academy of Sciences.

Fosha, D. (2011). *Accelerated Experiential Dynamic Psychotherapy. Diana Fosha Ph.D. working with a Male Client. Working with Men in Psychotherapy* APA Video Series. Washington, DC, American Psychological Association.

Fosha, D. (2016). *Accelerated Experiential Dynamic Psychotherapy (AEDP) Supervision.* APA Psychotherapy Supervision Video Series. Washington, DC, American Psychological Association.

Fosha, D., Siegel, D. J., & Solomon, M. F. (Eds.), (2009). *The healing power of emotion: Affective neuroscience, development & clinical practice.* New York, Norton.

Greenberg, L. S. (2012). *Emotion-focused therapy.* Washington, DC, American Psychological Association. 岩壁茂・伊藤正哉・細越寛樹（監訳）『エモーション・フォーカスト・セラピー入門』2013年，金剛出版.

Haggerty, G., & HIlsenroth, M. J. (2011). The use of video in psychotherapy supervision. *British Journal of Psychotherapy, 27*, 193-210.

Iwakabe S. & Conceicao, N. (2016). Metatherapeutic processing as a change-based therapeutic immediacy task: Building a initial process model using a modified task-analytic research strategy. *Journal of Psychotherapy Integration, 26*, 230-247.

Lipton, B. & Fosha, D. (2011). Attachment as a transformative process in AEDP: Operationalizing the intersection of attachment theory and affective neuroscience. *Journal of Psychotherapy Integration, 21* (3), 253-279.

Mars, D. (2011a). *Moving Beyond Hot and Cold Conflict to Develop Lasting Love and*

Trust. AEDP Core Couples Training DVD Series. San Rafael, CA, Center for Transformative Therapies.

Mars, D. (2011b). *Healing Chronic Dissociation & Trauma through Treating Infidelity* AEDP Core Couples Training DVD Series. San Rafael, CA, Center for Transformative Therapies.

Mars, D. (2014a). *Transforming Trauma, Shame and Disconnection in a 30 Year Marriage - Part 1.* AEDP Core Couples Training DVD Series. San Rafael, CA, Center for Transformative Therapies.

Mars, D. (2014b). *Transforming Trauma, Shame and Disconnection in a 30 Year Marriage - Part 2.* AEDP Core Couples Training DVD Series. San Rafael, CA, Center for Transformative Therapies.

Prenn, N. & Fosha, D. (2016). *Supervision essentials for Accelerated Experiential Dynamic Psychotherapy.* Washington, DC, American Psychological Association.

Prenn, N. (2009). I second that emotion! On self-disclosure and its metaprocessing. In A. Bloomgarden & R. B. Menutti, (Eds.), *Psychotherapist revealed: Therapists speak about self-disclosure in psychotherapy.* Chapter 6, pp. 85-99. New York, Routledge.

Prenn, N. (2011). Mind the gap: AEDP interventions translating attachment theory into clinical practice. *Journal of Psychotherapy Integration, 21* (3), 308-329.

Russell, E. & Fosha, D. (2008). Transformational affects and core state in AEDP: The emergence and consolidation of joy, hope, gratitude and confidence in the (solid goodness of the) self. *Journal of Psychotherapy Integration. 18* (2), 167-190.

Solomon, M. F., Neborsky, R. J., McCullough, L., Alpert, M, Shapiro, F., & Malan, D. (2001). *Short-term therapy for long-term change.* New York, NY, Norton. 妙木浩之・飯島典子（監訳）『短期力動療法入門』金剛出版.

文献

Ainsworth, M. D. S., Blehar, M.C., Waters, E., & Wall, S. (1978). *Patterns of attachment: A psychological study of the strange situation.* Hillsdale, NJ: Lawrence Erlbaum.

Alexander, F., & French, T.M. (1946). *Psychoanalytic therapy: Principles and application.* New York: Ronald Press. Reprint. Lincoln, NE: University of Nebraska Press, 1980.

Alpert, M.C. (1992). Accelerated empathic therapy: A new short-term dynamic psychotherapy. *International Journal of Short-Term Psychotherapy, 7*(3), 133-156.

Alpert, M.C. (1996). Videotaping psychotherapy. *Journal of Psychotherapy Practice and Research, 5*(2), 93-105.

Bacal, H. A. (1995).The essence of Kohut's work and the progress of self psychology. *Psychoanalytic Dialogues, 5*,353-366.

Barber, J.P.& Crits-Cristoph, P.(1991). Comparison of the brief dynamic therapies. In P.Crits-Cristoph & J.P.Barber (Eds.), *Handbook of short-term dynamic psychotherapy* (pp.323-355). New York: Basic Books.

Bates, J.E., Maslin,C.A., & Frankel, K.A.(1985). Attachment security, mother-child interaction, and temperament as predictors of behavior-problem ratings at age three years. In I. Bretherton & E. Wates (Eds.) *Growing points of attachment theory and research. Monographs of the Society for Research in Child Development, 50*(1-2), serial no.209, 167-193.

Beebe, B., Jaffe, J., & Lachmann, F. M. (1992). A dynamic systems view of communication. In N. Skolnick & S. Warshaw (Eds.), *Relational perspectives in psychoanalysis* (pp.61-81). Hillsdale, NJ: Analytic Press.

Beebe, B., & Lachmann, F. M. (1988). The contribution of mother-infant mutual influence to the origins of self-and object representations. *Psychoanalytic Psychology, 5*, 305-337.

Beebe, B., & Lachmann, F. M. (1994). Representation and internalization in infancy: Three principles of salience. *Psychoanalytic Psychology, 11*(2), 127-165.

Beebe, B., & Lachmann, F. M. (1997). Mother-infant interaction structures and pre-symbolic self and object representations. *Psychoanalytic Dialogues, 7*,133-182.

Benjamin, L. (1997). Interpersonal psychotherapy of personality disorders. Workshop given at the Thirteenth Annual Conference of the Society for the Exploration of Psychotherapy Integration (SEPI): Embracing new approaches. Toronto, 24 April.

Blake, W. (1987). Augeries of innocence. In A. Ostriker (Ed.), *William Blake: The complete poems* (pp.506-510). New York: Penguin Books.

Bohart, A. C., & Tallman, K. (1999). *How clients make therapy work: The process of active self-healing.* Washington, DC: American Psychological Association.

Bollas, C., (1987). *The shadow of the object: Psychoanalysis of the unthought known.* New

York: Columbia University Press. 館直彦（監訳）『対象の影：対象関係論の最前線』2009年，岩崎学術出版社.

Bollas, C., (1989). *Forces of destiny: Psychoanalysis and human idiom*. London: Free Association Books.

Bowlby, J. (1973). *Attachment and loss: Vol.2. Separation*. New York: Basic Books. 黒田実郎・岡田洋子・吉田恒子（訳）『母子関係の理論II：分離不安』（新版）1991年，岩崎学術出版社.

Bowlby, J. (1977). The making and breaking of affectional bonds: Aetiology and psychopathology in the light of attachment theory. *British Journal of Psychiatry, 130*, 201-210.

Bowlby, J. (1980). Attachment and loss: Vol. 3. Loss, sadness, and depression. New York: Basic Books. 黒田実郎・吉田恒子・横浜恵三子（訳）『母子関係の理論III：対象喪失』（新装版）1991年，岩崎学術出版社.

Bowlby, J. (1982). *Attachment and loss: Vol.1. Attachment* (2d ed). New York: Basic Books. 黒田実郎・大羽蓁・岡田洋子・黒田聖一（訳）『母子関係の理論I：愛着行動』（新版）1991年，岩崎学術出版社.

Bowlby, J. (1988). *A secure base: Parent-child attachment and healthy human development*. New York: Basic Books.

Bowlby, J. (1991). Post-script. In C. M. Parkes, J. Stevenson-Hinde, & P.Marris (Eds.), *Attachment across the life cycle* (pp.293-297). London: Routledge.

Braithwaite, R.L., &Gordon, E. W. (1991). *Success against the odds*. Cambridge, MA: Harvard University Press.

Brennan, T. (1995). Splitting word and flesh. Paper presented at The psychoanalytic century: An international interdisciplinary conference celebrating the centennial of Breuer and Freud's "Studies on Hysteria." New York University Post-doctor Program, NY.

Brenner, C. (1974). On the nature and development of affects: A unified theory. *Psychoanalytic Quarterly, 53*, 550-584.

Brodkey, H. (1996). This wild darkness. *The New Yorker*, 5 February, pp.52-54.

Bucci, W. (1985). Dual coding: A cognitive model for psychoanalytic research. *Journal of the American Psychoanalytic Association, 33*, 571-608.

Casement, P.J. (1985). *On learning from the patient*. London: Tavistock. 松木邦裕（訳）『患者から学ぶ：ウィニコットとビオンの臨床応用』1991年，岩崎学術出版社.

Cassidy, J. (1994). Emotion regulation: Influence of attachment relationship. *Monographs of the Society for Research in Child Development, 69* (240), 228-249.

Coates, S. W. (1998). Having a mind of one's own and holding the other in mind: Commentary on paper by Peter Fonagy and Mary Target. *Psychoanalytic Dialogues, 8*, 115-148.

Coen, S. J. (1996). Love between therapist and patient. *American Journal of Psychotherapy, 50*, 14-27.

Costello, P.C. (2000). *Attachment, communication and affect: Implication for psychotherapy*. Manuscript.

Coughlin Della Selva, P.(1996). *Intensive short-term dynamic psychotherapy*. New York: Wiley.

Crits-Cristoph, P., & Barber, J. P.(Eds.).(1991). *Handbook of short-term dynamic psychotherapy*. New York: Basic Books.

Csikszentmihalyi, M. (1990). *Flow: The psychology of optimal experience*. New York:

HarperColins. 今村浩明（訳）『フロー体験：喜びの現象学』1996年, 世界思想社.

Cuddihy, J. M. (1987). *The ordeal of civility: Freud, Marx, Lèvi-Strauss, and the Jewish struggle with modernity*. New York: Basic Books. 塚本利明・秋山庵然・寺西哲也・島秀夫 （訳）『文明の試練：フロイト, マルクス, レヴィ＝ストロースとユダヤ人の近代との闘争』 1987年, 法政大学出版局.

Damasio, A. R. (1994). *Descartes's error: Emotion, reason and the human brain*. New York: Grosset/Putnam. 田中三彦（訳）『生存する脳：心と脳と身体の神秘』2000年, 講談社.

Damasio, A. R. (1999). *The feeling of what happens: Body and emotion in the making of consciousness*. New York: Harcout Brace. 田中三彦（訳）『無意識の脳・自己意識の脳：身体と情動と感情の神秘』2003年, 講談社.

Darwin, C. (1872/1965). *The expression of emotion in man and animals*. Chicago: University of Chicago Press. 浜中浜太郎（訳）『人及び動物の表情について』1991年, 岩波書店.

Davanloo, H. (Ed.). (1978). *Basic principles and techniques in short-term dynamic psychotherapy*. New York: Spectrum.

Davanloo, H. (Ed.). (1980). *Short-term dynamic psychotherapy*. New York: Jason Aronson.

Davanloo, H. (1986-1988). Core training program. The International institute of Short-Term Dynamic Psychotherapy. Montreal.

Davanloo, H. (1990). *Unlocking the unconscious: Selected papers of Habib Davanloo*. New York: Wiley.

Davies, J. M. (1996). Dissociation, repression and reality testing in the countertransference: The controversy over memory and false memory in the psychoanalytic treatment of adult survivors of childhood sexual abuse. *Psychoanalytic Dialogues, 6*, 189-218.

Dozier, M., Stovall, K. C., & Albus, K. E. (1999). Attachment and psychopathology in adulthood. In J. Cassidy & P.R. Shaver (Eds.). *Handbook of attachment: Theory, research and clinical applications* (pp.497-519). New York: Guilford.

Eagle, M. N. (1995). The developmental perspectives of attachment and psychoanalytic theory. In S. Goldberg, R. Muir, & J. Kerr (Eds.), *Attachment theory: Social, developmental and clinical perspectives* (pp.407-472). Hillsdale, NJ: Analytic Press.

Eagle, M. N. (1996). Attachment research and psychoanalytic theory. In J. M. Masling & R. F. Bornstein (Eds.), *Psychoanalytic perspectives on developmental psychology* (pp.105-149). Washington, DC: American Psychological Association.

Ehrenberg, D. (1992). *The intimate edge: Extending the reach of psychoanalytic interaction*. New York: W. W. Norton.

Ekman, P.(1983). Autonomic nervous system activity distinguishes among emotions. *Science, 221*, 1208-1210.

Ekman, P.(1984). Expression and the nature of emotion. In K. R. Scherer & P.Ekman (Eds.), *Approaches to emotion* (pp.319-343). Hillsdale, NJ: Lawrence Erlbaum.

Ekman, P.& Davidson, R. J. (Eds.). (1994). *The nature of emotion: Fundamental questions*. New York: Oxford University Press.

Ekman, P., & Friesen, W. V. (1969). The repertoire of non-verbal behavior: Categories, origins, usage, and coding, *Semiotica, 1*, 49-98.

文献　437

Emde, R. N. (1980). Toward a psychoanalytic theory of affect. Part 1. The organizational model and its propositions. In S. Greenspan & G. Pollack(Eds.), *The course of life: Psychoanalytic contributions toward understanding personality and development*. Bethesda, MD: Mental Health Study Center, NIMH.

Emde, R. N. (1981). Changing models of infancy and the nature of early development: Remodeling the foundation. *Journal of the American Psychoanalytic Association, 29*, 179-219.

Emde, R. N. (1983). The pre-representational self and its affective core. *Psychoanalytic Study of the Child, 38*, 165-192.

Emde, R. N. (1988). Development terminable and interminable and interminable. *International Journal of Psycho-Analysis, 69*, 23-42.

Emde, R. N., Klingman, D. H., Reich, J. H., & Wade, J.D. (1978).Emotional expression infancy: I. Initial studies of social signaling and an emergent model. In M. Lewis & L. Rosenblum, (Eds.), *The development of affect*. New York: Plenum Press.

Epstein, M. (1995), *Thoughts without a thinker: Psychotherapy from a Buddhist perspective*. New York: Basic Books.

Erickson, M. F., Sroufe, L. A., & Egeland, B. (1985). The relationship between quality of attachment and behavior problems in preschool high-risk sample. *Monographs of the Society for Research in Child Development, 50*, 147-166.

Ezriel, H. (1952). Notes on psychoanalytic group therapy: Interpretation and research. *Psychiatry, 15*, 119-126.

Ferenczi, S. (1920/1980). The further development of an active therapy in psychoanalysis. In M. Balint (Ed.), E. Mosbacher (Trans.), *Further contributions to the theory and technique of psycho-analysis* (pp.198-216). New York: Brunner/Mazel.

Ferenczi, S. (1925/1980). Contra-indications to the "active" psycho-analytic technique. In M. Balint (Ed.), E. Mosbacher (Trans.), *Further contributions to the theory and technique of psycho-analysis* (pp.217-229). New York: Brunner/Mazel.

Ferenczi, S. (1931/1980). Child analysis in the analysis of adults. In M. Balint (Ed.), E. Mosbacher (Trans.), *Final contributions to the problems and methods of psychoanalysis* (pp.126-142). New York: Brunner/Mazel.

Ferenczi, S. (1933/1980). Confusion of tongues between adults and the child. In M. Balint (Ed.), E. Mosbacher (Trans.), *Final contributions to the problems and methods of psychoanalysis* (pp.156-167). New York: Brunner/Mazel.

Ferenczi, S. & Rank, O. (1925/1987). The development of psycho-analysis. In G. H. Pollack (Ed.), C. Newton (Trans.), *Classics in psychoanalysis monograph series*, monograph 4. Madison, CT: International Universities Press.

Flegenheimer, W. (1982). *Techniques of brief psychotherapy*. New York: Jason Aronson.

Flem, L. (1997). *Casanova: The man who really loved woman*. New York: Farrar, Straus & Groux.

Fonagy, P.(1997). Multiple voices vs. meta-cognition: An attachment theory perspective. *Journal of Psychotherapy Integration, 7*, 181-194.

Fonagy, P., Leigh, T., Kennedy, R., Matoon, G., Steele, H., Target, M., Steele, M., & Higgitt, A. (1995). Attachment, borderline states and the representation of emotion and cognitions in self and other. In D. Cicchetti, S. L. Toth et al. (Eds.), *Emotion, cognition and representation* (pp.371-414). Rochester, NY: University of

Rochester Press.

Fonagy, P., Steele, M., Steele, H., Higgitt, A., & Target, M. (1994). The theory and practice of resilience. *Journal of Child Psychology and Psychiatry, 35*, 231-257.

Fonagy, P., Steele, M., Steele, H., Leigh, T., Kennedy, R., Mtoon, G., & Target, M. (1995). Attachment, the reflective self, and borderline states. In S. Goldberg, R. Muir, & J. Kerr (Eds.), *Attachment theory: Social, developmental and clinical perspectives* (pp.233-278). Hillsdale, NJ: Analytic Press.

Fonagy, P., Steele, M., Steele, H., Morgan, G. S., & Higgitt, A. (1991). The capacity for understanding mental states: The reflective self in parent and child and its significance for security of attachment. *Infant Mental Journal, 12*, 201-218.

Fonagy, P., & Target, M. (1998). Mentalization and the changing aims of child psychoanalysis. *Psychoanalytic Dialogues, 8*, 87-114.

Foote, B. (1992). Accelerated empathic therapy: The first self-psychological brief therapy? *International Journal of Short-Term Psychotherapy, 7*(3), 177-192.

Foote, J. (1992). Explicit empathy and the stance of therapeutic neutrality. *International Journal of Short-Term Psychotherapy, 7*(3), 193-198.

Fosha, D. (1988). Restructuring in the treatment of depressive disorders with Davanloo's intensive short-term dynamic psychotherapy. *International Journal of Short-Term Psychotherapy, 3*(3), 189-212.

Fosha, D. (1990). Undoing the patient's omnipotence. Paper presented at the conference on short-term dynamic therapy: A developing therapy. The Graduate Center of the City University of New York, NY.

Fosha, D. (Ed.). (1992a). Accelerated Empathic Therapy (AET): History, development and theory. *International Journal of Short-Term Psychotherapy, 7*(3).

Fosha, D. (1992b). The interrelatedness of therapy, technique and therapeutic stance: A comparative look at intensive short-term dynamic psychotherapy and accelerated empathic therapy. *International Journal of Short-Term Psychotherapy, 7*(3), 157-176.

Fosha, D. (1995). Technique and taboo in three short-term dynamic psychotherapies. *Journal of Psychotherapy Practice and Research, 4*, 297-318.

Fosha, D. (2000). Meta-therapeutic processes and the affects of transformation: Affirmation and the healing affects. *Journal of Psychotherapy Integration*.

Fosha, D., & Osiason, J. (1996). Affect, "truth" and videotapes: Accelerated experiential/dynamic therapy. Presented at the spring meeting of Division 39 (Psychoanalysis) of the American Psychological Association, New York, NY.

Fosha, D., & Slowiaczek, M. L. (1997). Techniques for accelerating dynamic psychotherapy. *American Journal of Psychotherapy, 51*, 229-251.

Frank, J. D. (1971). Therapeutic factors in psychotherapy. *American Journal of Psychotherapy, 25*, 350-361.

Frank, J. D. (1974). Psychotherapy: The restoration of morale. *American Journal of Psychotherapy, 131*, 271-274.

Frank, J. D. (1982). Therapeutic components shared cy all psychotherapies. In J. H. Harvey & M. M. Parks (Eds.), *Psychotherapy research and behavior change.* Washington, DC: American Psychological Association.

Freud, A. (1937/1966). *The ego and the mechanisms of defense* (C. Baines, Trans.). New York: International Universities Press. 黒丸正四郎・中野良平（訳）『自我と防衛機制』

（アンナ・フロイト著作集第2巻）1982年，岩崎学術出版社.

Freud, S. (1912a/1958). The dynamics of transference. In J. Strachey (Ed. and Trans.), *The standard edition of the complete psychological works of Sigmund Freud* (Vol. 12, pp.97-108). London: Hogarth Press. 藤山直樹・坂井俊之・鈴木菜実子（編訳）「転移の力動」『フロイト技法論集』，2014年，岩崎学術出版社.

Freud, S. (1912b/1958). Recommendations to physicians practicing psychoanalysis. In J. Strachey (Ed. and Trans.), *The standard edition of the complete psychological works of Sigmund Freud* (Vol. 12, pp.109-120). London: Hogarth Press. 藤山直樹・坂井俊之・鈴木菜実子（編訳）「精神分析を実践する医師への勧め」『フロイト技法論集』2014年，岩崎学術出版社.

Freud, S. (1915/1958). Observations on transference-love. In J. Strachey (Ed. and Trans.), *The standard edition of the complete psychological works of Sigmund Freud* (Vol.12, pp.157-173). London: Hogarth Press. 藤山直樹・坂井俊之・鈴木菜実子（編訳）「転移性恋愛についての観察」『フロイト技法論集』2014年，岩崎学術出版社.

Freud, S. (1917/1958). Mourning and melancholia. In J. Strachey (Ed. and Trans.), *The standard edition of the complete psychological works of Sigmund Freud* (Vol. 14, pp.243-258). London : Hogarth Press. 井村恒郎・小此木啓吾（訳）「悲哀とメランコリー」『自我論／不安本能論』（フロイト著作集6）1970年，人文書院.

Freud, S. (1923/1958). Beyond the pleasure principle. In J. Strachey (Ed. and Trans.), *The standard edition of the complete psychological works of Sigmund Freud* (Vol. 18, pp.7-64). London: Hogarth Press. 井村恒郎・小此木啓吾（訳）「快楽原則の彼岸」『自我論／不安本能論』（フロイト著作集6）1970年，人文書院.

Freud, S. (1926/1959). Inhibitions, symptoms and anxiety. In J. Strachey (Ed. and Trans.), *The standard edition of the complete psychological works of Sigmund Freud* (Vol. 20, pp.75-175). London: Hogarth Press. 井村恒郎・小此木啓吾（訳）「制止，症状，不安」『自我論／不安本能論』（フロイト著作集6）1970年，人文書院.

Frijda, N. H. (1986). *The emotions*. Cambridge: Cambridge University Press.

Frijda, N. H. (1988). The laws of emotion. *American Psychologist, 43*, 349-358.

Garfield, A. S. (1995). *Unbearable affect: A guide to the psychotherapy of psychosis*. New York: Wiley.

Gendlin, E. (1991). On emotion in therapy. In J. D. Safran & L. S. Greenberg, (Eds.), *Emotion, psychotherapy & change* (pp.255-279). New York: Guilford.

George, C., & Solomon, J. (1999). Attachment and caregiving: The caregiving behavioral system. In J. Cassidy & P.R. Shaver (Eds.), *Handbook of attachment: Theory, research and clinical applications* (pp.649-670). New York: Guilford.

Ghent, E. (1995). Interaction in the psychoanalytic situation. *Psychoanalytic Dialogues, 5*, 479-491.

Gianino, A., & Tronick, E. Z. (1988). The mutual regulation model: The infant's self and interactive regulation Coping and defense capacities. In T. Field, P.McCabe, & N. Schneiderman (Eds.), *Stress and coping* (pp.47-68). Hillsdale, NJ: Lawrence Erlbaum.

Gill, M. (1982). *Analysis of transference: Vol 1*. Theory and technique. New York: International Universities Press. 神田橋條治・溝口純二（訳）『転移分析：理論と技法』2006年，金剛出版.

Gluck, L. (1995). Circe's power. *The New Yorker*, 10 April, p.90.

Gold, J. R. (1994). When the patient does the integrating: Lessons for theory and practice. *Journal of Psychotherapy Integration, 4*, 133-154.

Gold, J. R. (1996). *Key concepts in psychotherapy integration*. New York: Plenum Press.

Goleman, D. (1995). *Emotional intelligence: Why it can matter more than IQ*. New York: Bantam Books. 土屋京子（訳）『EQ：こころの知能指数』1996年，講談社.

Greenberg, L. S., Elliott, R., & Lietaer, G. (1994). Research on humanistic and experiential psychotherapies. In A. E. Bergin & S. L. Garfield (Eds.), *Handbook of psychotherapy and behavior change* (4th ed., pp.509-539). New York: Wiley.

Greenberg, L. S., Rice, L. N., & Elliott, R. (1993). *Facilitating emotional change: The moment-by-moment process*. New York: Guilford. 岩壁茂（訳）『感情に働きかける面接技法：心理療法の統合的アプローチ』2006年，誠信書房.

Greenberg, L. S., & Safran, J. D. (1987). *Emotion in psychotherapy*. New York: Guilford.

Guntrip, H. (1961). *Personality structure and human interaction*. London: Hogarth Press.

Guntrip, H. (1969). *Schizoid phenomena, object relations and the self*. New York: International Universities Press.

Gustafson, J. D. (1986). *The complex secret of brief psychotherapy*. New York: W. W. Norton.

Guterson, D. (1995). *Snow falling on cedars*. New York: Vintage.

Hanson, N. R. (1958). *Patterns of discovery*. Cambridge: Cambridge University Press.

Harris, A. (1996). False memory? False memory syndrome? The so-called false— memory syndrome? *Psychoanalytic Dialogues, 6*, 155-187.

Hart,J. (1991). Damage. New York: Columbine Fawcett.

Heatwole, H. (1988). *Guide to Shenandoah National Park and Skyline Drive*. Shenandoah Natural History Association, Bulletin no. 9, Luray,VA.

Herman, J. L. (1982). *Trauma and recovery*. New York: Basic Books. 中井久夫（訳）『心的外傷と回復』1996年，みすず書房.

Hesse, E. (1999). The adult attachment interview: Historical and current perspectives. In J. Cassidy & P.R. Shaver (Eds.), *Handbook of attachment: Theory, research and clinical applications* (pp.395-433). New York: Guilford.

Høeg, P.(1993). *Smilla's sense of snow*. (T. Nunnally, Trans.). New York: Dell.

Izard, C. E. (1977). *Human emotions*. New York: Plenum.

Izard, C. E. (1990). Facial expressions and the regulation of emotion. *Journal of Personality and Social Psychology, 58*, 487-498.

Jacobson, J. G. (1994). Signal affects and our psychoanalytic confusion of tongues. *Journal of the American Psychoanalytic Association, 42*, 15-42.

James, W (1902/1985). *The varieties of religious experience: A study in human nature*. Penguin Books. 桝田啓三郎（訳）『宗教的経験の諸相』（上・下）1969・1970年，岩波書店.

Joffe, W. G., & Sandler, J. (1965). Pain, depression and individuation. *Psychoanalytic Study of the Child, 20*, 394-424.

Jordan, J. V. (1991). Empathy and self boundaries. In J.V. Jordan, A. G. Kaplan, J. B. Miller, I. P.Stiver, & J. L. Surrey (Eds.), *Women's growth in connection: Writings from the Stone Center*. New York: Guilford.

Kelly, V C. (1996). Affect and the redefinition of intimacy. In D. L. Nathanson (Ed.), *Knowing feeling: Affect, script and psychotherapy* (pp.55-104). New York: W. W. Norton.

Kentgen, L., Allen, R., Kose, G., & Fong, R. (1998). The effects of rerepresentation on future performance. *British Journal of Developmental Psychology, 16*, 505-517.

Kiersky, S., & Beebe, B. (1994). The reconstruction of early nonverbal relatedness in the treatment of difficult patients: A special form of empathy. *Psychoanalytic Dialogues, 4*(3), 389-408.

Kihlstrom, J. (1987). The cognitive unconscious. *Science, 237*, 1445-1452.

Kissen, M. (1995). *Affect, object, and character structure.* New York: International Universities Press.

Klinnert, M. D., Campos, J. J., Sorce, J. F., Emde, R. N., & Svejda, M. (1983). Emotions as behavior regulators: Social referencing in infancy. In R. Plutchik & H. Kellerman (Eds.), *Emotion: Theory, research and experience: Vol. 2.* New York: Academic Press.

Kohut, H. (1977). *The restoration ofthe self.* New York: International Universities Press. 本城秀次・笠原嘉(監訳)『自己の修復』1995年, みすず書房.

Kohut, H. (1984). *How does psychoanalysis cure?* Chicago: University of Chicago Press. 本城秀次・笠原嘉(監訳)『自己の治癒』1995年, みすず書房.

Kuhn, T. (1970). T*he structure of scientific revolutions* (Rev. ed.). Chicago: University of Chicago Press. 中山茂(訳)『科学革命の構造』1971年, みすず書房.

Lachmann, FM., & Beebe, B. (1992). Reformulations of early development and transference: Implications for psychic structure formation. In J. W Barron, M. N. Eagle, & D. Wolitzy (Eds.), I*nterface of psychoanalysis and psychology* (pp.133-153). Washington, DC: American Psychological Association.

Lachmann, FM., & Beebe, B. (1996). Three principles of salience in the organization of the patient-analyst interaction. *Psychoanalytic Psychology, 13*, 1-22.

Lachmann, FM., & Lichtenberg, J. (1992). Model scenes: Implications for psychoanalytic treatment. *Journal of the American Psychoanalytic Association, 40*, 117-137.

Laikin, M. (1999). Personal communication.

Laikin, M., Winston, A., & McCullough, L. (1991). Intensive short-term dynamic psychotherapy. In P.Crits-Christoph & J. P.Barber (Eds.), *Handbook of short-term dynamic psychotherapy* (pp.80-109). New York: Basic Books.

Lamb, M. E. (1987). Predictive implications of individual differences in attachment. *Journal of Consulting and Clinical Psychology, 55*, 817-824.

Lazarus, R. S. (1991). *Emotion and adaptation.* New York: Oxford University Press.

LeDoux, J. (1996). *The emotional brain: The mysterious underpinnings of emotional life.* New York: Simon & Schuster. 松本元・小幡邦彦・湯浅茂樹・川村光毅・石塚典生(訳)『エモーショナル・ブレイン:情動の脳科学』2003年, 東京大学出版会.

Levine, L.V, Tuber, S. B., Slade, A., & Ward, M.J. (1991). Mother's mental representations and their relationship to mother-infant attachment. *Bulletin of the Menninger Clinic, 55*, 454-469.

Lindemann, E. (1944). Symptomatology and management of acute grief. *American Journal of Psychiatry, 101*, 141-148.

Lindon, J. (1994). Gratification and provision in psychoanalysis. *Psychoanalytic Dialogues, 4*, 549-582.

Little, M. (1951). Countertransference and the patient's response to it. *International Journal of Psychoanalysis, 32*, 32-40.

Little, M. (1990). *Psychotic anxieties and containment*. Northvale, NJ: Jason Aronson.

Lubin-Fosha, M. S. (1991). Personal communication. 神田橋條治 (訳) 『ウィニコットとの精神分析の記録：精神病水準の不安と庇護 (新装版)』2009年, 岩崎学術出版社.

Luborsky, L. & Mark, D. (1991). Short-term supportive-expressive psychoanalytic psychotherapy. In P.Crits-Christoph & J.P.Barber (Eds.), *Handbook of short-term dynamic psychotherapy* (pp.110-136). New York: Basic Books.

Lyons-Ruth, K., & Jacobvitz, D. (1999). Attachment disorganization: Unresolved loss, relational violence, and lapses in behavioral and attentional strategies. In J. Cassidy & P.R. Shaver (Eds.), *Handbook of attachment: Theory, research and clinical applications* (pp.520-554). New York: Guilford.

Magnavita, J. J. (1993). The evolution of short-term dynamic psychotherapy: Treatment of the future? *Professional Psychology: Research and Practice, 24*, 360-365.

Magnavita, J. J. (1997). *Restructuring personality disorders: A short-term dynamic approach*. New York: Guilford.

Magnavita, J. J. (1999). *Relational therapy for personality disorders*. New York: Wiley.

Mahler, M. S., Pine, E, & Bergman, A. (1975). *The psychological birth of the human infant*. New York: Basic Books. 高橋雅士・織田正美・浜畑紀 (訳) 『乳幼児の心理的誕生：母子共生と個体化』1981年, 黎明書房.

Mahrer, A. R. (1996). T*he complete guide to experiential psychotherapy*. New York: Wiley.

Mahrer, A. R. (1999). How can impressive in-session changes become impressive postsession changes? In L. S. Greenberg, J. C. Watson, & G. Lietaer (Eds.), *Handbook of experiential psychotherapy* (pp.201-223). New York: Guilford.

Main, M. (1995). Recent studies in attachment: Overview with selected implications for clinical work. In S. Goldberg, R. Muir, & J. Kerr (Eds.), *Attachment theory: Social, developmental and clinical perspectives* (pp.407 -4 72). Hillsdale, NJ: Analytic Press.

Main, M. (1999). Epilogue. Attachment theory: Eighteen points with suggestions for future studies. In J. Cassidy & P.R. Shaver (Eds.), *Handbook of attachment: Theory, research and clinical applications* (pp.845-888). New York: Guilford.

Main, M., & Goldwyn, R. (1990). Adult attachment rating and classification system. In M. Main (Ed.), *A typology of human attachment organization assessed in discourse, drawings and interviews*. New York: Cambridge University Press.

Main, M., & Hesse, E. (1990). The insecure disorganized/ disoriented attachment pattern in infancy: Precursors and sequelae. In M. T. Greenberg, D. Cichetti, & E.M. Cummings (Eds.), *Attachment in the preschool years: Theory, research and intervention* (pp.161-182). Chicago: University of Chicago Press.

Malan, D. H. (1963). *A study of brief psychotherapy*. New York: Plenum Press.

Malan, D. H. (1976). *The frontier of brief psychotherapy*. New York: Plenum Press.

Malan, D. H. (1979). *Individual psychotherapy and the science of psychodynamics*. London: Butterworth. 鈴木龍 (訳) 『心理療法の臨床と科学』1992年, 誠信書房.

Malan, D. H. (1980). The most important development in psychotherapy since the discovery of the unconscious. In H. Davanloo (Ed.), *Short-term dynamic psychotherapy* (pp.13-23). New York: Jason Aronson.

Malan, D. H. (1986). Beyond interpretation: Initial evaluation and technique in short-term dynamic psychotherapy. Parts I & II. *International Journal of Short-Term*

Psychotherapy, 1(2), 59-106.

Malan, D. M., & Osimo, F (1992). *Psychodynamics, training, and outcome in brief psychotherapy.* London: Butterworth-Heinemann.

Mann, J. (1973). *Time-limited psychotherapy.* Cambridge, MA: Harvard University Press.

Mann, J., & Goldman, R. (1982). *A casebook in time-limited psychotherapy.* New York: McGraw-Hill.

Marke, J. (1993). Cognitive and affective aspects of dissociative experiences: Implications for the STDP of early trauma. Paper presented at the conference on short-term dynamic therapy: Healing the wounds of childhood. The Graduate Center of the City University of New York, NY.

Marke, J. (1995). *A manual of short-term dynamic psychotherapy.* Manuscript.

McCullough, L. (1991). Intensive short-term dynamic psychotherapy: Change mechanisms from a cross-theoretical perspective. In R. Curtis and G. Stricker (Eds.), *How people change: Inside and outside of therapy.* New York: Plenum Press.

McCullough., L., Winston, A., Farber, B., Porter, E, Pollack,]., Laikin, M., Vingiano, W., & Trujillo, M. (1991). The relationship of patient-therapist interaction to outcome in brief psychotherapy. *Psychotherapy, 28,* 525-533.

McCullough. Vaillant, L. (1997). *Changing character: Short-term anxiety-regulating psychotherapy for restructuring defenses, effects, and attachment.* New York: Basic Books.

McGuire, K. N. (1991). Affect in focusing and experiential psychotherapy. In J. D. Safran & L. S. Greenberg (Eds.), *Emotion, psychotherapy & change* (pp.227-254). New York: Guilford.

Menninger, K. (1958). *Theory of psychoanalytic technique.* New York: Basic Books. 小此木啓吾・岩崎徹也（訳）『精神分析技法論』1969年, 岩崎学術出版社.

Messer, S. B., & Warren, C. S. (1995). *Models of brief dynamic psychotherapy: A comparative approach.* New York: Guilford.

Miller, A. (1981). *Prisoners of childhood: The drama of the gifted child and the search for the true self.* R. Ward (Trans.). New York: Basic Books. 山下公子（訳）『才能ある子のドラマ：真の自己を求めて（新版)』1996年, 新曜社.

Mitchell, S. A. (1988). *Relational concepts in psychoanalysis: An integration.* Cambridge, MA: Harvard University Press.

Mitchell, S. A. (1993). *Hope and dread in psychoanalysis.* New York: Basic Books.

Molnos, A. (1986). The process of short-term dynamic psychotherapy and the four triangles. *International Journal of Short-Term Psychotherapy, 1,* 112-125.

Nathanson, D. L. (1992). *Shame and pride:Ajfect, sex and the birth of the self.* New York: W. W. Norton.

Nathanson, D. L. (1996). About emotion. In D. L. Nathanson (Ed.), *Knowing feeling: Affect, script and psychotherapy* (pp.1-21). New York: W. W. Norton.

Okin, R. (1986). Interpretation in short-term dynamic psychotherapy. *International Journal of Short-Term Psychotherapy, 1,* 271-280 ..

Orlinsky, D. E., Grawe, K., & Parks, B. K. (1994). Process and outcome in psychotherapy-*Noch einmal.* In A. E. Bergin & S. L. Garfield (Eds.), *Handbook of psychotherapy and behavior change* (4th ed., pp.270-378). New York: Wiley.

Osiason, J. (1995). Accelerated empathic therapy: A model of short-term dynamic psychotherapy. Paper presented at the symposium on short-term models of psychotherapy. The IV Congress of Psychology, Athens, Greece.

Osiason, J. (1997). Personal communication.

Pao, P.N. (1979). *Schizophrenic disorders: Theory and treatment from a psycho dynamic point of view.* New York: International Universities Press.

Perls, ES. (1969). *Gestalt therapy verbatim.* Lafayette, CA: Real People Press. 倉戸ヨシヤ（訳）『ゲシュタルト療法バーベイティム』2009年，ナカニシヤ出版

Person, E. S. (1988). *Dreams of love and fateful encounters: The power of romantic passion.* New York: W.W. Norton.

Phillips, A. (1997). Making it new enough: Commentary on paper by Neil Altman. *Psychoanalytic Dialogues, 7,* 7 41-752.

Preston Girard,]. (1994). *The late man.* New York: Signet/ Onyx Books.

Racker, H. (1968). *Transference and counter-transference.* London: The Hogarth Press. 坂口信貴（訳）『転移と逆転』1982年，岩崎学術出版社.

Radke-Yarrow, M., Zahn-Waxler, C., & Chapman, M. (1983). Children's prosocial dispositions and behaviour. In P.M. Mussen (Ed.), *Handbook of child psychology: Vol. 4* (4th ed.), E. M. Hetherington (Ed.). New York: Wiley.

Reich, W. (1954). *Character analysis* (3d ed.).V. R. Carfagno (Trans.). Reprint. New York: Farrar, Straus & Giroux, 1972. 小此木啓吾（訳）『性格分析：その技法と理論』1966年，岩崎学術出版社.

Rice, L. N., & Greenberg, L. S. (1991). Two affective change events in client centered therapy. In J. D. Safran & L. S. Greenberg (Eds.), *Emotion, psychotherapy & change.* New York: Guilford.

Rogers, C.R. (1957). The necessary and sufficient conditions of therapeutic personality change. *Journal of Consulting Psychology, 21,* 95-103. 伊東博・村山正治（監訳）「セラピーによるパーソナリティ変化の必要にして十分な条件」『ロジャーズ選集（上）：カウンセラーなら一度は読んでおきたい厳選33論文』2001年，誠信書房.

Rogers, C.R. (1961). *On becoming a person.* Boston: Houghton Mifflin. 諸富祥彦・保坂亨・末武康弘（訳）『ロジャーズが語る自己実現の道』2005年，岩崎学術出版社.

Safran, J. D., & Greenberg, L. S. (Eds.). (1991). *Emotion, psychotherapy & change.* New York: Guilford.

Safran, J. D. & Muran, J. C. (1996). The resolution of ruptures in the therapeutic alliance. *Journal of Consulting and Clinical Psychology, 64,* 447-458.

Safran, J. D., Muran, J. C. & Samstag, L. (1994). Resolving therapeutic alliance ruptures: a task analytic investigation. In A. O. Horvath & L. S. Greenberg (Eds.), *The working alliance: Theory, research, and practice* (pp.225-255). New York: Wiley.

Safran, J. D., & Segal, Z.V. (1990). *Interpersonal process in cognitive therapy.* New York: Basic Books.

Sandler, J. (1960). The background of safety. *International Journal of Psychoanalysis, 1,* 352-356.

Sandler, J., & Joffe, W. G. (1965). Notes on childhood depression. *International Journal of Psychoanalysis, 46,* 88-96.

Schore, A. N. (1994). *Affect regulation and the origin of the self The neurobiology of emotional development.* Hillsdale, NJ: Lawrence Erlbaum.

Searles, H. (1958/1965). Positive feelings in the relationship between the schizophrenic and his mother. *Collected papers in schizophrenia and related subjects.* New York: International Universities Press.

Searles, H. F. (1979). *Countertransference and related papers.* New York: International Universities Press. 松本雅彦（訳）『逆転移1』（分裂病精神療法論集）1991年，みすず書房．田原明夫（訳）『逆転移2』（分裂病精神療法論集）1995年，みすず書房．横山博（訳）『逆転移3』（分裂病精神療法論集）1996年，みすず書房．

Seligman, S. (1998). Child psychoanalysis, adult psychoanalysis, and developmental psychology: An introduction. *Psychoanalytic Dialogues, 8,* 79-86.

Shane, M. S., Shane, E., & Gales, M. (1997). *Intimate attachments: Toward a new self psychology.* New York: Guilford.

Sifneos, P.E. (1987). *Short-term dynamic psychotherapy: Evaluation and technique* (2d ed.). New York: Plenum Press.

Sklar, I. (1992). Issues of loss and accelerated empathic therapy. Paper presented at the conference on brief therapy approaches: The sequelae of trauma. STDP Institute, Denville, NJ.

Sklar, I. (1993). The use of eye contact in AET: Working with separation and loss. Grand Rounds, Saint Clare's Medical Center, Denville, NJ.

Sklar, I. (1994). The corrective emotional experience in AET. Paper presented at Paper presented at the conference on empathic interactions on STDP.The Graduate Center of the City University of New York, NY.

Slavin, M. O., & Kriegman, D. (1998). Why the analyst needs to change: Toward a theory of conflict, negotiation, and mutual influence in the therapeutic process. *Psychoanalytic Dialogues, 8*(2), 247-284.

Slochower, J. (1999). Interior experience within analytic process. *Psychoanalytic Dialogues, 9,* 789-809.

Spezzano, C. (1993). Affect in psychoanalysis: A clinical synthesis. Hillsdale, NJ: Analytic Press.

Sroufe, L. A. (1995). *Emotional development: The organization of emotional life in the early years.* Cambridge: Cambridge University Press.

Steele, H., Steele, M., & Fonagy, P.(1996). Associations among attachment classifications of mothers, fathers and their infants: Evidence for a relationship-specific perspective. *Child Development, 67,* 541-555.

Stein, R. (1999). From holding receptacle to interior space-the protection and facilitation of subjectivity: Commentary on paper by Joyce Slochower. *Psychoanalytic Dialogues, 9,* 811-823.

Stern, D. N. (1985). *The interpersonal world of the infant: A view from psychoanalysis and developmental psychology.* New York: Basic Books. 小此木啓吾・丸田俊彦（監訳）『乳児の対人世界：理論編』1989年，岩崎学術出版社．

Stern, D. N. (1994). One way to build a clinically relevant baby. *Infant Mental Health Journal, 15,* 9-25. 小此木啓吾・丸田俊彦（監訳）『乳児の対人世界：臨床編』1991年，岩崎学術出版社

Stern, D. N. (1998). The process of therapeutic change involving implicit knowledge: Some implications of developmental observations for adult psychotherapy. *Infant Mental Health journal, 19*(3), 300-308.

Stern, D. N., Sander, L. W, Nahum, J. P, Harrison, A. M., Lyons-Ruth, K., Morgan, A. C., Bruschweiler-Stern, N., & Tronick, E. Z. (1998). Non-interpretive mechanisms in psychoanalytic psychotherapy: The "something more" than interpretation. *International Journal of Psychoanalysis, 79,* 903-921.

Strupp, H. H., & Binder, J. L. (1984). *Psychotherapy in a new key: A guide to time-limited dynamic psychotherapy.* New York: Basic Books.

Sullivan, H. S. (1953). *The interpersonal theory of psychiatry.* New York: W. W. Norton. 中井久夫・宮崎隆吉・高木敬三・鑪幹八郎（訳）『精神医学は対人関係論である』1990年，みすず書房.

Sullivan, H. S. (1956). *Clinical studies in psychiatry.* New York: W. W. Norton. 中井久夫・山口直彦・松川周二（訳）『精神医学の臨床研究』1983年，みすず書房.

Suttie, I. D. (1935/1988). *The origins of love and hate.* London: Free Association Books.

Terr, L. (1990). *Too scared cry.* New York: Basic Books.

Tomkins, S. S. (1962). *Affect, imagery, and consciousness: Vol 1. The positive affects.* New York: Springer.

Tomkins, S. S. (1963). *Affect, imagery, and consciousness: Vol 2. The positive affects.* New York: Springer.

Tomkins, S. S. (1970). Affect as amplification: Some modifications in a therapy. In R. Plutchik & H. Kellerman(Eds.), *Emotions: Therapy, research and experience* (pp.141-164). New York: Academic Press.

Tronick, E. Z. (1989). Emotions and emotional communication in infants. *American Psychologist, 44* (2), 112 -119.

Tronick, E. Z. (1998). Dyadically expanded states of consciousness and the process of therapeutic change. *Infant Mental Health Journal, 19*(3), 29 0-299.

Tronick, E. Z., Als, H., Adamson, L., Wise, S., & Brazelton, T. B. (1978). The infant's response to entrapment between contradictory messages in face-to-face interaction. *Journal of Child Psychiatry, 17,* 1- 13.

Truax, C. B., & Carkhuff, R. R. (1967). *Toward effective counseling and psychotherapy: Training and practice.* Chicago: Aldine.

Urban, J., Carlson, E., Egeland, B., & Sroufe, L. A. (1991). Patterns of individual adaptation across childhood. *Development and Psychopathology, 3,* 4 45-560.

Vaillant, G. (1993). *Wisdom of the ego.* Cambridge, MA: Harvard University Press.

van den Boom, D. (1990). Preventive intervention and the quality of mother-infant interaction and infant exploration in irritable infants. In W Koops (Ed.), *Developmental psychology behind the dykes* (pp.249-270). Amsterdam: Eburon.

Volkan, V (1981). *Linking objects and linking phenomena: A study of the forms, symptoms, metapsychology and therapy of complicated mourning.* New York: International Universities Press.

Vygotsky, L. S. (1935/1978). *Mind and society: The development of higher psychological processes.* M. Cole, V. John-Steiner, S. Scribner, & E. Souberman (Eds.).Cambridge, MA: Harvard University Press.

Wachtel, P.L. (1993). *Therapeutic communication: Principles and practice.* New York: Guilford. 杉原保史（訳）『心理療法家の言葉と技術：治療的なコミュニケーションをひらく』2004年，金剛出版.

Wachtel, P.L. (1999). Personal communication.

Websters' new collegiate dictionary. (1961). Springfield, MA: G. C. Merriam.

Weiss, J. (1952). Crying at the happy ending. *Psychoanalytic Review 39*(4), 338.

Weiss, J., Sampson, H., & The Mount Zion Psychotherapy Research Group (1986). *The psychoanalystic process: Therapy, clinical observations & empirical redearch.* New

York: Guilford.

White, E. B. (1952). *Charlotte's web*. New York: Harper & Row. さくまゆみこ（訳）『シャーロットのおくりもの』2001年, あすなろ書房.

White, R. W. (1959). Motivation reconsidered: The concept of competence. *Psychological Review, 66*, 297-333.

White, R. W. (1960). Competence and the psychosexual stages of development. In M. R. Jones (Ed.), *Nebraska symposium on motivation* (pp.97-141). Lincoln: University of Nebraska Press.

Winnicott, D. W. (1947/1975) Hate in the countertransference. *In Through paediatrics to psycho-analysis* (pp.194-203). New York: Basic Books. 北山修（監訳）「逆転移のなかの憎しみ」『小児医学から精神分析へ：ウィニコット臨床論文集』2005年, 岩崎学術出版社.

Winnicott, D. W. (1949/1975). Mind and its relation to the psyche-soma. In *Through paediatrics to psycho-analysis* (pp.243-254). New York: Basic Books. 北山修（監訳）「心とその精神—身体との関係」『小児医学から精神分析へ：ウィニコット臨床論文集』2005年, 岩崎学術出版社.

Winnicott, D. W. (1960/1965). Ego distortion in terms of true and false self. In *The maturational process and the facilitating environment* (pp.140-152). New York: International Universities Press. 牛島定信（訳）（1977).「本当の, および偽りの自己という観点からみた自我の歪曲」『情緒発達の精神分析理論』1977年, 岩崎学術出版社.

Winnicott, D. W. (1962/1965). Ego integration in child development. In *The maturational process and the facilitating environment* (pp.56-63). New York: International Universities Press. 牛島定信（訳）「子どもの情緒発達における自我の統合」『情緒発達の精神分析理論』1977年, 岩崎学術出版社.

Winnicott, D. W. (1963a/1965). Communicating and not communicating leading to a study of certain opposites. In *The maturational process and the facilitating environment* (pp.179-192). New York: International Universities Press. 牛島定信（訳）「交流することと交流しないこと」『情緒発達の精神分析理論』1977年, 岩崎学術出版社.

Winnicott, D. W. (1963b/1965). The development of the capacity for concern. In *The maturational process and the facilitating environment* (pp.73-82). New York: International Universities Press. 牛島定信（訳）「思遣りをもつ能力の発達」『情緒発達の精神分析理論』1977年, 岩崎学術出版社.

Winnicott, D. W. (1963c/1965). From dependence towards independence in the development of the individual. In *The maturational process and the facilitating environment* (pp.83-92). New York: International Universities Press. 牛島定信（訳）「個人の情緒発達にみられる依存から独立への過程」『情緒発達の精神分析理論』1977年, 岩崎学術出版社.

Winnicott, D. W. (1965). *The maturational process and the facilitating environment*. New York: International Universities Press. 牛島定信（訳）『情緒発達の精神分析理論』1977年, 岩崎学術出版社.

Winnicott, D. W. (1972). The basis for self in body. *International Journal of Child Psychotherapy, 1*, 7-16.

Winnicott, D. W. (1974). *Playing and reality*. London: Pelican. 橋本雅雄・大矢泰士（訳）『遊ぶことと現実（改訳）』2015年, 岩崎学術出版社

Winnicott, D. W. (1975). *Through paediatrics to psycho-analysis*. New York: Basic Books. 北山修（監訳）『小児医学から精神分析へ：ウィニコット臨床論文集』2005年, 岩崎

学術出版社.

Winston, A., Laikin, M., Pollack, J., et al. (1994). Short-term psychotherapy of personality disorders. *American Journal of Psychiatry, 151*, 190-194.

Yeats, W B. (1921/1956). The second coming. *In The collected poems of W. B. Yeats* (pp.184-185). New York: Macmillan. 高松雄一（編）『再臨．対訳イェイツ詩集』2009年，岩波文庫.

Zahn-Waxler, C., & Radke-Yarrow, M. (1982). The development of altruism: Alternative research strategies. In N. Eisenberg (Ed.), *The development of prosocial bevavior.* New York: Academic Press.

Zajonc, R. B. (1985). Emotion and facial efference: 4-theory reclaimed. *Science, 228*, 15-22.

索引

あ

愛 88,165,177,180,196,197,198
ISTDP
371,374,375,376,377,382,386,387
愛．肯定，よい気分の恐ろしさ 15
アイコンタクト 77,361
アイコンタクトの回避 245,371
アイコンタクトを保つよう努力
288
哀愁 166
愛情 88,162,186,199,202,260,266,268,
315
愛情が有害 167
愛情の喪失 189
愛情や称賛の剥奪 204
愛情豊か 74
愛すべき他者 181
愛着 31,48,56,61,68,100,105
愛着関係 17,19,53
愛着関係の形成 47
愛着軽視型 266
愛着現象 16,50,59,60
愛着行動システム 48
愛着システム 34,49,71
愛着状態 67
愛着体験 58,60
愛着体験の調整 61
愛着対象 303,321
愛着対象に対する裏切り 286
愛着対象との絆 287
愛着対象を失う 286
愛着と探索 49
愛着の安定 61,64
愛着の安定した子ども 80
愛着の主な機能 127
愛着の絆 18,90,94,266
愛着の絆の統合性 99
愛着の絆を維持 284
愛着の生物―心理―社会的システム
73

愛着の対象人物 17,53,59
愛着の内的作業モデル 89
愛着パターン 53,54,66
愛着理論 16,47,48,50
愛着理論の研究者 383
アイデンティティ 98,169,301
アイデンティティ喪失 286
アイデンティティの土台に別れ
287
愛の喪失・拒絶 89
曖昧さ 135,316
曖昧さからの脱却 215
愛や感謝や感動の関係性体験 20
青信号感情 135,139,295
青信号感情体験 296
青信号感情との作業 247
赤信号感情 133,134,138,139,162,178,
183,274,292
赤信号感情全般 294
赤信号感情との作業 247
赤信号感情への対処 289
赤信号機能 282
赤信号感情の影響 245
悪 294
悪夢 312,315
アセスメント 367
温かさ 255
新しい 303
新しい期待 68
新しい自意識拡大の手段 295
新しい自己 156
新しい自己と新しい他者 156
新しい主題 68
新しい体験 17,69
新しい体験の機会 68
新しい他者へと変容する途上の他者
156
圧倒的な喜び 201
圧力 373
アドバイス 256

アドレナリン 162
溢れる愛情 202
アプローチ特定要因 255
アメイジング・グレイス 197,199
過ち 246
過ちや弱さ 264
過ちを探索 264
新たな感情的解決 324
新たな自己認識 258
新たな自伝的語り 247
新たな自伝的物語 307
新たな受容 192
「新たな」パターン 303
新たなパターン 247
新たな物語の生成 308
アルバート 380
アレクサンダー 359
暗示 361
安心 17,61,188,212,301
安心感 48,51,59,81,135,249,264,355
安心感の起源 53
安心と虚無感 300
安心の感覚 82
安心を体験する決定的因子 71
安全 17,52,65,88,102,286
安全基地 51,63,82,105
安全ではない状況 158
安全と感情 50
安全な環境 100
安全な状況 158
安全の感覚 54
unthought known 319
安定した愛着 55,56,61,63,65,66,74,
75,76,139,353
安定した愛着の基盤 172
安定した愛着の体験的因子 49
安定した愛着の土台 174
安定した愛着の内的作業モデル 65
安定した愛着のパターン 56
安定―自律型 66

安定―自律型の養育者 66
安堵 134
安堵感 268,273,320,325,355
安堵感を与える 265
安堵の涙 349
安堵や満足の感覚 161
アンビバレンス 248

い

威圧的な父親 257
イーグル 58,60,69
怒り 28,130,138,160,162,163,175,180,
237,268,303,306,315,330,341
怒りの感情 96,181,259,304
怒りの感情への対処 227
怒りの衝動的な表出 182
怒りを表明 307
生き生きした感情 300
育児行動 49
畏敬の念 255
意見の比較 273
移行空間 34,87,362
居心地のよさ 274
意志 74
意識化 367
意識が分裂 57
意識的 365
異質性や分離性 145
いじめ 201
萎縮 183
依存 266
依存的傾向 256
痛みのコア感情 233
痛みや悲しみ 261
一次過程 361
一次感情 161
一次感情体験 344
一次感情の解放 189
一次的抑うつ反応 97,133,135
一貫した誠実さ 74
一貫性のある自己感の回復 100
一貫性のある自伝的な物語 309
一貫性のある体験 187
一緒に声を出すこと 172
逸脱 267
一致 76,77
一致しそこない 76

一致体験 78
一般化 70
一般的な不安症状 225
偽りのない態度 243
意図 58
今起こっている関係性体験 252
今，ここ 71
今，ここで 359
今この瞬間と過去との関連性 225
未だ探索されていない感情 312
今だ，という瞬間 151
意味 26,247
意味づけ 332
意味の構築 187
意味の創出 308
意味の特定と理解 292
意味を見つけ理解する 291
イメージ 329
癒やしと成長のプロセス 258
癒やしの体験 265
癒やしの種 193
癒やしの変容 356
意欲の高まり 263
いらだち 175,315,322
陰性転移 252

う

we 383
ウィニコット 8,42,73,74,161,177,356
ウィリアム・ジェームズ 159,198
ウィリアム・ブレイク 158,185
ウェブスター辞典 360
ウェルビーイング 17,49,60,70,146,164,
171
ウェルビーイング感 135
ウェルビーイングの感覚 102
ウォーレン 359
ウォルフ・マン 366
受入れ活用 280
歌 245
美しい景色 245
うつ症状 343
うぬぼれ 294
上向きの視線 164,200
運動的 320
運動動作 327

え

永遠の墜落 177
映画 245
AET 377,381,383,386,387
AEDP（加速化体験力動療法） 16,50,
54,61,63,69,70,81,82,84,85,94,103,104,
106,154,156,170,172,176,178,179,213,
243,244,245,252,255,259,268,274,281,
283,289,319,363,385,386
AEDP の技法 123
AEDP のセラピスト 83,284
AEDP の方略 245
expressive display 77
STDP 15,283,359,360,361,362
エズリエル 123
エディプスコンプレックス 204
エネルギーの源 159
エムデ 69,160
e-motion 38
援助の意志 52
エンパワーメント 163

お

応答 81,88
応答性 19,50,53,64,70,76,78,80
応答性のある愛着の対象 59
応答性の研究エビデンス 69
応答性の低い養育者 53
オースター 177
オープンさ 267,295
オープンな人間関係 281
臆病 166
起こりつつある中の二者現象 171
オシアソン 10
オズの魔法使い 287
畏れ 78
恐れ 16,28,97,133,137,138,160,162,
166
恐れを感じることへの恐れ 134
穏やかさ 60
穏やかな感覚 181
オデュッセイア 190
驚き 198
思いやり 74,175,251,255,294,378
親子の絆 31
親の死 193
親の自己調整の欲求 95

親の責任放棄 67
親の高い内省機能 68
親の独善性 266
親の不全 89
親を理想化 191
恩恵や喜び 266

か
外化 100
外在化 38,304
開示 210
解釈 281,296,367,375
解釈の技法 369
解釈の限界 369
外傷への適応的反応 99
介入 244,330
介入の再構築 20
介入方略 245,281
回避 94,311
回避型 57
回避型の愛着 138
回避型の子ども 138
回避感情 133,134,135,138,139
回避状態 289
回避的 66
回避的感情 344
回避的な愛着スタイル 114
回避的な関係スタイル 106
回避的なスタイル 108
回避的な防衛 340
回避的な防衛の排除 341
回復 81
解放 192
開放性 355
解離 96,100,248,277,330
解離障害 124
解離状態 67
顔の表情 77
加害者との同一化 241
関わり 65
関わりながら，感じ，対処する 56,66,127
関わりの感覚 172
学習 64,308
確信 53
革新的な技法 371
確信のある状態 184

過去 367,368
カサノヴァ 200
過小評価 257
加速化共感療法 359,363,377
加速化体験力動療法 359,383
加速化体験力動療法（AEDP） 9,14,16,32
カタルシス 117
勝ち誇った感情 327
活性化機能 162
活性化し強化する 69
葛藤 367
活動 317,363
葛藤／自己─他者の三角形のスキーマ 371
葛藤の三角形 19,123,124,129,130,141,142,161,213,214,225,233,236,272,282,283,308,321,344,363,364,367,368
葛藤の三角形の底 162
活動の解釈 369
活発さ 281
渇望 180,192
活力 29,50,186
活力溢れる感情 352
活力の体験 26
カテゴリー感情 20,27,28,30,32,146,160,161,166,169,175,180,186,190,191,197
過渡的役割 83
悲しみ 28,160,166,241,259,315,319,328
悲しみの涙 282
神との関係 106
体の動き 269
体の動きやその欠如 371
彼らの間の相互協調 80
感覚 182
感覚的 320
感覚と感情を促進する他者 133
環境条件の不変性 70
環境的な支持の欠如 231
環境の感情促進 18
環境の不全 55,87
環境を読み取る能力 175
感極まる気持ち 186
関係的介入を通じた防衛への対処 286
関係回避的な防衛 19

関係技法 378
関係修復 285
関係性 17,18,61,80
関係性行動傾向 164
関係的的感情 81
関係的的感情現象 20
関係性的感情体験 27,28,160
関係性的親しさ 267
関係性的体験 44,123,146,160,171,314
関係性的体験にともなうポジティブ・ネガティブな側面のトラッキング 247
関係性の安全 51
関係性の恩恵 203
関係性の課題 172
関係性の感情 84
関係性の共鳴 113
関係性の条件 52
関係性の積極的な焦点づけ 368
関係性の接触に関わる防衛 100
関係性の相互作用のトラッキング 277
関係性の体験 103
関係性の体験に対する防衛を克服 105
関係性の途絶 73
関係性の内的作業モデル 53
関係性のニーズ 170
関係性の破綻への対処を 89
関係性のブレイクスルー 111
関係性のプロセス 174
関係性の防衛 108,262
関係性の防衛を克服 110
関係性のメタ治療的プロセスの開始 209
関係性の欲求 88,170
関係性の喪失 54
関係性方略 20
関係性マトリクス 19,124
関係的 17,19,124,245,281
関係的─感情的な本質 158
関係的体験の促進 252
関係的な 293
関係的な感情トラッキング 324
関係的な支援 17
関係的な支持的環境 34

関係的パターンを比較する 247,302
関係的方略 249
関係における心的距離の近さ 118
関係の作業 237
関係の親密性 110
関係の疎遠化 244
関係の調整の指針 53
関係のつながり 92
関係の中での極端な遠慮 356
関係の破綻 92
関係の破綻と修復 92
関係パターンを形成した過去の関係 152
関係論的な感情体験の現象学 382
完結性 198
頑固な防衛 139
感じ，そして動揺するが対処しない 139
感じて対処する 135
感じないし，対処しない 67
感謝 163,196,197,198,202,205,211, 260,268
癇癪 339
感謝や愛情 204
間主観性 88,172
感受性 255
感受性と有効性 64
感情 17,25,26,27,28,29,35,38,40,47,49, 59,72,75,76,82,83,92,94,95,145,202,248, 282,312,314,315,316,317,326,330
感情があふれる 163
感情が高まる瞬間 89
感情が最も高まるその瞬間 147
感情喚起的作業 247
感情喚起的ネーミング 284
感情環境 87
感情―関係状態 158
感情―関係性体験 65
感情管理能力を活用 83
感情協調状態 78
感情恐怖症 134
感情共有 172,173,244
感情現象 146
感情コミュニケーション・システム 75
感情孤立 339
感情コンピタンス 163
感情志向の心理療法 172

感情システムの補助装置 134
感情状態 80,145,146
感情状態の相似 172
感情情報処理 17
感情処理 26
感情処理能力 19
感情処理の困難 26
感情性 57
感情生活 16
感情生活のトーン 76
感情制御 98
感情性と弱さの関連性 294
感情世界 317
感情促進の環境 384
感情促進な環境 321
感情促進な関係性 202
感情促進な関係の三角形 154
感情体験 17,25,26,27,53,73,76,85,89, 92,95,96,103,105,123,214,315,316,327, 365
感情体験後のブレイクスルー 323
感情体験に名前をつけ，肯定する 248,315
感情体験の肯定 294
感情体験の瞬時ごとの構造 124
感情体験の精神内部的構造 124
感情体験の増幅 110
感情体験の認証 247
感情体験を促す 311,312
感情体験を共有 243
感情体験を最大化 360
感情体験を制限 360
感情体験を積極的に活用 85
感情体験を積極的に共有 83
感情体験を調整 76
感情体験を直接トラッキング 311
感情体験を否定 316
感情体験を深め 334
感情体験を変容 312
感情体験をミラーリング 118
感情中心の心理療法 17
感情調整 72,92
感情調整の失敗 90
感情的の 17,92,197,198
感情的の応答 42
感情的の応答性に欠けた養育 66
感情的応答を促すポジティブな二次感

情反応 133
感情的関わり 174
感情的葛藤 367
感情的環境 17,26,88,92,96,99,146,304
感情的環境の支持 167
感情的環境の重要人物 102
感情的―関係的な体験のメタプロセシング 274
感情的危機 289
感情的絆 47
感情的期待 76
感情的・共感的な反応 183
感情的共鳴 108,109,110,111,172,248,313
感情的―空想的な要素 335
感情的苦痛 95,133,138,163,174,191, 208,345,346,351
感情的苦痛の共有 116
感情的苦痛の体験 186
感情的苦痛への対処 346
感情的苦痛への恐怖 320
感情的コミュニケーション 41,172,174
感情的自己体験の統合性 99
感情的状態 146
感情的真実 39,184
感情的世界 51
感情的接触 347
感情的接触のレベル 366
感情的相互作用 43,75
感情的側面 251
感情的―体験的 319
感情的対話 74
（感情的）抱きしめ 179
感情的知識 253
感情的つながり 175
感情的適応力 279
感情的な逆境 59
感情的な苦痛 323
感情的な欠点 266
感情的な自己開示 246,264
感情的な支持 72
感情的な習熟 189
感情的な接触 350
感情的な喪失 261
感情的な近さ 179
感情的な負荷 215,301
感情的に重要な他者 304

（感情的に）抱き締められること 177

感情的になる 137

感情的に見捨てられた感覚 229

感情的能力 212

感情的反応 93

感情的ブレイクスルー 229,253,279,308,322,353

感情的プロセス 346

感情的ポートレイアル 329

感情的ミラーリング 269

感情的要素 175

感情的抑制 370

感情的欲求 87,94

感情的リスク 174

感情的リソース 47,88

感情と愛着 16,17,127,384

感情統制 61

感情と関わり 57

感情と感情的 182

感情と行動 64

感情と認知の統合 307

感情と認知を統合 309

感情と変容 25

感情に訴える印象的な言葉 312

感情に関する主要な研究 26

感情に対する防衛機制 236

感情に名前を付け肯定する技法 316

感情・認知・行動レパートリー 187

感情の意味 291

感情のウェルビーイング 102

感情能力 18,19,41,55,56,63,65,66,72,74,80,87,92,98,127,203,384

感情能力の発達 301

感情能力の不全 67

感情の概念 16

感情の隔離 100

感情の管理 82

感情の管理の手本 83

感情の共有 83

感情の研究者 28

感情の言語化 233

感情の効果 27

感情の再構築 248,331

感情のサイン 91

感情の自己開示 264

感情の質 253

感情の深化 244

感情の「真実」の告白 184

感情の身体的局所化 37

感情の心理学 47

感情の相互性 76

感情の増幅的機能 36

感情の促進 92,95

感情の組織化と調整 98

感情の体験 182

感情の高ぶり 57

感情の打撃 87

感情の力 16,25

感情の調整を習得 90

感情の適合性 143

感情の伝染 172

感情のトラッキング 322

感情の波長合わせ 42,90

感情の波長の一致 173

感情の非協調の修復 82

感情の深さ 312

感情の深まり 366

感情の不適応な表現 181

感情の分離 135

感情の変容モデル 15,16,17,18,28,29,44,50,54,63,67,68,75,304,383

感情の変容モデルの要素 19

感情の変容力 20

感情のミラーリング 244

感情の無関心 175

感情の役割 28

感情の抑圧 57

感情の抑制 87

感情のリソース 277

感情は自己体験 145

感情波長合わせ 72

感情は無意識の世界への王道 34

感情反応 27,312

感情反応の回避 124

感情反応のさらなる探索 315

感情表出 26,38,76

感情プロセスを促す環境 189

感情への恐怖 25

感情への恐怖心 316

感情への接近の最大化 61

感情への到達 281,311

感情変容 17

感情マーカー 50,77,78,186

感情マネジメント 63

感情や動機付け（または欲求）を表す言葉 312

感情抑制的な環境 321

感情抑制的な関係の三角形 154

感情リソース 16

感情理論 28,32

感情理論の一次的または基本的と混同してはならない 160

感情を解放 17

感情を感じる能力の肯定 323

感情を拒絶する養育者 126

感情をこめて内省する能力 70

感情を支える環境 76

感情を識別 321

感情を支持する環境 77

感情を増幅する 248,315

感情を促進する環境 104

感情を直接的にトラッキング 311

感情をともなう内的作業モデル 94

感情を無価値 66

感情をもって関わり 83

感じるが，対処しない 56,66,138

感じることと対処すること 332

関心 255

関心を示す 246

完全無欠さ 266

感動 163,196,197,198,260,261,266

感動・感謝 175

感動的な心動かす感情 186

感動の涙 202

感度のよい応答性 64,83

感度のよさ 72

ガントリップ 135

官能的・性的な体験 295

甘美さ 198

完璧には程遠い苦悩するセラピスト 265

感銘 196,197,198,239

眼輪筋 45

き

キールストローム 145

記憶構造 147

記憶の抑圧 331
記憶の抑圧からの解放 303
機会逸失 191
危機 215
危険 97
危険の予感のサイン 134
傷ついた感情能力 66
傷つきやすさ 108
絆の力 31
期待 53
基地の安全性 48
気づき 301
軌道修正 214
疑念 339
機能 82
機能の混乱の重症度 365
厳しい超自我の制裁 370
希望 80,127,134,135,211,212,257,263,
295,296,352
技法 368
技法ツール 105
希望と不安は二者相互作用 215
希望による動機付け 104
技法の禁断・禁制・秘密の側面
362
技法の目標 375
基本的動機付け 82
気持ち 166
気持ちの反射 259
逆説的 287
虐待 94
虐待の共謀者 306
逆転移 383
逆転移体験 282
逆転移反応 276
客観化 321
客観的 285
逆境での有能感 80
休暇 304
嗅覚・触覚的 311
急激な変容 31
糾弾 361
脅威 97
教育 292
境界線 98
境界の課題 268
共感 42,51,64,71,83,164,175,176,179,

199,212,233,246,251,255,260,261,263,
265,284,285,288,300,322,346,378
共感性の覚醒 188
共感体験 176
共感的 251,285
共感的応答性 168
共感的詳述 259
共感的側面 251
共感的尊重 255
共感的な立場 283
共感的な認識 208
共感的な振り返り 232
共感的な防衛の認識 299
共感的な方向性 258
共感的な養育 318
共感的波長合わせ 206
共感的反射 325
共感的反応の表現 246
共感的描出 108
共感的ミラーリング 109
共感的理解 170
共感と思いやり 50
共感と自己共感 172
共感と真正性 385
共感と配慮に満ちた内省 72
共感の受容 176
共感の表現 176
共感の明確な表現 259
共感の明示 289
協調 76
協調状態 34,42,77,79,80,83
協調状態に戻ろうとする努力 78
協調状態の達成 78,174
協調状態への欲求 109
協調性 261
協調の失敗 144
強度 89,96
共同構築 75
共同作業 246
共同の感情 171
強迫観念 331
強迫症 315
恐怖 95,97,241,283
恐怖症 185
恐怖心 267,268,283,300,304,312,328
恐怖の記憶 232
恐怖反応 58

共鳴 42,78,81,170,172,173,176
共鳴状態 76
共鳴の作用 109
共鳴の体験 173
共有 42,267
共有された感情状態 172
共有する幸福感 353
強力な体験 370
強力な動機付けベクトル 77
強烈な感情 29,82,91,95,97,134
強烈な感情体験 31,89,91,98
強烈な感情を体験 28
去勢 344
拒絶 87,95,138,245,304,361
気楽さ 331
亀裂への己の責任 264
禁欲原則 361

く
空想 327,329
グスタフソン 215,359
具体化 248,316,321,325
具体性 316,319,331
具体性・詳細を追求 342
具体性の重視 319
具体的な事象に関する記憶 326
具体例 215,319
口調や声量 245
苦痛 95,134,138,178,251,292
苦痛な感情 118
苦痛な感情体験を深化 118
「苦痛に」圧倒されないで 64
苦痛の体験 191
苦痛への恐怖 189
屈辱 87,95,251
屈辱感 206
屈辱感の原因 285
good me 321
くつろぎ 320
くつろぎの状態 188
苦悩の「原動力」 308
区別化 265
クライエント 80,81,82,84,105,268
クライエントが主導権 286
クライエントから深い感謝 263
クライエント自身の強さへの認識
265

クライエント―セラピスト間の相互
作用 75
クライエントとセラピストの愛着の
絆 105
クライエントとセラピストの関係性
349
クライエントの受容体験を言葉で描
き出す 116
クライエントに寄り添う 347
クライエントによる共感の受容
176
クライエントの愛と寛大さ 166
クライエントの安全 243
クライエントの影響 246
クライエントの影響力 278
クライエントの思いやりと愛 166
クライエントの機能 83
クライエントの苦痛と恥 179
クライエントの孤独 229
クライエントの自制心 287
クライエントの自尊心と自信 168
クライエントの修復の努力 84
クライエントの修復の努力への応答
性 150
クライエントの心的機能 292
クライエントの生成能力 265
クライエントの生命力 322
クライエントの全能感 296
クライエントの体験を促進 174
クライエントのために流す涙 259
クライエントの中核的課題 241
クライエントの「治療不能性」 243
クライエントの統制心 292
クライエントの統制感 288
クライエントの得意な領域や能力
273
クライエントの努力・成果の高い評
価 292
クライエントの内省機能 274
クライエントの内省的な自己機能
69
クライエントの能力 167
クライエントの能力を活性化 311
クライエントの反応を探索 258
クライエントの否定 289
クライエントの病理的な信念の不当
性 154

クライエントの防衛的な欲求 262
クライエントの勇気 179
クライエントのラジカルな受容 15
クライエントの力動的な課題 191
クライエントのリソース不足 256
クライエントは脆弱 14
クライエントを心の専門家として認
識し活用する 273
クライエントを支持する 255
グリーフ 329
グリーンバーグ 308,311
クリッツ・クリストフ 214,359
詳しく描写 290
訓練 366

け
警戒 49,175
経験則の明確化 214
経時的 124
芸術作品 245
継続的調整の原理 89
継続的調整の破綻と修復 89
傾聴と介入 364
系統発生学的な適応能力 35
軽蔑 180
ゲールズ 156
ゲシュタルト療法 330
欠陥のある自己 158
欠陥のある自己―歪曲された他
者―遮断された感情の三角形
147,149,151
結婚生活 351
決定的要素 17
ケリー 267
嫌悪 160
嫌悪感 266,317,341,342,343,344
嫌悪すべき結果 96
嫌悪・防衛感情 178
限界 304
見解の比較 246
限界を認める 246,264
厳格な自己に課す基準 288
研究エビデンス 69
謙虚 204
謙虚さ 205,253
健康 18
言語化しラベリング 261

言語的 282
言語的・非言語的方略 101
言語表現 314
現在 367,368
現在および慢性的に耐えている苦痛
152
現在・過去との関係性 215
顕在症状 214
現在と過去と治療的関係性パターン
364
現在の関係 152
現在の関係・過去の関係 367
見識 192
現実 361
現実感 87
現実感覚 113
現実検討 370
現実的 181
原始的な病理 182
現象学的 161
現象の質感 16
現象としての愛着 47
健全な感情的な反応 104
健全な機能 203,281
健全な攻撃性 88
健全な適応的行動 257
健全な反応 256
健全な服喪 325
幻想 287

こ
コア 160
コア感情 17,18,20,25,26,27,28,29,31,
32,36,37,38,39,40,41,44,57,60,81,88,105,
110,127,129,135,137,140,141,156,159,
160,162,178,180,182,205,213,230,233,
234,239,268,282,283,289,301,302,303,
306,308,311,324,325,327,331,346,348,
350,355,356,362,368,376,377
コア感情現象 27,150,161,171,385
コア感情状態 29,183
コア感情体験 18,19,20,27,28,29,30,
32,33,35,38,41,43,78,107,111,124,126,
130,133,134,152,159,245,323,355,364,
383,384
コア感情体験と違い 267
コア感情体験の性質 107

コア感情体験への接近 37
コア感情という「場所」 141
コア感情と信号感情の間 133
コア感情の解放 338
コア感情の処理過程 35
コア感情の体験 385
コア感情の定義 29
コア感情の内臓的体験 229
コア感情の涙 351
コア感情のブレイクスルー 345
コア感情の抑圧 300
コア感情への接近の可能性 154
コア感情への接触 277
コアステイト 20,32,60,130,160,164,
173,174,184,230,249,255,268,294,355,
356
コアステイトと身体 165
コアステイトの達成 160
コア（中核） 35
コアテス 58
コア欲求の深い言明 279
抗議 306
好奇心 295
攻撃 43
攻撃者との同一化 102
攻撃的・加虐的・殺人的な衝動
370
攻撃的な行動 327
攻撃による関与 15
貢献度を過小評価 205
恍惚感 166
構成 317
構成概念としての愛着 47
構造的または具象的構成概念 45
肯定 51,102,167,179,205,228,244,246,
255,256,258,259,261,262,263,275,289,
295,300,307,313,315,325,342,346,352,
356,379
肯定し賞賛する 257
肯定してくれる他者への感謝 186
肯定する 256
肯定的 251
肯定的側面 251
肯定的で互恵的なやりとり 82
肯定の受容 186,194,196
肯定の受容への抵抗 204
肯定の体験 198

肯定を受入れ 211
行動 58,258
行動傾向 161
行動傾向の活性化 182
行動の過度な阻止 183
行動の決定要因 281
行動の指針 76
行動のリハーサル 327
行動の類似性 172
高度な治療的瞬間 151
高度な内省的な自己機能 65
後年の孤立 57
幸福 59,188
幸福感 165,166,171,320
興奮 175
高慢 294
巧妙な促し 294
高揚感 50,78,202
合理化 339
効力 135
効力感 50,190
声の調子 371
声の震え 197
コーチング・アプローチ 247,288
ゴールドマン 42,152
刻一刻と変化するプロセス 267
克服を可能にするリソース 188
国立公園のガイドブック 176
互恵的の協調 144
互恵的でポジティブなやりとり 77
互恵的な状態 76
心強さ 266
（心の）健康 356
心の治癒力 187
心の理論 58
心許なさ 274
個人的意味の告白 184
個人的意味の源 26
個人的責任の投影 304
個人的体験の領域に属する開示
264
コスト効果分析 247,286
個性 88,318
個性化 265
個体化 330
古典的な技法 362
孤独 16,17,43,51,98

孤独感 41,96,108,126,133,134,136,
178,265,288,292
孤独感が変容 179
孤独感と空虚さ 106
孤独感の打消し 19
孤独感を軽減 289
孤独と寂しさ 98
孤独な状態 59
孤独の解消 240
孤独への恐れ 101
孤独を和らげる手助け 289
異なる視点の比較 299
言葉 259,313,329
子ども自身の全能感 73
子ども時代の喪失 191
子ども時代の抑うつ 136
子どもの感情的欲求 89
子どもへの感情 64
個別的成長 54
コミュニケーション
40,41,73,129,130
コミュニケーション手段 44
コミュニケーションの方向性 356
固有感覚的 320
孤立 108
孤立感 256
孤立の痛み 101
声音 269
コントロール 321
コントロール感 98
コントロールできないという感覚
183
コントロールできないという主観的
感情 181
困難な感情体験 73
混乱 137,266

さ
罪悪感 89,95,174,203,241,248,257,
258,265,267,289,322,327,330,331,338
最悪の部分が露呈される感情的環境
309
最悪の機能 126
最悪の自己 19,149
最悪の自分 147,302
再確認 247,292
再現 102,313

索引　457

再構成 249,281
再構成的な作業 284
再構成方略 247,281
再構築的 245
最期の別れのポートレイアル 330
最終共通経路 215
最終的目標 367
最初の質問 215
最初の面接 365
再生 280
最善の機能 126
最善の自己 19,129,149,151
最善の自分 147
最善の状態 49
最善の努力 249
最適な相互作用 76
最適な適応と機能 28
最適な二者相互作用 80
再統合 59
才能 52,137
細分化 339
催眠術 361
最良のリソースを発揮できる感情的
環境 308
作業能力 365
作業モデル 53
作為の過誤 87
支え 179
殺意 327,329,330
殺意を覚えるような怒り 182
撮影 362
サミュエル・ジョンソン 365
サンドラー 97,102,133,135,191

し
ジアニーノ 77,79
幸せ 186,190
幸せな号泣 201
幸せな涙 198
自意識 279,304
自意識過剰 296
シェイクスピア劇のヘンリー五世
162
ジェスチャー 362
ジェームズ 30,31,200
シェーン 156
支援 17,83

支援性 64
自我 370
自我違和的 285,320
自我違和的な存在 372
視覚的イメージ 311
視覚的に想起された詳細 318
自我親和的 285,286,320
自我親和的パターン 231
自我同調的な性格防衛 370
自我との積極的な同盟関係 376
自我の発見 295
試験的解釈 365
自己 94,104,130,136,144,178,241
自己意識 190
思考 327
自己状態 169
思考と空想 332
思考と空想の中 327
思考と夢想の中で 311
自己開示 246,264,265,278,380,381
自己価値 163
自己価値を過小評価 66
自己感 149,152,189,287
自己感覚 26,302
自己感覚を獲得 313
自己感情体験 27,28,160,170
自己感の状態 303
自己管理 333
自己共感 170,182,212,254,255,259,
289,301,322,333,334
自己共感が苦手な人 259
自己共感能力 168
自己共感の高まり 302
自己ケア 326
自己疑念 356
自己嫌悪 259
自己攻撃的な抑制 183
自己肯定 323,352
自己肯定的な信念や認識 256
自己効力感 279
自己修正力に見られる適応の努力
82
自己修復傾向 19
自己主張 163,182,305,306,309
自己受容 170,285
自己受容的視点 181
自己受容の向上 288

自己状態 169,175
自己処罰的な感覚 287
自己信頼的な防衛機制 206
自己制御を脅かす感情体験 97
自己制裁 377
自己像，他者像および自己―他者の
相互作用 214
自己組織化に影響する防衛 100
自己体験 20,25,78,146,160,169,171,
175,247,254,303,313
自己―他者―感情の（逆）三角形の
底 161
自己―他者―感情の三角形 19,123,
124,142,143,146,147,151,158,166,178,
214,227,321,348
自己―他者―感情の三角形のカテゴ
リー 144
自己―他者―感情の三角形の作業
247
自己―他者―感情のスキーマが示唆
する力動 241
自己―他者―感情の図式
94,180,181,254
自己，他者，感情の相互依存性
247,300
自己―他者―自己・他者 19
自己―他者―自己・他者の力動的相
互作用 166
自己―他者の関係 300
自己―他者の境界線 88
自己―他者の相互作用 178,302
自己―他者の相互作用のマトリクス
142
自己―他者の力動的相互作用
144,171,227
自己―他者パターンの根底 213
自己治癒 325
自己治癒のプロセス 324,326
自己調整 26,34,88
自己調整スタイル 95
自己懲罰的な傾向 288
自己調律 20
自己どうしの対話 348
自己陶酔 294
自己と他者 64
自己と他者との波長合わせ 332
自己と他者に対するより深くより確

かな愛情と理解 164
自己と他者の内的表象 53
自己と他者の役割 303
自己と他者を心に留める 73
自己内省機能 353,356
自己認識 259
自己の癒やし 69
自己の感情体験 146,385
自己の感情能力の向上 301
自己の実存的追求 35
自己の真正性 356
自己の喪失 89
自己の喪失の恐れ 172
自己の存続 92
自己の達成を認識 196
自己の統一性 17
自己の統合 57
自己の統合性 56,96
自己の内的リソース 296
自己の中に中心 171
自己の発達 54
自己の表象 144,181
自己の本質 42
自己のメタモルフォーゼ 29
自己は回復 212
自己卑下 267,301
自己卑下するクライエント 265
自己悲嘆 186,190,208
自己悲嘆プロセス 188,346
自己批判 256,257,304,322
自己批判的な姿勢 288
自己表現 129,181,362
自己復元 79
自己復元傾向 69
自己復元傾向に有利な環境条件 71
自己復元的傾向 70,87
自己への慈しみ 334
自己への共感 168,188,246,255,309
自己への共感の欠如 287
自己への共感力の向上 164
自己への信念 351
自己への信頼 265
自己への否定的なレッテル 301
自己変容 196
自己保護 129
自己保存 378
自己や他者への攻撃 182

自己有能感 266
自己擁護 306
自己抑制的なセラピスト 204
自己利益 361
自己を犠牲 287
自己を対象とする悲しみ 186
自己を許し 258
自殺念慮 118
支持 51,83,258,265,346
支持・肯定 285
指示性 368
支持的関係 69
支持的な環境 193
思春期 94
自信 60,80,135,175,190,203,256,265,
269,286,313
自信が芽生える 203
自信欠如 339
自信に満ち 59
自信のなさ 205
自身の反応への意識 174
自身の有能性 212
静かだが揺るぎない 202
姿勢 269
自制心喪失の証拠 295
自制心の喪失 316
自責の念 265
視線 168,269
視線そらし 293
自然な養育反応 52
視線は上向き 197
視線を嫌がる 269
視線を避ける傾向 256
視線を下に向ける場合 198
持続的フィードバックのループ 90
自尊感情 136
自尊心 190,258,279,302
自尊心の顕著な低下 339
時代遅れの保護策 286
親しさ 171,172,212,251,266,267
親しさと共感 173
親しさの基質 175
失意 137
実際の喪失 59
実証的研究 75
実生活 69
実存的自己体験 50

実存的な不安 266
失敗したが修復することができたと
いう体験 80
失望 95,191
失望のワークスルー 204
実用主義的 359
自伝的ナラティブ 349
視点の発展 332
指導 51,88,294
支配者 94
支配的な動機 241
支配の力動 144
自発性 26
自発的 26,324
自発的なポートレイアル 341
自分が大切な人の心の中に存在する
という理解 174
自分自身の頭と心の中に自分を維持
する能力 72
自分自身の感情体験 73
自分自身の体験 261
自分自身の能力を認め受け入れる
266
自分自身の豊かなリソース 268
自分自身を愛情と理解をもって扱え
るようになる 258
自分に対する理解 255
自分の愛する能力 167
自分の価値を実感 266
自分の感情 87
自分の機能 83
自分の機能障害を理解 301
自分の支持的環境 34
自分の処理能力 84
自分の性格の問題に対する深い理解
188
自分の精神の中に自分として存在 73
自分の体験 53
自分の内的世界の専門家 268
自分より強く賢く 60
自分を見失わない他者 74
自分を理解し受容してくれる他者
114
シャーデンフロイデ 166
謝意の感情 260
社会の慣習 361
社会的タブー 376

索引　459

社会的な共有体験 245
社会的マナーは適応的 137
遮断 266
ジャフェ 68,145
宗教体験 30
宗教体験の諸相 159
宗教的回心 30
終結 366
終結段階の作業 308
終結の日を設定 365
終結の問題 365
終結日の積極的活用 368
習熟感 33,190,302
習熟の認識 186
修正感情体験 126,157,279,307,375,376,378
集中的短期力動心理療法 363,370
重度の抑うつ 93
柔軟性 71
柔軟に感情を扱う 76
修復 19,79,80,81,84,280
修復機能の瞬時ごとの作用 79
修復する能力 80
修復的傾向 70
修復的な作業 349
修復的なポートレイアル 248,331,333,337,338,350
修復に関わる二者 144
修復に開かれた態度 80
修復能力 79
修復の機会 73
修復の成功 79
修復の成功の機会 82
修復の動機付け 19
修復の努力 79,81
修復の欲求 82
修復は可能であるという期待 79
修復への衝動 79
修復への欲求 82,126
重要な他者と率直に関われ 136
従来型セラピストの中立的姿勢 204
従来の精神力動的手法 20
自由連想 361,368
主観性 171
主観的 26
主観的な親しさの基盤 172

主観的な「真実」245
主観的な真実の宣言 294
主訴 215
受動から能動への転換 327
受動性 361,368
受動性から積極性 362
受動的な共鳴板 368
受動的な攻撃性 256
種の存続 30,31
受容 84,192,267,294
受容感情体験 60,78,110,175,177
受容体験 176
受容的 195
受容的な感情体験の描写 353
主要な機能 40
受容能力 175
受容の経験 209
受容の体験 210
瞬間の真実 45
瞬時ごとの体験 267
瞬時ごとの治療関係 152
瞬時ごとの波長合わせ 71
純粋性 84,198
純粋な感情体験 213
純粋な感情体験を促す 248
純粋な感情反応 279
純粋な支援性 72
純粋な自己の出現 115
順調な AEDP の作業 151
詳細 319
詳細化 248,316
詳細性 319
称賛 186,197,294,295
称賛や高い評価 293
症状 308
症状が無意識的な意味 290
症状軽減 356
症状パターン 370
憔悴 175
状態 142
状態変容 19,29
状態変容の感情マーカー 117
象徴体験 77
象徴的 88
象徴的なスキーマ 237
焦点 367
焦点化 246,247,252,311

焦点づけ 363
衝動 161,330,361,362,376,382
衝動・感情・対人関係の脱感作のポートレイアル 248
衝動の探索 331
承認 196
障壁の克服 190
情報 26
初回アセスメント 375
初回アセスメントの総括 240
初回アセスメント面接 206
初回セッション 215,253,261,268,375,376
初回セッションの神聖な性格 215
初回トライアルセラピー 375
初回の評価セッション 329
初回面接 20,366
初期アセスメント 367
初期段階の訴え 214
初期評価 364
触媒 44
徐々に高まり 173
ジョセフィン・ハート 171,177
ショック状態 96
ジョフェ 97,133,135,191
所有 318
自立性 54
自立の機能 57
人格 53
人格障害 255
人格的歪みの修正 356
人格特性 137
人格特性の病理 88
人格の三角形 123,363,364,367,368
人格の狭まり 370
人格の変化 35
人格パターン 308
進化生物学 47
進化論的観点 28
真価を理解される体験 84
神経科学者 28
神経—筋肉反応パターン 161
神経質に笑う 269
神経生理学的な損傷 26
信仰 30
信号感情 29,124,126,140,141,213
信仰者と神 30

信仰の優位性 31
真実 282
真実の自己状態 171
真実の涙 198
真正さ 134
真正性
26,44,45,64,73,171,188,230,267
真正な（authentic） 25
真正な自己状態 160
真正な自己体験にも波長合わせする 174
真正な自己認識 384
人生に意味を与える情報 26
人生の課題 27
親切 281
新鮮さ 198
深層心理学の有効性 243
心臓発作 320
身体 37,245,319
身体化 74,100
身体感覚 37,177,311,314,320
身体感覚的 353
身体感覚と感情反応の関連性 319
身体感覚をトラッキング 320
身体言語 245
身体症状 315
身体症状の探索 292
身体体験 37,170
身体的 137
身体的感覚 349
身体的虐待 312,339
身体的苦痛 97
身体的現実 37
身体的・生理的側面 164
身体的接触 88
身体的側面 96
身体的体験の総合的な意味 225
身体的兆候 29,95
身体的な相関症状 321
身体動作 245
身体の物理的限界 37
心的イメージ 182,326,343
心的機能 53
心的距離の近い人間関係 268
心的距離の近さ 115,212,266,269
心的距離の近さを促し 267
心的空間 73,74

心的近さ 251
真の希望 192
真の自己 45,52,107,133,194,280
真の自己状態 170
真の自己―真の他者―変容的感情状態 151
真の自己―真の他者―変容感情の三角形 151
真の自己体験 170
真の自己認識 197
真の他者 151,194
真の他者体験 20
真の洞察 188
親密さ 84
親密性 20,115
親密性に対する防衛 108
密接な関係性 54
親密な関係性体験 173
親密な関係を結ぶ能力 188
親密な対人関係を邪魔する 283
信頼 134,170,211,212,243,263,295,296
信頼できる他者 289
信頼できる同伴者 51,52
信頼とオープンさの深まり 253
信頼の確立 50
信頼の深まり 235
信頼や希望 203
心理教育 247
心理・生理的状態 76,172
心理的機能の心的表象の能力 72
心理的距離の近さ 331
心理的健康 51
心理的生活 47
心理的操作 27
心理的損失の明確化・描写・解明 372
心理的損傷 26
心理的トラウマ 26
心理的な孤独 98
心理療法 17,25,28,69,70,82,87
心理療法の概念化 370
心理療法の実践 27
心理臨床 27,28

す
スーパーバイザー 79
スーパービジョン 14

図式的表象 123
スターン 76,151,164,172,267
スタンスと技法 63
スッティ 135
ステップごとのプロセス 260,267
ストーリー 317
ストレス因子 68
ストレンジ・シチュエーション・パラダイム 55,62
「素晴らしい」気分 258
素晴らしい両親という通念の喪失を悲しむ感情 191
スペザーノ 145
すべてが単純明快で，たやすく，美しい 171
スミラの雪の感覚 96,103,126

せ
性 94
成果 257
性格的な防衛 89
正確なラベリングを通じたリフレーミング 247,292
性格のよろい 369
性格防衛 376
成果志向 359
性器 342
生気感情 17,110,160,164,169
生気感情のトラッキング 165
正規の防衛 135
生後1年間の最適な二者相互作用 75
成功体験 80
生産的な作業 273
誠実 74
誠実さ 74
誠実な他者 44
脆弱性 13,57
脆弱性は当然の前提にすべきではない 14
正常な相互作用 80
精神 25
精神―身体の二分化の結果 74
精神的苦痛 17,95,96,178
精神的健康 87,181,187
精神的混乱 88
精神的特質 137

精神的特性 43
精神的な強さ 163
精神的発達 17
精神的歪み 88
精神的リソース 150
精神的レジリエンス 41
精神内的な中核体験 81
精神内部的 19,124
精神内部的な危機 93
精神内部の危機 374
成人の成熟した機能 361
精神病 94
精神病理 17,50,87,102,103,127,308,312,359,377
精神病理学 47,370
精神病理的側面 52
精神病理の存続 305
精神病理の発症 17,55
精神病理の発症の核心 178
精神病理の発症の核心部分 133
精神病理の発生源 241
精神分析 16,68,252,359,360,363
精神分析家 361,362
精神分析界 356
精神分析志向の発達心理学と愛着理論 18
精神分析的の手法 368
精神分析的の心理療法 363
精神分析的な愛着理論 15
精神分析的の理解 359
精神分析の治療的な態度と技法 361
精神分析理論 52
精神分析理論と精神分析の実践の間には亀裂 8
精神力動概念の図式化 364
精神力動的 50,214
精神力動的の機能 20
精神力動的の機能分析 123
精神力動的の作業 16
精神力動的の心理療法 364
精神力動的な感情の変容モデル 47
精神力動的な対話 281
精神力動的に理解 359
精神力動的フォーミュレーション 214,237,241,308,338,367
精神力動的の理解 213
精神力動の枠組（受動的欲動—超自我理論）15
精神力動フォーミュレーションを立てる 20
精神力動療法 281
成長 18,52
性的感情 96,330
性的虐待 295,339,347
性的興奮 295
性的な嘲り 339
性的満足感 165
性的妄想 331
性的欲望 268
生物学的 28
生物学的基盤 49
生物学的基盤のある衝動 52
生物学的欲求 71
生物的課題 28
生命感 159,169
生命感の体験 171
生命力 283
生命力の肯定 325
生来的傾向 79
生理学的特徴 162
生理的 165
生理的症状を詳しく探る 290
声量 371
世界の探索 65
セカンドチャンス 69,70,80
責任 74,182
セクシュアリティ 137,331,346
セクシュアリティの探索 295
セサミ・ストリート 198
積極性 368
積極的関与 371
積極的な関与 264
積極的な支援性 64
積極的に活用 259
セックス 341,342,344
雪辱 166
摂食障害 93,339,342,343
接触の深化 269
接触も一貫性も失って 67
セッション終盤の会話 275
セッションの最初の瞬間 156
セッションの動画 380
絶望 108,133,178,289,356
絶望感 97,126,133,137,212

切望していた結果を前に圧倒され途方に暮れる感覚 205
絶望的な無力感 205
絶望と無力感 109
説明 322
セラピスト 80,81,83,85,87,105,176
セラピストが苦悩 265
セラピストがクライエントをどのように感じているのか 106
セラピストが認識し受け入れる能力 265
セラピストがリスクを背負う 243
セラピスト自身の嬉しさ 258
セラピスト自身の感情反応の活用 271
セラピスト自身の欲求充足 266
セラピストと性的関係 263
セラピストとの接触 277
セラピストとの良好な関係 251
セラピストの感情 172
セラピストの感情的応答性 179
セラピストの共感的な反応 259
セラピストの共感的反応の表現 259
セラピストの共感的ミラーリングに対するクライエントの体験を探索 116
セラピストの言語的・非言語的な反応 380
セラピストの自己開示 264,266,278
セラピストの支持と肯定の表現 255
セラピストの修復のイニシアチブ 150
セラピストの成長の可能性 205
セラピストの積極的な活動 368
セラピストの全能性を中和する 246
セラピストの存在 347
セラピストの存在価値 185
セラピストの直感 283
セラピストの能力 167
セラピストの非言語的反応を観察 116
セラピストの開かれた態度 174
セラピストの不安 253
セラピストの不快感 204

462

セラピストの方 174
セラピストの無意識の脱感作 192
セラピストの目 259
セラピストの力動的な課題 191
セラピストのリスクテイキング 243
セラピストへの怒り 305,374
セラピストを切実に求める思い 305
セリグマン 71
セルフケア 246,257
セルフケア（自己共感，自己承認）と身勝手さ 294
世話 88
善 351
先行的なミラーリング 248,314
潜在的な感情 314
潜在的なトラウマの反復 280
潜在的なものを顕在化 106,367
選択性 363
選択的焦点づけ 368
選択的不注意 136
選択の権利・自由 301
先天的な神経構造 161
前頭前皮質 26
セント・オブ・ウーマン／夢の香り 195
全能性 380
全能性に対抗するための自己開示 265
全能性の回避 380
全能のセラピストというイメージ 265
全般的 183
全般的な混乱 339
潜伏期 188
善良さ 212

そ
早期の喪失体験 68
統合的なプロセシング 307
相互影響の変容モデル 145
相互関係 249
相互協調 35,40
相互協調状態 77,81
相互交流的 251
相互作用 44,53,76,80,81

相互作用が変容的効果 89
相互作用状態 78
相互作用的修復 79
相互作用の鍵となる瞬間 172
相互作用の過誤 77,81,92
相互作用の感情体験 75
相互作用の作為の過誤 93,94
相互作用の修復 80
相互作用の修復への断固とした努力 81
相互作用の流れ 91
相互作用のパターン 303
相互作用の反復的パターン 247
相互作用の不作為の過誤 92
相互性 268,269,302
相互性のある力動 144
相互性の感情 78
相互的感情協調の瞬時ごとの変動 16
相互的な感情協調 53
相互的な感情の波長合わせ 75
相互的な共感的波長合わせ 269
相互的な協調状態 172
相互的なモニタリング 324
相互的プロセス 261
相互による波長合わせのコミュニケーション 173
相互モニタリング 246,380
喪失 57,89,191,194,229,237
喪失感 277,286
喪失体験 194,198,304,329
喪失の恐怖 330
喪失のトラウマ 67
喪失の不安 59
喪失への強烈な不安 189
喪失への不安 229
喪失や屈辱への不安 205
喪失を悼む 287
創造の能力 88
想像を絶する不安 177
増幅 111,256
疎外 57
促進する条件 29
促進の環境 18
促進の感情 133
促進的な感情と表出反応の三角形 133

率直さ 255
率直性 281
率直な感謝 205
その人の頭と心の中に存在する 74
その変化 289
ソフト 139
ソフトな防衛 137,284
存在 53
存在感 230
損失 205
尊重 88

た
ダーウィン 45,162,168,180,199
ターゲット 65
ダーバンルー 8,13,14,15,100,156,192,308,328,363,369,371,372,375,376
ダーバンルーの技法 369
ダーバンルーの集中的短期力動心理療法 359
対応能力 273
大頬骨筋 45
体験 187,296,307,308,327,369,385
体験が抑圧から解放される 232
体験―感情的 245
体験―感情的介入 249
体験―感情的方略 248
体験焦点化作業 284
体験することの体験 72
体験するもの 17
体験的 17
体験的 STDP 9,178,361,368
体験的 STDP 技法 245
体験的 STDP の系譜 15
体験的―感情的 281
体験的―感情的介入 20,311
体験的構成概念 45
体験的作業 118,186
体験的精神力動療法 124,308
体験的世界 28
体験的な感情の作業 19
体験的な要素 284
体験的描写 262
体験的フォーカシング 109
体験的要素 60,359
体験に焦点を当てた防衛の作業 247

索引　463

体験にできるだけ寄り添い 289
体験の意味づけ 228
体験の活性化 183
体験の感情価 91
体験の感情的共有 110
体験の処理 307
体験の身体的な相関 248
体験の精緻化 110
体験の反応性 67
体験のレパートリー 51
体験—力動的な感情作業 326
体験領域の抑制 292
体験を内省する能力を形成 65
退行性障害 140
退行的感情 180
退行的な防衛 339
退行的な防衛スタイル 138
退行的防衛 57,138
対称性 172
対処しにくいポジティブな感情体験 92
対処するが，感じない 66,138,139
「対処」する能力がある 64
対処法 256
対処方略 47
対人環境 304
対人関係の脱感作 330
対人関係論アプローチの作業 252
対人的 43
対人的機能 26
対人的ＤＮＡ 101
対人パターン構築 247,303
対人面的至高体験 195
対世界体験の安全性 76
大切な他者に影響力 264
第二子の誕生 188
大脳基底核 45
大脳辺縁系 45
退避 183
タイミング 369
対立・妨害・否定的なラベリング 372
対話 41
耐えがたい感情体験 96
耐えがたい精神的苦痛の性質 97
耐えがたい体験 96
耐えがたい体験に直面したときの孤

独 98
耐えがたい不安の記憶 381
耐えられないような体験 92
「耐えられなくなりそうで恐ろしい」感情 95
高い治療同盟 206
高い内省的な自己機能 71
高いリスク 266
妥協 192
他者 41,54,94,106,144,241
他者感覚 26
他者観の再構成 302
他者（クライエント）を読み取る自分の能力 176
他者とのあり方の喪失 143
他者との共鳴 102
他者との密接な接触 268
他者に影響を与えているという感覚 106
他者に対する・他者にまつわる感情 146
他者に望ましい影響を与えられる人間 265
他者に波長合わせする 173
他者による認識・体験 303
他者の愛 175
他者の頭の中に存在する 72
他者の頭の中に存在する体験 71
他者の影響 54
他者の応答性 82
他者の感情体験と行動 75
他者の感情表出 76
他者の感情表出を真似 75
他者の願望 58
他者の心と頭の中に存在する体験 83
他者の心の中にも存在する 72
他者の受容 20,164
他者の受容性 41
他者の信頼性 80
他者の心理・生理的状態と一致する 75
他者の体験 58
他者のネガティブ反応 136
他者の表象 181
他者の表情 87
他者の前で自分自身でいる能力 356

他者の前で独りでいる能力 356
他者への思いやり 333
他者への共感 168
他者への共感と自己への共感 73
他者への迎合 172
他者への信頼 135,351
他者への病的な忠誠 184
他者へのポジティブな影響の認証 323
他者を愛し他者に与える能力 325
他者を守りたいという病的な欲求 184
他者を読み取ること 76
立ち現れる二者現象 145
立入禁止区域 54
脱感作 327
達成感 352
脱抑制 327
他人の役に立てる人間 264
多発性硬化症 95
タブー 360,362
魂の甘美な感情 45
ダマシオ 38,45,164
ダメージ 177
頼りにならないセラピスト 265
段階的プロセス 51,174
短期心理療法 363,371,376
短期体験力動療法のセラピスト 123
短期治療 359
短期的には適応的 17
短期力動心理療法 8,14,156,214,359,362,387
短期力動心理療法のセラピスト 215
探索 52,54,57,295
探索行動 53
探索行動システム 48
探索作業 52
探索システム 50
短縮 368
単なるミラーリングを越えて 248

ち
小さな一歩を重ねるプロセス 267
小さなステップごとのプロセス 108,113

知覚的 175
知覚—評価 176
近しさ 84
力 134
恥辱感 337,338,356
知性 137
知性化 184,245,339
知性化の防衛機制 316
知的なクライエント 317
中核葛藤 214,215
中核現象 18
中心的媒体 31
中心を保てない 99
中立性 82,361
中立的なフィードバック 284
治癒性 17
治癒体験 163
治癒の感情体験 43
治癒的な状態変容 28
治癒のリソース 17
治癒力 17,352,384
超越 192
聴覚のチャンネル 335
超自我 370,376
超自我との直接対決 370
長所 258
調整 95,332
超然性 356
調律・共鳴・感情共有・肯定・自己
開示 15
調律の誤り 95
直接的・内臓感覚的体験 179
直面化的な治療法 289
治療課題 251
治療関係 81,265
治療関係上で亀裂 264
治療関係の健全性 81
治療期間 368
治療効果 176,326
治療効果のセッション以外の生活へ
の応用 332
治療効果も革新的 368
治療効果を高める 214
治療者の役割 63
治療体験 20
治療体験に命名 187
治療体験を促進 187

治療体験を探索 187
治療的環境 25
治療的検討 371
治療的作業 27,311
治療的指針 367
治療的スタンス 41,52
治療的努力の肯定 206
治療的な自己開示 106
治療的な親しさ 268
治療的プロセスが復活 324
治療的方略 151
治療の終わり 194
治療の全能性 265
治療の中立性 52
治療の破綻を修復 79
治療の目標 80
治療プロセス 78
治療プロセスの現象 364
治療プロセスのパートナーとしての
クライエントの積極的関与 368
治療プロセスへの参加 174
治療目標 17,375

つ

痛切さ 198
強い覚醒 91
強い防衛から緩い防衛への変化の例
273
強さ 351
辛い悲しみ 320
て
T—C—P 解釈 367
T—P の関係 367
抵抗 254,268,321,362
抵抗型 56
抵抗勢力との正面衝突 372
抵抗に挑戦する 369
抵抗の拡大 78
抵抗を克服 271
停滞の感覚 183
内的体験—関係性体験への到達が失
われる 284
適応 384
適応が強化 27
適応傾向の解放 27
適応的 324
適応的・共感的な視点 206

適応的な行動傾向 28,311
適応的行動傾向が解放 324
適応的側面 182
適応的な自己行動傾向 164
適応的な関係性傾向 39,41,172
適応的な関係性行動傾向 166
適応的な観点 304
適応的な行動 309
適応的な行動傾向 20,26,27,33,36,38,
156,159,163,166,181,188,192,193,197,
253,277,331
適応的な行動傾向が解放 152
適応的な行動傾向の恩恵 329
適応的な自己感 182
適応的な自己行動傾向
39,159,166,188
適応的な自己行動傾向が解放される
170
適応的な自己行動傾向の解放 182
適応的な自己体験 182
適応的な潜在力 17
適応的な努力 18,384
適応的な努力を認識 285
適応的な粘り強さ 80
適応的な表現 182
適応的に対処 309
適応能力・自己治癒力との接点を取
り戻す 292
適応の源泉 27
適応の中核的要素 175
適応の努力 82
適応の努力のつまずき 124
適切性 332
手助け 88,195
徹底的なクライエントの受容 267
デュシェンヌ 45
テレマコス 199
手を差し伸べる 246,256
転移 16,367,368,374
転移関係 367
転移感情 374
転移—逆転移反応 279
転移現象 214
転移体験 375
転移の反復 52
典型的な場面 95
天賦の才能 265

と
同一化 102
投影 100,135
投影性同一化 100
動機付け 36,38,40,50,77,248
同形性 54
統合 280,330
統合失調質 13
統合体験 349
統合的作業 308,309
統合的なプロセス 247,349
動作 317
洞察 308
同情の明示 378
当初の表象を変容させる 261
陶酔感 166
統制感 302,329
統制感の喪失 137
統制心 308
統制不能 321
闘争・逃走反応 165
闘争や逃走 162
同調し 76
同調しそこない 76
同調状態の至福 79
同調性 81,249
同調性の欠如 78
同調的 195
同調能力 79
同等性 261
道徳 361
独自の感情体験 145
特性 27
独創性 281
特定の感情状態 152
特定の自己―他者―感情の三角形の
体験の総和 142
特定の自分のあり方の喪失 143
独立心 94
どこにもたどりつけないような感覚
183
トムキンズ 36,134,189
トライアルセラピー 364,365,375
トラウマ 55,58,59,68,88,96,99,350
トラウマ障害 97
トラウマ体験 70,279,303,381
トラウマ的な過去 185

トラウマ的な課題 329
トラウマと喪失 55
トラウマを防げる 70
トラッキング 123,165,246,247,248,
252,253,295,323,368
とらわれ型のクライエント 138
取り込み 100,102
努力 79
努力と成果を高く評価する 247
努力の成果に注目 256
トロニック
75,76,77,78,79,80,92,174,261
遁走状態 93

な
内在化 59,65,66,70,74,306,309
内在化に重要な役割を果たす愛着現
象 61
内省 58,70,187
内省機能 105,251
内省作業 186,187,296
内省的な作業 118
内省的自己 191
内省的自己機能 186
内省的自己機能の高さ 61
内省的な自己機能 18,53,58,59,61,65,
69,72,74,80,105,139,178,353
内省的な自己機能が高い親 70
内省的な自己機能に反射される感情
能力 74
内省的な自己機能の受け手 112,114
内省的な自己機能の高い養育者の子
ども 71
内省的な自己機能の発達 106
内省の力 70
内省プロセス 69
内省力 282
内臓感覚 73,170,296,320
内臓感覚体験 182
内臓感覚の 60,318,320
内臓感覚の相関 323
内臓感覚の体験 37,320,345,369
内臓感覚の知覚 329
内臓感覚の感情体験 327
内臓感覚の焦点化 321
内臓感覚の違い 321
内臓感覚的な要素 29

内臓感覚の探索 321
内的作業モデル 18,53,54,65,68,80,
104,106,110,147
内的精神空間 37
内的体験 69
内的体験の力動的構造 126
内的対話のポートレイタル
330,348,349
内的で支持的環境 164
内的な活力 26
内的な感情的支持環境 33
内的表象 53
内的リソース 27,87,88
内面の反応 326
嘆き 319
涙 282
涙もろさ 339

に
憎しみ 175
二次過程 370
二次感情反応 133,137
二次的な安心の感覚 54
二次的な安全感覚 100
二次的な安全の感覚 286
二者 41
二者間の距離感 251
二者の感情コミュニケーション 85
二者の統制のパターン 145
二者の変容プロセス 40
二者プロセス 63
日常的な感情体験 91
入院 93
乳児 79,80
乳児期の愛着パターンの関係性に固
有な性質 67
乳児の修復の努力 79
乳児の体験の調整 76
人間関係上の欲求 266
人間関係における適応的な行動傾向
188
人間関係の協働的側面 269
人間関係面での感情体験 385
人間的なつながり 267
人間的な触れあいに対する欲求の体
験 211
人間の主観的な「真実」 308

人間の承認や応答性　362
認識　261,317
認識にともなう安堵　263
認証　196
認知　82,180,307,308
認知的　175
認知的嗜好　304
認知的―知性化プロセス　311
認知的な支持　72
認知と感情の統合　332
認知と感情を統合　233
認知の歪み　304

ね
ネイサンソン　134
ネガティブ　96,264
ネガティブ感情　73,78,79,80,81,82,83,
84,90,113,114,124,130,138
ネガティブ感情の共有　173
ネガティブ受動感情体験　138
ネガティブな関係性感情　81
ネガティブな感情　87
ネガティブな感情体験　91
ネガティブな受容体験　133
ネガティブな体験　253
ネグレクト　87,94
熱意　135

の
能力を強化　182
not having　318
乗っ取られた感覚　97

は
パーソン　35
パートナーの感情表示を再生する
172
パートナーの行動に対する自己の行
動　145
バーバー　214,359
パールズ　189
バイオフィードバック　321
背景感情　164
配慮　88,251,255,266
配慮のある，応答性　64
配慮のある支持　64
破壊的な感情的環境　104

剥奪　191
爆発的な感情　31
激しい感情　92
励まし　51,246,256,293,347
恥　16,27,28,89,95,124,133,134,137,
138,139,162,174,178,247,248,256,257,
265,267,268,289,294,301,316,330,331
恥という回避的感情の内臓感覚的体
験　293
恥によって歪められた反応のポジ
ティブな性質　292
恥の認知的・空想的な側面　293
恥の反応のマーカー　293
恥への対処　292
恥ずかしい秘密　267
恥ずかしげな微笑み　198
波長合わせ　64,74,76,80,82,83,165,
172,183,266,267,330
波長合わせされた共感　84
波長合わせされた態度　81
波長合わせしそこなう　76
波長が合ったミラーリング　82
波長が一致する　78
波長を合わせ　267,289
波長を合わせること　246
発見され生身をさらされることへの
恐れ　174
発生中の二者現象　145
発声のパターン　77
発達不全　292
発達プロセス　44
発達理論　15
bad me　321
ハッピーエンド　198
発話の切迫感　109
パティ・スミス　259
パニック　89,166
母親　74,80
母親の応答性を強化　67
母親の応答の感度　67
母の死　253
幅広いリソース　257
having　318
破滅不安　303
腹が煮えるような恥の感覚　133
パラダイムの変化　360
ハロルド・ブロドキー　190,199

反射　34
反動形成　100
反応形成　245
反応を修正　81
反復　186,305
反復からの脱却　303
反復強迫　126
反復される相互作用　95
反復―除外　155
反復的なパターン　302
反復の例外　154

ひ
ピーク体験　78
ビービー　31,68,77,89,145,151,172,261
BP　367,368,387
ヒーリング感情　20,78,177,186,188,
191,194,197,198,200,201,202,203,205,
207,208,209,210,212,260,323,349,350,
51,352,385
ヒーリング感情の現象学　197
ヒーリング感情の現象論　194
ヒーリング感情の変容力　18
ヒーリング感情を体験　211
ヒーリング中心型モデル　384
非応答性　82
被害妄想　93
比較の三角形　19,123,124,158,214,
227,233,234,302,306,321,323,325,344,
348,363
比較の三角形の作業　247
比較の三角形の有効な使い方　305
光　200
被虐待児　241
非協調状態　77,78,79,80,172
非協調状態を修復　83
低い自尊心　266
卑下の意識が和らぐ　265
非言語コミュニケーション　372
非言語的行動　371
非言語的コミュニケーション
100,246,269
非言語的コミュニケーションの相互
モニタリング　269
非言語的な感情の変化　269
非言語的なコミュニケーション
282

非言語的な態度 371
非言語的な防衛 109,298
非言語的防衛 135
非言語反応の相互的な観察 293
非指示 361
非指示の重視 361
皮質 35
皮質下構造 35
非常に強烈な感情の場面 147
非所有 318
非身体化 74
非対称性 268
悲嘆 96,130,138,162,163,169,180,191,
194,198,268,287,315,325,378
悲嘆と感情的苦痛 163
悲嘆と苦痛のブレイクスルー 320
悲嘆の作業 193
悲嘆の体験 57,382
悲嘆の追体験 323
悲嘆のプロセス 191,380
悲嘆や感情的苦痛 163
悲嘆や自己主張 161
否定 316
ビデオ撮影 362
非適応な対人パターン 308
美的体験 245
否認 94,100,135,136
批判 361
批判的な声 330
批判や辱め 294
非分析的な方略 372
秘密のスパイ 287
病因 19
病因的な状況を無効化 87
評価 76,175,196,202
表現 27,40,173,182
表現規則 30
表現機能 162
表現行動 27
表現的な反応の三角形 273
表現的方略 251
表現の適切性 332
表出 130
表出反応 139,296
表出反応の三角形 126,127,129,130,
141,149,154
表出反応の三角形の機能 139

表出表示 77
表出表示の変化の方向性 77
表象 53,80
表情 259,269,313
表象的側面 61
表情の硬さ 225
表象プロセス 53,65
病的状態の原因 286
病的な服喪 325
病的なプロセスを中和させる
267
病的パターンの世代間連鎖 285
病的パターンの反復 303
平等に漂う注意 368
病理 19,82,327
病理からの解放 356
病理傾向の世代間伝達 68
病理現象 15
病理の根絶 304
病理の根底にある力動 327
病理の世代間伝達 19,69,89
病理の世代間伝播 350
病理の中核 315
病理への敗北感 288
病理を生み出す孤独 19
病理を生む孤独感を打ち消す 115
病理を生むパターンの反復 18
開かれた関係性 20
開かれた受容的な他者 73
開かれた態度 130,175
開かれた態度と親密さ 174
開かれた，前向きな感覚 183
非力さ 266
広く開かれた態度 20
敏感さ 64

ふ

ファウスト 57
不安 16,17,27,28,47,50,51,80,89,94,97,
98,124,134,137,174,175,178,215,251,
254,258,265,266,267,268,283,289,296,
299,300,307,308,316,321,323,330,339,
341,342,356,359,364,365,368,376
不安—安全 50
不安が薄れて，防衛の必要性も低下
する 288
不安が生んだ防衛 282

不安が軽減 287
不安・恐怖の感情への到達 227
不安障害 97,124
不安増大 244
不安定 175
不安定—軽視型 66
不安定—軽視型の養育者 66
不安定—とらわれ型 66
不安定—とらわれ型の養育者 66
不安定な愛着 55,56,61,66,138,139
不安と心的距離の近さ 299
不安と防衛 141
不安な感情 183
不安な気持ちの行き先 291
不安にともなう空想や他の認知
291
不安にともなう身体症状 289
不安にともなう身体症状を探索する
247
不安の感情 225
不安の緩和 127
不安の軽減 288
不安の克服 304
不安の身体症状 290
不安の身体的症状 225
不安の身体的兆候 289
不安の対象を否定・回避 291
不安の涙 351
不安の認知的，空想的，体験的な側
面の探索 292
不安の認知的，空想的，体験的な側
面を探索する 247,291
不安への対処 247,289
不安や防衛なしに体験 81
夫婦関係 351
夫婦関係の悩み 316
夫婦生活・性生活上の深刻な問題
339
フェルト・センス 169
フェレンチ 135,243,359
フォーミュレーション 367
フォティズム 200
フォナギー 58,64,65,70,71,72,76,102,
174
深い愛 60
深い関わり 26
深い悲しみ 327

深い感謝や愛情 84
深い感情 26,80
不快感情 102,174,178,181
深い感情作業 243
深い感情体験 312
深い感情的苦痛 191,349
不快感情のブレイクスルー 179
深い感情を五臓六腑で体験する 160
深い肯定的体験 20
深い自己体験 173
深い絶望感 110
不快体験 89
不快な信号感情 19
不快な抑制感情（不安と恥） 20
不快反応 137
深い不全感 338
深い無意識のコミュニケーションの証拠 373
不可避な養育の失敗 74
不完全な悲嘆の感情 253
副交感神経の覚醒 165
複数の自己 45
複製プロセス 101
服喪 321,324
不作為の過誤 87
不十分な対人パターン 255
不信 356
不随意収縮 45
不適応な感情表現 181
不適切性 304
不適切な養育体験に起因する喪失 193
不特定の治療要因 255
不満 204
踏み込み過ぎ 266
プライベートな体験 360
フラストレーション 137
振り返り 187
フリッツ・パールズ 171
古い他者 156
ブレイクスルー 229,236,238,320,324,333,337,370,372,375
ブレイクスルー感情 352
プレゼンス 42
プレゼンス（治療的現前性） 41
プレッシャー 287,288

プレッシャーの排除 289,292
プレッシャーを取り除き 247
プレッシャーを取り除き，クライエントの努力と成果を高く評価する 292
プレッシャーを取り除く 247,287
ブレない方向性 301
フレンチ 359
フロイド 15,97,359,361,366,368
フロイド的 204
フロイド派の分析家 168
プロセスへの没入感 230
憤怒 162,182,330
分離 59,265,330
分離—個別化のプロセス 88

へ
平穏 188
ペーター・ホウ 96,103,126
ペニス 344
ペネロペ 199
変化の潜在能力 281
変化への深い動機付け 384
ベンジャミン 101
変性状態 32,159,160
変容 16,29,31,89
変容感情 185,187
変容感情のワークスルー 205
変容志向 15
変容促進的性質 29
変容の可能性 267
変容の現象 29
変容の重要な媒体 75
変容の双方向性 146
変容の媒体 44
変容プロセス 15,16,321
変容プロセスが活性化 27
変容メカニズム 327
変容を引き起こす感情と変容すべき感情 178
ヘンリー・ヒートウォール 176

ほ
防衛 17,19,20,27,28,47,54,58,87,100,102,107,109,135,136,138,139,141,177,178,181,251,253,254,258,260,265,270,273,274,277,283,285,286,298,299,300,

303,304,308,321,362,365,368,374,376
防衛が適応的 283
防衛が内面化 87
防衛が低い時の感じ方 284
防衛が不要になる 268
防衛感情 180,182
防衛機制 89,99,103,124,193,206,208,213,215,227,241,245,249,312,314,322,325,330,364
防衛機制としての謙虚さ 205
防衛機制と正面から対立 320
防衛機制の回避 249
防衛機制の帰結 215
防衛機制の機能を縮小 249
防衛機制の共感的な明確化 322
防衛機制の体験的なポートレイファル 323
防衛機制の定着 99
防衛機制への依存 124
防衛機制への依存からの脱却 316
防衛機制への慢性的な依存 193
防衛機制を迂回 311
防衛機制を回避 334
防衛構造 54
防衛自体の自我違和的な側面 285
防衛自体の排除 371
防衛—信号感情—コア感情の布置 301
防衛スタイル 108
防衛操作 65
防衛—退行の涙 282
防衛的 54
防衛的感情 101,135,140,183
防衛的傾向 104
防衛的攻撃 180
防衛的—退行的な感情 377
防衛的な依存 266
防衛的なコミュニケーション 141
防衛的な自己信頼 203
防衛的なセクシュアリティ 180
防衛的な排除 310
防衛的な不信感 263
防衛的な方略 283
防衛的の排除 53,54,57,73,74,96,100,136
防衛的な排除の対極 58
防衛的反応の三角形 273

索引　**469**

防衛という現象を再分類 371
防衛と関連性を持つ体験的―内臓感
覚的な要素 284
防衛と抵抗 156
防衛と不安 254
防衛と不安の効果を最小化 360
防衛に基づく機能 283
防衛の機能 101,140
防衛の結果 102,126
防衛の結果としての麻痺 299
防衛の結果の内臓感覚的体験 110
防衛のコスト 286
防衛のコスト効果分析 286
防衛の特定 109,247,284
防衛の捉え直し 379
防衛の認識 284
防衛の破綻 137
防衛の必要性を肯定 322
防衛の分類 100
防衛の欲求 17
防衛の利点 286
防衛の領域の再定義 371
防衛反応 225,284,285
防衛反応に対する作業 247
防衛反応の三角形
126,127,129,138,139,149,254
防衛反応の身体的な関連要因 284
防衛反応への対処 283
防衛反応を敵視せず 285
防衛へのクライエントの習慣的な依
存 372
防衛への長期的依存 103
防衛への慢性的依存 124
防衛方略 17,27,56,66,80,83,102,124,
180,287,372
防衛方略のタイプ 152
防衛方略の目標 99
防衛方略への依存 372
防衛欲求も低下 287
防衛を迂回 118
防衛を回避 261,262
防衛を手放す 286
防衛を手放すことへの抵抗 286
防衛を手放すための最後のステップ
287
防衛を引き起こした恐怖心 273
妨害的な感情 28

崩壊の産物 137
放棄 94
方略 259
方略的な防衛機制を防ぐ 207
方略的防衛 100,135,371
方略的目標 367
ボウルビー 30,40,47,48,51,60,100
ポーカーフェイスで深い感情の作業
85
ポートレイアル 228,248,314,317,
321,325,326,327,331,333,334,335,337,
343,344,347,348,371
ポートレイアルの終了 329
ポートレイアルの種類 329
ポートレイアルの深化 341
ポール・オースター 177
ボクシング 238
保護因子 55,68
保護機能 287
保護的方略 54
保護要因 106
誇り 50,186,265
誇りの感覚 135
母子相互作用 15,16,64,78
ポジティブ 78,95,96,264
ポジティブ感情
50,76,77,78,79,80,81,82,84,111
ポジティブ感情の回復 80
ポジティブ感情の核 80
ポジティブ感情をともなう非協調的
な相互作用状態 78
ポジティブ状態とネガティブ状態
301
ポジティブ体験 70,202,386
ポジティブで感情を促進する関係パ
ターンを追求 154
ポジティブとネガティブ 252
ポジティブな過去の関係 155
ポジティブな関係性感情 81
ポジティブな関係性体験 253
ポジティブな関係の体験 252
ポジティブな感情 87,95,98,261,330
ポジティブな感情状態 102
ポジティブな感情体験 44
ポジティブな感情的帰結の処理
196
ポジティブなコア感情体験 78

ポジティブな自己感 333
ポジティブな自己状態 301
ポジティブな自己体験 151
ポジティブな受容体験 133
ポジティブな受容体験の治癒性の本
質 178
ポジティブな体験 43,255
ポジティブな治療体験 155,386
ポジティブな治療的体験の受容
187
ポジティブな治療的つながり 105
ポジティブなリソース 257
ポジティブなリフレーミング
247,285
母子の感情的な相互作用 75
母性剥奪 337,338
ほどよい 73,78
ほどよい親 88
ほどよい感情の促進 74
ほどよいセラピスト 83
ほどよい母親 83
ほどよい養育 63,65,72,88
ほどよい養育者 18,63,82,83
ほどよい養育者の感情能力 82
「ほどよく」ない感情の環境 134
ほどよさ 79
ほめ言葉 84
ホメロス 190,199
ボラス 45,319
本質的自己 45
本質的自己との接触と最適な関係
的・対世界的機能 178
本質的自己の体験 170
本質的な応答性 195
本質的な自己 196,268
本質的な自己体験 45
本質的な他者の発見 268
本当の自分に触れているという感覚
173
本当の自分らしさ 141
本当の責任感 182
本物の変容 160
本来性 84
本来的な苦痛 96
本来の自分 44
本来の自分らしさ 26

ま

マーカー　44,77
マーク　308
マーク・マグワイア　245
マーティン・ルーサー・キング・ジュニアの死　245
マーラー　147,333
マイクロ分析　365
マインドフルネス　72
前向きな動機付け　287
マッカロー　101,175,284,286
眼差し　259
麻痺　94,96,178
マラン　8,79,123,156,363,364,365,366,367,368,371,375
マランの短期心理療法　359
マン　42,152,366
慢性的依存　19
慢性的なうつ症状　338
慢性的な防衛への依存　103
慢性的に依存　17
慢性的抑うつ　126,329

み

見上げる視線　198
未解決の無秩序型の愛着　67
未解決のリビドーと関わる強迫観念　331
未解決─無秩序型　66,67
身が砕けるような孤独感　133
見方の比較　269,322
見方を比較する　380
身勝手さ　294
見捨てられ感情　304
見捨てられ不安　95
見捨てられること　59
未知なるものへの恐怖　174
密着感　134
みっともないこと　267
認める　264
未表現の悲嘆や怒り　180
未分化な感情覚醒の状態に意味を付与する行動　314
見守り　195
ミラーリング　109,207,233,288,290,312,316,317,322,323
ミラーリング以上　64

ミラーリングと言語化　313
ミラーリングを超えて　72,82,83
ミラーリングを超える　76

む

無意識　361,362,365
無意識的コミュニケーションの深さ　253
無意識的な衝動　370
無意識的な体験　327
無意識的なコミュニケーション　282
無意識的な人格パターンの表現　372
無意識の一次過程の素材　329
無意識の計略　362
無意識のコミュニケーション　367
無意識のコミュニケーションの深さ　366
無意識の信念体系　53
無意識のプロセス　361
無意識への道　235
無意識を驚かせる　66
無意味な言葉の癖　135
ムーン・パレス　177
無価値感　203
無感覚　266,339
無気力　97,266
無菌状態の環境　361
無口　256
無垢の予兆　185
無限の忍耐　368
無思考の既知　45,319
無心のまえぶれ　158
無秩序型　55
無秩序型の愛着　61
無秩序・無方向型　56,57
無能感　89
無能で無力であることへの恐れ　174
無能力　87
無表情　80
無防備　84,151
無防備さ　170,274,304
無防備さが恐怖の体験　84
無防備さのある開かれた自己　181
無力感　27,89,91,95,97,133,134,137,

178,266,268,289,337,356
無力感や恥を克服　291
無力さ　303

め

目　197
メアリー・エインズワース　64
明確化　247,284,319
明確な共感　275
明示的な共感　322
明晰さ　188,192
明晰性　198,212,309
明白な虐待　87
明瞭さ　141
メイン　54,65,174
メタ心理学　15,370
メタ増幅　38
メタ体験処理　72
メタ治療的プロセス　185,187
メタ治療的プロセス的な問い　207
メタ治療的プロセスの体験　211
メタ治療プロセス　185,385
メタ認知モニタリング　74
メタプロセシング　246
メタモルフォーゼ（変身）　44
目つき　313
メッサー　359
メニンガー　123
面接で学んだ知識の面接外の経験への転用　187
メンタルヘルスの指標　356

も

喪　287
妄想　330
最も望ましい感情能力　64
最も望ましい感情の相互作用　77
最も望ましい発達をもたらす二者の相互作用プロセス　75
モデルの運用　19
モデル場面　147
物語の書き直し　308
喪の作業　186
問題解決能力　279
問題の慢性度　365

や

優しい感情 165
優しい気持ち 165
優しく 198
優しさ 64,74,186,196,197,199
野心 137
安らぎ 211

ゆ

憂鬱 166
勇気 83,255,281
有機体 43
優柔不断 339
ユージン・ジェンドリン 198
有能 178
有能感 50,190,280,301,313
有能感の獲得 266
有能な自己 158
有能な自己・応答性のある他者・修
復可能な相互作用 80
有能な自己─現実的な他者─コア感
情の三角形 147,149,151,156
有能な自分 265
ユーモア 281
歪んだ解決法（防衛機制）18
歪んだ自己責任 304
揺らぎないポジティブな他者と共有
267
ゆりかごから墓場まで 48
ユリシーズ 199
揺るぎない確信 266

よ

「良い」自己状態 321
良い自分 321
良い状態と悪い状態を対比する
247
養育 30,63
養育行動システム 49
養育システム 63
養育者 30,50,54,55,59,63,64,73,74,87,
92,95,98
養育者自身 73
養育者と子どもの関係 30
養育者との関係性体験 69
養育者に対する子どもの愛着 67
養育者に伝染 67

養育者の感情能力 63,88,89
養育者の感情能力に欠陥 127
養育者の感情面の無能さ 94
養育者の限界 58
養育者の内省的な自己機能 68
養育者の内的作業モデル 66,67
養育者の不安 53
養育的な応答性 52
養育的または育児的行動システム
48
養育における相互作用 92
養育の失敗と修復 73
養育の失敗を内省 73
養育の失敗を内省する能力 73
養育反応 52
養育や子育てのメタファー 85
幼児的願望 361
陽性転移 252
要素のパターン 152
予期 97
抑圧 100,320
抑圧された欲求 251
抑うつ 93,94,95,108,124,137,266,321,
356
抑うつ障害 97
抑制 183
よく調節され 76
欲動 362
予想・予測可能で，一貫性があり協
調した 76
予測変数 68
欲求 27,96,248,361
欲求への応答性 52
読み間違いや歪曲 176
読み違え 76
読み取り 76
より強い，またはより賢明 265
より強くより賢い 48
喜び 28,50,74,96,130,134,160,162,186,
190,198,199,258
喜びと安堵 167
喜びと苦痛の両方を表す涙 164
弱さ 96,137,246,294,316
弱さを受け入れる 304
弱み 267

ら

ライス 311
ライヒ 369,376
ラジカルな共感 15
ラッチマン
31,68,77,89,145,147,151,172,261
ラベリング 207,247,284,372
ラポール 253,343,364
ラポールの変動 366
ラポールのレベル 367
ランク 359

り

理解 53,88,195,196,202
理解されたという感覚 260
理解されたという感情に向き合った
際の無防備さ 298
理解されたと感じるクライエントの
体験 274
理解されているという感覚 75,172
理解される体験 71
理解と優しさ 74
理解への満たされない正当な渇望
180
力動─体験的な相関 248
力動的情報の源 328
力動的な起源 330
力動的な情報 290,317
力動の明確化 327
利己心 43
リスク 278
リスクテイキング 61,263,264
リズム 77,369
理想化 94
理想化された他者像 265
理想的な相互作用状態 78
リソース 17,39,69,166,203,212,255,
273,280,281,350,363
リソースの深遠な表現 280
リソースへの過度の依存 255
リソースへの信頼 265
リソースを肯定 280
リヒテンベルグ 147
リフレーミング 297,325
リフレクション 313
略称 285
流暢性 331

472

流動性 215
両価性 330
良好な人間関係の記憶 188
リラックス 130,171,177
リラックス反応 165
臨床現象 17
臨床作業 106
臨場性 331
臨床題材の瞬時ごとの正確な見立て
123
臨床的観点 27
臨床的行為 213
臨床的精神分析 15
臨床的判断 329
臨床発達心理学 15
臨床発達心理学研究者 384
リンドマン 374

る
類推と比喩 83
ルール 102
ルールの例外 303

れ
冷笑的態度 109
歴史的 124
歴史的・経時的 19
歴史的・力動的な作業 19
レジリエンス 51,59,61,65,68,69,70,
80,99,127,130,139,187
レパートリー 87
恋愛 30,31,245

ろ
ロールプレイ 332
ロックンロール・ニガー 259
論理 361

わ
ワークスルー
21,34,60,81,159,203,224,233,311
ワークスルーの対象 83
ワークスルーのプロセス 331
歪曲 149
歪曲の必要 96
矮小化 100
ワイス 198

我が生涯の物語 200
枠組み 88
ワクテル 8,50,359
『私たち』の感覚 172
「悪い」自己状態 321
悪い自分 321
我々 383

著者紹介

ダイアナ・フォーシャ（Diana Fosha）
AEDP 研究所ディレクター

　AEDP（Accelerated Experiential Dynamic Psychotherapy: 加速化体験力動療法）の創始者。過去 20 年間，病理の修復という視点だけでなく，ポジティブな心理的機能を高め，個人の深い変容を促進することによって，アタッチメント，トラウマの問題に働きかけるAEDPという心理療法モデルを開発し，その効果とプロセスを実証的に検証することをとても積極的に推進してきた。体験の現象学に興味を持ち，変容理論とその実践の最先端を行く。神経可塑性を臨床に生かすAEDPの変容理論は近年，注目を集める。セラピストが変化に対する考え方を変えることで，心理療法の中で起こりうるワクワクする刺激的可能性を見出している。本書のほかに，体験的心理療法やトラウマ治療における変容プロセスについて数々の論文や本の章を執筆している。これらの執筆を通して，神経可塑性，認識科学，感情神経科学，発達二者相互研究をAEDP理論の中に統合。

　ニューヨーク市出身。バーナード大学心理学部を極めて優秀な成績で卒業後，ニューヨーク市立大学で博士号を取得。ニューヨーク大学およびセント・ルークス・ルーズベルト医療センター（現：マウントサイナイ病院）の精神医学心理学部，またアデルファイ大学ダーナー高等心理学研究所とニューヨーク市立大学のファカルティ（教員）も務めた。

　パワフルで精密，同時に詩的で感情を呼び起こすライティングスタイルは，「孤独の緩和」「他者の心の中に存在すること」「真の他者」「潜在的なものを顕在化すること，顕在化したものを体験的にすること」「それ（体験）と一緒にとどまって，私と一緒にとどまって」「恥をかかせることのない厳密さ」そして「思慮深い自己開示」などの言葉を生み出した。これらの言葉はAEDPの精神を表している。

監訳者紹介

岩壁　茂（いわかべ　しげる）
お茶の水女子大学基幹研究院教授

　早稲田大学政治経済学部卒業，マギル大学大学院カウンセリング心理学専攻博士課程修了（教育学博士），札幌学院大学人文学部助教授を経て現職。エモーション・フォーカスト・セラピー研究所・顧問。研究領域は，「人はどのように変わるのか」というテーマをもとに，感情に焦点を当てた心理療法のプロセスと効果研究を行っている。臨床家の訓練と成長，心理療法統合，感情，治療的失敗などのテーマにも関心を持つ。著訳書に，『変容する臨床家——現代アメリカを代表するセラピスト16人が語る心理療法統合へのアプローチ』（共監訳，2013年，福村出版），『ダイニングテーブルのミイラ　セラピストが語る奇妙な臨床事例——セラピストはクライエントから何を学ぶのか』（監訳，2011年，福村出版），『プロセス研究の方法』（単著，2008年，新曜社），『心理療法・失敗例の臨床研究——その予防と治療関係の立て直し方』（単著，2007年，金剛出版）など。

花川ゆう子（はなかわ　ゆうこ）
AEDP 研究所シニア・ファカルティ（教員）

　ニューヨーク大学大学院心理学専攻修士課程修了，アデルファイ大学大学院臨床心理学専攻博士課程修了（臨床心理学博士）。NY州認定クリニカルサイコロジスト。博士課程在籍中にダイアナ・フォーシャ博士に出会い，AEDPの持つ変容のスピード感，温かさ，人間味あふれる優しさに惹かれ，2001年よりトレーニングを受ける。NYやボストンなどでの数々のトレーニングコースでスーパーバイザーとして訓練を提供。2016年に日本人で初めてAEDP研究所の公認ファカルティ（教員）として認定され，2019年にはシニア・ファカルティとなる。マンハッタンのセントルークス病院・精神科外来クリニックに2014年まで勤務。現在はマンハッタンで個人開業中。AEDPを日本にも伝えるため，AEDP JAPAN（aedpjapan.jp）を設立。現ディレクター。著書にAEDPの入門書にあたる『あなたのカウンセリングがみるみる変わる！ 感情を癒す実践メソッド』（単著，2020年，金剛出版），『心理療法統合ハンドブック』（共著，2021年，誠信書房），*Undoing Aloneness and the Transformation of Suffering into Flourishing: AEDP2.0*（共著，2021年，American Psychological Association）などがある。

福島哲夫（ふくしま　てつお）

大妻女子大学人間関係学部教授

　明治大学文学部日本文学科卒業，慶應義塾大学大学院博士課程単位取得満期退学。成城カウンセリングオフィス所長。研究領域と実践の中心は，「その人その人に合わせたさまざまな心理療法（カウンセリング）を工夫して適用する統合的心理療法」とその指導。主な著訳書に，『臨床現場で役立つ質的研究法――臨床心理学の卒論・修論から投稿論文まで』（編著，2016年，新曜社），『記憶心理学と臨床心理学のコラボレーション』（共著，2015年，北大路書房），『変容する臨床家――現代アメリカを代表するセラピスト16人が語る心理療法統合へのアプローチ』（共監訳，2013年，福村出版），『臨床心理学入門――多様なアプローチを越境する』（共著，2013年，有斐閣）など多数。

沢宮容子（さわみや　ようこ）

筑波大学人間系教授

　博士（心理学），臨床心理士。立正大学心理学部助教授・教授などを経て，現職。主な著訳書に，『楽観的帰属様式の臨床心理学的研究』（単著，2012年，風間書房），『臨床実践を導く認知行動療法の10の理論――「ベックの認知療法」から「ACT」・「マインドフルネス」まで』（共訳，2012年，星和書店），『カウンセリング実践ハンドブック』（共編著，2011年，丸善），『認知行動療法の理論と臨床』（現代のエスプリNo.520，共著，2010年，ぎょうせい），『認知行動療法事典』（共監訳，2010年，日本評論社）など。

妙木浩之（みょうき　ひろゆき）

東京国際大学人間社会学部教授

　上智大学大学院文学研究科博士後期課程満期退学。北山研究所，佐賀医科大学助教授，久留米大学文学部助教授を経て現職。専攻は臨床心理学，精神分析学。南青山心理相談室セラピスト。主な著訳書に『寄る辺なき自我の時代――フロイト『精神分析入門講義』を読み直す』（いま読む！名著）（単著，2017年，現代書館），『ピグル――ある少女の精神分析的治療の記録』（監訳，2015年，金剛出版），『北山理論の発見――錯覚と脱錯覚を生きる』（共編著，2015年，創元社）など多数。

訳者紹介

門脇陽子（かどわき　ようこ）

翻訳者

　津田塾大学学芸学部国際関係学科卒業。訳書に，『ルーマニアの遺棄された子どもたちの発達への影響と回復への取り組み――施設養育児への里親養育による早期介入研究（BEIP）からの警鐘』（共訳，2018年，福村出版），『子ども‐親心理療法　トラウマを受けた早期愛着関係の修復』（共訳，2014年，福村出版），『変容する臨床家――現代アメリカを代表するセラピスト16人が語る心理療法統合へのアプローチ』（共訳，2013年，福村出版），『本当の勇気は「弱さ」を認めること』（2013年，サンマーク出版），『心の病の「流行」と精神科治療薬の真実』（共訳，2012年，福村出版），『ダイニングテーブルのミイラ　セラピストが語る奇妙な臨床事例――セラピストはクライエントから何を学ぶのか』（共訳，2011年，福村出版），『子ども虐待・ネグレクトの研究――問題解決のための指針と提言』（共訳，2010年，福村出版），『自閉症スペクトラム障害のある人が才能をいかすための人間関係10のルール』（2009年，明石書店）など。

森田由美（もりた　ゆみ）

翻訳者

　京都大学法学部卒業。訳書に，『子どもが勝手に学び出す！ ハーバード流子育ての公式』（2019年，東洋経済新報社），『ルーマニアの遺棄された子どもたちの発達への影響と回復への取り組み――施設養育児への里親養育による早期介入研究（BEIP）からの警鐘』（共訳，2018年，福村出版），『ハーバードメディカルスクール式　人生を変える集中力』（2017年，文響社），『子ども‐親心理療法　トラウマを受けた早期愛着関係の修復』（共訳，2014年，福村出版），『変容する臨床家――現代アメリカを代表するセラピスト16人が語る心理療法統合へのアプローチ』（共訳，2013年，福村出版），『心の病の「流行」と精神科治療薬の真実』（共訳，2012年，福村出版），『ダイニングテーブルのミイラ　セラピストが語る奇妙な臨床事例――セラピストはクライエントから何を学ぶのか』（共訳，2011年，福村出版），『子ども虐待・ネグレクトの研究――問題解決のための指針と提言』（共訳，2010年，福村出版）など。

人を育む愛着と感情の力――AEDP による感情変容の理論と実践

2017 年 11 月 25 日　初版第 1 刷発行
2021 年 6 月 15 日　　　第 2 刷発行

著　者　ダイアナ・フォーシャ
監訳者　岩壁　茂
　　　　花川ゆう子
　　　　福島哲夫
　　　　沢宮容子
　　　　妙木浩之
訳　者　門脇陽子
　　　　森田由美
発行者　宮下基幸
発行所　福村出版 株式会社
　　　　〒 113-0034　東京都文京区湯島 2-14-11
　　　　電話　03-5812-9702　FAX　03-5812-9705
　　　　https://www.fukumura.co.jp

装　丁　臼井弘志（公和図書デザイン室）
印　刷　株式会社文化カラー印刷
製　本　本間製本株式会社

Printed in Japan
ISBN978-4-571-24063-8　C3011
乱丁本・落丁本はお取替え致します。
◎定価はカバーに表示してあります。
※本書の無断複製・転載・引用等を禁じます。

福村出版◆好評図書

M. R. ゴールドフリード 編／岩壁 茂・平木典子・福島哲夫・
野末武義・中釜洋子 監訳／門脇陽子・森田由美 訳
変 容 す る 臨 床 家
●現代アメリカを代表するセラピスト16人が語る心理療法統合へのアプローチ
◎5,000円　　　　　ISBN978-4-571-24052-2　C3011

著名なセラピストが語る個人史と心理療法統合への変容の軌跡。現代アメリカの心理療法の流れがみえてくる。

J. A. コトラー・J. カールソン 編著／岩壁 茂 監訳
ダイニングテーブルのミイラ
セラピストが語る奇妙な臨床事例
●セラピストはクライエントから何を学ぶのか
◎3,500円　　　　　ISBN978-4-571-24046-1　C3011

信じられない話, 奇怪な話, おかしな話, 怖い話, 心温まる話……, 著名なセラピストが経験した印象的な臨床事例。

R. プルチック・H. R. コント 編著／橋本泰央・小塩真司 訳
円環モデルからみた
パーソナリティと感情の心理学
◎8,000円　　　　　ISBN978-4-571-24078-2　C3011

パーソナリティと感情の包括的モデルの一つである対人円環モデル。その広範な研究と臨床心理への応用を紹介。

V. ジーグラー・ヒル, D. K. マーカス 編／下司忠大・阿部晋吾・
小塩真司 監訳／川本哲也・喜入 暁・田村紋女・増田啓太 訳
パーソナリティのダークサイド
●社会・人格・臨床心理学による科学と実践
◎7,200円　　　　　ISBN978-4-571-24089-8　C3011

パーソナリティのダークサイドを扱った研究を網羅的に紹介。最先端の研究者たちが今後の課題と展望を示す。

林 直樹・野村俊明・青木紀久代 編
心理療法のケースをどう読むか?
●パーソナリティ障害を軸にした事例検討
◎3,200円　　　　　ISBN978-4-571-24083-6　C3011

様々な精神的問題に直面する事例を集め, 精神科医・林直樹がスーパーバイズ。事例をどう読むかが分かる一冊。

米澤好史 著
発達障害・愛着障害
現場で正しくこどもを理解し, こどもに合った支援をする
「愛情の器」モデルに基づく愛着修復プログラム
◎2,400円　　　　　ISBN978-4-571-24057-7　C3011

愛着形成における母親との関係性や臨界期に縛られず愛着修復できる方法を, 著者の豊富な実践研究事例で解説。

米澤好史 著
愛着障害・愛着の問題を抱える
こどもをどう理解し, どう支援するか?
●アセスメントと具体的支援のポイント51
◎1,800円　　　　　ISBN978-4-571-24076-8　C3011

愛着障害の子どもをどう理解し, どう支援するか。具体的なかかわり方を示す「愛着障害支援の指南書」。

◎価格は本体価格です。